教育部财政部创新实验区分课题资助项目

会计岗位技能训练教程

主　　编　朱学义　　张景荣

副主编　吴秋月　　张道响　　朱亮峰

中国矿业大学出版社

内 容 提 要

本书由全国优秀教师、国务院政府特殊津贴终身享受者朱学义教授任第一主编,张景荣任第二主编。全书共分为九章,包括:会计岗位技能训练概述、出纳岗位技能训练、存货岗位技能训练、固定资产岗位技能训练、成本费用岗位技能训练、纳税实务岗位技能训练、财务报表会计岗位技能训练、会计电算化岗位技能训练、会计岗位技能训练操作资料。

本书将"基础会计""中级财务会计""成本会计""税收会计""电算会计"等课程知识和会计实践知识融于一体,可作为高等职业技术院校会计专业实训教材或"会计实验"教材,也可作为会计岗位技能培训教材,还可作为现场会计工作人员换岗训练用书。

图书在版编目(C I P)数据

会计岗位技能训练教程/朱学义,张景荣主编.—徐州:
中国矿业大学出版社,2014.1
ISBN 978 - 7 - 5646 - 2206 - 0

Ⅰ. ①会… Ⅱ. ①朱… ②张… Ⅲ. ①会计学—高等
职业教育—教材 Ⅳ. ①F230

中国版本图书馆 CIP 数据核字(2013)第 321633 号

书　　名	会计岗位技能训练教程
主　　编	朱学义　张景荣
责任编辑	孙　浩　史凤萍
出版发行	中国矿业大学出版社有限责任公司
	(江苏省徐州市解放南路　邮编 221008)
营销热线	(0516)83885307　83884995
出版服务	(0516)83885767　83884920
网　　址	http://www.cumtp.com　E-mail:cumtpvip@cumtp.com
印　　刷	徐州中矿大印发科技有限公司
开　　本	787×1092　1/16　印张 29.25　字数 550 千字
版次印次	2014 年 1 月第 1 版　2014 年 1 月第 1 次印刷
定　　价	58.00 元

(图书出现印装质量问题,本社负责调换)

前　言

　　企业的会计核算工作,是由各个岗位的会计完成的。会计人员能否上岗,取决于其基本条件和业务素质;同时,已上岗的人员要想进一步扩充知识,精通全部业务,还必须轮换会计岗位。高等职业教育院校是培养高素质、技能性、应用型人才的学校。对于会计学专业来说,按照会计人员从事的会计岗位工作进行会计岗位技能训练尤为重要。

　　2007 年 12 月 17 日,朱学义教授申报教育部财政部人才培养模式创新实验区建设项目"会计学专业实践创新模式研究"获批(教高函〔2007〕29 号)。2013 年 8 月 29 日,朱学义教授接续教育部财政部项目分课题特拨会计专项经费,开展"会计专业学生岗位技能训练与提升研究"项目(编号:2013KJZ08),努力探索培养会计应用型人才的新路。

　　会计岗位技能训练是培养会计应用型人才的一种有效方式,它以财政部的文件为依据。财政部颁布的《会计基础工作规范》第十一条规定:"会计工作岗位一般可分为:会计机构负责人或者会计主管人员,出纳,财产物资核算,工资核算,成本费用核算,财务成果核算,资金核算,往来结算,总账报表,稽核,档案管理等。开展会计电算化和管理会计的单位,可以根据需要设置相应工作岗位,也可以与其他工作岗位相结合。"根据《会计基础工作规范》及有关制度规定,结合会计专业毕业生就业尤其是到小企业会计岗位就业的现实情况,笔者确定的会计工作岗位分为:① 出纳岗位;② 薪酬岗位;③ 材料岗位;④ 固定资产岗位;⑤ 成本费用岗位;⑥ 销售利润岗位;⑦ 资金总账岗位;⑧ 会计报表岗位;⑨ 会计电算化岗位。对于会计现实工作中的"总会计师(或行使总会计师职权)岗位"、"会计机构负责人(或会计主管人员)岗位"、"稽核岗位"、"会计档案管理岗位"因在校学生尚未走入社会进入到这些岗位的层面上,则模拟训练不宜进行。

　　在会计学专业学生中开展会计岗位技能训练应整合现有的会计实践教学课程。目前,高职院校会计实践教学课程一般有两种模式:一是主干课程辅以实践教学模式。如,讲"基础会计学"时,安排"基础会计实验";讲"中级财务会计"时,安排"中级财务会计实验";讲"成本会计学"时,安排"成本会计实验"等。二是独立设置操作实务课程。即在开设主干课程的同时配合开设各种实务操作课程。这些实务操作课程有:"出纳实务操作"、"财产实务操作"、"成本实务操作"、"纳税实务操作"、"总账实务操作"、"报表实务操作"等。会计实践教学的这两种模式虽然能从实践环节帮助学生加深理解会计主干课程知识,了解会计实践工作的场景,但存在三大问题:一是配合主干课程体系的实践教学并不能完全反映会计实际工作的全貌。例如,学生做基础会计实验时,往往是填填原始凭证和记账凭证,学会一些登账方法,这些只是会计日常工作的一小部分。二是纯粹的单项实务操作课程,割裂了各种会计实务的联系。例如,开设"纳税实务操作"实践课程时,往往让学生学会怎么报税的一些基本知识和技能,学生不能掌握全部税收同各具体会计业务的联系。三是会计实践教学课程缺乏现场会计岗位同各有关部门之间的业务传递。如,进行材料业务操作时,学生一般只设计、登记材料明细账、总账,办理材料购买付款、入库手续和业务,不能同供应科、仓库等部门

密切结合。解决这些问题的办法就是将会计实践教学课程和会计岗位技能操作相融合,构建新的训练体系。具体设计如下:

一是将"出纳实务"课程和出纳岗位融合,处理"出纳实务"和"薪酬实务";

二是将"财产实务"课程和材料岗位、固定资产岗位融合,处理"材料业务"、"固定资产业务";

三是将"成本会计实务"课程和成本费用岗位融合,处理"成本费用业务";

四是将"纳税实务"课程和销售利润岗位融合,处理"销售利润业务及纳税业务";

五是将"总账会计实务"课程和资金总账岗位结合,处理"借款业务"、"往来业务"、其他相关的"总账核算业务";

六是将"财务报表会计实务"课程和会计报表岗位结合,练习"财务报表"的编制。

本书按会计工作岗位设计了企业生产经营过程全部相连贯的102笔典型经济业务,提供了各种原始空白凭证、账页和全套会计报表,让上岗人员以各个会计岗位为背景,进行从填制原始凭证开始直到编制出全部会计报表为止的全过程的模拟操作,用以提高动手能力,满足和适应会计上岗的需要。模拟训练分为岗能训练和全能训练两部分。岗能训练穿插在各有关学期进行;全能训练(称"会计岗能综合实训")集中在毕业实践、工学结合前进行。学生通过岗位技能训练,提交一整套装订成册的和现场会计资料相当的凭证、账簿和报表,为今后选择会计职业岗位提供了应聘基础。

本书具有三个主要特征:一是内容新。反映《企业会计准则》,尤其是《小企业会计准则》和国家税制变革的新内容。二是实用性强。从会计工作岗位的实际出发,设置了现场广泛应用的原始凭证、记账凭证、各种账簿和报表,让学生在学校尝试了现场会计的操作过程。三是经济业务典型化。即选择工业企业最常见的、最基本的经济业务进行核算,且要求学生提供的训练成果——会计资料标准化、规范化。

本书第一章由朱学义教授编写,第二章由何颜编写,第三章、第四章由王瑞功编写,第五章由吴秋月编写,第六章由冯之坦编写,第七章由张景荣编写,第八章由徐海侠编写,第九章由朱学义、张道响、朱亮峰、何颜、王瑞功、吴秋月、冯之坦共同编写,全书由朱学义、张景荣总纂定稿。

对书中不当之处,恳请读者批评指正。

编 者
2013 年 10 月

目　录

前言 ⋯⋯⋯⋯⋯⋯⋯⋯⋯⋯⋯⋯⋯⋯⋯⋯⋯⋯⋯⋯⋯⋯⋯⋯⋯⋯⋯⋯⋯⋯⋯⋯⋯⋯ 1

第一章　会计岗位技能训练概述 ⋯⋯⋯⋯⋯⋯⋯⋯⋯⋯⋯⋯⋯⋯⋯⋯⋯⋯⋯⋯ 1
　第一节　会计岗位技能训练的总体设计 ⋯⋯⋯⋯⋯⋯⋯⋯⋯⋯⋯⋯⋯⋯⋯ 1
　第二节　会计岗位技能训练的基础资料 ⋯⋯⋯⋯⋯⋯⋯⋯⋯⋯⋯⋯⋯⋯⋯ 2

第二章　出纳岗位技能训练 ⋯⋯⋯⋯⋯⋯⋯⋯⋯⋯⋯⋯⋯⋯⋯⋯⋯⋯⋯⋯⋯ 9
　第一节　出纳岗位基本技能知识 ⋯⋯⋯⋯⋯⋯⋯⋯⋯⋯⋯⋯⋯⋯⋯⋯⋯⋯ 9
　第二节　出纳岗位职责及其记账业务处理 ⋯⋯⋯⋯⋯⋯⋯⋯⋯⋯⋯⋯⋯ 21
　第三节　出纳岗位业务流程 ⋯⋯⋯⋯⋯⋯⋯⋯⋯⋯⋯⋯⋯⋯⋯⋯⋯⋯⋯⋯ 23
　第四节　出纳岗位技能业务训练 ⋯⋯⋯⋯⋯⋯⋯⋯⋯⋯⋯⋯⋯⋯⋯⋯⋯ 25
　第五节　出纳岗位考核测试题及参考答案 ⋯⋯⋯⋯⋯⋯⋯⋯⋯⋯⋯⋯⋯ 29
　第六节　薪酬岗位技能训练 ⋯⋯⋯⋯⋯⋯⋯⋯⋯⋯⋯⋯⋯⋯⋯⋯⋯⋯⋯⋯ 34
　第七节　薪酬岗位考核测试题及参考答案 ⋯⋯⋯⋯⋯⋯⋯⋯⋯⋯⋯⋯⋯ 44

第三章　存货岗位技能训练 ⋯⋯⋯⋯⋯⋯⋯⋯⋯⋯⋯⋯⋯⋯⋯⋯⋯⋯⋯⋯ 46
　第一节　存货岗位基本技能知识 ⋯⋯⋯⋯⋯⋯⋯⋯⋯⋯⋯⋯⋯⋯⋯⋯⋯ 46
　第二节　存货业务处理 ⋯⋯⋯⋯⋯⋯⋯⋯⋯⋯⋯⋯⋯⋯⋯⋯⋯⋯⋯⋯⋯⋯ 56
　第三节　存货岗位技能业务训练 ⋯⋯⋯⋯⋯⋯⋯⋯⋯⋯⋯⋯⋯⋯⋯⋯⋯ 66
　第四节　存货岗位考核测试题及参考答案 ⋯⋯⋯⋯⋯⋯⋯⋯⋯⋯⋯⋯⋯ 70

第四章　固定资产岗位技能训练 ⋯⋯⋯⋯⋯⋯⋯⋯⋯⋯⋯⋯⋯⋯⋯⋯⋯⋯ 79
　第一节　固定资产岗位基本技能知识 ⋯⋯⋯⋯⋯⋯⋯⋯⋯⋯⋯⋯⋯⋯⋯ 79
　第二节　固定资产岗位业务流程 ⋯⋯⋯⋯⋯⋯⋯⋯⋯⋯⋯⋯⋯⋯⋯⋯⋯ 89
　第三节　固定资产岗位业务处理 ⋯⋯⋯⋯⋯⋯⋯⋯⋯⋯⋯⋯⋯⋯⋯⋯⋯ 90
　第四节　固定资产岗位技能业务训练 ⋯⋯⋯⋯⋯⋯⋯⋯⋯⋯⋯⋯⋯⋯⋯ 94
　第五节　固定资产岗位考核测试题及参考答案 ⋯⋯⋯⋯⋯⋯⋯⋯⋯⋯⋯ 95

第五章　成本费用岗位技能训练 ⋯⋯⋯⋯⋯⋯⋯⋯⋯⋯⋯⋯⋯⋯⋯⋯⋯ 100
　第一节　成本费用岗位基本技能知识 ⋯⋯⋯⋯⋯⋯⋯⋯⋯⋯⋯⋯⋯⋯ 100
　第二节　成本费用岗位业务流程 ⋯⋯⋯⋯⋯⋯⋯⋯⋯⋯⋯⋯⋯⋯⋯⋯ 104
　第三节　成本费用岗位技能业务训练 ⋯⋯⋯⋯⋯⋯⋯⋯⋯⋯⋯⋯⋯⋯ 105
　第四节　成本费用岗位考核测试题及参考答案 ⋯⋯⋯⋯⋯⋯⋯⋯⋯⋯ 116

第六章 纳税实务岗位技能训练·······························123
  第一节 纳税岗位基本技能知识·····························123
  第二节 纳税申报业务的办理······························165
  第三节 纳税实务岗位技能业务训练························166
  第四节 纳税实务岗位考核测试题及参考答案··············170

第七章 财务报表岗位技能训练·······························173
  第一节 财务报表岗位基本技能知识························173
  第二节 财务报表岗位业务流程····························185
  第三节 财务报表岗位报表编制实务························187
  第四节 财务报表岗位考核测试题及参考答案··············192

第八章 会计电算岗位技能训练·······························199
  第一节 系统管理岗位技能操作····························200
  第二节 账套主管岗位技能操作····························202
  第三节 制单会计岗位技能操作····························214
  第四节 出纳岗位技能操作································224
  第五节 报表编制··226

第九章 会计岗位技能训练操作资料···························229
  第一节 纳税实务岗位技能训练操作资料····················229
  第二节 成本费用岗位技能训练操作资料····················277
  第三节 固定资产岗位技能训练操作资料····················333
  第四节 存货岗位技能训练操作资料························343
  第五节 出纳岗位技能训练操作资料························373

参考文献···460

第一章　会计岗位技能训练概述

第一节　会计岗位技能训练的总体设计

一、会计岗位技能训练的目的要求

（一）目的

会计岗位技能训练的目的是：掌握企业会计的整个核算过程，达到会记账、会算账、弄清会计账簿体系及其各种数据的来龙去脉，为会计资料使用者提供有关的经济决策信息。

（二）要求

进行会计岗位技能训练要求做到：根据所提供的经济业务会填制有关原始凭证；根据原始凭证会编制记账凭证；根据记账凭证会登记现金日记账、银行存款日记账和有关明细账；会利用账簿资料编制有关分配表，计算产品成本和利润；会编制科目汇总表等进行试算平衡，进而登记总账；会编制财务报表和成本报表，包括：资产负债表、利润表、现金流量表、所有者权益变动表、营业收支明细表、应交税费明细表、产品生产成本表、主要产品单位成本表、制造费用明细表、管理费用明细表。

二、会计岗位技能训练的形式

会计岗位技能训练分为岗能训练和全能训练两种形式。岗能训练是指按会计工作岗位分工进行各个岗位的会计核算工作的操作。全能训练，是会计全部岗位技能综合训练的简称，也称会计综合训练，是指按所给经济业务顺序进行全面操作，完成规定的任务，也就是说，一个人能干全部会计岗位工作。

三、会计岗位技能训练的时间安排

参加会计岗位技能训练的学员必须是已学过"基础会计"、"财务会计"和"成本会计"等课程，或者是从事会计工作多年，熟悉全部经济业务。训练时间的长短取决于训练形式及要求。具体讲：

（1）进行岗能训练。应用现场会计业务的仿真原始凭证，购置用现场会计使用的全部真实记账凭证和会计账表进行操作。① 结合"出纳实务"课程学习 12 课时的同时，进入出纳岗位训练 12 课时。由于企业的薪酬业务涉及货币支付，学员还要进入薪酬岗位训练 6 课时。② 结合"财产实务"课程学习 14 课时的同时，进入材料岗位训练 36 课时，再进入固定资产岗位训练 20 课时。③ 结合"成本会计实务"课程学习 40 课时的同时，进入成本费用岗位训练 60 课时。④ 结合"纳税实务"课程学习 12 课时的同时，进入销售利润岗位训练 18 课时。⑤ 结合"财务报表会计实务"课程学习 20 课时的同时，进入会计报表岗位训练 24 课时。⑥ 结合"初级会计电算化"课程学习 48 课时的同时，进入会计电算化岗位训练 32 课时。

（2）进行全能训练。应用现场会计业务的仿真原始凭证，购置用现场会计使用的全部真实记账凭证和会计账表进行操作。手工会计 4 周，电算化会计 2 周，每周计 30 课时，总计

180 课时。其中,电算化会计使用财务商用软件(用友、金蝶、安易等财务软件),操作步骤是:建立账套,完成初始化,输入凭证,进行审核、记账、账簿查询,编制报表等。

四、会计岗位技能训练记分

进行会计岗能训练时,实践教学课程考试(查)占 60%,相应岗位技能训练成绩占 40%,后者通过学生提供的会计凭证、各种账簿、各种报表、实训总结、会计实际业务测试等方式评定成绩。

进行会计全能训练时,业务分占 70%,书写分占 10%,总结报告分占 5%,测(面)试分占 15%。对于业务分,在集中训练方式下,每天布置训练任务,用小考卷记小分,全部训练完毕,出大考卷记大分,大小分加权平均确定业务综合分。对于会计电算化岗位的训练,要检查学生上机操作结果作为评定成绩的主要依据。

会计全能训练结束时,要通过社会机构考评测试,合格后取得"会计岗位技能训练合格证书"。

第二节　会计岗位技能训练的基础资料

新海市九州电机厂账号 535358102340,开户行为新海市中国银行支行,行号 24202,增值税纳税登记号 320303100210636,地址在九州路 8 号,电话 88608502。企业为一般纳税人,增值税税率为 17%,所得税税率为 25%。该厂生产多种起动电机和变速电动机,设有一、二两个基本生产车间分别生产这两种产品,另外设有两个辅助生产车间——工具车间和机修车间(该厂根据管理需要,将"生产成本"一级科目分解为"基本生产"和"辅助生产"两个一级科目)。起动电动机不分品种、规格和批别混合生产,按定额比例法计算成本。变速电动机按产品分批投产,按分批法计算成本。20××年 12 月份有关资料如下:

一、本月(年)初各账户的余额[①]

1. 资产类账户(表 1-1)

表 1-1　　　　　　　　　　　　　　资产类账户余额　　　　　　　　　　　　单位:元

账 户 名 称	本年 12 月初余额	本年初余额
库存现金	187	200
银行存款	336 611	800 100
应收票据	10 200	20 500
应收账款	551 430	560 000
其他应收款	400	1 800
预付账款	5 000	
材料采购——原材料采购	5 000	6 500
材料采购——低值易耗品采购		
原材料	550 000	380 000
包装物	50 000	48 000

――――――――――

① 如无特殊说明,本书中金额单位均为"元"。

续表

账户名称	本年12月初余额	本年初余额
低值易耗品	145 000	170 000
材料成本差异	25 000	−26 920
——原材料差异	22 000	−25 600
——包装物差异	5 000	2 880
——低耗品差异	−2 000	−4 200
基本生产	427 288	413 000
库存商品	220 600	210 020
固定资产	3 788 600	3 568 000
累计折旧(贷余)	269 000	1 094 000
长期待摊费用	77 500	87 500
资产类账户合计	5 923 816	5 144 700

2. 权益类账户(表1-2)

表1-2　　　　　　　　　　　　权益类账户余额　　　　　　　　　　　　单位:元

账户名称	本年12月初余额	本年初余额
短期借款	445 000	384 400
应付账款	396 000	489 000
应付职工薪酬	88 390	86 200
应交税费	52 490	95 900
应付股利		262 100
应付利息——短期借款利息	20 280	
长期借款	1 192 511	691 580
实收资本	2 814 000	2 814 000
——国家资本	2 251 200	2 251 200
——法人资本	562 800	562 800
资本公积	23 000	23 000
盈余公积	98 952	98 952
本年利润②	593 625	
利润分配(贷余)①	199 568	199 568
权益类账户合计	5 923 816	5 144 700

① =1至11月累计利润总额791 500−1至11月累计所得税费用197 875=593 625(元)。

3. 基本生产明细账 12 月初在产品成本(表 1-3)

表 1-3 　　　　　　　　基本生产明细账 **12 月初在产品成本** 　　　　　　单位:元

		直接材料	直接人工	制造费用	合计
基本生产	起动电机	285 000	18 236	88 000	391 236
	218♯定单变速电动机	22 160	244	1 200	23 604
	225♯定单变速电动机	10 360	288	1 800	12 448
合计		317 520	18 768	91 000	427 288

4. 产成品明细账 12 月初结存(表 1-4)

表 1-4 　　　　　　　　　　　产成品明细账 **12 月初结存情况**

产品名称	数量/台	单位成本/元	金额/元
ST700 起动电动机	300	295	88 500
ST60 起动电动机	500	85	42 500
ST90 起动电动机	1 000	40	40 000
ST80 起动电动机	800	48	38 400
7.8/22 kW 380 V 变速电动机	10	1 120	11 200

5. 固定资产 12 月初分布情况(表 1-5)

表 1-5 　　　　　　　　　　　固定资产 **12 月初分布情况**

一、生产用固定资产		355 000
一车间	厂房	286 000
	机器设备	1 990 000
二车间	厂房	676 000
	机器设备	364 000
机修车间	厂房	32 000
	机器设备	46 000
工具车间	厂房	26 000
	机器设备	26 000
管理部门房屋		104 000
二、非生产用固定资产——房屋		140 000
三、未使用固定资产——设备		71 600
四、租出固定资产——设备		27 000
五、固定资产原值合计		3 788 600

6. 原材料 12 月初结余额

原材料 12 月初结余额中包括三星公司发来的材料一批,该材料上月末已验收入库,但发票未到,上月末按计划成本 1 000 元暂估入账。"材料采购"月初余额 5 000 元为在途材料,系向京卫工厂购材料一批的货款,该批材料全部款项已付,但到上月底材料仍未到达。

二、有关计算资料

(1) 1～11 月份累计产品销售资料(表 1-6):

表 1-6　　　　　　　　　　　**1～11 月份累计产品销售资料**

产品名称		销售数量/台	主营业务收入/元	主营业务成本/元	主营业务税金及附加/元	主营业务利润/元
起动电动机	ST700	4 375	1 704 270	1 295 630	9 697	398 943
	ST60	9 850	1 247 280	872 300	7 097	367 883
	ST90	24 080	1 524 620	1 068 040	8 675	447 905
	ST8	17 472	1 264 400	887 050	7 194	370 156
变速电动机	10/30 kW 346 V	66	254 950	244 800	1 451	8 699
	7.3/22 kW 380 V	332	521 465	385 780	2 962	132 723
合　计		—	6 516 985	4 753 600	37 076	1 726 309

(2) 产成品数量及有关资料(表 1-7):

表 1-7　　　　　　　　　　　**产成品数量及有关资料**

产品名称或成本项目	1～11 月累计		本月完工产品数量/台	单台材料定额成本/台	单台工时定额/h	上年实际单位成本/元	1～11 月累计销售数量/台	年初结存产成品	
	完工产品产量/台	实际总成本/元						数量/台	成本/元
一、主要产品									
1. ST700 起动电动机	4 400	1 298 880	500	250	30	314	4 375	275	85 250
直接材料		988 680		238					
直接人工		57 640		15					
制造费用		252 560		61					
2. ST60 起动电动机	9 900	875 200	1 000	70	10	90	9 850	450	39 600
3. ST90 起动电动机	24 200	1 070 200	2 000	6	6	45	24 080	880	37 840
4. ST8 起动电动机	17 600	891 800	1 500	40	6	52	17 472	672	33 650
5. 380 V 变速电动机	330	383 300	30	—	—	1 188	332	12	13 680
二、非主要产品									
6. 346 V 变速电动机	66	244 800	10	—	—	—	66	—	—

(3) 本月发出材料差异率资料。本月发出材料除低值易耗品、委托加工材料或题目明确标注按月初差异率调整为实际成本外,其余均按本月差异率调整计算。

三、有关报表资料

（1）资产负债表资料（表1-8）：

表1-8　　　　　　　　　　　　　　　　资产负债表

单位名称：九州电机厂　　　　　　　20××年11月30日　　　　　　　　　　单位：元

资　产	年初数	期末数	负债及所有者权益	年初数	期末数
货币资金	800 300	336 798	短期借款	384 400	445 000
应收票据	20 500	10 200	应付账款	489 000	396 000
应收账款	560 000	551 430	应付利息		20 280
预付账款		5 000	应付职工薪酬	86 200	88 390
其他应收款	1 800	400	应交税费	95 900	52 490
存货	1 200 600	1 422 888	应付股利	262 100	
固定资产	2 474 000	2 519 600	长期借款	691 580	192 511
长期待摊费用	87 500	77 500	负债合计	2 009 180	1 194 671
			实收资本	2 814 000	2 814 000
			资本公积	23 000	23 000
			盈余公积	98 952	98 952
			未分配利润	199 568	793 193
			所有者权益合计	3 135 520	3 729 145
资产总计	5 144 700	4 923 816	负债及所有者权益总计	5 144 700	4 923 816

（2）利润表资料（表1-9）：

表1-9　　　　　　　　　　　　　　　　利　润　表

单位名称：九州电机厂　　　　　　　20××年11月30日　　　　　　　　　　单位：元

项　　目	本期金额	1～11月累计
一、营业收入		6 554 785
减：营业成本		4 788 821
营业税金及附加		37 455
销售费用		212 424
管理费用		622 175
财务费用		51 610
二、营业利润（亏损以"－"填列）		842 300
加：营业外收入		18 000
减：营业外支出		68 800
三、利润总额（亏损以"－"填列）		791 500
减：所得税费用		197 875
四、净利润（亏损以"－"填列）		593 625

（3）制造费用和管理费用资料（表 1-10）

表 1-10　　　　　　　　　　　　**制造费用和管理费用资料**　　　　　　　　　　单位:元

费用项目	制造费用			管理费用		
	上年全年实际发生	本年计划	本年 1～11 月累计实际发生	上年全年实际发生	本年计划	本年 1～11 月累计实际发生
工资	40 995	36 918	31 558	66 000	67 000	61 600
职工福利费	5 739	5 169	4 418	9 240	9 380	8 624
工会经费	820	738	631	1 320	1 340	1 232
职工教育经费	615	554	473	990	1 005	924
医疗保险费	4 100	3 692	3 156	6 600	6 700	6 160
养老保险费	4 919	4 430	3 787	7 920	8 040	7 392
失业保险费	410	369	316	660	670	616
住房公积金	4 304	3 876	3 314	6 930	7 035	6 468
劳动保险费				278 730	291 390	269 375
折旧费	209 000	221 000	217 660	18 760	27 100	26 368
修理费	91 000	89 600	71 060	27 900	27 000	9 950
办公费	18 000	16 500	13 640	24 000	21 800	19 900
水电费	189 000	188 260	158 400	12 000	11 800	10 340
（机）物料消耗	478 000	480 000	130 436	26 400	24 000	21 600
劳动保护费	6 400	6 600	5 280	—	—	—
差旅费	4 200	4 000	4 100	8 700	8 300	8 000
保险费	4 870	5 210	4 770	480	510	451
低值易耗品摊销	298 000	290 000	285 000	5 400	5 240	4 180
运输费				25 900	25 700	20 680
研究费用				132 000	132 300	116 800
税金				10 000	10 600	7 900
存货盘亏毁损				8 000	5 000	7 000
其他	1 628	1 084				6 615

（4）销售费用、财务费用、营业外收支情况（表 1-11）

表 1-11　　　　　　　　　　**销售费用、财务费用、营业外收支情况**　　　　　　　　单位:元

项　　目	上年实际	本年 1～11 月实际累计
一、销售费用		
1. 运输费	2 100	21 400
2. 包装费	3 000	3 200
3. 广告费	110 000	107 824
4. 其他费用	80 000	80 000

项　　目	上年实际	本年 1～11 月实际累计
二、财务费用		
1. 利息支出	39 500	51 410
2. 金融机构手续费	180	200
三、营业外收入		
1. 处理固定资产收益	8 800	7 000
2. 报废毁损固定资产收益	3 000	11 000
四、营业外支出		
1. 处理固定资产损失	8 800	5 700
2. 固定资产盘亏	2 000	21 000
3. 子弟学校经费	13 000	12 100
4. 公益救济性捐赠	40 000	30 000

（5）1～12 月现价工业总产值 7 885 000 元，现价工业销售产值 7 807 000 元，工业增加值 2 128 950 元，全部职工平均人数 194 人；1～11 月平均流动资产 2 625 000 元，平均固定资产净值 2 510 000 元，平均营运资金 1 280 500 元，累计工资总额 625 000 元。

（6）固定资产月初余额均含增值税（均为 2008 年 12 月 31 日以前形成）。

第二章　出纳岗位技能训练

第一节　出纳岗位基本技能知识

出纳是随着货币及货币兑换业的出现而产生的。"出",即支出、付出;"纳"即收入。具体讲,出纳是办理本单位现金收付、银行结算及有关账务,保管库存现金、有价证券、财务印章及有关票据等工作的总称。办理本单位出纳工作的人员,称为出纳员,分为"现金出纳(员)"和"银行出纳(员)"两种,小单位不区分这两种出纳,只要是从事票据、货币资金和有价证券的收付、保管、核算工作的人员,都称为"出纳"或"出纳员"。

一、现金出纳业务的办理

库存现金收付业务是各单位、部门经常发生的一项经济活动。为了加强对现金的管理,国务院于 1998 年颁发了《现金管理暂行条例》,规定了现金的收入及使用范围,中国人民银行也于 1998 年 9 月 23 日发布了《现金管理暂行条例实施细则》,对库存现金的收支程序做出相应的规定。现金收支是出纳岗位的主要日常工作之一。出纳人员在办理现金收付业务时,必须严格遵守国家财经制度中有关现金管理的制度和规定,在具体办理现金款项收付时,要认真复核现金收付款凭证,并根据复核无误的收付款凭证办理现金收入和支付,做好登记现金日记账等工作。

(一)库存现金收入业务的办理

根据国家现金管理制度的规定,各单位在办理经济业务时,可以在下列范围内收取一定的现金:① 单位或职工交回的差旅费剩余款、赔偿款、备用金退回款;② 收取不能转账的单位或个人的销售收入;③ 不足转账起点(起点为 1 000 元)的小额收入等。除上述项目外,企业收款业务原则上都必须通过银行存款转账结算。

1. 库存现金收入的处理程序

库存现金收入的处理程序是指办理现金收入时,从复核现金收入的来源到登记现金日记账的整个过程中所采取的处理步骤和原则。办理现金收入业务的程序一般为:

(1)复核现金收款凭证,即复核现金收入的合法性、真实性和准确性。

(2)当面清点现金。出纳人员在办理现金收付款业务时,无论是从银行取款,还是收到个人交来的款项,都要当面认真仔细地清点,反复核对,以防差错。

(3)开出现金收据,并加盖"现金收讫"印章和出纳人员名章。

(4)根据收款凭证登记现金日记账。如果取得的原始凭证上印有"代记账凭证"字样,也可以根据该原始凭证登记现金日记账。

2. 库存现金收款凭证的复核

库存现金收款凭证是出纳人员办理现金收入业务的依据,为了确保收款凭证的合法性、真实性和准确性,出纳人员在办理每笔现金收入前,都必须首先复核现金收款凭证,按照《现金管理暂行条例》及《会计基础工作规范》等有关规定和要求认真复核以下内容:

（1）库存现金收款凭证的日期是否填写正确。现金收款凭证的填写日期应该是收到款项的当天，不得通过提前或推后填写日期来提前或推迟收入的确认。

（2）库存现金收款凭证的编号是否正确。现金收款凭证是记账凭证的种类之一，在会计工作中，为了分清会计事项处理的先后顺序，便于记账凭证与账簿核对，确保记账凭证完整无缺，必须对每一张记账凭证进行编号，现金收款凭证也应遵循前面所述的编号原则进行编号。复核时主要检查现金收款凭证的编号是否按本单位规定的分类编号方法连续编号，如有重号、漏号或不按日数、解序编号等情况，应将收款凭证退回制证人员予以更正或重新填写。

（3）库存现金收款凭证的主要内容是否正确。库存现金收款凭证记录的内容是否真实、合法、正确，其摘要栏的内容与原始凭证反映的经济业务内容是否相符是出纳人员应认真检查的重要内容。出纳人员在办理每一笔现金收入业务前，必须按照现金管理制度及有关政策规定，复核现金来源的合法及真实性；复核其摘要栏记录的经济业务内容与原始凭证反映的内容是否相符，复核无误后，方可按现金收入处理程序办理现金收入业务。复核中如发现凭证所记载的经济业务内容不正确、不完整、不符合会计凭证编制要求，应退回制证人员，要求补填或更正。对伪造、涂改或不合法的凭证，应拒绝办理，并及时报告领导处理。

（4）使用的会计科目是否正确。会计科目是财政部门根据各部门经济活动的特点统一制定的，会计科目使用的正确与否直接决定着一项经济事项是否在记录中得到了正确的反映。各单位会计人员必须按会计准则和国务院各主管部门的补充规定设置和使用一级及主要的二级会计科目；必须根据经济业务的性质和规定的会计科目名称、核算内容和对应关系正确使用，不得随意改变。出纳人员在复核会计科目使用是否正确时，应本着上述原则进行检查，同时还应对会计科目所涉及的记账方向进行复核，如果发现科目使用错误或记账方向错误等情况，应立即退还要求更正。

（5）复核收款凭证的金额与原始凭证的金额是否一致。收款凭证是根据原始凭证填制的，收款凭证金额与所附原始凭证的金额必须相符。在实际工作中，会计人员可能会因为工作中的疏忽，在填制记账凭证时误将数字填错，如错将 100 元填写成 10 元，或将 10 元填写成 100 元等；如果采用汇总填制方法将若干张同类原始凭证汇总填制一张收款凭证，也可能会出现漏计或重复登记等错误。出纳人员在办理现金收入业务前，要认真核对收款凭证和原始凭证的金额是否一致、收款凭证的大、小写金额是否一致等。如有差错，应退回制证人员更正或重新填制。

（6）复核收款凭证"附单据"栏的张数与所附原始凭证张数是否相符。和其他所有的记账凭证一样，在填制收款凭证时也要在"附单据"栏内注明收款凭证后附原始凭证张数。收款凭证所附原始凭证张数的计算一般以自然张数为准，与收款凭证记录的经济业务有关的每一张证件都作为原始凭证附件，有一张算一张。如果收款凭证中附有原始凭证汇总表，应该把所附的原始凭证和原始凭证汇总表的张数统统计入附件张数之内，例如，如果一项经济业务有 50 张原始凭证和 1 张原始凭证汇总表，该收款凭证所附原始凭证的张数就是 51 张。值得注意的是：复印的原始凭证不得作为填制收款凭证的依据；职工个人出具的"原始凭证丢失证明"不能作为填制收款凭证的依据，如果确因不慎将从外单位取得的原始凭证遗失，应取得原签发单位盖有公章的证明，并注明原始凭证的名称、号码、金额和经济内容等，由经办单位负责人批准，方能代替原始凭证；经过上级批准的经济业务，应将批准文件作为原始凭证的附件。如果批准的文件需单独归档,应在凭证上注明批准机关名称、日期和文件字号。

(7) 收款凭证的出纳、制证、稽核、记账、会计主管栏目是否签名或盖章。为了加强凭证的管理,分清会计人员之间的经济责任,使会计工作各个岗位之间互相制约、互相监督,收款凭证要严格按照《会计基础工作规范》的规定,由制证人员、稽核人员、记账人员、会计主管人员、出纳人员签名或盖章。其中,"出纳"签章栏是在出纳人员收妥款项后才签章。财会人员较少的单位,款项收付等各项工作至少也必须有两人在收款凭证上分别签名或盖章:一为会计,一为出纳。有些单位的收款凭证上有姓无名,甚至连任何签字也没有,有的单位为简化手续,把办理收付款业务使用的几个印章全部交给出纳人员一人"包"管,表面上凭证中的签章齐全,但却失去了实际意义,是不被允许的。出纳人员在复核签章时要认真核对各栏目是否都有主办人员签章,如有漏签,要补签后再收款。

3 库存现金的提取

各单位必须在银行规定的现金使用范围内办理提取现金业务。到银行提取现金由出纳人员办理。一般的提现由出纳填写现金支票,提取工资、奖金时还须填写工资、奖金手册,然后到银行办理提现手续。填写现金支票时必须使用钢笔,用蓝黑墨水按支票簿排定的页数顺序填写,字体不能潦草,也不得使用红色或易褪色的墨水;签发日期应填写实际出票日期,不得补填或预填日期;收款单位名称应填全称并与预留印鉴中单位名称保持一致;大小写金额必须按规定书写,填写齐全,小写金额前应加填货币符号"￥",如有错误,不得更改,必须作废重填;除大小写金额外,其他各栏如填错,可在改正处加盖预留印鉴之一,予以证明;用途栏应填明真实用途。出纳人员按上述要求填写支票后,交由保管印鉴人员在签发单位签章处按预留印鉴分别签章(出纳人员不能保管全部预留银行印鉴),签章不能缺漏,必须与银行预留印鉴相符;支票背面要由取款单位或取款人签章(即背书)。出纳人员还应将取款的券别逐项填写清楚。

到开户银行提现时,一般要先到银行现金审核处办理审核手续(有的地方规定提取一定金额以上的款项须经审核)。银行审核人员签章后,将支票送至指定柜台交银行会计人员核对印鉴等,核对无误后由银行发牌作为取款对号的证明(有的地方不发牌,由出纳人员将现金支票右下角的出纳对号单撕下,作为取款对号用),然后到指定作付款柜台或窗口等待对号取款,取款时要按支票上填写的金额当面清点现金。

在提取现金还应注意:必须按《现金管理暂行条例》规定的现金使用范围提取现金。对超出规定范围和限额使用现金的,银行按照超出额的 10%～30% 处罚;不得用转账凭证套取现金,不得编造用途套取现金;不得利用本单位账户替其他单位和个人套取现金,银行对套取现金的,按照套取现金金额的 30%～50% 处罚;单位不得用现金购置国家规定的专项控制商品,银行对不采取转账方式购置国家规定的专项控制商品的,按购买额的 50%～100% 对买卖双方处罚。

(二) 库存现金支出业务的办理

1. 库存现金的使用范围

按照国务院发布的《现金管理暂行条例》规定,开户单位可以在下列范围内使用现金:

① 职工工资、各种工资性津贴;② 个人劳务报酬,包括稿费、讲课费以及其他专门工作报酬;③ 支付给个人的各种奖金,包括根据国家规定颁发给个人的各种科学技术、文化艺

术、体育等各种奖金；④ 各种劳保、福利费以及国家规定的对个人的其他支出；⑤ 向个人收购农副产品和其他物资的价款；⑥ 出差人员必须随身携带的差旅费；⑦ 结算起点以下的零星支出；⑧ 中国人民银行确定需要支付现金的其他支出。

2. **库存现金支出的处理程序**

① 复核现金付款凭证；② 经复核无误后，在付款凭证所附的原始凭证上加盖"现金付讫"印章；③ 根据付款凭证所列金额付出现金；④ 在付款凭证"出纳"栏签章；⑤ 根据付款凭证登记现金日记账。

3. **库存现金付款凭证的复核**

现金付款凭证是现金出纳人员办理现金支付业务的依据。付款凭证应由有关账户的主办会计人员填制。出纳人员对每一笔现金支付业务都要认真复核现金付款凭证。其复核方法及基本要求同现金收款凭证大致相同，不再赘述。出纳人员在复核现金付款凭证时应注意以下几点：

（1）现金和银行存款之间的收付。对于涉及现金和银行存款之间的收付业务（从银行提取现金或以现金存入银行等），为了避免重复，只按照收付业务涉及的贷方科目编制付款凭证。如：某单位出纳人员从银行提取现金 800 元，此项业务涉及现金收入和银行存款的支出，但在编制凭证时，只须填制银行存款付款凭证，而不填制现金收款凭证。同样，出纳人员将现金存入银行，此项经济业务反映的是现金的减少和银行存款的增加，但在编制凭证时，只编制现金付款凭证，不编制银行收款凭证。现金付款凭证的借方科目为银行存款，贷方科目为现金。如东风机械厂将销售收入的现金 585 元送存银行，会计人员应根据现金送款簿编制付款凭证。

（2）红字填写的现金付款凭证。现金付款凭证如出现红字时，实际经济业务应是现金收入的增加，但在处理时，为了避免混淆，出纳人员在凭证上加盖印章时，仍加盖"现金付讫"，以表示原经济业务付出的款项已全部退回。

（3）少量的销货退回付款。发生销货退回时，如数量较少，且退款金额在转账起点以下，需用现金退款时，必须取得对方的收款收据，不得以退货发货票代替收据编制付款凭证。

（4）原始凭证遗失的处理。从外单位取得的原始凭证如果遗失，应取得原签发单位盖有公章的证明，并注明原始凭证的名称、号码、金额和经济内容等，由经办单位负责人批准，方能代替原始凭证；如果确实无法取得证明（如乘坐火车、轮船、飞机等票据），由当事人写出详细情况，由同行人证明，并由主管领导和财务负责人批准，方可代替原始凭证。

（5）共同负担费用的处理。如果出现某项费用由两个或两个以上的单位共同负担的情况，可以使用"原始凭证分割单"作为填制付款凭证的依据。"原始凭证分割单"是指在一项费用由两个以上单位共同负担的情况下，保存原始凭证的主办单位开给其他应负担部分费用支出的单位的证明。这种分割单必须具备原始凭证的基本内容，包括凭证的名称、填制凭证的日期、填制凭证单位名称或填制人姓名、经办人员的签名或盖章、接受凭证单位名称、经济业务内容、数量、单价、金额和费用的分担情况等。原始凭证分割单格式不统一，各单位可根据实际情况按上述内容自行设计印制。

4. **现金日常支出业务的办理**

现金日常支出的项目很多。在现金的支付过程中，会计人员应严格按照规章、制度的要求控制开支。由于各单位和各地区所制定的标准有所不同，在此只选择其中两项加以介绍。

（1）职工差旅费的办理。职工差旅费支出有两种情况，一种是职工在出差前按规定预借一定数额的差旅费，报销时按标准多退少补；另一种是职工出差时个人先垫付差旅费款项，报销时按规定的标准实报实销。

职工预借差旅费需办理借款手续，填写借款单。借款单上要填写清楚借款单位、借款人姓名、借款日期、借款事由、出差地点及申请借款金额等有关事项，如果用两联或三联的借款单，填写时必须用双面复写纸套写。经单位领导批准后，到财务部门办理借款手续。

会计人员按有关规定和标准对借款单审核无误后，填制现金付款凭证（借款单第一联作为原始凭证），出纳人员对付款凭证复核无误后，支付现金。

职工出差返回后，按规定填写报销单。报销单的格式不统一，通常是根据本单位经济业务需要自行设计印制。其主要内容包括：报销日期、报销单位、报销人姓名、职务（职称）、出差任务、出差天数、往返日期、往返时间、起程及到达地名、乘坐的车船、飞机票价金额、市内交通费、住宿费金额、伙食补助、预借款数、报销金额、应退款或补款数额、其他费用小计（包括订票费、退票费、电话费等项合计）等项目。出差人应按规定的标准填写清楚上述项目。实行差旅费包干的单位应按包干标准填写，会计人员也应按包干标准审核。包干标准各地略有差异。包干的原则是：对出差人员的住宿费、市内交通费、伙食补助费实行分项计算，总额包干，调剂使用，节约奖励，超支不补。总额包干办法适用于司（局）长及其以下人员，副部长以上干部及随行一人在各自的规定标准内实报实销。实行总额包干的单位对出差人员要定任务，定人数，定地点，定时间，定包干费用控制数。如因特殊情况实际出差天数超过原定计划天数的，须经单位领导批准，否则对其超过天数的费用，财务部门不予报销。

出差人员的住宿费、市内交通费和伙食补助费，均按出差的自然（日历）天数计算。

到基层单位实（见）习、支援工作以及各种工作队、医疗队等人员不实行总额包干；到外地参加会议（不包括订货一类会议）和各种训练班的人员以及各单位认为不宜实行总额包干的执行特殊任务的出差人员仍按实报实销的办法。

会计人员在审核报销单时应严格按上述规定和包干标准执行。出纳人员在支付报销款项时，也应按标准逐项复核，无误后支付现金。报销人如原预借款项不足支付差旅费时，用现金补足；如报销后原借款项有剩余，剩余应立即退回。

对于未借差旅费的职工，在办理报销时，直接按规定填写报销单，会计人员在审核报销凭证无误后，填制现金付款凭证，交由出纳人员复核，复核无误后，按付款凭证金额付款。

（2）办公费用支出的办理。各单位在日常经济业务中，经常需要购买一些办公用品，如文具、纸张、剪刀、墨水等。为了加强对办公用品使用的管理，节约办公费开支，各单位可根据工作需要定期编制办公用品领用计划，并由专人负责办公用品的采购、保管和发放。采购办公用品时，由采购人员填写采购清单，详细填明需采购的品种、数量、金额等项目，经有关领导审批后，到财务部门借款。如借款金额不足转账起点的可使用现金支付。采购人员按批准的项目完成采购任务后，将采购的物品交保管人员验收，保管人员按发货票或物品验收单上填列的项目逐项验收无误后，在物品验收单或购货发货票上签章，证明所购的货物已验收无误，全部入库。最后，采购人员将购货发货票连同物品入库单等一并交有关领导核批后，到财务部门报销。报销时出纳人员还要再次复核，无误后据以支付现金并登记现金日记账。

5. 现金送存银行的程序和要求

根据《现金管理暂行条例实施细则》的要求，各单位必须按开户行核定的库存限额保管、使用现金,如果收取的现金超出库存限额,应及时送存银行。

现金送存的一般程序是:首先由出纳人员清点票据,将同面额的纸币摆放在一起,按每100张为一把整理好,不够整把的,从大额到小额顺放;将同额硬币放在一起,按每100枚用纸卷成一卷,不足一卷的一般不送银行,留作找零用。款项清点整齐并核对无误后,由出纳人员填现金送款簿,有的地区称之为解款单、交款单等。这里以现金送款簿为例介绍有关事项。现金送款簿一式三联,第一联为回单联,银行盖章后交给送款单位;第二联为银行收入传票联;第三联为银行出纳留底联。出纳人员在填写现金送款簿时,要用双面复写纸复写。缴款日期必须填写缴款的当日,收款单位名称应填写全称,款项来源要如实填写,大、小写金额的书写要标准。券别和数额栏按实际送款时各种券面的张数或卷数填写,然后将款项同送款簿一并交银行收款窗口收款。银行核对后盖章,并将第一联(回单)交存款单位作记账凭证。

各单位收入的现金必须及时送存银行。根据《现金管理暂行条例实施细则》的有关规定,各单位不得将本单位的现金以个人储蓄方式存入银行,对于将公款以个人储蓄方式存入银行的,其开户银行按照存入金额的30%～50%处罚;不得私自将收入的现金直接坐支,对未经银行批准或未按银行核定的坐支额度和使用范围坐支现金的,银行按照坐支金额的10%～30%处罚;不得将收取的现金借给其他单位使用,银行对单位之间互相借用现金的,按照借用额的10%～30%处罚;不得巧立名目将收到的现金不入账,作为账外公款保留,银行对保留账外公款的,按保留金额的10%～30%处罚。

二、现金库存限额的管理

各单位为了满足日常零星开支的需要,通常会保留一定数额的库存现金,库存现金限额的多少并不是由企业自行决定的,而是由开户单位提出计划,报开户银行进行审批决定。经核定的库存现金限额必须严格遵行。

(一)现金库存限额的核定原则和方法

1. 核定原则

库存现金限额是指为保证各单位日常零星支付按规定允许留存现金的最高限额,其金额的多少由开户银行根据单位的实际需要和距离银行远近等情况核定,原则上按照单位3～5天的零星开支所需现金确定,远离银行机构或交通不便的单位如边远山区等可依据实际情况适当放宽,但最高不得超过15天。

一个单位在几家银行开户的,只能在一家银行开设现金结算户,支取现金,并由该家银行负责核定库存现金限额和进行现金管理检查。

凡在银行开户的独立核算单位都要核定库存现金限额;独立核算的附属单位,由于没有在银行开户,但需要保留现金,也要核定库存现金限额,其限额可包括在其上级单位库存限额内;商业企业的零售门市部需要保留找零备用金,其限额可根据业务经营需要核定,但不包括在库存现金限额之内。

2. 核定方法

库存现金限额的计算方式一般是:

库存现金＝前一个月的平均每天支付的数额(不含每月平均工资数额)×限定天数

(二)现金库存限额的办理

核定库存现金限额是现金管理的一项重要制度,对库存现金限额的控制既可以保证单位的日常零星现金支付的需要,又可以控制货币投放,减少库存现金数额,加速资金周转。因此,每一个单位必须严格依照有关规定,遵循既有利于现金集中于银行,又满足单位日常零星现金合理需要的原则,申报办理库存现金限额。

办理库存现金限额的一般程序为:首先填制库存限额申请批准书。填写时,应写明申请单位(真明单位全称)、开户银行、账号和货币单位;填写库存现金申请数额时,如有必要应写明具体的分限额,并作有关说明;加盖申请单位印章后,报送开户银行签署审查批准意见和核定数额。

库存现金限额经银行核定批准后,开户单位应当严格遵守,每日现金的结存数不得超过核定的限额,超出核定的库存现金限额留存现金的,银行按超出额的 10%～30% 处罚。库存现金不足限额时,可向银行提取现金,不得在未经开户银行准许的情况坐支现金。库存现金限额一般每年核定一次,单位因业务发展、变化需要增加或减少库存限额时,可向开户银行提出申请,经批准后,方可进行调整,不得擅自超出核定限额增加库存现金。

三、库存现金日记账的账务处理

为了全面、系统、连续、详细的反映有关现金的收支情况,企业应设置库存现金日记账,由出纳人员根据审核无误的收付款凭证,按照业务发生的先后顺序逐日逐笔登记,每日终了时应计算现金收入合计、现金支出合计和现金结余数,并将结余数与库存现金进行核对,保证账款相符。

谓现金日记账账务处理是出纳岗位和会计核算工作中不可忽视的环节,是指各单位为了准确完整地记载现金业务增减变化情况,对现金收入和付出,按照规定的原则和方法设置、启用、登记库存现金日记账;按一定程序核对账目、款项,并定期结账等有关事项的处理过程。库存现金日记账必须采用订本式账簿。登记库存现金日记账可以把专门记载现金收付业务的大量、分散的业务资料,根据一定要求进行登记整理,并按照一定程序和方法,记录到具有专门格式的账簿中去,从而形成全面完整系统的出纳核算资料,为现金的管理、监督和现金收支计划的执行提供可靠的信息资料,因此出纳人员必须认真做好其中的每一项细节工作。

(一) 库存现金日记账的设置和启用

1. 库存现金日记账的设置

任何一个单位,只要有现金收付业务,就必须设置库存现金日记账,应做到以账管钱,有钱就有账,收付有记录、清查有手续,保证现金的完整和合理使用。

库存现金日记账的设置必须符合《会计基础工作规范》和国家会计准则的要求,在不影响会计核算质量和保证现金安全完整的前提下,力求以简明的格式及时、正确、全面地反映现金收付情况。作为一种比较特殊且重要的明细账,采取手工记账的单位必须采用订本式账簿,不得以银行对账单或其他方法代替库存现金日记账。有外币现金的企业要分人民币、每种外币设置库存现金日记账进行序时核算。各单位应根据本单位业务量和出纳人员的情况对日记账进行设置,现金和银行存款较多并由多名出纳人员分管的,或者实行定额备用金制度和管理要求较高的,设置库存现金日记账时,户数可以多一些,格式也可以细一些。

库存现金日记账的格式大致可以分为三栏式、多栏式和收付分页式三种。实际工作中较为普遍应用的是三栏式账页。三栏式现金日记账是现金收入和支出同在一张账页上,各个对应科目不另设专栏反映的一种日记账格式,其三栏分别为“收入”、“支出”和“结余”。

多栏式库存现金日记账可以把收入和支出并在一本账中,也可以分别设置现金收入日记账和现金支出日记账,账中按照现金收付的对应科目分别设置专栏进行序时登记。使用两本账时,每日终了要将现金支出日记账当日支出的合计数过入现金收入日记账支出合计栏,以便结出当日余额。多栏式库存现金日记账可以提供更为详尽的信息,并能代替汇总收款凭证和汇总付款凭证,为登记现金总账提供了方便,还为编制现金流量表(直接法)提供了依据;但也需要做更多的工作,各单位可根据本单位的实际情况选用。

2. 库存现金日记账的启用

库存现金日记账是各单位重要的经济档案之一,为保证账簿的合法性,明确经济责任,防止舞弊行为,保证账簿资料的完整和便于查找,各单位在启用账簿时,首先要按规定内容逐项填写"账簿启用表"和"账户目录表"。在账簿启用表中,应写明单位名称、账簿名称、账簿编号和启用日期;在经营人员栏中写明经管人姓名、职别、接管或移交日期,由会计主管人员签名盖章,并加盖单位公章。在一本日记账中设置有两个以上现金账户的,应在第二页"账户目录表"中注明各账户的名称和页码,以方便登记和查核。

(二)库存现金日记账的登记方法

登记库存现金日记账的工作必须分工明确,由专人负责。登记过程应做到凭证齐全、内容完整、登记及时、账款相符。登记时必须认真仔细,书写工整,保证数字的真实、准确,不重记,不漏记,不错记,按期结账,不拖延积压,如果发生记录错误,必须按规定方法更正。从而使账目既能明确经济责任,又整洁美观。具体方法和要求如下:

1. 根据复核无误的收款凭证登记

现金出纳人员在办理收付款时,应当对收款凭证和付款凭证进行复核,并以复核无误的收付款凭证及所附原始凭证作为登记库存现金日记账的依据。如果原始凭证上注明"代记账凭证"字样,经有关人员签章后,也可作为记账的依据。

2. 记载的内容必须同会计凭证一致

所记载的内容必须同会计凭证相一致,不得随便增减。每一笔账都要记明记账凭证的日期、编号、摘要、金额和对应科目等。经济业务的摘要不能过于简略,应以能够清楚地表述业务内容为度,便于事后查对。日记账应逐笔分行记录,不得将收款凭证或付款凭证合并登记,也不得将收款付款相抵后以差额登记。登记完毕,应当逐项复核,无误后在记账凭证的"记账"一栏内做出过账符号"√",表示已经登记入账,并防止以后重复登记。

3. 逐笔序时登记日记账,并做到日清月结

为了及时掌握现金收付和结余情况,当日发生的现金收付业务必须当日记录并每日结出余额;有些现金收付业务频繁的单位,还应随时结出余额,以便于出纳和管理人员及时掌握收支计划的执行情况。每月月末必须按规定结账。分别结计出本月借、贷方发生额合计和月末余额,年度终了后,需结出全年累计发生额,办理结转手续(结账方法及要求详见"结账的基本要求")。库存现金日记账不得出现贷方余额(或红字余额)。

4. 必须连续登记,不得跳行、隔页,不得随便更换账簿和撕去账页

库存现金日记账采用订本式账簿,其账页不得以任何理由撕去,作废的账页也应留在账簿中。在一个会计年度内,账簿尚未用完时,不得以任何借口更换账簿或重抄账页,记账时必须按页次、行次、位次顺序登记,不得跳行或隔行登记,如不慎发生跳行、隔页,应在空页或空行中间划线加以注销,或注明"此行空白"或"此页空白"字样,并由记账人员盖章,以示负

责。(具体格式在登记会计账簿一节中有明确说明)。

5. 文字和数字必须整洁清晰,准确无误

在登记书写时,不得滥造简化字,不得使用同音异义字,不得写怪体字;摘要文字应紧靠左线;数字应写在金额栏内,不得越格错位、参差不齐;文字、数字字体大小要适宜,紧靠底线书写,上面要留有适当空距,一般应占格宽的二分之一,以备按规定方法改错。记录金额时,如果是没有角分的整数,应在角分栏写上"00",或以"—"代替,不得省略不写。阿拉伯数字一般可自左向右适当倾斜,以使账簿记录整齐、清晰。为防止字迹模糊,墨迹未干时不要翻动账页;夏天记账可在手臂下垫一块软质布或纸板等书写,以防汗浸。

6. 使用钢笔登账

登记日记账要使用钢笔,以蓝、黑色墨水书写。不得使用圆珠笔(银行复写账簿除外)或铅笔书写。但下列情况可以用红色墨水记账:按照红字冲账凭证,冲销错误分录及会计规章制度中规定的用红字登记的其他记录。

7. 每一账页记完后,必须按规定转页

为便于计算了解日记账中连续记录的累计数额,并使前后账页的合计数据相互衔接,在每一账页登记完毕结转下页时,应结出本页发生额合计数及余额,写在本页最后一行和下页第一行有关栏内,并在"摘要栏"注明"过次页"和"承前页"字样。也可以先在本页最后一行用铅笔字结出发生额合计数和余额,核对无误后,用蓝黑墨水在下页第一行写出上页的发生额合计数和余额,在摘要栏内写"承前页"字样,而不在本页最后一行写"过次页"和发生额、余额。

8. 记录发生错误时,必须按规定方法更正

为了提供在法律上有证明效力的核算资料,保证日记账的合法性,账簿记录不得随意涂改,严禁刮、擦、挖、补,或使用化学药物清除字迹。如果记账凭证填制正确,只是在过账记账时发生错误,应在错误的文字或数字上划一条红线,以示注销,然后在划线上方填写正确的文字或数字。对于错误的数字,不管记错几个数字字符。均应将整个数据全部划线更正,不得只更正其中的错误数字。例如:将2039错写成2093,必须将2039全部划红线注销,并在该行上方书写正确的2093。对于文字错误,可以只划去错误的部分,而不必全部划掉重写。如果由于记账凭证的错误而使账簿记录发生错误,可以用或红字更正法或补充更正法更正。

(三) 库存现金日记账的账账、账证、账实核对

为了保证库存现金日记账反映内容的完整准确,出纳人员在收付现金以后,不仅要及时记账,还要定期按照一定的程序进行核对,做好对账工作。对账是对账簿记录的内容进行核对,使账证、账账、账款相符的过程。库存现金日记账的账证核对,主要是将日记账簿记录与有关收付款凭证进行核对;账账核对是将日记账与现金总分类账的期末余额进行核对;账款核对是将日记账的余额与实际库存数额进行核对。

四、库存现金、票据及印章的保管

(一) 库存现金及有价证券的保管

1. 库存现金的保管

库存现金的保管主要是指对每日收取的现金和库存现金的保管。库存现金保管的责任人是出纳人员及其他附属单位的兼职出纳人员。出纳人员应选聘诚实可靠、工作责任心强、业务熟练的人员担任。出纳人员应当保持相对稳定,以提高他们的业务熟练程度。

库存现金的保管要有相应的保安措施，主要是会计室和保险柜。会计室应选择坚固实用的房间，能防潮、防火、通风，房门、墙壁、房顶要牢固，窗户要有铁栏杆和护窗金属板。出纳应配备专用保险柜，保险柜应靠会计室的内墙存放，保险柜钥匙由出纳人员专人保管，不得交由其他人员代管；保险柜密码应由出纳人员开启，并做好开启记录，严格保密；出纳人员工作变动时，应更换密码。保险柜钥匙或密码丢失或发生故障，要立即报请领导处理，不得随意找人修理或配钥匙。必须更换保险柜时，要办理以旧换新的批准手续，注明更换情况备考。

库存现金超过限额的，应及时送存银行。库存限额内的少量现金，上班时间可以放在办公桌抽屉内，方便收付，但必须随时落锁；下班后必须存放在保险柜内，以确保安全。库存现金应当整齐存放，保持清洁，防止发生潮湿霉烂和虫蛀、咬等事故。

2. 有价证券的保管

有价证券是代表特定价格和反映财产权益或债权的凭证，种类较多，目前我国发行的有价证券有国债、国家重点建设债券、地方债券、金融债券、企业债券和股票等。

有价证券是企业资产的一部分，具有与现金相同的性质和价值。有价证券的保管原则同现金基本一样，同时对各种有价证券的票面额和号码要保守秘密，不得丢失。属中签债券号码还本付息的，要特别注意经常核对国家公布的中签号码。为掌握各种债券到期时间，应建立"认购有价证券登记簿"。

（二）空白收据及空白支票的保管

1. 空白收据的保管

空白收据是未填制的收据。空白收据一经填制，并加盖有关印鉴，即可成为办理转账结算和现金支付的一种书面证明，直接关系到资金结算的准确、及时和安全，因此，必须按照规定加以保管和使用。

空白收据的保管应确定专人负责，一般应统一集中由主管会计人员保管。要建立空白收据登记簿，将各种收据的数量、起讫号码、发出使用和结存情况依次进行登记。保管人员工作调动时，要办好交接手续。各有关部门和收据使用人领用空白收据时，应填制领用章，并由领用人在收据登记簿上签字；领用部门也要建立收据登记簿，及时登记领入、使用、核销情况。使用单位不得将收据带往工作单位外使用，不得转借、赠送和买卖，不得弄虚作假、开具实物与票面不符的收据。作废的收据要加盖"作废"专用章，各联要连同存根一起保管，不得撕毁、丢失。使用部门再次领用收据时，须将已用完的收据存根交还保管人员核销，留待以后备查。收据的保管年限与原始凭证相同。销毁收据要报经上级主管单位批准，并征得有关部门同意后进行。

2. 空白支票的保管

在银行存款的额度内，开户单位可以随时向开户银行申领支票以办理收付款及单位之间债权债务关系的结算。开户单位一般都保留一定数量的空白支票以备使用。支票是一种支付凭证，一旦填写了有关内容并加盖有关印章后，即可成为直接从银行提取现金（现金支票）和与其他单位进行结算的凭据。因为支票的这种性质，在使用上必须严格加强管理，采取必要措施，妥善加以保管，以免发生非法使用和盗用、遗失等情况，给国家和单位造成经济损失。

存有空白支票的单位，必须明确指定专人妥善保管。为达到分工负责、明确责任，实务中要贯彻票、印分管的原则，空白支票和印章不得由一人负责保管。空白支票由出纳人员向银行购买，并按顺序填入支票备查簿，然后把支票及备查簿一并交会计人员保管；印章则由会计主管人员或指定专人保管,以形成制约机制,防止舞弊行为。

空白支票在未填列内容和金额时不能签发,空白现金支票更不允许签发。特殊情况(如因事先不能确定采购商品的数量、金额或劳务费用等,确需签发不填写金额的转账支票)时,必须加强对签发空白支票的管理。首先由用款单位领导签证,并经财务部门领导签批,主办会计填制金额暂时空置的付款凭证,作为出纳签发空白转账支票的依据。按要求除大小写金额和日期空置外,还应填写收款单位名称、账号、开户银行和用途,加盖预留印鉴,并对使用空白支票的限额和报销日期做出严格的规定。签发空白转账支票要及时收回注销。空白转账支票只能由支票使用单位及其指定人员签发,不得交给其他单位或个人签发。

为了明确责任,防止发生意外,持有空白支票的单位都应建立"空白转账支票登记簿"和"空白支票请领单",加强对支票的管理。

(三)印章的保管

现金和银行出纳使用的各种专用章包括支票印鉴、"现金收讫"、"现金付讫"、"银行收讫"、"银行付讫"章等。这些财务专用印章的保管和使用,应当坚持专管专用的原则,确定专人缜密保管,并按照有关规定严格管理和使用。

按照有关规定,支票印鉴一般应由会计主管人员或指定专人保管,支票和印鉴必须由两人分别保管。各种财务专用章的保管,原则上应与现金的保管要求相同,负责保管的人员不得将印章随意存放或带出工作单位。实际工作中,有的单位为简便省事,往往将支票印鉴,甚至单位主管人员的名章一并交由出纳人员保管和使用,这种做法是违反制度规定的,极易给违法违纪行为造成可乘之机,必须加以纠正。

如果发生印章遗失或需要更换预留银行印鉴,应填写"印鉴更换申请书",同时出具证明情况的公函一并交开户银行,经银行同意后,在银行发给的新印鉴卡的背面加盖原预留银行印鉴,在正面加盖新启用的印鉴。遗失预留银行印鉴的个人名章,由单位具函证明;遗失单位公章,由上级单位具函证明,经银行同意后,按上述方法办理更换印鉴的手续。

五、银行出纳业务的办理

企事业单位发生的经济业务活动,除了国家规定可以使用现金外,都必须通过银行办理转账结算。企事业单位应根据业务需要,按照规定在其所在地银行开设账户,运用所开设的账户进行存款、取款以及各种收支转账业务的结算。《银行账户管理办法》将企业的存款账户分为四类:即基本存款账户、一般存款账户、临时存款账户和专用存款账户。其中,基本存款账户是指企业办理日常转账结算和现金收付的账户,企业的工资、奖金等现金的支取,只能通过本账户办理。企业一般只能选择一家银行的一个营业机构开立一个基本存款账户。一般存款账户是指企业在基本存款账户以外的银行借款转存、与基本存款账户的企业不在同一地点的附属非独立核算单位开立的账户,本账户可以办理转账结算和现金缴存,但不能支取现金。临时存款账户是指企业因临时生产经营活动的需要而开立的账户,如企业异地产品展销、临时性采购资金等,本账户既可以办理转账结算,又可以根据国家现金管理规定存取现金。专用存款账户是指企业因特定用途需要所开立的账户,如基本建设项目专项资金、农副产品资金等,企业的销货款不得转入专用存款账户。

为了加强对基本存款账户的管理,企业开立基本存款账户,要实行开户许可证制度,必须凭中国人民银行当地分支机构核发的开户许可证办理。企业不得为还贷、还债和套取现金而多头开立基本存款账户;不得出租、出借账户;不得违反规定在异地存款和贷款而开立账户。

企业存放于银行或其他金融机构的货币资金,称为银行存款,包括人民币存款和外币存款两种。企业关于银行存款收付业务的办理、核算和管理由企业财务科"银行出纳(员)"负责。

(一)银行存款收入业务的办理

1. 银行存款收入的处理程序

① 复核银行存款原始凭证;② 填制一式两联的银行"进账单",送交银行办理转账;③ 复核银行存款收款凭证,并在复核无误的银行存款原始凭证上加盖本单位的"银行收讫"或"转账收讫"章;④ 根据银行收款凭证登记银行存款日记账。

2. 银行存款收款凭证的复核

银行存款收款凭证是出纳人员办理银行存款收入业务的主要依据。出纳人员办理每一笔银行存款收入业务都必须认真复核银行存款收款凭证。出纳人员对银行存款收款凭证的复核主要包括两个方面:一是复核付款单位交来的原始凭证(如银行本票、银行汇票、商业汇票、支票等);二是复核会计人员编制的银行存款收款凭证。对原始凭证的复核要求以及方法,将在银行结算方式、种类和有关业务处理部分分别介绍,银行收款凭证的复核内容及要求和现金收款凭证的复核内容及要求大致相同,此处不再赘述。

(二)银行存款支出业务的办理

1. 银行存款付款的处理程序

① 复核原始凭证(如购货合同、购货发票等)的真实性、合法性、准确性;② 填写付出票据登记簿,详细记载付款日期、结算种类、内容和付款金额等;③ 填写支票及结算凭证;④ 到开户行办理转账(或结算)手续;⑤ 根据付款凭证登记银行存款日记账。

2. 银行存款付款凭证的复核

银行存款付款凭证是出纳人员办理银行存款付款业务的主要依据。出纳人员在接到会计人员编制的银行存款付款凭证后,应对凭证的项目和内容进行认真复核,复核和对其他原始凭证的复核大致相同,只是要重点注意以下内容:

① 付款凭证的"摘要"栏是否注明付款结算方式;② 付款凭证支付项目是否是国家控制的商品;有无企业所在地或上一级财政部门批准的书面证明等;③ 重大开支有无企业领导或总会计师签批手续。

检查中如果发现其中有任何一项不符合制度的要求,应当立即将凭证退回编制凭证的会计人员,不予办理。

3. 银行存款、借款付息的复核

各单位存入银行或其他金融机构的货币构成银行或其他金融机构的负债,它是银行信贷资金的主要来源。银行根据存款的性质和期限不同,按不同利率向存款人支付利息。银行存款按期限可分为活期存款、定期存款、定活两便存款等,按资金性质不同可以分为财政存款、企业存款、储蓄存款等。在此主要介绍企业存款,它是指工业、商业等各类企业在银行的存款。企业存款按银行规定可获得一定的存款利息,存款利息由银行计算后直接记入企业存款户。

银行借款是指企业单位在生产经营中,由于资金不足等情况向开户银行申请借用的款项。企业向银行借款应按银行规定缴纳借款利息。借款利息由银行从企业的账户中直接扣除。企业支付的借款利息和获得的存款利息均通过银行转账结算,企业可根据银行转来的利息收、付通知单,进行有关的账务处理。

企业在收到银行转来的利息收、付通知单后,应按照存借款的期限、金额、利率和银行计算利息的方法对应收、应付的利息金额进行复核。

银行存借款利息的计算规定及方法如下:

企业的存款账户、定期调整和下贷上转方式的贷款账户,按季计算利息,计息日为每季末月20日;对工商企业实行逐笔核贷方式的贷款账户,按季或按贷款收回日计算利息,按季计息的计息日为每季末月20日;单位撤销账户或转移账户,于结清账户时随时结计利息。计息时期"算头不算尾"。存款从存入之日起,算至支付的前一日止;贷款从借入之日起,算至归还的前一日止,均按实际存款或贷款天数计算利息。对于逐笔计算利息的存贷款,其计息时期,满月的按月计算,有整月又有零头天数的,可以全部化为天数计算;满月的无论大小月均按30天计算;零头天数按实际天数计算。

第二节 出纳岗位职责及其记账业务处理

一、出纳岗位职责

企业根据本单位所属行业的性质、自身经营规模、业务量的大小等实际情况设置出纳岗位和配备出纳人员,可以一人一岗、一人多岗和一岗多人。按照《中华人民共和国会计法》、《会计基础工作规范》等会计法规,出纳岗位具有以下职责:

① 按照国家有关现金管理和银行结算制度的规定,办理现金收付和银行结算业务;

② 根据会计制度的规定,在办理现金和银行存款收付业务时,要严格审核有关原始凭证,再据以编制收付款凭证,然后根据编制的收付款凭证逐笔登记现金日记账和银行存款日记账,并结出余额;

③ 按照国家外汇管理的结汇、购汇制度的规定及有关批件,办理外汇出纳业务;

④ 掌握银行存款余额,不准签发空头支票,不准出租或出借银行账户为其他单位办理结算;

⑤ 保证库存现金和各种有价证券的安全与完整;

⑥ 报关有关印章、空白收据和空白支票。

二、出纳岗位核算内容

根据出纳岗位的职责,出纳岗位的日常核算工作主要是对各企业的现金、银行存款等货币资金进行连续、系统、全面、综合的记录和计算,并提供准确可靠地会计信息,具体如下:

① 负责填制和审核各种结算凭证;

② 设置并登记现金、银行存款日记账;

③ 现金、银行存款的经济业务核算;

④ 负责保管印章、印鉴和空白票据。

会计机构内部应当建立稽核制度,出纳人员不得监管稽核、会计档案保管和收入、费用、债权债务账目的登记工作。

三、出纳岗位记账业务处理

前面已述现金出纳岗位记账业务的处理,包括库存现金日记账的设置与登记、账簿的核对与结账、差错的处理等。这里介绍银行出纳岗位记账业务的处理。

（一）银行存款日记账的账务处理

1. 银行存款日记账的设置和启用

银行存款日记账是逐日逐项记录一个单位银行存款收支以及结余情况的账簿。银行存款日记账由出纳人员根据银行存款收款凭证、付款凭证和原始凭证登记，并在每日终了时结算出银行存款收付发生额和结存余额，以便随时掌握银行存款的收支动态和结存数量。为合理调度资金，组织收支平衡提供信息资料。

只要有资金结算业务的单位，都应设置银行存款日记账。银行存款日记账与库存现金日记账一样，都要采用订本式账簿。银行存款日记账的设置，与库存现金日记账基本相同，不同之处在于银行存款日记账要在摘要栏前增设"结算方式"和"对方单位"两栏，以便与银行对账单核对。账簿格式一般采用"三栏式"，也可分别设立"多栏式"的银行存款收入日记账和银行存款支出日记账。订本式银行存款日记账格式如表2-1所示。银行存款日记账也是各单位重要的经济档案之一，在启用账簿时，亦应按有关规定和要求填写"账簿启用表"，具体内容和要求可参照库存现金日记账的设置和启用。

表2-1　　　　　　　　　　　　　　银行存款日记账

年		凭证字号	摘要	结算凭证		对方科目	收入	付出	结余
月	日			方式	核对号码				

2. 银行存款日记账的登记要求

（1）总体要求。

登记银行存款日记账总的要求是：银行存款日记账由出纳人员专门负责登记，登记时必须做到反映经济业务内容完整，登记账目及时，账证相符，数字真实、准确，书写工整，摘要清楚，便于查阅，不重记、不漏记、不错记，按期结算，不拖延积压，发生记录错误必须按规定的方法更正。从而使账目既能明确经济责任，又清晰美观。

（2）具体要求。

登记银行存款日记账的具体要求是：根据复核无误的银行存款收付凭证登记账簿；所记载的经济业务内容必须同记账凭证相一致；按经济业务处理的顺序逐笔登记账簿；必须连续登记，不得跳行、隔页.不得随便更换账簿和撕扯账页；文字和数据必须准确无误，整洁清晰；使用钢笔，以蓝、黑色墨水书写；每一账页记完，必须按规定办法转页；每月月末，按规定结账。

3. 银行存款日记账错账的更正

在记账过程中，当账簿记录发生错误时，应根据错误的具体情况，采用正确的方法，予以更正，不得任意刮、擦、挖补、涂改或用褪色药水更正。更正方法应该采用划线更正法、红字更正法和补充更正法更正。

4. 银行存款日记账的结账

出纳人员在银行存款日记账结账前，应当检查本期所发生的各项收、付款业务是否全部登记入账,只有收、付款凭证全部登记完毕,才能办理结账手续。不能为了赶编报表而提前结账,更不得先编报表而后结账。在此基础上,还要认真进行对账工作,以保证账面记录的正确性,做到账证相符、账账相符。经过上述工作后,方可进行结账。

结账日期,必须按《中华人民共和国会计法》和财政部规定的结账期进行结账,不得自行规定结账期或随意提前结账。结账的具体方法如下:

(1)结当月余额时,应在摘要栏内注明"本月合计"字样,并在下面划一条单线。结本年累计发生额时,应在摘要栏内注明"本年累计"字样,并在下面划一条单线。12月末的"本年累计"就是全年累计发生额,全年累计发生额下划双线。年终结账时,应结出借方、贷方全年发生额合计和年末余额。

(2)年度终了,要把各账户的余额结转下年,并在摘要栏注明"结转下年"字样;在下年新账上第一行余额栏填写上年结转的余额,并在摘要栏注明"上年结转"字样。

5. 银行存款日记账与有关账、表的核对

为了防止记账发生错误,正确掌握银行存款实际金额,各单位应按期对账。所说的"对账"主要包括以下内容:

① 银行存款日记账与银行收、付款凭证要互相核对,做到账证相符;

② 银行存款日记账与银行存款总账要互相核对,做到账账相符;

③ 银行存款日记账与银行开出的银行存款对账单要互相核对,做到账单相符。

为了检查单位和开户银行账目是否有错漏,查明银行存款实有数,企业应定期将银行存款日记账记录和银行对账单进行核对(每月至少一次),如果发现不符,应该查明原因及时调整。核对时应逐笔对凭证的种类、编号、摘要内容、方向、金额等进行检查,核对相符在对账单上作出"√"的记号;如果发现有漏记、重记、错记、串记等情况,属于银行对账单差错的,应当立即与银行核查更正;属于开户银行差错的,更正后重新登记入账。

一般说,出现余额不一致的原因除了双方的记账错误外,最有可能的就是未达账项。所谓未达账项是指由于收到凭证的时间不同引起的一方已经登记入账而另一方尚未登记入账的款项。期末,企业要根据未达账项等情况及时编制"银行存款余额调节表"进行调节。

第三节　出纳岗位业务流程

一、出纳岗位账务处理程序

账务处理程序,也称会计核算组织程序,是指会计数据的记录、归类、汇总、呈报的步骤和方法。即从原始凭证的整理、汇总、日记账、明细分类账、总分类账的登记,到会计报表编制的步骤和方法,科学地组织账务处理程序,对提高会计核算质量和会计工作效率、充分发挥会计的职能,具有十分重要的意义。

目前,我国企业、事业、机关等单位会计常用的账务处理程序主要有四种:记账凭证账务处理程序、汇总记账凭证账务处理程序、科目汇总表账务处理程序、多栏式日记账账务处理程序。各种账务处理程序的主要区别在于登记总分类账的依据和方法的要求不同。但对于出纳人员来说,各种程序下出纳业务处理的步骤和方法基本相同。以科目汇总表账务处理程序为例,其基本程序见图 2-1。

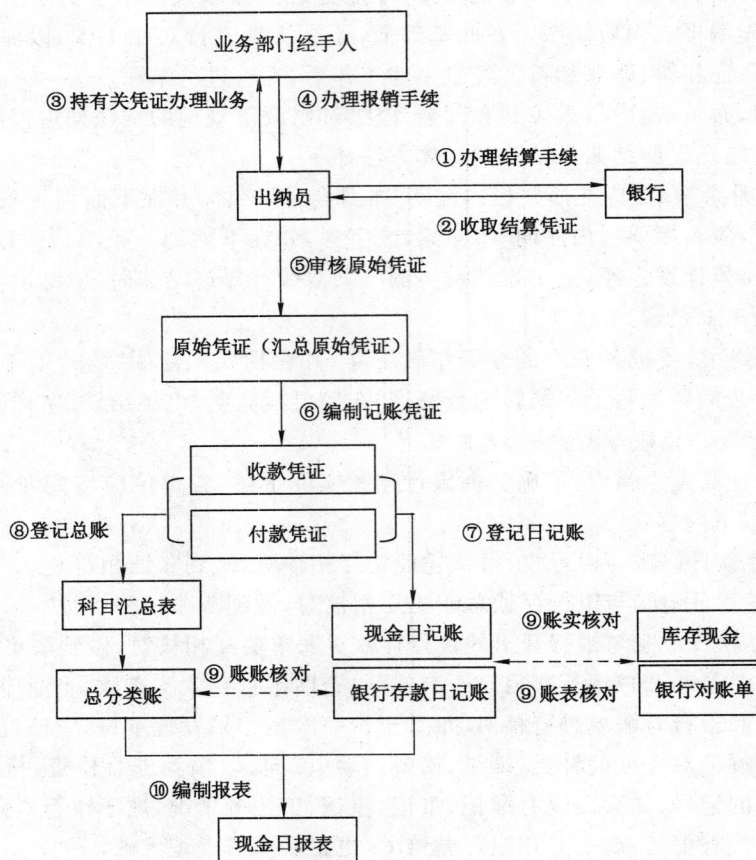

图 2-1　出纳岗位账务处理程序

二、现金收入业务流程(图 2-2)

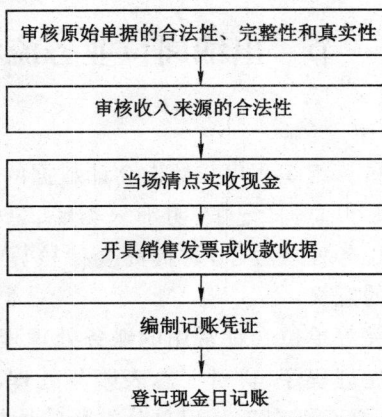

图 2-2　现金收入业务流程

三、现金付款业务流程(图 2-3)

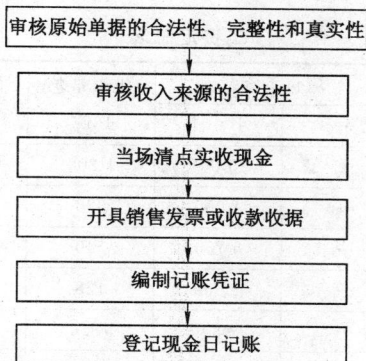

```
┌─────────────────────────────────────┐
│ 审核原始单据的合法性、完整性和真实性 │
└─────────────────────────────────────┘
              ↓
      ┌─────────────────┐
      │ 审核收入来源的合法性 │
      └─────────────────┘
              ↓
      ┌─────────────────┐
      │   当场清点实收现金   │
      └─────────────────┘
              ↓
      ┌─────────────────┐
      │ 开具销售发票或收款收据 │
      └─────────────────┘
              ↓
      ┌─────────────────┐
      │    编制记账凭证     │
      └─────────────────┘
              ↓
      ┌─────────────────┐
      │   登记现金日记账    │
      └─────────────────┘
```

图 2-3 现金付款业务流程

四、现金提取业务处理流程(图 2-4)

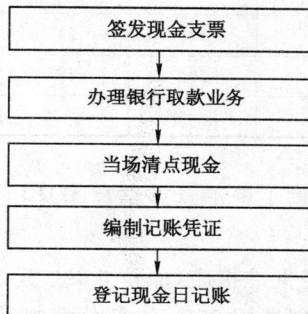

```
      ┌─────────────────┐
      │    签发现金支票     │
      └─────────────────┘
              ↓
      ┌─────────────────┐
      │   办理银行取款业务   │
      └─────────────────┘
              ↓
      ┌─────────────────┐
      │    当场清点现金     │
      └─────────────────┘
              ↓
      ┌─────────────────┐
      │    编制记账凭证     │
      └─────────────────┘
              ↓
      ┌─────────────────┐
      │   登记现金日记账    │
      └─────────────────┘
```

图 2-4 现金提取业务处理流程

五、银行转账业务流程

企业对外结算,选择转账结算方式——根据转账结算方式办理银行存款收付业务——编制银行存款收付业务记账凭证——登记银行存款日记账——定期将银行存款日记账记录同银行对账单核对——编制"银行存款余额调节表"。

第四节 出纳岗位技能业务训练

一、现金出纳岗经济业务

(一)根据下列九州电机厂 20××年 12 月份有关现金出纳的业务填制记账凭证

(1) 7 日,供应科采购员金磊上月出差,当时预借备用金 400 元,今日回厂,报销差旅费 300 元,余额以现金交回。(先填表 09-02-01、表 09-02-02、表 09-02-03)

(2) 16 日,管理部门订报,支付现金 175 元。报刊费一次计入当期费用。同日,从银行提现 600 元备作零星开支。(先填表 09-02-04、表 09-02-05)

(3) 17 日,以现金支付职工王进借款 500 元。(先填表 09-02-06)

(4) 18 日,根据下列工资汇总表(表 2-2)计算实发工资,企业按工资总额的 8%代扣养老

保险,按工资总额的1‰代扣失业保险。开出现金支票向银行提取现金。(先填表09-02-07)

表 2-2   工资汇总表

单位、人员类别		应付工资		代扣养老保险	代扣失业保险	代扣职工房租水电	实发工资
		…	小 计				
一车间	生产工人	…	15 000	1 200	150	1 342	
	管理人员	…	4 000	320	40	360	
二车间	生产工人	…	6 750	540	67.5	700	
	管理人员	…	1 600	128	16	120	
机修车间	生产工人	…	980	78.4	9.8	50	
	管理人员	…	20	1.6	0.2	6	
工具车间	生产工人	…	630	50.4	630	30	
	管理人员	…	20	1.6	20	2	
厂部管理人员		…	6 000	480	60	378	
福利部门人员		…	300	24	3	12	
长期病假人员		…	200	16	2	—	
合　计		…	35 500	2 840	355	3 000	

(5) 19日,发放本月工资,并据工资汇总表结算本月扣款。(先填表09-02-08、表09-02-09、表09-02-10)

(6) 22日,一车间机器一台经批准报废,原价6 000元,已提折旧5 700元。报废中用**转账支票向河区街道服务队支付清理费用350元,部分残料计价400元入材料库(随时编制记账凭证),部分残料也售给河区乡杜光村黄信,收现金100元。**(先填表09-02-11、表09-02-12、表09-02-13、表09-02-14、表09-02-15)

(7) 23日,向银行提取现金800元。(先填表09-02-16)

(8) 24日,以现金支付一车间管理人员黄工生活困难补助费560元(职工福利费采用**直接列支方法核算,下同**)。(先填表09-02-17)

(9) 27日,开出现金支票拨付职工子弟学校经费(劳务费)1 000元,向希望工程基金会捐赠现金300元。(先填表09-02-18)

(10) 27日,用现金支付职工死亡丧葬费100元。(先填表09-02-19)

(二) 根据上述业务填制的记账凭证登记"库存现金日记账"

九州电机厂20××年库存现金日记账情况见表2-3。

根据上述业务填制的记账凭证登记"库存现金日记账"(账页另行购买)。

二、银行出纳岗经济业务

(一) 根据下列九州电机厂20××年12月份有关银行出纳的业务填制记账凭证

(11) 1日,从本市台河厂购入原材料一批,增值税专用发票上货款金额97 020元,**增值税税额16 493.40元,款项共计113 513.4元已用转账支票付讫。该批原材料已验收入库,其计划成本100 000元。**(先填表09-02-20、表09-02-21、表09-02-22)

(12) 2日,上月按计划价1 000元暂估入库材料的增值税发票和托收承付支款通知今

表 2-3　　　　　　　　　　　　　　　库存现金日记账

20××年		凭证		对方科目	摘　要	收入金额	付出金额	结存金额
月	日	种类	号数					
1	1				年初余额			200
					……			
11	30				11月份月结	……	……	……
11	30				1～11月累计	635 687	635 700	187
12	1				月初余额			187

日收到;其货款金额 980 元,增值税税额 166.60 元,共向淮洋市三星公司承付 1 146.60 元。(先填表 09-02-23、表 09-02-24)

(13) 3 日,银行传来信汇凭证收账通知,上月海淀市东升厂所欠货款 158 500 元(其中代垫运费 6 225 元)于今日收到。(先填表 09-02-25)

(14) 4 日,以信汇方式支付上月向淮洋市三星公司购入材料的欠款 115 000 元,向龙江市红旗厂购入材料的欠款 24 000 元。(先填表 09-02-26)

(15) 5 日,向市机械厂售出 ST700 起动电动机 200 台,单位售价 430 元(不含税价,下同),按规定收取增值税额 14 620 元,款项共计 100 620 元已收存银行。(先填表 09-02-27、表 09-02-28、表 09-02-29)

(16) 8 日,填写税务局专用缴款书和缴款单,交纳上月应交增值税 13 000 元、城建税 910 元和教育费附加 390 元。(先填表 09-02-30)

(17) 8 日,填写税务局专用缴款书交纳上月应交所得税 41 530 元。(先填表 09-02-31)

(18) 10 日,银行传来委托收款凭证收账通知,5 日售给沙雷厂产品的款项 81 900 元已收存银行。(先填表 09-02-32)

(19) 10 日,出售未使用机床一台(2008 年 12 月 31 日前购入),收款 19 372.55 元,该固定资产账面原价 50 000 元,已提折旧 30 000 元。(先填表 09-02-33、表 09-02-34、表 09-02-35)

(20) 10 日,向银行借入临时借款 250 000 元。(先填表 09-02-36)

(21) 11 日,用信汇凭证支付 8 日从淮洋市三星公司购入原材料款项 58 500 元。(先填表 09-02-37)

(22) 12 日,上月委托市建筑一公司对一车间广房进行大修理,当时预付出包工程款 5 000 元,今日大修完毕,对方开来账单共计 12 000 元,扣除预付款外,其余用转账支票付讫。(先填表 09-02-38、表 09-02-39、表 09-02-40)

(23) 12 日,从市东房工具厂购入工具一批,增值税专用发票上货款金额 30 000 元,增值税税额 5 100 元,款项共计 36 100 元已用转账支票付讫;该批工具已验收入库,计划成本 30 800 元。(先填表 09-02-41、表 09-02-42、表 09-02-43)

(24) 12 日,从市奉阳厂购入某种原材料 500 千克,每千克实际价格 160 元,货款 80 000 元和增值税 13 600 元已用转账支票付讫;该批材料验收时发现短缺 2 千克,属定额内合理

损耗,其余验收入库。计划单位成本 170 元。(先填表 09-02-44、表 09-02-45、表 09-02-46)

(25) 13 日,向进华市进华公司售出 ST90 起动电动机 600 台,单价 70 元,计收增值税额 7140 元;售出 ST8 起动电动机 500 台,单价 80 元,计收增值税额 6 800 元;随产品销售领用包装木箱 10 只,单位计划成本 110 元,每只单独计价销售 120 元,并计收增值税额共计 204 元;该批产品发出时用银行存款代垫运杂费 5 400 元,运费发票已交给购货方。全部款项共计 102 744 元尚未收到。(先填表 09-02-47、表 09-02-48、表 09-02-49、表 09-02-50)

(26) 14 日,收到市新华板箱厂为本厂加工完毕的木箱 50 只(8 日发给木材全部用完),用转账支票支付木箱加工费 200 元和增值税 34 元;木箱验收入库的计划单位成本为 110 元。(注:价差随时结转)。(先填表 09-02-51、表 09-02-52)

(27) 14 日,向市夹进厂销售原材料一批,计划成本 6 000 元。售价 6 300 元,计收增值税 1 071 元,款项 7 371 元已收存银行。(先填表 09-02-53、表 09-02-54、表 09-02-55)

(28) 15 日,收到沙雷市沙雷厂偿付的欠款 85 530 元,收到进华市进华公司偿付的欠款 151 400 元。(先填表 09-02-56、表 09-02-57)

(29) 15 日,向河汇市机械厂售出 ST700 起动电动机 400 台,单位售价 431 元,计收增值税 29 308 元,领用包装木箱 2 只(不单独计价,计划单位成本 110 元),款项共计 201 708 元,当即收到银行汇票,款已送存银行。(表 09-02-58、表 09-02-59、表 09-02-60、表 09-02-61)

(30) 19 日,由于本企业没有履行销售合同,开出转账支票向市利国厂支付违约金和赔偿金共计 4 236.14 元。(表 09-02-62、表 09-02-63)

(31) 21 日,开出转账支票向市房管局支付代扣的职工房租水电费 3 000 元。(表 09-02-64、表 09-02-65)

(32) 22 日,从市方相厂收到出租固定资产租金收入 300 元,当即存入银行。(表 09-02-66、表 09-02-67)

(33) 23 日,向市光福厂售出 7.3/22 kW 380 V 变速电动机 25 台,单位售价 1 700 元,计收增值税 7 225 元;售出 ST8 起动电动机 800 台,单位售价 80 元,计收增值税 10 880 元;售出 ST60 起动电动机 600 台,单位售价 140 元,计收增值税 14 280 元,全部款项共计 222 885 元,当即收到转账支票,款已存入银行。(表 09-02-68、表 09-02-69、表 09-02-70)

(34) 23 日,已归还短期银行借款 200 000 元。(表 09-02-71)

(35) 23 日,开出转账支票向市供电局支付本月份电费共计 36 270 元,其中,电价 31 000 元,增值税税额 5 270 元。(表 09-02-72、表 09-02-73)

(36) 25 日,从市设备厂购入不需安装机器一台,价款 4 000 元,增值税 680 元,共计 4 680 元已用转账支票付讫。该项固定资产已交一车间使用。(表 09-02-74、表 09-02-75、表 09-02-76)

(37) 27 日,向海淀市东升厂售出 10/30 kW 346 V 变速电动机 10 台,每台售价 4 270 元,计收增值税 7 259 元,领用产品包装木箱 10 只,单位计划成本 110 元,每只售价 120 元,计收增值税 204 元,产品发出时用转账支票代垫运杂费 2 000 元(运费发票交购方),款项共计 53 363 元尚未收到。(表 09-02-77、表 09-02-78、表 09-02-79、表 09-02-80、表 09-02-81)

(38) 28 日,从市台河厂购入原材料一批,增值税专用发票上货款金额 20 000 元,增值税税额 3 400 元,款项共计 23 400 元,已开出转账支票,用银行存款付讫,材料未到达。(表 09-02-82、表 09-02-83)

(39) 28 日,向海淀市东升厂销售 ST90 起动电动机 300 台,单位售价 70 元,计收增值税额 3 570 元,发出产品时用转账支票代垫运杂费 1 050 元(运费发票交购方),共 25 620 元尚未收到。(表 09-02-84、表 09-02-85、表 09-02-86、表 09-02-87)

(40) 29 日,开出转账支票向市汽车运输公司支付购料的市内运费 2 000 元,以及由本企业负担的销售运费 1 500 元。(表 09-02-88、表 09-02-89)

(41) 29 日,银行传来信汇凭证收账通知,27 日售给东升厂 10/30 kW 346 V 变速电动机的款项 53 363 元已收到。(表 09-02-90)

(42) 29 日,开出转账支票向新海日报社支付产品广告费 500 元。(表 09-02-91、表 09-02-92)

(43) 29 日,偿付长期银行借款本息 22 448 元。其中,利息 2 448 元计入当期财务费用。(表 09-02-93)

(44) 29 日,开出转账支票向市百货大楼购买办公用品等,取得的专用发票上货款 4 690 元,增值税 797.30 元。办公用品及其他用品直接由下列单位耗用:(表 09-02-94、表 09-02-95、表 09-02-96)

	一车间	二车间	机修车间	工具车间	管理部门
办公费	1 300 元	1 000 元	200 元	100 元	700 元
其他费用	440 元	568 元	122 元	102 元	158 元

(45) 30 日,接银行利息回单,本季银行存款利息收入 2 150 元已转入存款户。(表 09-02-97)

(46) 31 日,按银行付息通知,本季短期银行借款利息支出 24 336 元已在存款账户中划转,结合月初累计计息额结平应付短期借款利息账户。(表 09-02-98)

(47) 31 日,向保险部门支付财产保险费 380 元,其中,一车间财产保险 123.50 元,二车间财产保险费 57 元,管理部门财产保险费 199.50 元。(编制财产保险费分配表,见表 09-02-99、表 09-02-100)。

(48) 31 日,从市东沙厂购入原材料一批,增值税专用发票上料款 5 297.06 元,增值税额 900.50 元,款项共计 6 197.56 元已用转账支票付讫,材料尚未到达。(表 09-02-101、表 09-02-102)

(二)根据上述业务填制的记账凭证登记"银行存款日记账"

九州电机厂 20××年银行存款日记账情况如表 2-3 所示,根据上述业务填制的记账凭证登记"银行存款日记账"。

(三)编制科目汇总表

据收款凭证编制科汇 1,据付款凭证编制科汇 2,分别装订于收款凭证、付款凭证首页。

第五节 出纳岗位考核测试题及参考答案

一、考核测试题

(一)单项选择题

1 现金日记账由(   )逐日逐笔序时登记。

A. 出纳员　　　　　　　　　　　　B. 非出纳人员

C. 出纳人员或非出纳人员　　　　　D. 财务主管人员

2. 清查现金发生的长款原因不明,经批准作(　　)处理。

A. 其他业务收入　　　　　　　　　B. 营业外收入

C. 冲减管理费用　　　　　　　　　D. 冲减财务费用

3. 企业期末应将外币账户的余额按期末中国人民银行公布的统一市场汇价进行调整,调整后期末人民币余额与原账面余额的差额,列入(　　)。

A. 投资收益　　　　　　　　　　　B. 其他货币资金

C. 财务费用　　　　　　　　　　　D. 营业外收入或支出

4. 按规定可以转汇的结算方式有(　　)。

A. 银行汇票　　　　　　　　　　　B. 银行本票

C. 支票　　　　　　　　　　　　　D. 汇兑

5. 企业先发货后收款或者双方约定延期付款的商品交易,宜采用(　　)结算方式。

A. 汇兑　　　　　　　　　　　　　B. 银行汇票

C. 商业汇票　　　　　　　　　　　D. 托收承付

6. 商业汇票结算方式适用于购销双方(　　)。

A. 订有购销合同的商品交易　　　　B. 非商品交易的劳务供应

C. 各种预收款项的结算　　　　　　D. 各种托收款项的结算

7. 采用商业承兑汇票结算,销货企业应在(　　)送交开户银行办理收款手续。

A. 收到承兑的商业汇票时　　　　　B. 提交商品后

C. 汇票即将到期时　　　　　　　　D. 汇票到期时

8. 企业持未到期的商业汇票向其开户银行申请贴现需支付贴现利息,计息期是指(　　)。

A. 贴现日至汇票到期日的天数

B. 贴现日至汇票到期日前一日的天数

C. 除贴现日和汇票到期日的该期间天数

(二)多项选择题

1. 按规定,企业使用现金结算的范围有(　　)。

A. 支付给职工个人的款项　　　　　B. 向国家上交的税金

C. 支付不能转账的款项　　　　　　D. 支付转账金额起点以下的零星款项

2. 为了加强现金的管理和核算,企业现金的收入、支出和保管应由(　　)负责办理。

A. 费用审核人员　　　　　　　　　B. 出纳员

C. 指定的专门人员　　　　　　　　D. 其他会计人员

3. 登记现金日记账的依据有(　　)

A. 现金收款凭证　　　　　　　　　B. 银行收款凭证

C. 付款凭证　　　　　　　　　　　D. 审核后的原始凭证

4. 银行存款的核算要按(　　)设置日记账进行序时核算。

A. 开户银行　　　　　　　　　　　B. 其他金融机构

C. 存款种类　　　　　　　　　　　D. 货币种类

5 适用于异地结算的方式有（　　　）结算等。

A. 支票 　　　　　　　　　　　　　B. 汇兑

C. 委托收款 　　　　　　　　　　　D. 银行本票

E. 银行汇票 　　　　　　　　　　　F. 商业汇票

6 既可用于同城又可用于异地的结算方式有（　　　）结算等。

A. 汇兑 　　　　　　　　　　　　　B. 银行汇票

C. 委托收款 　　　　　　　　　　　D. 商业汇票

E. 托收承付

7 按《银行结算办法》规定，可以背书转让的结算方式有（　　　）。

A. 转账支票 　　　　　　　　　　　B. 汇兑

C. 银行本票 　　　　　　　　　　　D. 银行汇票

E. 商业汇票

8 企业收到外来的（　　　）应填写进账单。

A. 转账支票 　　　　　　　　　　　B. 汇兑结算凭证

C. 银行本票 　　　　　　　　　　　D. 银行汇票

E. 商业承兑汇票即将到期时 　　　　F. 银行承兑汇票到期时

9. 严格使用空白支票的措施有（　　　）。

A. 支票上填写日期 　　　　　　　　B. 支票上填写收款单位和款项用途

C. 规定付款限额 　　　　　　　　　D. 规定报销期限

E. 支票领用人在专设登记簿上签章 　F. 将支票交其他单位签发

10. 企业取得的银行本票的款项多于结算款，应该（　　　）。

A. 通过银行退交本票多余款 　　　　B. 另开支票退回付款企业

C. 退给现金 　　　　　　　　　　　D. 要求付款单位重开银行本票

（三）填空题

1. 货币资金按其存放地点和用途不同，分为_____和_____两大类。

2. 直接用现金收付的结算方式称为_____，通过银行转账收付的结算方式称为_____，或称_____。

3. 库存现金限额，一般根据企业_____天的正常开支需要量核定，最多可按_____天核定。

4. 对于办完现金收付业务的记账凭证和原始凭证，出纳人员要加盖_____或_____的戳记，表示款项已经收付完毕。

5. 每日终了，已登记的现金日记账应计算本日_____，并且同_____核对相符。

6. 有外币现金的企业，应分别_____、_____设置"现金日记账"进行明细核算。

7. 库存现金的清查包括_____和_____。其基本方法是_____。

8. 对于将现金存入银行的业务，在登记银行存款日记账时，根据_____登记。

9. 支票由_____单位签发，汇兑结算凭证由_____单位填写，委托收款凭证由_____单位填写，银行本票由_____签发，银行汇票由_____签发，商业汇票由_____或_____签发，托收承付结算凭证由_____单位填写。

10. 支票的有效期一般为_____天；银行本票的付款期为_____；银行汇票的付款

期为_____;商业汇票的承兑期由交易双方商定,最长不能超过_____;采用托收承付结算方式,如果是验单承付,承付期为_____天,如果是验货承付,承付期为_____天。

11. 支票分为_____和_____两种;汇兑分为_____和_____两种;银行本票分为_____和_____两种;商业汇票按承兑单位不同,分为_____和_____两种。

12. 定额银行本票面额有_____元、_____元、_____元和_____元。

13. 其他货币资金属于_____资金的款项,主要包括企业的_____、_____、_____、_____和_____等。

(四)判断题

1. 核定库存现金限额所依据的正常开支的需要量,包括每月一次定期发放工资和不定期的差旅费等大额现金支出。(　　)

2. 企业销售收入的现金可以用来直接支付企业的支出。(　　)

3. 库存现金的实有数,系指金柜内实有的现金数额以及借条、收据等款。(　　)

4. 现金支票可以从银行支取现金,也可以转账;转账支票只能通过银行划拨转账,不能支取现金。(　　)

5. 商业承兑汇票到期时,如果购货企业的存款不足支付票款,其开户银行予以付款,然后转为购货企业的逾期贷款,计收一定的罚息。(　　)

6. 已贴现的商业承兑汇票到期,购货企业无力偿付票款,贴现银行应从申请贴现的销货企业存款中扣回此款,若存款不足,转为逾期贷款。(　　)

(五)计算与综合题

1. 某企业外币存款按业务发生时的汇率折合记账。月初,该企业外币存款余额为5万美元,汇率1:8。本月份,该企业购进材料一批,支付了2万美元,当时汇率1:8.10,销售产品收款3.2万美元,当时汇率1:8.15。月末,该企业外币存款日记账余额6.2万美元,国家统一汇率为1:8.13。试计算本月发生的汇兑损益,并作调整汇兑损益的会计分录。

2. 若上列企业外币存款业务按月初汇率折合记账,试计算本期发生的汇兑损益。

3. 某企业6月30日银行存款日记账账面余额是56 000元,而银行送来的对账单上余额是59 550元,经逐笔核对发现的未达账项有:① 企业于6月29日送存转账支票2 000元,银行尚未登入企业存款账户;② 企业委托银行收取货款3 200元,银行已收到入账,但收账通知尚未到达企业;③ 企业6月30日开出转账支票2 500元,持票单位尚未到银行办理转账;④ 银行代付电话费150元,因付款通知尚未送到企业,企业尚未入账。试计算企业6月30日银行存款的实有额。

4. 某企业发生下列经济业务,试作会计分录。

(1)企业技术人员报销差旅费500元,交回多余借款(现金)100元。

(2)现金清查中发现现金短款200元。

(3)汇款5 500元到上海某银行开立采购专户。

(4)向银行申请签发银行汇票一张,计20 000元,银行本票一张,计10 000元。

(5)持银行汇票到外地购料,结算价款16 000元,增值税2 720元,已取得增值税专用发票。

(6)持银行本票到市五金交化公司购工具一批,结算价款8 600元,增值税1 462元,不足款补付现金62元。

（二）银行退回银行汇票多余款 1 280 元。

二、参考答案

（一）单项选择题

1．A　2．B　3．C　4．A　5．C　6．A　7．C　8．B

（二）多项选择题

1．ACD　2．BC　3．ACD　4．ABCD　5．ABCEF　6．BCD　7．ACDE　8．ACD

9．ABCDE　10．BC

（三）填空题

1．库存现金　银行存款

2．现金结算方式　非现金结算方式　转账结算方式

3．3～5　15

4．收讫　付讫

5．现金收支存数额　现金实存数额

6．人民币现金　外币现金

7．出纳员每日的清点核对　清查小组定期和不定期的清查　实地盘点

8．现金付款凭证

9．付款　付款　收款　申请单位开户银行　汇款单位开户银行　收款人　付款人　销货

10．10　2 个月　1 个月　6 个月　3　10

11．现金支票　转账支票　信汇　电汇　不定额　定额　商业承兑汇票　银行承兑汇票

12．1 000　5 000　10 000　50 000

13．货币　外埠存款　银行汇票存款　银行本票存款　信用卡存款　信用证保证金存款　存出投资款

（四）判断题

1．×　2．×　3．×　4．×　5．×　6．√

（五）计算与综合题

1．解：原账面人民币余额＝50 000×8＋32 000×8.15－20 000×8.10＝498 800（元）

调整后期末人民币余额＝62 000×8.13＝504 060（元）

汇兑损益＝504 060－498 800＝5 260（元）

借：银行存款——美元户　　　　　　　　　　　　　　　　　5 260

　　贷：财务费用　　　　　　　　　　　　　　　　　　　　　　　　5 260

2．解：原账面人民币余额＝50 000×8＋32 000×8－20 000×8＝496 000（元）

调出后期末人民币余额＝62 000×8.13＝504 060（元）

汇兑损益＝504 060－496 000＝8 060（元）

3．解：企业银行存款实有额＝56 000＋3 200－150＝59 050（元），或＝59 550＋2 000－2 500＝59 050（元）

4．解：(1) 借：管理费用　　　　　　　　　　　　　　　　　500

　　　　　　库存现金　　　　　　　　　　　　　　　　　100

```
          贷:其他应收款                                          600
(2) 借:待处理财产损溢——待处理流动资产损溢           200
          贷:库存现金                                          200
(3) 借:其他货币资金——外埠存款                    5 000
          贷:银行存款                                        5 000
(4) 借:其他货币资金——银行汇票                  20 000
                         ——银行本票                  10000
          贷:银行存款                                       30 000
(5) 借:材料采购                                  16 000
          应交税费——应交增值税(进项税额)            2 720
          贷:其他货币资金——银行汇票                     18 720
(6) 借:材料采购                                   8 600
          应交税费——应交增值税(进项税额)            1 462
          贷:其他货币资金——银行本票                     10 000
             库存现金                                           62
(7) 借:银行存款                                   1 280
          贷:其他货币资金——银行汇票                      1 280
```

第六节　薪酬岗位技能训练

大中型企业薪酬核算较复杂,一般设薪酬岗位由专人进行核算,而小企业薪酬核算较简单,薪酬岗位会计核算通常由出纳人员兼任。

一、薪酬记账的凭证和复核

各单位应根据本单位生产、管理和薪酬制度的具体要求,建立健全各项薪酬核算的原始记录,保证各项薪酬核算原始记录的准确、真实和完整。薪酬记账的原始凭证较多,其中,工资是薪酬的主体,其原始凭证主要有工资卡片、考勤记录和产量工时记录等,下面逐一介绍。

(一)工资卡片和复核

工资卡片是反映单位职工到职、离职、内部调动、职务变动、工资等级、工资标准与津贴变动等基本情况的一种卡片,它由劳动人事部门按人设置,并分部门进行保管。通过工资卡片可以准确了解职工的工资级别、工资标准、各种津贴和工龄等情况,这是财务部门核定职工工资的依据。财务部门根据劳动人事部门职工调入和调出通知发放或停发职工工资,并根据工资卡片和其他有关各项记录认真核定每位职工的工资。劳动人事部门和财会部门必须对本单位职工的工资卡片进行认真复核。工资卡片的内容有变动时,应及时反映在卡片上以保证工资核算的准确性。

(二)考勤记录和复核

考勤记录是反映职工出勤、缺勤情况的原始记录,也是计算职工工资、分析考核职工出勤情况和工作情况的依据。为了正确考勤核算工资,各单位应严格考勤制度,做好考勤记录工作。考勤记录一般可以采取考勤簿或考勤卡的方式。

1. 考勤簿的记录与复核

考勤簿一般应根据企业情况，按部门、车间、科室、班组设置，由考勤员逐日登记。每月月终算出每个职工当月的出勤、缺勤时间，经有关领导审核后交工资核算员据以计算工资。考勤簿格式由企业自定，一般要设置出勤、病假、事假、迟到、早退、旷工、工伤、公假、夜班等专栏进行考勤。

对考勤簿进行复核主要从以下几方面进行：首先要检查考勤记录是否完整、齐全，有无应填而未填的项目，有无与实际不相符的情况；然后检查出缺勤的计算统计是否正确，有无计算错误；最后验证病、伤、产假等是否有合法的证明和有关领导的签字、盖章，是否符合上级及本单位的有关规定等。

2. 考勤卡的记录与复核

考勤卡是为每位职工单独建立的考勤记录，由考勤员逐日登记，也有企业采用自动考勤机考勤，因而自动建立考勤统计，不再由考勤员填列。无论何种形式，其考核内容和考勤簿基本相同，不再详细说明。

（三）产量工时记录和复核

产量工时记录是反映工人或生产小组在出勤时间内完成产量和耗用工时的原始记录，是统计产量和工时及计算计件工资的原始依据。它由企业根据具体情况设计不同的登记形式和登记程序，基本格式包括工人姓名、班组、产品名称、零件名称、工序名称、合格品数量、废品数量、返修品数量、完成的定额工时、实际工时等内容。

产量工时记录因反映的内容较多且经手的人也比较多，比较容易出错，复核时应根据有关各项原始单据仔细核对，防止各种有意无意造成的虚报误报产量工时的情况，复核时应特别注意有无合格产品的检验员的证明，以及其数量是否与检验结果相符。

二、工资发放业务

（一）工资的计算

工资结算的主要内容是职工的应付工资，各种代扣款项和实发工资的计算，这是发放工资的前提。工资的计算根据工资卡片、考勤记录和产量工时记录等进行。实行计时工资制的职工按月标准工资加上奖金、津贴、补贴和加班工资后扣除缺勤应扣工资计算，或者按出勤日起计算；实行计件工资制的职工按计件产量和计件单价计算计件工资，再加上奖金、津贴和补贴。应付工资、实发工资的计算公式为：

$$实发工资＝应付工资－各种扣款合计$$
$$应付工资＝计时工资＋计件工资＋各种奖金＋各种补贴及津贴$$

1. 计时工资的计算

实行计时工资制的单位，其具体计算可以采用月薪制或采用日薪制。

（1）采用月薪制计时工资的计算

采用月薪制计时工资时，计时工资计算公式为：

$$应付计时工资＝月标准工资－日工资率×缺勤天数$$

其中月标准工资可以根据工资卡片的记录取得，缺勤天数可以根据考勤记录取得，如果出全勤 则不论当月实际天数多少，均可得到全月标准工资额。如果有缺勤，则应付计时工资额关键取决于如何计算日工资率。

（2）采用日薪制计时工资的计算

采用日薪制计时工资的,日工资率的计算方法有如下:

① 每月固定按 30 天计算,日工资率为每月标准工资除以 30 天,即:

$$日工资率＝月标准工资÷30$$

采用这种方法计算日工资率时,由于节假日也算工资,因而出勤期间的节假日,也按出勤日算工资。

② 全年 365 天扣除法定节假日 11 天及 104 个公休日(即星期六和星期日)再用 12 个月平均,日工资率为全月标准工资除以 20.83 天,制度工作时间的计算是:

年工作日:365 天－104 天(公休日)－11 天(法定节假日)＝250 天。

季工作日:250 天÷4 季＝62.5 天/季。

月工作日:250 天÷12 月＝20.83 天/月。

采用这种方法计算日工资率时,缺勤期间的节假日、星期六、星期天不算工作时间,也不扣工资。两种方法的差别见下例。

例 1:某工人月标准工资 600 元,4 月份出勤 20 天,周一、周二请事假 2 天,法定休息 8 天。

按第一种计算月工资方法计算计时工资:日工资率＝600÷30＝20(元)。

按月标准工资扣除缺勤天数应扣工资额(减法)计算应付计时工资＝600－20×2＝560(元)。

按出勤天数直接(加法)计算应付计时工资＝(20＋8)×20＝560(元)。

按第二种计算日工资率的方法,计算应付计时工资:日工资率＝600÷20.83＝28.80(元)。

按月标准工资扣除缺勤天数应扣工资额(减法)计算应付计时工资＝600－28.80×2＝542.4(元)。

按出勤天数直接(加法)计算应付计时工资＝20×28.80＝576(元)。

从以上例子可以看出,采用不同的计算日工资率的计算方法,计算结果往往略有差别,只有在出满勤时或休息日不包括在事假时间中时才是一致的。

③ 现行做法按照《中华人民共和国劳动法》第五十一条的规定:劳动者在法定休假日和婚丧假期间以及依法参加社会活动期间,用人单位应当依法支付工资。即折算日工资、小时工资时不剔除国家规定的 11 天法定节假日。据此,日工资、小时工资的折算为:

月计薪天数＝(365－104)÷12＝21.75(天)。

日工资:月工资收入÷月计薪天数。

小时工资:月工资收入÷(月计薪天数×8 小时)。

工作小时数的计算方法为:以月、季、年的工作日×每日 8 小时。

因此,例 1 计算日工资率应该是:日工资率＝600÷21.75＝27.59(元),其他算法类似。

2. 计件工资的计算

(1) 以个人为单位计算计件工资。

实行计件工资制的企业,应付工人的计件工资按产量工时记录的个人(或班组)完成的合格完工产品产量乘以计件单价计算。生产中产生的废品,如果是材料缺陷(料废)原因造成的,则按相应的计件单价照付工资;如果是加工失误造成的,不付计件工资。计算公式为:

$$应付计件工资＝(合格品数量＋料废品数量)×计件单价$$

如果工人在一个月内加工多种不同产品且各种产品的计件单价不同,则分别按上式计算每种产品的计件工资后汇总即为应付该职工(小组)的计算工资额。即:

$$应付计件工资 = \sum[(各种产品合格数量＋各种产品料废数量)\times该产品计件单价]$$

上述公式中的计件单价,应该是某种产品的定额工时数,乘以制造该种产品所需要的某种等级工人的小时工资率求得的。

实际工作中,计件工资还可以按完成定额工时乘以工时单价(经测算确定的小时工资率)计算:

① 计算月份内完成的各种产品的定额工时数。公式为:

$$完成定额工时数 = \sum(每种产品完成数量\times该种产品单位定额工时)$$

其中产品完成数包括合格产品数量和料废品数量。

② 根据定额工时数和小时工资率计算应付计件工资。公式为:

$$应付计件工资＝完成定额工时数\times工时单价$$

(2) 小组集体计件工资的计算与分配。

在企业实行小组集体计件工资制时,应按上述方法首先计算出小组应得的计件工资总额,然后在小组成员间进行分配。计件工资在小组成员之间分配的办法很多,企业可以根据自己的实际情况确定分配办法。现介绍两种常见的分配方法:

① 按照每人的工资标准和实际工作时间比例进行分配。计算公式为:

$$某工人应得计件工资 = \left[小组计件工资总额\Big/\sum\left(某工人工作小时\times该工人小时工资率\right)\right]\times\left(某工人工作小时\times该工人小时工资率\right)$$

这种方法的实质即按照工人的工资等级和工作时间加权平均,其优点是分配较为准确合理,但计算起来比较复杂,适用于小组成员之间工资标准、技术差异比较大的情况。如果是技术要求很低的小组或小组成员之间的工资标准相差数较小时,为简化计算,可以采取第二种办法。

② 按小组内每人的实际工作时间平均分配。公式为:

$$某工人应得计件工资＝小组计件工资总额/小组工作总时数\times该工人工作总时数$$

例2:小组工人共同完成某项任务共得计件工资5 000元,现计算每位工人的应得计件工资。

按每人的工资标准和实际工作时间比例进行分配(根据考勤记录内容),如表2-4、表2-5所示。

表2-4　　　　　　　　分配表(按每人的工资标准和实际工作时间比例)

工人	工资等级	小时工资率	工作时数	工作时数×小时工资率	分配比例	计件工资
甲	7	4	150	600		1 477.86
乙	5	3	180	540		1 330.07
丙	6	3.50	140	490	5 000÷2 030＝2.463 1	1 206.92
丁	3	2	200	400		985.15
合计			670	2 030		5 000

按每人的实际工作时间进行分配(仍以上述数字为例),如表 2-5 所示。

表 2-5 分配表(按每人的实际工作时间)

工人	工作时数	工资分配率	计件工资
甲	150		1 119.41
乙	180		1 343.29
丙	140	5 000÷670＝7.462 7	1 044.78
丁	200		1 492.52
合计	670		5 000

这两种方法计算的结果相差较大,因此在工资等级相差较大时采取第一种方法较为合适。

3. 加班加点工资的计算

加班加点工资,是按照考勤记录的加班的天数或加点时数和职工的日工资率或小时工资率计算的。公式为:

加班加点工资＝加班天数×日工资率＋加点小时数×小时工资率

4. 工资性津贴的计算

工资性津贴的计算,必须按照国家规定的津贴种类和标准严格计算,同时应严格规定有关原始记录,确定发放范围。具体计算请参考有关规定,此处不详述。

5. 各种奖金的计算

各种经常性奖金,包括综合奖、单项奖等等,应根据企业制定的奖金支付标准和得奖条件计算。如果是按照班组集体计算的奖金,还应按统一的标准用合适的计算方法在班组集体内部成员间进行分配。

6. 其他工资的计算

根据劳动保险条例及其他有关规定,职工在非工作期间如病假、工伤、公假、产假、探亲假、婚丧假期间,在规定的假期内按一定标准照付工资。这些工资必须按照具体规定进行计算。主要规定有如下几点:

职工在工伤治疗期间、公假、产假、探亲假、婚丧假期间,在规定的假期时间内,照标准工资全额发放。

职工因病假或非因公治疗期间,工资支付标准随时间长短不同而有区别。具体规定为:

病假或治疗在 6 个月以内,根据劳动保险条例规定,应按工龄长短和本人标准工资的一定比例支付,具体规定见表 2-6。

表 2-6 支付工资比例(6 个月以内病假)

工　　龄	支付标准工资的比例
不满 2 年	60%
满 2 年不满 4 年	70%
满 4 年不满 6 年	80%
满 6 年不满 8 年	90%
满 8 年及 8 年以上	100%

病假或非因公负伤治疗在 6 个月以上(长假病假)的,按工龄长短和其本人标准工资的一定比例支付,具体标准见表 2-7。

表 2-7　　　　　　　　　　　　支付工资比例(6 个月以上病假)

工　　龄	支付标准工资的比例
不满 1 年	40%
满 1 年不满 3 年	50%
满 3 年及 3 年以上	60%

根据以上标准,可以计算出应付职工的病假工资。公式为:

$$病假工资＝日标准工资×相应百分比×病假天数$$
$$应扣病假工资＝日标准工资×(1－相应百分比)×病假天数$$

7. 代扣款项的计算

在计算出应付工资后,在工资发放时,企业财会部门还需要根据有关单位和部门转来的扣款通知及有关规定代扣一些款项,如房租、水电费、家属医药费、互助金等,再计算出实发工资。

(二)工资的发放

1. 工资发放的形式

企业为了办理同职工的工资结算,首先需要编制工资结算凭证。目前一般采用的工资结算凭证有工资单(也称工资结算单、工资表、工资结算表)、工资袋、工资卡片等形式。

(1)工资单

工资单是根据考勤记录、工时记录、产量记录、工资等级、工资标准等计算编制的,是工资结算和支付工资的原始凭证。工资单一般由企业各车间、各部门工资核算员按月分别编制,通常要求复写至少一式两份,一份按职工姓名裁成小条,随工资一同发放给职工,以便职工检查核对;另一份是支付工资的原始凭证,职工领取工资时签名盖章后装订成册,交由会计部门保管,作为记账的原始凭证。工资单的一般格式如表 2-8 所示。

表 2-8　　　　　　　　　　　　　职工工资单

部门:　　　　　　　　　　　　　　年　　月　　　　　　　　　　　　单位:元

编号	姓名	职务	工资等级	标准工资	应付工资							各种扣款					实发数	领取人
					计时工资		计件工资	奖金	津贴	其他工资	合计	房租	水电	公积金	…	合计		
					天数	天数	…		…	…									
																	…	
	合计																	

劳动(人事)部门:　　　　　　财会部门:　　　　　　审核人:　　　　　　制表人:

采取工资单的发放方式,优点是便于按车间、部门分类保管和汇总,保存方便,不易散失,缺点是每月需重复抄写许多固定不变的项目,工作量比较大。但这种形式和计算机处理工资核算时形式统一,便于逐步向电子计算机处理方向过渡。

(2)工资袋和工资卡

工资袋和工资卡是按职工设置的,每人一袋(卡),上面逐月记录该职工每月计算的应付工资数,代扣款项和实发工资数,职工领取工资时在工资袋(卡)上签字后,退回工资发放人,以便下月继续使用。工资袋(卡)一般一年一份,全年周转使用,其记录内容、项目和工资单相同。

采取工资袋或工资卡可以避免每次重复抄写许多同样的栏目内容,简化核算工作,缺点是比较零散,不便于按部门、车间统计汇总和保管,容易丢失。

企业可以根据实际情况,选取上述三种方式中的任一种,一般一年之中不要轻易变更发放方式,以免引起混乱。

为了便于进行发放工资和工资结算的总分类记账,在发放工资前,财会部门应根据工资单、工资袋、工资卡编制工资结算汇总表(工资汇总表),以全面反映应付工资额、代扣款额和实发工资额,便于向银行提取现金发放工资。同时,工资结算汇总表考核分析工资基金使用情况的重要资料,也是进行工资结算总分类核算的重要依据。

工资结算汇总表的一般格式如表2-9所示。

表 2-9　　　　　　　　　　　　　**工资结算汇总表**

年　　　月　　　　　　　　　　　　　　　　单位:元

车间或部门		应付职工薪酬——工资								各种扣款				实发数
		计时工资	计件工资	奖金		津贴		其他工资		合计	房租	水电	…	合计	
				…	小计	…	小计	…	小计						
一车间	生产工人	…	…	…	…	…	…	…	…	11 000	…	…	…	1 000	10 000
	管理人员	…	…	…	…	…	…	…	…	1 200	…	…	…	200	1 000
…											…	…	…	…	…
企管人员		…	…	…	…	…	…	…	…	5 200	…	…	…	200	5 000
销售人员		…	…	…	…	…	…	…	…	1 700	…	…	…	600	1 100
医务及福利人员		…	…	…	…	…	…	…	…	800	…	…	…	…	800
长期病假人员		…	…	…	…	…	…	…	…	300	…	…	…	…	300
合计		…	…	…	…	…	…	…	…	25 800	…	…	…	5 800	20 000

劳动(人事)部门:　　　　　　财会部门:　　　　　　审核人:　　　　　　制表人:

2. 工资的复核

在编好工资单(卡)后,会计人员应在发放工资之前对工资发放数进行严格认真的复核。工资发放牵涉面广、琐碎而工作量大,出现错误可能会造成不好的影响,因此复核工作一定要认真仔细。复核主要通过以下几个步骤进行。

首先应对考勤记录,产量记录进行认真检查,复核有无考勤不严格、记录不完整和计算错误,有无产量工时记录不真实和计算错误等情况,有无填制工资结算凭证时抄录错误等情况。

其次要对工资结算凭证进行检查。复核工资单上数字,是否有串行、串栏、计算错误等。检查时,应检查主要的三个平衡关系:一是应付工资的平衡,即工资单及工资结算汇总表上每个职工应付工资的总额之和(纵向合计)是否和全部职工的计时、计件工资、补贴及津贴等各项的总额(横向合计)相等,如不相等,就查明原因,直至相等为止。二是各项扣款的平衡,同样检查每位职工的扣款额之和(纵向合计)和房租、水电费等各种扣款的总额(横向合计)是否相等。三是实发工资的平衡,即检查每个职工实发工资额之和(纵向合计)是否与应付工资总额减去各项扣款总额的差相等。如上述三个平衡关系相等,则基本上可以排除计算中的错误。

3. 工资发放的程序

为使工资发放工作顺利进行,在实际发放工资前还应做好各项准备工作,以应付可能出现的问题,工资发放完毕后还要整理好各种凭证,处理好有关事项。工资发放的程序和要求大致如下:

① 检查银行存款账目,看是否有足够的资金支付工资。

② 检查工资总额指标是否已经过有关部门的核定审批,是否有工资总额指标。

③ 与开户银行联系,准备提取现金支付工资。

④ 根据每个职工的工资实发数计算需要提取现金时领取的各种面额的现金数,汇总计算所需各种面额现金的总数,准备足够的零钱(如采用直接过账的方式则可以省去 4~6 项工作)。

⑤ 联系安排好安全保卫人员和交通工具,做好提取现金的安全准备。

⑥ 开出现金支票,到开户银行提取现金,现金数额应当面点清,仔细地核对,取回的现金应妥善保管。

⑦ 分点每位职工的工资,把工资单裁成小条,一起装入工资袋或信封中,注明单位、姓名,并分类存放并立即通知各部门及时领取。

⑧ 于发放工资的同时由领取人当面点清,并在工资单上签章后领取工资。

⑨ 把需要寄发的退休人员、长期病假人员工资等统一寄发,凭有关寄出单据作为记账凭证。

⑩ 工资一般应当日发放完毕,如有过期未领工资,应送存银行,并将工资单分车间、部门装订,工资袋、工资卡归类后保管,作为记账的原始凭证。

(三) 工资的分配

企业每月发生的工资费用,应全部按用途和财务制度的有关规定进行分配,记入本月生产成本和有关费用或规定的资金来源列支:生产工人的工资,记入"生产成本";生产车间管理人员的工资,记入"制造费用";厂部管理人员的工资,记入"管理费用";销售部门的人员工资,记入"销售费用";应由福利费支付的人员工资,如医务、福利人员工资,记入"应付职工薪酬——职工福利"账户。

工资费用的分配是通过工资费用表和工资费用汇总表进行的。工资费用表按职工和产品等分类,根据工资结算凭证分部门、车间编制,财会部门根据各部门工资费用表或工资费用汇总表编制工资分配总表,据以进行总分类核算。"工资分配汇总表"的一般格式如表2-10所示。

表 2-10　　　　　　　　　工资分配汇总表

应计科目	车间部门 一车间	二车间	机修车间	管理部门	销售部门	福利部门	长期病假人员	合计
生产成本	11 000	4 000						15 000
生产成本			800					800
制造费用	1 200	800	…					2 000
管理费用				5 200			300	5 500
销售费用					1 700			1 700
应付职工薪酬——职工福利						800		800
合计	12 200	4 800	800	5 200	1 700	800	300	25 800

在实际工作中,工资发放日期是由银行规定的,常常是有月初和月中。因此,企业当月发放的工资数通常按上月的各项记录来计算。按照权责发生制的原则,当月发生的工资费用应在当月进行分配,实际工作中当月工资发生额的原始记录到月末最后一天才能形成完整记录,这样必然造成财会人员在下月初工作非常紧张,影响成本核算和会计报表的编制工作。因此现行财务会计规章制度允许在当月工资发放数和当月工资发生额相差不大的情况下按当月实发数进行工资分配。

三、工资总分类账的登记

工资总分类账的登记包括工资结算的总分类账登记和工资分配的总分类账登记。下面分别介绍。

（一）工资结算的总分类账登记

工资结算的总分类账登记通过设置"应付职工薪酬"总分类账户进行。实际发放的工资数登入该账户借方,应发放的工资数登入该账户贷方。如果企业本月实际发放的工资是根据上月考勤记录计算的,则记入"应付职工薪酬"账户借方的金额与本月应发放的贷方金额会不一致。月末借贷相抵后的借差反映实际发放数大于应付工资额,贷差反映实际发放数小于应付工资额。如果企业按本有实际发放数进行工资分配,则借贷相抵后无差（余）额。

工资总分类记账的凭证是"工资结算汇总表"。工资结算总分类记账的过程如下:

（1）根据"工资结算汇总表"中的实发工资总数,于规定的工资发放日,开出现金支票从开户银行提取现金备发工资。根据现金支票存根填制银行付款凭证,其会计分录如下:

借:库存现金　　　　　　　　　　　　　　　　　20 000

贷:银行存款　　　　　　　　　　　　　　　　　　　　　20 000

（2）根据"工资结算汇总表"中的实发工资数,编制现金付款凭证,作会计分录如下:

借:应付职工薪酬——工资　　　　　　　　　　　20 000

贷:库存现金　　　　　　　　　　　　　　　　　　　　　20 000

（3）对发放工资时的各种代扣款项,根据"工资结算汇总表"中的数字编制转账凭证。根据各种代扣款项的性质和类别,确定应记入的账户。

如代外单位扣收的房租 3 120 元和本单位扣收水电费 2 618 元等,扣款后,作会计分录如下:

借:应付职工薪酬——工资　　　　　　　　　　　5 738

贷:其他应付款　　　　　　　　　　　　　　　　　　　3 120

其他应付款   2 618

（6）开出支票支付代外单位扣收的水电、房租费等。根据支票存根和有关收款凭证编制付款凭证,作会计分录如下：

借:其他应付款   5 738
 贷:银行存款   5 738

（7）收回职工未领工资758,作会计分录如下：

借:库存现金   758
 贷:其他应付款   758

当职工领取暂收账的工资时,

借:其他应付款   758
 贷:库存现金   758

（二）工资分配的总分类账登记

月终时,企业应将本月应付工资进行分配,根据本月"工资分配汇总表"中有关数字,按工资发生地点和用途不同,根据有关规定借记各自对应账户,贷记"应付职工薪酬——工资"。其一般会计分录为：

借:生产成本——基本生产成本   15 000
 生产成本——辅助生产成本   800
 制造费用   2 000
 管理费用   5 500
 销售费用   1 700
 应付职工薪酬——职工福利   800
 贷:应付职工薪酬——工资   25 800

四、工资明细分类账的登记

为了更详细全面地核算和监督应付工资和工资基金的使用情况,提供各种有关工资的统计资料,同时也便于进行工资附加费的核算,单位应进行工资的明细分类账的登记。工资的明细分类记账可通过编制工资结算表、工资结算汇总表以及设置"应付职工薪酬——工资"明细账进行。

（一）工资结算汇总表的编制

企业在发放工资时编制的工资结算表可以反映每位职工的工资、扣款数和实发数,工资结算汇总表可以反映车间、部门汇总的详细工资构成情况,因此可以用工资结算表和工资结算汇总表代替明细账使用,不再设这方面的明细账。

（二）"应付职工薪酬——工资"明细账的登记

为了反映按职工类别分类的职工工资总额的构成和使用情况,便于统计和提工资附加费,现行的会计准则规定必须在"应付职工薪酬"总分类科目下设置"工资明细账","工资明细账"按职工类别分设账页,按工资组成的内容为计时工资、计件工资、奖金、津贴等分设专栏,根据"工资单"或"工资汇总表"相应栏内的数字进行登记。

工资组成内容可按如下类别设置：① 计时工资;② 计件工资;③ 各种奖金;④ 加班工资;⑤ 各种津贴;⑥ 价格补贴。

"应付职工薪酬——工资"明细账,每月登记完毕后,应结计本月合计和本年累计,以提供工资分析的详细账簿资料。

五、薪酬岗位经济业务处理

薪酬岗位会计在掌握上述出纳岗已处理的业务基础上,根据下列经济业务填制会计凭证。

(49)18日,根据工资汇总表本月应付工资35 500元,代扣养老保险费2 840元,代扣失业保险费355元,代扣职工房租水电费3 000元。要求计算实发工资,开出现金支票向银行提取现金。(表09-02-103)

(50)19日,发放本月工资,并据工资汇总表结算本月扣款。(表09-02-104、表09-02-105、表09-02-106)

(51)编制工资费用分配表,分配本月工资费用(涉及"基本生产"科目的,按表09-02-107所列工时分配有关产品,分配率精确到0.000 1)。(表09-02-107)

(52)31日,计提养老保险10 650元(其中,企业按工资总额22%计提,负担7 810元;职工个人负担2 840元),并开出转账支票向市劳保事业处交纳。(表09-02-108、表09-02-109、表09-02-110)

(53)31日,计提失业保险(见表09-02-108)1 065元(其中,企业按工资总额2%计提负担710元;职工个人负担355元),并开出转账支票向市劳保事业处交纳。(表09-02-111、表09-02-112)

(54)31日,按工资总额的2%计提本月工会经费,按工资总额的1.5%计提职工教育费。(表09-02-113)

第七节 薪酬岗位考核测试题及参考答案

一、考核测试题

(一)单项选择题

1.(   )是劳动力市场的价格信号。

A. 薪酬   B. 工资   C. 绩效   D. 奖金

2.(   )通常是指雇主为已经完成的工作而向雇员支付的货币薪酬。

A. 绩效薪酬   B. 基本薪酬   C. 福利薪酬   D. 奖金薪酬

3. 下列不属于基本薪酬特点的(   )。

A. 常规性   B. 固定性   C. 基准性   D. 长期性

4. 以规则和规章的形式表现的组织的薪酬决策、薪酬分配标准和管理方式(   )。

A. 薪酬制度   B. 薪酬技术   C. 薪酬支付   D. 薪酬预算

5. 下列不属于马斯洛需求层次理论层次的(   )。

A. 生理需求   B. 安全需求   C. 社交需求   D. 情感需求

6. 赫茨伯格提出的理论(   )。

A. 需求理论   B. 双因素理论   C. 期望理论   D. 强化理论

7. 不属于薪酬管理的研究方法(   )。

A. 个案研究   B. 访谈研究   C. 实证研究   D. 规范研究

8. 国家通过强制手段规定用人单位支付给劳动者的工资下限,以满足劳动者自身及其家庭成员基本生活需求的法律制度（ ）。

 A. 最低工资   B. 标准工资   C. 平均工资   D. 社平工资

9. 从（ ）年开始，按照我国劳动法的规定，我国境内的企业依法开展工资集体协商制度。

 A. 1999   B. 2000   C. 2001   D. 2002

10. 不属于战略性薪酬管理的基本原则（ ）。

 A. 系统性   B. 专业性   C. 参与性   D. 长期性

11.（ ）是对特殊条件下工作的补偿。

 A. 岗位津贴   B. 生活津贴   C. 补贴津贴   D. 工作津贴

12. 基于战略的薪酬系统设计必须在（ ）这三个层面上得到体现。

 A. 战略、制度和技术   B. 战略、战术和技术

 C. 战略、制度和政策   D. 政策、制度和技术

13. "同一企业中担任相同职位的员工，其所获得的薪酬应与其贡献相匹配。"这句话体现了薪酬公平原则中所包含的（ ）公平。

 A. 绩效报酬   B. 职位价值   C. 要素价值   D. 内在报酬

（二）名词解释

1. 总薪酬；2. 弹性工时制；3. 宽带薪酬结构。

二、参考答案

（一）单选

1. A   2. B   3. D   4. A   5. D   6. B   7. B

8. A   9. B   10. D   11. A   12. B   13. A

（二）名词解释

1. 总薪酬，也称整体薪酬、总体薪酬、360 度薪酬，它是指雇员从工作和劳动中获得的所有报酬形式。

2. 弹性工时制，是指可以让员工根据自己的情况，自行安排其工作和休息时间，但是在一般情况下，不可以减少工作时间。

3. 宽带薪酬结构，是指多个薪酬等级以及薪酬变动范围进行重新组合，从而变成只有相当少数的薪酬等级以及相应较宽的薪酬变动范围。

第三章 存货岗位技能训练

第一节 存货岗位基本技能知识

一、存货核算概述

（一）存货的概念及确认

1. 存货的概念

我国《企业会计准则第 1 号——存货》(以下简称《存货》准则)定义的存货是指企业在日常活动中持有以备出售的产成品或商品、处在生产过程中的在产品、在生产过程或提供劳务过程中耗用的材料和物料等。存货属于企业的流动资产,包括各类原材料、在产品、半成品、产成品、商品以及包装物、低值易耗品等。

存货通常占流动资产的绝大部分,是流动资产管理的重点;同时,存货的会计计量直接关系到资产负债表上存货资产的确定和利润表上收益的确定,报表使用者利用存货的信息能有效地预测企业未来的现金流量,安排货币资金的使用。因此,明确存货的性质,搞好存货的核算与管理十分重要。

2. 存货的确认条件

按照《存货》准则的规定,存货在同时满足以下两个条件时,才能加以确认:

① 该存货包含的经济利益很可能流入企业;② 该存货的成本能够可靠地计量。

某个项目要确认为存货,首先要符合存货的定义,在此前提下,应当符合上述存货确认的两个条件。关于存货的确认,不能仅仅根据法定所有权的归属来判断,而应遵循实质重于形式的会计原则,注意以下几点:

第一,关于代销商品。代销商品(也称为托销商品)是指一方委托另一方代其销售的商品。从商品所有权的转移来分析,代销商品在售出以前,所有权属于委托方,受托方只是代对方销售商品。因此,代销商品应作为委托方的存货处理。但为了使受托方加强对代销商品的核算和管理,企业会计制度也要求受托方将其受托代销商品纳入账内核算。

第二,关于在途商品。对于销售方按销售合同、协议规定已确认销售(如已收到货款等),而尚未发运给购货方的商品,应作为购货方的存货而不应再作为销货方的存货;对于购货方已收到商品但尚未收到销货方结算发票等的商品,购货方应作为其存货处理;对于购货方已经确认为购进(如已付款等)而尚未到达入库的在途商品,购货方应将其作为存货处理。

第三,关于购货约定。对于约定未来购入的商品,由于企业并没有实际的购货行为发生,因此,不作为企业的存货,也不确认有关的负债和费用。

第四,关于工程物资。企业为建造固定资产等各项工程而储备的各种材料物资,虽然其形态同属于材料,但这部分物资不是企业日常活动中形成的,而是形成于投资活动。不符合存货的定义,因此,不能作为企业的存货进行核算。

第五,特种储备物资。特准储备物资是指由于特殊需要,经国家特准,企业在正常范围内储备的物资。例如,为了应付自然灾害和战争等特殊需要,或是为了保证对进口物品备件和奇缺材料的需要而必须专门储备的特定物资。这些物资不符合存货的定义,其期末余额应列入资产负债表中的"其他长期资产"项目。

第六,涉及诉讼中的财产。企业涉及诉讼中的物资,被法院依法冻结,在解冻之前,企业不能随意动用处置,这部分物资也不符合存货的定义,其期末余额也应列入资产负债表中的"其他长期资产"项目。

（二）存货的分类

为了加强存货的核算和管理,正确计算产品的生产成本和商品的销售成本,应当对存货进行合理的分类。

1. 按存货的经济用途分类

存货按经济用途不同,可分为原材料、在产品、半成品、产成品、商品、包装物、低值易耗品等。

（1）原材料。指企业在生产过程中经加工改变其形态或性质并构成产品主要实体的各种原料及主要材料、辅助材料、外购半成品(外购件)、修理用备件(备品备件)、包装材料、燃料等。

（2）在产品。又称在制品,指没有完成全部生产过程,不能作为商品销售的产品。

（3）半成品。指完成了一个或几个加工步骤,但没有完成所有的加工步骤,仍需继续加工的产品。

（4）产成品。指企业已经完成全部生产过程并验收入库,可以按照合同规定的条件送交订货单位,或者可以作为商品对外销售的产品。企业接受外来原材料加工制造的代制品和为外单位加工修理的代修品,制造和修理完成验收入库后,应视同企业的产成品。

（5）商品。指可供销售的物品。工业企业的商品包括用本企业自备原材料生产的产成品和对外销售的半成品等;商品流通企业的商品包括外购或委托加工完成验收入库用于销售的各种商品。

（6）包装物。指为了包装本企业商品而储备的各种包装容器,如桶、箱、瓶、坛、袋等。但是,下列物品,在会计上不作为包装物存货进行核算:

① 各种包装用的材料,如纸、绳、铁丝、铁皮等,应作为原材料进行核算。

② 企业在生产经营过程中用于储存和保管产品或商品、材料、半成品、零部件等,而不随同产品或商品出售、出租或出借的包装物,如企业在经营过程中周转使用的包装容器,应按其价值大小和使用年限长短,分别归入固定资产或低值易耗品进行核算。

（7）低值易耗品。指不能作为固定资产的各种用具物品,如工具、管理用具、玻璃器皿、劳动保护用品,以及在经营过程中周转使用的容器等。

需要注意的是,为建造固定资产等各项工程而储备的各种材料,虽然也具有存货的某些特征(如流动性),但它们并不符合存货的概念,因此不能作为企业的存货进行核算。企业的特种储备以及按国家指令专项储备的资产也不符合存货的概念,因而也不能作为企业存货进行核算。

2. 按存货存放地点分类

按存货的存放地点可以将存货分为库存存货、在途存货和加工存货等。

（1）库存存货。指已经运达企业,并已验收入库的各种材料和商品,以及已验收入库的自制半成品和产成品。

（2）在途存货。指货款已经支付，尚未验收入库，正在运输途中的各种材料和商品。

（3）加工存货。指正在加工中的存货，包括正在本企业加工中的在制品和委托外单位加工的各种材料和半成品。

3. 按存货的取得途径分类

按存货取得的途径可以将存货分为：

① 外购存货；② 自制存货；③ 委外加工的存货；④ 投资者投入的存货；⑤ 接受捐赠的存货；⑥ 以非货币性资产交换换入的存货；⑦ 盘盈的存货

（三）存货入账价值的确定

《存货》准则规定：企业取得存货应当按照成本进行计量。存货成本包括采购成本、加工成本和其他成本。存货取得的途径不同，其成本确定的方法也不相同。

1. 外购存货

外购存货的采购成本一般包括采购价格、进口关税和其他税金、运输费、装卸费、保险费以及其他可直接归属于存货采购的费用，如采购途中的仓储费、运输途中的合理损耗、入库前的挑选整理费等。

商品流通企业进货过程中发生的进货费用，包括应由企业负担的运输费、装卸费、包装费、保险费、运输途中的合理损耗、入库前的挑选整理费、按规定计入成本的税金及其他费用，应当计入商品采购成本。如果进货费用不能直接计入有关商品采购成本的，也可以先进行归集，期末根据所购商品的存销情况进行分摊：对于已售商品的进货费用，计入当期损益（主营业务成本）；对于未售商品的进货费用，计入期末存货成本。商品流通企业采购商品的进货费用金额较小的，可以在发生时直接计入当期损益（销售费用）。

2. 自制存货

自制存货的成本，是指存货的加工成本。存货的加工成本包括直接人工以及按照一定方法分配的制造费用。

制造费用，是指企业为生产产品和提供劳务而发生的各项间接费用。企业应当根据制造费用的性质，合理地选择制造费用分配方法。在同一生产过程中，同时生产两种或两种以上的产品，并且每种产品的加工成本不能直接区分的，其加工成本应当按照合理的方法在各种产品之间进行分配。

企业为生产需要经过相当长时间的生产活动才能达到预定可销售状态的存货发生的借款费用，应计入存货的成本。

3. 委外加工的存货

委外加工完成的存货，以实际耗用的原材料或者半成品以及加工费、运输费、装卸费和保险费等费用以及按规定计入成本的税金，作为其实际成本。

4. 接受投资人投入的存货

投资者投入的存货，应当按照投资合同或协议约定的价值确定，但合同或协议约定价值不公允的除外。在投资合同或协议约定价值不公允的情况下，按照该项存货的公允价值作为其入账价值。

5. 盘盈的存货

盘盈的存货，应当按照其重置成本作为入账价值，并通过"待处理财产损溢"科目进行会计核算,按管理权限报经批准后冲减当期管理费用。

企业应根据发生的采购成本、加工成本以及其他成本(指除采购成本、加工成本以外的,使存货达到目前场所和状态所发生的其他支出,如企业为特定客户设计产品而发生的专项设计费用等应计入该产品的成本),合理确定存货的入账价值。下列费用应当在发生时确认为当期损益,不计入存货成本:

① 非正常消耗的直接材料、直接人工和制造费用;

② 仓储费用(不包括在生产过程中为达到下一个生产阶段所必需的费用);

③ 不能归属于使存货达到目前场所和状态的其他支出。

二、物资收入的凭证和复核

物资收入的原始凭证主要有材料采购的发货票、收料单(入库单、交库单等)以及银行结算凭证、运杂费单据等。虽然收料单在实务中根据单位不同有多种名称,但都是指各项物资验收入库的凭证。根据原始凭证由财会部门审核后填制物资收入的记账凭证,并将其附于记账凭证上以作为登记总分类账和明细分类账的依据。

单位的物资收入有多种来源,其中主要是从外单位购入物资,其他有自制、回收、退回和委托加工收回物资等。单位不论从何种来源收到物资,都应按照物资管理制度和一定程序,由购买经手人、仓库保管员、质量检验员认真检查品种规格、质量和正确计算、验收数量,并根据业务的管理要求和具体情况填制一定格式的凭证,办理入库手续。

(一) 材料采购收入凭证和复核

材料采购分为合同采购和市场采购,或根据获得货物形式不同分为供应单位送货和购买单位提货。采购过程应是物资验收入库过程与供应单位结算货款过程的统一,由于结算方式和采购地点远近,以及预付货款、物资短缺等各种原因,使付款和物资入库时间发生差异,因而出现只与供应单位结算了货款,物资还未验收入库(或已提货但未验收入库),或物资已验收入库但还未收到结算单据都不算是完成采购。不论有没有支付货款,收到物资都必须认真验收数量、质量,办理验收入库手续,填制收料单。材料采购业务由单位负责供应的部门办理,财会部门负责材料采购借款和货款报销。

除行政单位或一些企业单位因急需零星小额物资不需办理入库手续的业务(可以用由负责人、经手人、验收人签证的发货票报销)外,材料采购业务一般都要填制材料采购收入凭证并办理入库手续。材料采购收入凭证,应包括物资入库凭证和货款结算凭证。这两类凭证有些是从外单位取得的,如银行结算凭证、发货票、代垫运杂费单据,运输机构的运单或供货单位的提货单等,有些则是单位自制的,如收料单、赔偿请求单等。材料采购收入的凭证主要是收料单。

收料单的内容应包括物资类别、供应单位、发票号码、物资编号、物资名称、规格、计量单位、应收数量、实收数量、单价、总价、运杂费以及日期、质量检验员、收料人等。这种收料单适用于实行实际成本记账的单位,若是实行计划成本记账的单位,收料单还应在这种格式上增加计划成本栏。

填制收料单和办理入库手续的一般程序是:从外单位购入物资,物资已到达仓库时,若是已收到发票账单,由材料采购的经办人配合仓库保管员认真审核发票账单的正确性和合法性以及核对已到达的物资的品种、规格、数量和质量,是否与发票、合同等要求的内容相符,经复核、验收无误后,按规定的要求和份数填制收料单;若是发票账单还未收到,可以由材料采购的经办人，配合仓库保管人员、质量检验员，检查验收品种、规格、数量、质量，并在有关栏内签章，填制收料单，按暂估价格入库，待发票账单收到以后，先用红字填制与上述内容相同的收料单，冲销原暂估款，然后按发票账单的实际价款入账。收料单上金额栏的标价，若是采用实际成本记账的，按实际购进价款填写；若是实行计划成本计价的，应按照物资计划成本目录上的价格填写。在实际工作中仓库保管员要妥善保存收料单并及时登记物资库存明细分类账，不能将已办理好入库手续的收料单遗失、滞留或跨月记账，财务部门应监督仓库保管员严格做好收料单的入账工作。收料单通常是一物一单，即一张收料单只能填列一种物资，一式三联，一联为材料采购人员填制后留存；一联由仓库留存登记物资明细分类账，一联随同发货票送交财会部门报账。为了简化手续，防止差错，也可以一式两联，除一联由材料采购人员留存外，另一联由仓库留存登记记物资明细分类账后，经财会部门取回，随同发货票报账。材料采购业务中还有一种情况就是办理一次采购后，由于各种原因而分次验收入库，办理时一是按暂估价入库、填制收料单（注明暂估）；二是办理材料验收分割单，将一批材料分成几次入库，将每次入库和未验收入库的材料分离出来，作为下次办理材料验收入库时的依据。"材料验收分割单"通常一式两联，一联由供应部门留存，作为下次验收材料的依据，一联连同材料发票账单及已验收入库的材料入库单送交财会部门，作为材料核算的原始凭证。

（二）其他物资收入凭证和复核

其他物资如自制材料、委托加工材料、半成品、废料、余料交库时，应填制相应的收入凭证，或由交库的部门填写"材料（物资）交库单"，在有关栏内加盖"自制材料"、"废料回收"、"委托加工材料"等戳记以示区别，连同材料物资一起交仓库验收。仓库验收后要填写实收数量，并由交料和收料双方签字，以明确经济责任。"材料（物资）交库单"一般一式三联，一联退交料部门留存，一联留存仓库登记材料物资明细分类账，一联送财会部门，据以进行材料收入核算。在实际工作中也可以一式两联，除一联退交料部门留存外，另一联留存仓库登记材料物资明细分类账，经财会部门到仓库稽核登记后取回，再进行材料收入核算。

有的生产性企业为加强生产资金和半成品的管理，在生产车间、分厂之间建立半成品或协作配套件仓库。半成品或配套件入库，也要办理各种手续。制的半成品只需办理物资交库单，外部采购的半成品、配套件除办理物资收料单外，还应附上发票账单等手续，这些物资经采购人员、仓库保管员和质量检验人员认真检查验收后，在收料单的有关栏内签章，填制物资交库单。生产性企业生产完工后的产品也应该填制"库存商品入库单"，经过质量检验人员严格检验后，办理产品入库。

三、存货发出的凭证和复核

存货发出主要是生产、经营部门或业务管理部门领用、对外销售以及委托外单位加工、内部转移等。为了分清物资用途，明确经济责任，促进节约使用物资，防止损失浪费和贪污盗窃现象的发生，仓库发出物资，不论什么原因，都必须填制相应的发出凭证并经领料单位有关人员审核签证。物资发出凭证主要种类及其填制和审核如下：

（一）内部领用物资的凭证和复核

1. 领料单

领料单是一次性的领料凭证，一般是适用于没有消耗定额或不经常领用的物资。领料时一般由领料车间或领料部门根据用料计划或费用计划填制，也有由供应管理部门或仓库填制的,但都要经有关部门负责人审核签证据以向仓库领料。仓库发料时,保管人员要认真在实发栏填写或核对实发品种、数量,并经领发双方签章。领料单一般一式三联。一联由领料单位留存或领料后由发料人退回领料单位,一联由仓库发出物资后,作为登记物资明细分类账的依据;另一联交财会部门作为编制材料领用凭证的依据。领料单虽因单位的不同情况而异,但基本格式却是相同的,主要是用途栏和金额栏。填写金额栏,在实行实际成本计价的单位按实际价格填写,一般由仓库保管员标价,在采用计划成本计价的单位按计划价格填写,由单位指定的人员按物资计划价格目录上的价格标价。领料单一般是领用一种物资填写一张领料单,主要是便于登记和稽核材料明细分类账。也有多料一单的,虽然节省了凭证,但不便于记账和分类汇总。

2. 限额领料单

限额领料单是在规定限额和有效期内多次使用的物资发出凭证。它适用于需要经常领用并有消耗定额的物资领发业务。限额领料单的限额根据生产经营计划和消耗定额共同确定,其有效期一般为一个月或一个生产周期。每月或每批量生产开始前由负责签发限额领料单的部门分别填写物资领用限额,交仓库执行。限额领料单一式两联,详细填写领发物资的品种、规格、用途、领用单位和限额。一联发给仓库据以备料和发料,另一联给用料单位领料。在规定的有效期内,只要不超过限额,限额领料单可以连续使用。每次领料,均应由领料单位填写请领数量,经仓库审查未超过限额的即可以发料,对实发数量和限额结余必须同时在两联限额领料单中准确填列,并由领发料双方经手人签章。月末结出实发数量和金额,据以登记物资明细分类账。由于追加产量需要增加限额时,应经过计划部门和供应部门审批。在办理追加手续后,修改限额领料单的原限额或另填限额领料单;由于浪费或其他原因需超限额领料时,应说明原因经批准后另填领料单。

采用限额领料单,实行限额配料制度,可以随时反映和监督物资消耗定额的执行情况,加强物资的日常控制,促进单位降低物资费用,又可以大量节约发料凭证,简化核算手续。

3. 领料登记表

领料登记表是一种按仓库设置、可以多次使用的物资发出凭证,适用于办理使用部门经常领用的各种消耗性物资领发业务。领料登记表按月开设,一单一物,一般一式两联,平时保存在仓库和使用部门。每一次领料时,由领料人填写实领数量并签名,作为领发的依据。月末计算出全月累计领用数量及金额。一联仓库留存登记材料明细分类账,一联交领料单位留存。采用领料登记表不仅便于全月物资耗用的汇总计算,而且能够大量减少日常领料凭证的填制工作,简化领发物资手续。

4. 退料单

领用的物资不合用或有剩余时,应办理退库手续。退料单的格式与领料单大致相同。只是名称相反。一个是领料,一个是退料。经双方经手人签字后作为冲减生产费用,增加库存材料的凭证。为了正确计算生产成本,有些工业企业月末对领而未用的材料,要办"假"退库手续,使用的也是退料单。

物资在单位内部仓库之间转移时,可通过"物资内部调拨单"转账。为了简化手续,也可以通过调整物资明细分类账的办法处理。

(二)销售物资发出凭证和复核

1. 销售物资提货单

单位为了协作关系调剂物资或处理积压,对外销售材料时,应由销售或供应等部门开具"销售发货票",一式多联,其中一联留存;一联作为发货票交购货单位;一联交财会部门作为销售物资收款记账的依据;一联作为提货单由购货单位去仓库提出物资,仓库据以登记材料明细分类账。财会部门对销售物资凭证的复核,主要审核所销售物资是否按实际价格或规定的计划价格开具金额,防止给单位造成损失

2. 产品销售提货单

单位销售产品,应由销售部门开具产品销售发货票,一式多联。其中的"产品销售提货单"就是仓库发料和登记物资明细分类账的依据。财会部门要严格审核提货单的品种、数量、价格,看是否符合实际和规定;防止擅自降低价格给单位和国家造成损失。

四、存货清查的凭证和复核

存货的品种多、数量大,收发领退频繁,由于计量和计算不准、验收不严、丢失毁损、自然损耗,甚至贪污盗窃等原因,极易出现账实不符的情况。为了保证各项物资登记的准确性、真实性,保护各项物资的安全完整,加速资金周转,加强资金管理,每个单位都应定期或不定期进行各项物资的清查。

存货清查按照时间不同可以分为定期清查和不定期清查。定期清查是指按计划安排的时间进行的清查,不定期清查是指根据需要随时进行的清查。

存货清查按照清查的对象和范围不同可以分为全面清查和局部清查。全面清查是对所有物资进行清查,局部清查是根据需要对某一部分或某个仓库的物资进行的清查。按照有关规定,有以下情况之一时,应对物资进行全面清查:

① 编制年度会计决算之前,为使年度决算真实、准确,应对物资进行全面清查;

② 单位实行租赁、承包时,为核实家底、分清责任,应对物资进行全面清查;

③ 单位停办、合并、破产、改变隶属关系时,应对物资进行全面清查;

④ 清产核资时,应对物资进行全面清查;

⑤ 单位主要领导人(法人代表)更换、离任和上任工作交接时,应对物资进行全面清查。

为加强物资管理和核算,单位必须建立物资清查的有关规章制度和严格的材料采购保管、运输、交接的岗位责任制。要有一支思想、业务素质好的材料采购、管理人员队伍。尤其是仓库管理人员要选派熟悉业务、责任心强、认真细致、工作勤恳、坚持原则的人担任。要为加强物资管理提供必要的条件,完善物资管理的基本设施。

为了及时反映各项物资的增减变化和结存情况,物资核算可以使用"永续盘存制"。"永续盘存制"就是对各项物资的增减都要根据原始凭证和记账凭证在账簿中进行连续登记,随时在账卡上结算出各项物资的结存数量和金额,并与实物核对无误。在"永续盘存制"下,仍有必要对各项物资进行局部清查和全面清查。

进行物资清查时,首先应建立熟悉业务的清查班子,物资清查涉及面广、工作量大、业务技术要求高,是一项复杂而细致的工作,如果连物资的名称、规格、质量都搞不清楚,物资清查工作肯定是搞不好的,清查班子应由熟悉业务的仓库保管员、财会人员、技术人员和车间工人组成,应杜绝那种走过场、图形式的现象发生,各单位应加强领导,形成制度,认真做好这项工作。

在清查前还要做好账簿和实物的准备工作。清查应以某月末的账面余额为准,要在这

之前把所有物资收发凭证在物资明细账上登记完毕,结出余额。并且把物资整理归类,排列整齐。准备好必要的计量器具,为清查做好各项准备工作。

清查过程中要对所清点的物资认真点数、过磅、量尺、测算、验质,做好清查记录,并分清是否积压、超储或不需要;是否需要报废或削价处理。一般做法是以清查实物为准、按物资明细账的顺序逐项清点核对并做好记录。对账实不符、质量等问题要查明原因,分清责任并提出处理的初步意见。如发现账实之间差异较大,要重新复查,防止错查、漏查或重查的现象发生。由于清查需要一定时间,有时又不能停止收发物资,所以要事先确定一个清查时点。在这个时点以后发出的物资应作为实存数登记,在这个时点以后购进的物资,在确定实存数时要予以扣除。在物资清查期间如果能做到停止收发而又不影响工作,就不存在物资增加和扣除的问题了。

物资清查的凭证是"物资盘点盈亏报告表",编制"物资盘点盈亏报告表"是在物资清查的基础上进行的。清查后,将清查结果逐项登记在表内,分别计算盘点表的有关栏目。为了便于分类汇总,盘点表应按照物资明细账的分类和顺序填写,并由清查人员和仓库保管人员签章,按规定程序上报审批,及时处理。对于账外物资要查明原因及时处理、对于账外的借入物资要及时归还或分清;对于账内的借出材料要及时收回或作为实物计数。

五、存货明细分类账的登记

为了详细、具体地核算和监督各种物资的采购情况及收发、结存情况.加强各项物资的实物管理、采购管理和资金管理,每个单位都必须在填制、取得和审核各项物资凭证的基础上做好物资明细账的登记工作。物资明细分类账的登记包括数量和金额两部分,要按照物资品种、规格分别登记物资收发结存的的数量变化以及资金的增减变化和结存金额。在实际工作中仓库部门和财会部门要密切配合、各有侧重,共同管好各项物资的数量记账和金额记账其中物资的收发结存的数量记账主要由仓库保管员负责,金额记账主要由财会人员负责。

物资明细账一般有两种设置方法:一是设置两套账,即分别在仓库和财会部门设置一套按品种、规格分类的明细分类账,根据相同的收发凭证进行平行登记,仓库的一套只进行数量记账,财会部门的一套既进行数量登记又进行金额登记,两个部门的明细账进行数量上的制约和核对,这种方法虽然严密,但由于物资凭证在传递中容易出现丢失、错漏等情况,且重复记账的工作量较大,至使记账中经常发生错误,现在已不大采用;二是将仓库的数量账与财会部门的数量金额账合并,只在仓库部门设置一套既有数量又有金额的库存明细分类账,由仓库保管员或仓库的材料会计员根据凭证进行登记,财会部门的材料物资会计人员经常或月末到仓库部门对库存明细分类账进行稽核查证,并设物资二级明细分类账进行控制和核对。这种方法可以节约大量的人力、物力,进一步密切财会部门和仓库部门的联系,保证记账的质量,目前被广泛运用。另外,在实际工作中,除明细分类账外,还要在物资保管的货位上设置明细卡片,做到账卡相符。

仓库部门的物资明细分类账应按照库别、品种、规格型号分别设置,一个单位的物资明细分类账包括各仓库的类别明细账,每个仓库的类别明细账,又有许多本物资明细账组成。一个单位的库存物资与各部门、各仓库、各明细账之间的关系如图3-1所示。

物资明细分类账的账页一般有两种格式:一种是设收、发、余三栏,每栏中再设数量、单价、金额三栏,称为"数量金额式"明细账页。这种格式适用于物资按实际成本计价的单位。另一种是只设收、发、余三栏,收、发栏只登记数量,在结余栏中才设有数量和金额两栏。这

厂别	物资部门	仓库类别	库存明细分类账数
		钢材仓库	18 本
		标准件仓库	15 本
	供应部门	油漆化工仓库	5 本
		辅助材料仓库	3 本
山东××汽车厂		汽车配件仓库	12 本
库存物资	设备管理部门	修理备件仓库	4 本
		水暖器材仓库	2 本
	劳资部门	劳保用品仓库	2 本
	房产部门	维修材料仓库	1 本
合计	4 个部门	9 个仓库	62 本明细账

图 3-1　库存明细账关系图

种格式适用于对物资采用计划成本计价的单位,因为物资计划成本确立后,年内通常不会发生变化,只要登记了数量就控制的金额,月初结于数量加收入数量减去发出数量就等于结存数量,再乘以计划成本就得出结存金额。

每本物资明细分类账应分别装订,并在首页上设置"汇总账页",注明明细分类账的张数和稽核会计签章栏,用于汇总该本明细账的收发结存金额。这张汇总账页可以用与明细分类账相同的格式,也可以只设置收、发、余和稽核、签章栏,或者和"物资明细登记簿"相应的账页相结合。

物资明细分类账在登记之前,要填写收发凭证上的单价。实行实际成本计价的单位,单价按实际购进价格填写;实行计划成本计价的单位,单价按计划成本目录中的单价填写。实行实际成本计价的单位,由于各批购入物资的实际成本并不相同,必须采用一定的方法确定发出物资的单价,这些方法有:月末一次加权平均法、移动加权平均法、先进先出法、后进先出法等。

登记物资明细分类账时,由仓库保管员把物资收、发、领退凭证整理归类后,放在应登记的账页中,计算和登记数量与金额,再由物资(材料)会计定期到仓库稽核签证;或者物资保管员只登记收发、结存数量,物资(材料)会计定期到仓库稽核签证、划价和登记结余额。财会人员稽核签证的方法是:首先根据收发、领退凭证,复核每张账页登记的数量和金额是否正确;其次计算汇总账页,根据登记入账的收发凭证分别汇总后计入汇总账页的"收入"、"发出"、"结余"栏,汇总账页的结存金额要等于该本明细账每张账页结余金额之和,如果金额不相符,应查找原因并进行调整,直至金额相等。各项物资明细账经仓库保管人员登记、财会部门稽核签证后,各本明细账余额要与物资二级明细账余额以及物资总分类账余额相符。

六、材料采购明细分类账的登记

设置材料采购明细分类账的目的,是为了核算和反映材料采购的付款、入库和在途情况以及入库物资的实际成本,考核材料采购成本。"材料采购明细分类账"的设置一般有三种方法:一是按会计准则规定的物资总账的账户或二级明细账户设置,例如"原材料"、"包装物"、"低值易耗品"等;二是按物资的品种、规格或按物资负责人设置,这种方法适用于储备量大、储备费用高的单位,或需要划清经营责任的单位,如家用电器商场按电视、洗衣机等品种设置;三是按供应单位设置,便于了解从各供应单位采购物资的付款、到货情况和采购物资的实际成本。

材料采购明细分类账适用于实行计划成本计价的单位,在实行实际成本计价的单位中,一般设置"在途物资明细账"或"在途物资登记簿"。

（一）在途物资明细账的登记

在途物资明细账一般按供货单位名称立户,日期、凭证号、摘要以及借方金额,根据支付货款的记账凭证和所附原始凭证登记;贷方金额根据收料凭证编制的记账凭证登记,余额若在借方,表示货款已付,物资尚未验收入库的在途物资数额。借方金额与贷方金额都登记并相符,表明这项物资的采购业务款已付,物资也已入库。月末应将各明细分类账户的借方余额之和与在途物资总分类账账户余额核对相符。

（二）材料采购明细分类账的登记

材料采购明细分类账借方登记采购中的实际成本,贷方登记按计划成本计算的入库物资。实际成本和计划成本之间的差额属于超支性质的用正数登记,属于节约性质的用负数登记,登记中采用横线登记法逐笔登记,根据根据付款的记账凭证按采购业务发生的时间顺序,逐笔将实际成本登记在借方,根据已付款的收料单等有关凭证在同笔采购业务的同一横线上的贷方登记计划成本及其差异额。月末,要登记计算成本差异和结转金额。根据既付款又已入库的采购业务的借、贷方金额合计计算出成本差异额(借方实际成本－贷方计划成本),一次性转入"材料成本差异明细账"。对已付款尚未入库的在途材料,应结出余额,余额应与"材料采购"总账的余额相符,并转入下月份"材料采购明细账"。为了正确登记、计算成本差异,应将各项在途物资逐笔结转,照抄在下月的"材料采购明细账"中。

七、材料成本差异明细分类账的登记

成本差异明细账只在实行计划成本计价的单位设置,设置的目的是为了核算和反映各类或各种物资的成本差异和计算材料成本差异率,调整发出物资的计划成本,便于加强成本管理,降低物资成本。材料成本差异明细账应该按照物资总账账户、物资大类设置,与"材料采购明细分类账"的口径保持一致。不能只设置材料成本差异总分类账户,因为综合差异率不利于物资成本的管理和分析。例如,机器制造厂生产用钢材占机器产品成本的比重很大,纺织厂生产用的棉花构成棉纱的主要成本,这两家工厂应按钢材、棉花类别或品种设置成本差异明细账。对于其他价值低、在生产费用中占的比重小的物资,可以不必按类别设置差异账户。"材料成本差异明细账"一般都采用借(收入)、贷(支出)、余(结存)三栏式设置。为了在账页内计算材料成本差异率,账内还要增设收入材料计划成本栏、发出材料计划成本栏、差异分配率栏。

"材料成本差异明细账"的"收入"和"支出"栏中的计划成本登记方法有两种,一种是根据"收料凭证汇总表"和"发料凭证汇总表"编制的记账凭证登记;另一种是根据从仓库稽核签证抄回的"物资库存明细账"汇总账页的收入数和支出数登记。"收入"栏的计划成本和差异额还可以从同类别的"材料采购明细账"贷方栏的数字抄入。材料成本差异额和材料成本差异率的计算方法如下:

$$材料成本差异额＝材料实际成本－计划成本$$

（正数为超支差,负数为节约差）

$$材料成本差异率＝\frac{月初结存材料成本差异＋本月收入材料成本差异}{月初结存材料计划成本＋本月收入材料计划成本}$$

$$发出材料应负担的差异＝发出材料计划成本×材料成本差异率$$

发出材料实际成本＝发出材料计划成本±发出材料应负担的差异

八、物资账的核对

（一）核对的内容

物资账的核对主要是进行账账核对和账实核对。所谓账账核对，就是检查复核物资保管明细账（卡）的结余（数量和金额）合计数与物资二级明细账的余额合计数、物资总分类账账户的余额是否相符。所谓账实核对，就是检查复核物资保管明细账（卡）的结余（数量和金额）合计数与物资的实物数量是否相符。

（二）核对的方法

1. 账账核对的方法

坚持和加强日常和每月的物资保管明细账的稽核签证工作。无论是设置两套物资明细账还是设置一套物资保管明细账，会计人员都要到仓库逐项、逐本、逐类的稽核签证，保证每项物资收发、结存数量的合计数与总分类账账户的余额相符。

核对时，在上期发生额及余额明细表的基础上，根据本期物资发生额凭证，编制物资二级明细分类账户的本期发生额及余额明细表或物资收发存报表，并与总分类账的余额进行核对，如有不符，进一步查找原因。另外还要将各仓库的物资明细分类账户加总的发生额和与余额同物资总分类账户的相应数进行核对，验证是否相符，并查明不符的原因，进行调整。

2. 账实核对的方法

账实核对分为日常核对和定期核对。日常核对主要是由仓库保管员经常抽查或逐项检查各项物资的实物数量是否与账面结余数相符，如果不相符，因查明原因及时处理。出现不相符的原因通常有：物资收发票据记账时串项、登记到另一规格的物资明细账上；物资露天保管时丢失；收、发物资计量不准确，出现数量盈亏等，会计人员应督促仓库保管人员查清原因，报领导审批后，或是赔偿，或是调整记账。定期核对主要是进行物资局部或全面的清查，编制"物资盘点盈亏报告表"，若发现不符，经仓库保管人员和会计人员反复复核，按规定程序报批处理，调整账目或实物，保证账实相符。

第二节　存货业务处理

一、存货按实际成本计价的核算

存货按实际成本计价核算，是指从存货收发凭证，到明细分类账和总分类账，全部按实际成本计价，期末存货账簿上的余额反映存货的实际成本。

企业的存货主要以外购和自制为主，下面以外购和自制为例，说明存货按实际成本计价的核算。

（一）外购存货的核算

在实际成本法下，外购存货核算，一般应设置"在途物资"、"原材料"、"库存商品"等会计科目。由于结算方式和采购地点的不同，材料入库和货款的支付在时间上不一定完全同步，相应地，其账务处理也有所不同。

1. 钱货两清

对于发票账单与材料同时到达，并已及时支付货款的采购业务，企业在支付货款，材料验收入库后，应根据发票账单等结算凭证确定的材料成本，借记"原材料"科目，根据取得的增值税专用发票上注明的(不计入材料采购成本的税额)税额,借记"应交税费——应交增值税(进项税额)"(一般纳税人,下同)科目,按照实际支付的款项,贷记"银行存款"或"其他货币资金"等科目。

例1:京卫厂购进原材料一批,增值税专用发票上注明,价款 6 000 元,增值税 1 020 元,款项已通过银行支付,材料已验收入库。京卫厂根据发票等凭证记账:

借:原材料   6 000
　应交税费——应交增值税(进项税额)   1 020
　　贷:银行存款   7 020

2. 先付款,后收货

对于已经付款,但材料尚未到达或尚未验收入库的采购业务,应根据发票账单等结算凭证,借记"在途物资"、"应交税费——应交增值税(进项税额)"科目,贷记"银行存款"或"其他货币资金"等科目;待材料到达、验收入库后,再根据收料单,借记"原材料"科目,贷记"在途物资"科目。

例2:某企业购入原材料一批,增值税专用发票上注明,价款 40 000 元,增值税 6 800 元,款项已付,同时支付对方代垫的运杂费 600 元,材料尚未运达企业。

① 企业付款后,根据有关发票和结算凭证记账:

借:在途物资   40 600
　应交税费——应交增值税(进项税额)   6 800
　　贷:银行存款   47 400

② 上述材料运达企业,办理验收入库手续,企业根据收料单等记账:

借:原材料   40 600
　　贷:在途物资   40 600

3. 先收货,后付款

对于材料已到达并已验收入库,但发票账单等结算凭证未到,货款尚未支付的采购业务,平时在材料验收入库时,只办理入库手续,会计上不进行价值核算;等到月末,若发票账单等凭证仍未到,则按材料的暂估价值估计入账,借记"原材料"科目,贷记"应付账款——暂估应付账款"科目。下月初用红字作同样的记账凭证予以冲回,以便下月付款或开出、承兑商业汇票后,按正常程序,借记"原材料"、"应交税费——应交增值税(进项税额)"科目,贷记"银行存款"或"应付票据"等科目。

例3:5月27日,企业向华阳厂购进甲材料 1 000 千克,材料已验收入库,因结算凭证未到而未付款。

(1) 5月27日,企业办理验收入库手续,填制收料单,注明实收数量。

(2) 5月31日,若凭证仍未到,则企业按该批材料的合同价 14 000 元暂估入账:

借:原材料   14 000
　　贷:应付账款——暂估应付账款   14 000

(3) 6月1日,红字冲销上月末的暂估价:

借:原材料   14 000
　　贷:应付账款——暂估应付账款   14 000

(4)等到结算凭证到，企业据以付款后，再根据材料的实际成本和支付的增值税记账：

借：原材料　　　　　　　　　　　　　　　　（实际成本）

　　应交税费——应交增值税（进项税额）　　（实际支付的增值税）

　　贷：银行存款　　　　　　　　　　　　　（实际支付的价税费总额）

4. 先预付，后收货

采用预付货款的方式采购材料，应在预付材料价款时，按照实际预付金额，借记"预付账款"科目，贷记"银行存款"科目；已经预付货款的材料验收入库，根据发票账单等所列的价款、税额等，借记"原材料"科目和"应交税费——应交增值税（进项税额）"科目，贷记"预付账款"科目；预付款项不足，补付上项货款，按补付金额，借记"预付账款"科目，贷记"银行存款"科目；退回上项多付的款项，借记"银行存款"科目，贷记"预付账款"科目。

（二）自制存货的核算

企业自制原材料、半成品、产成品完工入库时，借记"原材料"、"自制半成品"、"库存商品"科目，贷记"生产成本"科目。

（三）发出存货的核算

企业的存货是不断流动的，有流入也有流出，流入与流出相抵后的结余即为期末存货，本期期末存货结转到下期，即为下期的期初存货，下期继续流动，就形成了生产经营过程中的存货流转。

在实际成本计价方式下，发出存货的计价方法有个别计价法、分批实际法、加权平均法、移动平均法、先进先出法、后进先出法，等等，我国《企业会计准则第1号——存货》规定企业在确定发出存货的成本时，可以采用先进先出法、移动加权平均法、月末一次加权平均法和个别计价法确定发出存货的实际成本。对于不能替代使用的存货，以及为特定项目专门购入或制造的存货，一般应当采用个别计价法确定发出存货的成本。实际成本法一般适用于规模较小、存货品种简单、采购业务不多的企业。

二、存货按计划成本计价的核算法

计划成本法是指企业存货日常核算中的收发凭证的填制和存货账簿的登记均按预先制定的计划成本记录。对存货计划成本偏离实际成本的差异，单独设置账户进行核算，并利用它将发出存货的计划成本调整为实际成本；期末，存货账簿上的余额和其相应差异账户余额之和，即为存货的实际成本。

存货的计划单价确定后，如无特殊情况，年度内一般不作调整。

（一）外购存货的核算

在计划成本法下，企业外购存货，应先通过"材料采购"科目核算取得存货的实际成本，购入存货的实际成本与计划成本的差异，通过"材料成本差异"科目进行核算。若实际成本大于计划成本，产生的超支差异，计入"材料成本差异"科目的借方；若实际成本小于计划成本，产生的节约差异，计入"材料成本差异"科目的贷方。

1. 钱货两清

例4：华东公司9月5日购入材料一批，取得的增值税专用发票上注明的价款为10 000元，增值税额为1 700元，发票等结算凭证已经收到，货款已通过银行转账支付。材料已验收入库。该批材料的计划成本为9 500元。有关会计分录如下：

借:材料采购　　　　　　　　　　　　　　　　　10 000
　　应交税费——应交增值税(进项税额)　　　　 1 700
　　贷:银行存款　　　　　　　　　　　　　　　　　　　11 700

同时:

借:原材料　　　　　　　　　　　　　　　　　　　9 500
　　贷:材料采购　　　　　　　　　　　　　　　　　　　9 500

月末,结转入库材料的成本差异:

借:材料成本差异　　　　　　　　　　　　　　　　　500
　　贷:材料采购　　　　　　　　　　　　　　　　　　　500

2. 先付款,后收货

例5:企业购入材料一批,取得的增值税专用发票上注明的价款为 2 000 元,增值税额为 340 元,发票等结算凭证已经收到,货款已通过银行转账支付。材料尚未验收入库。企业付款的会计分录如下:

借:材料采购　　　　　　　　　　　　　　　　　　2 000
　　应交税费——应交增值税(进项税额)　　　　 340
　　贷:银行存款　　　　　　　　　　　　　　　　　　　2 340

材料到达验收入库时,根据收料单(计划成本),编制收料的记账凭证,借记"原材料",贷记"材料采购"。

3. 先收货,后付款

例6:5月25日,企业从红旗厂购入乙材料 400 千克,计划单价 100 元,材料已验收入库,由于发票等结算凭证尚未收到,货款尚未支付。企业应于月末按计划成本估价入账。有关会计分录如下:

(1) 5 月 25 日,办理收料手续,暂不进行价值核算。

(2) 5 月 31 日,若发票等凭证仍未收到,企业按计划价暂估记账:

借:原材料　　　　　　　　　　　　　　　　　　40 000
　　贷:应付账款——暂估应付账款　　　　　　　　　　40 000

(3) 6 月 1 日,红字将上述分录予以冲回:

借:原材料　　　　　　　　　　　　　　　　　　 40 000
　　贷:应付账款——暂估应付账款　　　　　　　　　　 40 000

(4) 收到有关发票等结算凭证并支付货款,其中价款 38 000 元,增值税 6 460 元。按正常程序记账。

借:材料采购　　　　　　　　　　　　　　　　　　38 000
　　应交税费——应交增值税(进项税额)　　　　 6 460
　　贷:银行存款　　　　　　　　　　　　　　　　　　　44 460

借:原材料　　　　　　　　　　　　　　　　　　40 000
　　贷:材料采购　　　　　　　　　　　　　　　　　　　40 000

月末,结转材料成本差异:

借:材料采购　　　　　　　　　　　　　　　　　　2 000

　　　贷:材料成本差异　　　　　　　　　　　　　　　　　　　　　　　　2 000

（二）自制存货的核算

1. 自制完工,按计划成本计价入库

借:原材料等　　　　　　　　　　　　　　　　　　　　（计划成本）

　　贷:生产成本　　　　　　　　　　　　　　　　　　　　（计划成本）

2. 月末,结转成本差异

（1）若为超支差异

借:材料成本差异

　　贷:生产成本

（2）若为节约差异

借:生产成本

　　贷:材料成本差异

　　企业采用计划成本计价核算存货,当采购业务频繁时,为简化会计核算,节省时间,一般于材料验收入库时,只办理入库手续,填制收料单,由仓库保管员或会计人员据以登记材料明细账中收入栏的数量,会计上不进行存货的价值核算;月末,企业根据所有未入账的收料单,编制"收料凭证汇总表",然后根据汇总表编制本月收料的汇总记账凭证:

借:原材料

　　贷:材料采购

　　　　应付账款——暂估应付账款

　　同时,企业根据"材料采购明细账""差异"栏中差异的月结数,结转本月收料的成本差异:

借:材料成本差异　　　　　　　　　　　　　　　　　　　（超支差异）

　　贷:材料采购　　　　　　　　　　　　　　　　　　　　（超支差异）

若为节约差异,则分录相反。

（三）发出存货的核算

　　采用计划成本法对存货进行日常核算,会计期末需要通过"材料成本差异"科目,将发出存货和期末存货调整为实际成本。调整的基本公式如下:

$$实际成本 = 计划成本 \pm 材料成本差异$$

　　材料成本差异随着材料的入库而形成,同时也随着材料出库而减少,期初和当期形成的材料成本差异,应在当期已发出材料和期末结存材料之间进行分配,属于已消耗材料应分配的材料成本差异,从"材料成本差异"科目转入有关科目。企业应当在月份终了时,根据企业登记的"材料成本差异明细账",计算材料成本差异率,据以分配当月形成的材料成本差异。材料成本差异率的计算公式如下:

$$月初材料成本差异率 = \frac{月初结存材料的成本差异}{月初结存材料的计划成本} \times 100\%$$

$$\frac{本月材料}{成本差异率} = \frac{月初结存材料的成本差异 + 本月收入材料成本差异}{月初结存材料的计划成本 + 本月收入材料计划成本} \times 100\%$$

$$发出材料应分配的差异 = 发出材料的计划成本 \times 材料成本差异率$$

　　如果差异率是正数,则表示是超支差异;如为负数,则表示是节约差异。

在选择材料成本差异率时,对需要随时结转发出材料价差的发料业务,如委托加工发料、在建工程领料等,一般选择月初材料成本差异率;对月末才结转发出材料成本差异的发料业务,一般在月末计算出本月材料成本差异率后,按本月差异率结转发料的价差。如果企业的发料业务中,有一些需随时结转发料的成本和价差,另一些则在月末结转材料的成本和价差,此时,本月材料成本差异率的计算公式应调整为:

$$本月材料成本差异率=\frac{月初结存材料的成本差异-本月发料随时转出的差异+本月收料成本差异}{月初结存材料的计划成本-本月发料随时转出的计划成本+本月收入材料计划成本}\times100\%$$

在实际工作中,领料业务频繁的企业,发料凭证很多。为了简化核算,平时发出存货时,一般不直接根据领料单等发料凭证逐笔编制记账凭证,只是根据发料凭证登记材料明细账中"发出"栏的数量,月末根据领料部门和领料用途,编制"发料凭证汇总表",汇总本月发料的计划总成本,然后根据该汇总表,编制发料的汇总记账凭证:

借:生产成本　　　　　　　　　　　　　　　　　　　（计划成本）

　　制造费用　　　　　　　　　　　　　　　　　　　（计划成本）

　　其他业务成本等　　　　　　　　　　　　　　　　（计划成本）

　　贷:原材料　　　　　　　　　　　　　　　　　　　　（计划成本）

月末,根据计算出的材料成本差异率,计算发出材料应分摊的材料价差,并编制结转发料成本差异的会计分录。结转超支差异分录:

借:生产成本

　　制造费用

　　其他业务成本等

　　贷:材料成本差异

结转节约差异分录:

借:材料成本差异

　　贷:生产成本

　　　　制造费用

　　　　其他业务成本等

例7:企业本月收料计划成本为 72 000 元,收料的成本差异为节约差异 5 400 元,本月发料计划成本为 60 000 元(假设均为生产产品领用)。月初"原材料"账户的借方余额 3 000元,"材料成本差异"账户借方余额 480 元。

（1）编制发料的记账凭证。

借:生产成本　　　　　　　　　　　　　　　　　　　60 000

　　贷:原材料　　　　　　　　　　　　　　　　　　　　60 000

（2）计算本月材料成本差异率及发出材料应分摊的成本差异。

$$本月材料成本差异率=\frac{480+(-5\ 400)}{3\ 000+72\ 000}\times100\%=-6.56\%$$

发出材料应分摊的成本差异 $=60\ 000\times(-6.56\%)=-3\ 936(元)$

（3）编制结转发出材料应分摊成本差异的会计分录。

借:材料成本差异　　　　　　　　　　　　　　　　　3 936

贷:生产成本   3 936

(4) 计算月末结存原材料的成本差异。

月末结存原材料的成本差异＝480＋(－5 400)－(－3 936)＝－984(元)

这表明"材料成本差异"账户的期末余额为贷方结余 984 元,即期末结存原材料的实际成本为 14 016 元(3 000＋72 000－60 000－984)。

存货按计划成本计价进行核算的方法,一般适用于存货品种繁多、收发频繁的企业。如大中型企业中的各种原材料、低值易耗品等。如果企业的自制半成品、产成品品种繁多,或者在管理上需要分别核算其计划成本和成本差异时,也可采用计划成本法核算。

三、存货的其他业务

存货的其他业务主要包括委托加工、包装物、低值易耗品及存货的清查等业务。

(一) 委托加工业务的核算

为了反映企业委托外单位加工存货的加工成本,企业应设置"委托加工物资"科目进行核算。现用图式说明委托加工物资的核算,见图 3-2。

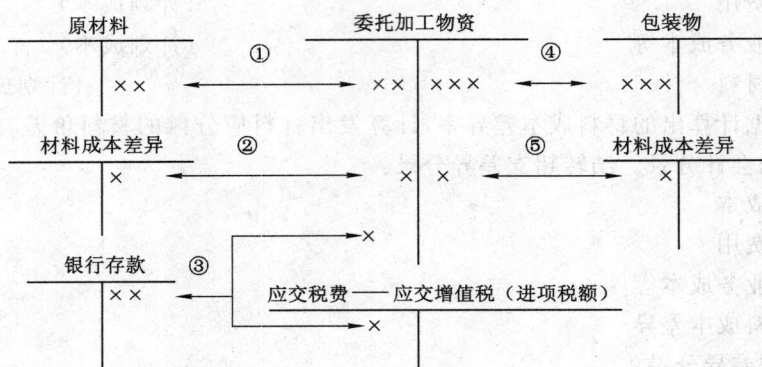

图 3-2 委托加工物资账户对应关系图

说明:① 结转发出材料的计划成本,委托加工;② 结转发出材料的成本差异;③ 支付加工费、运杂费及加工劳务的增值税;④ 结转完工加工物资的计划成本;⑤ 结转完工加工物资的成本差异。

(二) 包装物的核算

包装物是指为包装本企业的商品而储备的包装容器,如桶、箱、瓶、坛、袋等。其主要作用是盛装、装潢产品或商品。但应注意的是,价值较小的包装材料,如包装用的带子、绳子等,一般不作为包装物核算,而是作为一般消耗性材料核算;而大型包装容器一般作为固定资产或低值易耗品核算。

由于包装物和低值易耗品(后述)能够在多个生产周期内使用,故将其作为"周转材料"核算。所谓周转材料,是指在生产经营或工程施工过程中能够多次周转使用仍保持其原有物质形态的材料。《企业会计准则》规定,对于包装物和低值易耗品的核算可以统一设置"周转材料"一级科目核算,也可以分设"包装物"、"低值易耗品"两个一级科目核算。本章下述内容采用分设两个会计科目的方法进行核算。

企业收入包装物的核算和"原材料"核算相同。这里主要说明包装物发出的核算。

企业发出包装物的核算,应按发出包装物的不同用途分别进行处理。

1. 生产领用包装物

企业生产部门领用的用于包装产品的包装物,构成了产品的组成部分,因此应将包装物的成本计入产品的生产成本。即借记"生产成本"等科目,贷记"包装物"科目。

2. 随同商品出售的包装物

随同商品出售的包装物,可以单独计价,也可以不单独计价。不单独计价的包装物,应于包装物发出时,按其实际成本计入销售费用中,借记"销售费用"科目,贷记"包装物"科目。随同商品出售单独计价的包装物,在随同商品出售时要单独计价,借记"其他业务成本"科目,贷记"包装物"科目。

3. 出租、出借包装物

企业有些包装物可多次周转使用,其实物形态保持不变。因此企业可以将这些包装物出租、出借给外单位使用。

对于周转使用的包装物和低值易耗品,在使用期间应采用一定的方法摊销其价值。《企业会计准则第1号——存货》应用指南规定:"包装物和低值易耗品,应当采用一次摊销法或者五五摊销法进行摊销;企业(建造承包商)的钢模板、木模板、脚手架和其他周转材料等,可以采用一次转销法、五五摊销法或者分次摊销法进行摊销"。一次摊销法,是指周转材料在领用或出租、出借时,将其实际成本一次计入相关成本费用的一种摊销方法。五五摊销法,是指周转材料在领用或出租、出借时摊销一半价值,报废时再摊销一半价值的摊销方法。分次摊销法,是指周转材料在领用或出租、出借时,将其实际成本分次计入相关成本费用的一种摊销方法。

包装物的成本一般可采用一次摊销法或五五摊销法等方法进行摊销。凡是价值不大的可采用一次摊销法;凡是价值较大的,可采用五五摊销法。

(1)一次摊销法。出租、出借包装物,在第一次领用新包装物时,按出租、出借包装物的实际成本,借记"其他业务成本"(出租包装物)或"销售费用"(出借包装物)科目,贷记"包装物"、"材料成本差异"科目。收到出租包装物的租金时,借记"库存现金"、"银行存款"等科目,贷记"其他业务收入"等科目。收到出租、出借包装物的押金时,借记"库存现金"、"银行存款"等科目,贷记"其他应付款"科目,退回押金作相反的会计分录。

对于逾期未退包装物,按没收的押金,借记"其他应付款"科目,按应交的增值税,贷记"应交税费——应交增值税(销项税额)"科目,按其差额,贷记"其他业务收入"科目。这部分没收的押金收入应交的消费税等税费,计入营业税金及附加,借记"营业税金及附加"科目,贷记"应交税费——应交消费税"等科目。

出租、出借的包装物不能使用而报废时,按其残料价值,借记"原材料"等科目,贷记"其他业务成本"(出租包装物)或"销售费用"(出借包装物)等科目。

(2)五五摊销法。五五摊销法是指包装物在领用时先摊销其价值的一半,在报废时再摊销其价值的另一半的办法。采用这种方法摊销包装物成本时,在"包装物"科目下,应设置"库存未用包装物"、"库存已用包装物"、"出租包装物"、"出借包装物"以及"包装物摊销"等明细科目。

例8:本月企业将一批包装物出借给高桥公司,包装物的计划成本8 000元。

① 包装物出库：

借：包装物——出借包装物   8 000

    贷：包装物——库存未用包装物   8 000

② 摊销包装物价值的 50%：

借：销售费用   4 000

    贷：包装物——包装物摊销   4 000

③ 结转出借包装物分摊的成本差异，包装物的差异率为 2%：

借：销售费用(8 000×2%)   160

    贷：材料成本差异   160

④ 高桥公司用完后，退还了所有的包装物，企业重新入库：

借：包装物——库存已用包装物   8 000

    贷：包装物——库存未用包装物   8 000

⑤ 若该批包装物退回时全部报废，再摊销剩余的 50% 的价值(残料作价 200 元入库)：

借：销售费用   4 000

    贷：包装物——包装物摊销   4 000

借：原材料   200

    贷：销售费用   200

借：包装物——包装物摊销   8 000

    贷：包装物——出借包装物   8 000

（三）低值易耗品的核算

低值易耗品属于劳动资料性质，但由于价值低易损耗，使用期限短，更换频繁，故作为流动资产处理。企业收入低值易耗品的核算和"原材料"核算相同。这里也主要说明低值易耗品发出的核算。

1. 发出低值易耗品的摊销方法

常用的低值易耗品的摊销方法有：一次转销法和五五摊销法。

（1）一次转销法。一次转销法是指低值易耗品在领用时就将其全部账面价值计入有关成本费用的方法。通常适用于价值较低或极易损坏的管理用具和小型工具、卡具以及专用工具等。

（2）五五摊销法。五五摊销法是指低值易耗品在领用时先摊销其账面价值的一半，在报废时再摊销其账面价值的另一半。即低值易耗品的价值分两次各按 50% 进行摊销。五五摊销法通常既适用于价值较低，使用期限较短的低值易耗品，也适用于每期领用数量和报废数量大致相等的物品。

2. 领用低值易耗品的核算

（1）领用低值易耗品，价值一次摊销时，借记"制造费用"等科目，贷记"低值易耗品"、"材料成本差异"科目。

（2）五五摊销法。在五五摊销法下核算低值易耗品，需在"低值易耗品"科目下设置"在库低值易耗品"、"在用低值易耗品"、"低值易耗品摊销"三个明细科目进行核算。其会计处理方法与包装物的五五摊销法相同，这里不再赘述。

（四）存货清查的核算

关了真实地反映企业存货实物和资金的现有数额，加强存货的管理，保证存货核算的正确性，必须对存货进行定期或不定期的清查。对存货清查的结果，根据不同的情况进行会计处理。

1. 存货盘盈

进行存货清查后，如存货的实物数量多于存货的账面数量，即为存货的盘盈，对于盘盈的存货，应当按照其重置成本作为入账价值，并通过"待处理财产损溢"科目进行会计核算，按管理权限报经批准后冲减当期管理费用。

（1）调整账面价值：

借：原材料、库存商品等
　　贷：待处理财产损溢——待处理流动资产损溢

（2）按规定报经批准后，核销盘盈的存货：

借：待处理财产损溢——待处理流动资产损溢
　　贷：管理费用

2. 存货盘亏毁损

进行存货清查后，如存货的实有数量小于存货的账存数，即为存货的盘亏。

（1）调整账面价值：

借：待处理财产损溢——待处理流动资产损溢　　　　（实际价值）
　　贷：原材料　　　　　　　　　　　　　　　　　　（计划成本）
　　　　材料成本差异　　　　　　　　　　　　　　（结转的成本差异）
　　　　应交税费——应交增值税（进项税额转出）　　（转出的增值税）

（2）按规定报经批准后：

借：其他应收款　　　　　　　　（应收责任人、保险公司赔款）
　　营业外支出　　　　　　　　　　　　　　（非常损失）
　　管理费用　　　　　　（原因不明或扣除赔款等后的差额）
　　贷：待处理财产损溢——待处理流动资产损溢

存货毁损与盘亏的核算基本相同。

（3）对于无价值（如霉变、过期等）而处理的存货：

借：存货跌价准备
　　资产减值损失——存货跌价损失
　　贷：库存商品
　　　　应交税费——应交增值税（进项税额转出）

这里所说的物资是指属于流动资产的材料、半成品、库存商品、商品、器材等，也就是会计中核算的存货的内容。物资品种复杂、收发频繁任何单位都不能缺少。对于生产性企业，各项物资在生产过程中起着多方面的作用，主要是生产中的劳动对象，构成产品的实体。有的物资虽不构成产品的实体，但有助于产品的形成或服务于生产。各项物资用货币资金购进，经过生产消耗，形成在产品、半成品，生产完工后形成产品，再销售收回货币资金，并实现盈利。各项物资占用的资金是流动资金的重要组成部分。在发生的全部生产费用和产品成本中，物资成本占有很大比重。对于流通性企业，物资主要是商品，企业用货币资金购进商品,经过库存周转,再销售商品收回货币资金并实现盈利。企业应当本着既能保证生产经营需要,又能减少资金占用的原则,加强各项物资的管理和核算,建立和健全各项物资的收发、领退、保管和清查制度。在行政事业单位,各项物资一般是因业务工作需要而购置的各种器材和物资。在行政单位中一般不需要大量的物资库存、可随用随买,不单独进行库存物资的核算,直接以经费支出列支、事业单位耗用的材料、器材品种多,数量大,一般要保持一定库存,以保证业务需要。同时材料资金是事业单位预算资金的重要组成部分。为了节约使用资金,对物资的库存和收发应加强管理和核算。

各项物资的记账是各项物资管理和核算工作的重要部分,主要内容是填制和复核各项物资收发、领退、保管和清查的凭证,登记各项物资的总分类账和明细分类账,以及物资账的核对等。根据《企业会计准则——2006》规定,企业购入的材料采用计划成本核算的可以使用"材料采购"科目,购入的材料、商品采用实际成本核算的使用"在途物资"科目,此处为简便起见,统一使用"物资"字样。企业、事业和行政单位,由于他们的工作性质不同,对物资的耗用管理及物资核算的要求差别很大,所以在总分类账的账务处理上也有较大差别(本部分省略),但在明细分类账务方面却是基本一致的。

严格填制和复核物资的凭证、手续是正确登记物资账的重要前提,严格执行材料收发凭证的填制、传递和审核的制度手续。对于加强物资管理、资金管理和成本管理,明确经济责任,防止物资管理的混乱和损失浪费的发生,提高经济效益有重要意义。

第三节　存货岗位技能业务训练

一、存货岗位技能业务

根据下列九州电机厂20××年12月份有关存货岗位技能业务填制记账凭证(各类材料核算均采用逐笔结转法)。

(1)1日,用红字冲销上月已验收入库但月终尚未付款的暂估原材料货款(计划成本)1 000元。(表09-03-01)

(2)1日,从本市台河厂购入原材料一批,增值税专用发票上货款金额97 020元,增值税税额16 493.40元,款项共计113 513.40元已用转账支票付讫。该批原材料已验收入库,其计划成本100 000元。(表09-03-02、表09-03-03、表09-03-04)

(3)2日,上月按计划价1 000元暂估入库材料的增值税发票和托收承付支款通知今日收到;其货款金额980元,增值税税额166.60元,共向淮洋市三星公司承付1 146.60元。(表09-03-05、表09-03-06)

(4)4日,上月末在途材料于今日运到验收入库,计划成本5 100元。(表09-03-07)

(5)8日,发出木材一批,计划成本5 000元,委托市新华板箱厂加工本箱(并随时按上月原材料成本差异率结转材料价差)。(表09-03-08、表09-03-09)

(6)8日,从淮洋市三星公司购入原材料一批,增值税专用发票上货款金额50 000元,增值税税额8 500元,款项尚欠;该批材料已验收入库,其计划成本51 000元。(表09-03-10、表09-03-11)

(7)10日,向青达市黄丰厂购原材料一批,增值税专用发票上货款金额150 000元,增值税税额25 500元,当即开出商业承兑汇票一张(面值175 500元,承兑期两个月),该批材

料尚未到达。(表 09-03-12、表 09-03-13)

(3) 12 日,从市东房工具厂购入工具一批,增值税专用发票上货款金额 30 000 元,增值税税额 5 100 元,款项共计 36 100 元已用转账支票付讫;该批工具已验收入库,计划成本 30 800 元。(表 09-03-14、表 09-03-15、表 09-03-16)

(9) 14 日,收到市新华板箱厂为本厂加工完毕的木箱 50 只(8 日发给木材全部用完),用转账支票支付木箱加工费 200 元和增值税 34 元;木箱验收入库的计划单位成本为 110 元。(注:价差随时结转)。(表 09-03-17、表 09-03-18、表 09-03-19)

(10) 19 日,10 日向青达市黄丰厂购入的原材料今日运到,经验收发现短缺 1 箱,系运输途中丢失,当即向铁路局要求赔偿 3 510 元(其中货款 3 000 元,增值税额 510 元);其余全部验收入库,其计划成本为 146 000 元。(表 09-03-20、表 09-03-21)

(11) 22 日,一车间机器一台经批准报废,原价 6 000 元,已提折旧 5 700 元。报废中用转账支票向河区街道服务队支付清理费用 350 元,部分残料计价 400 元入材料库(随时编制记账凭证),部分残料也售给河区乡杜光村黄信,收现金 100 元。(表 09-03-22、表 09-03-23、表 09-03-24、表 09-03-25、表 09-03-26)

(12) 26 日,发出原材料一批,计划成本 2 000 元。委托市新华板箱厂进行加工(并按上月原材料成本差异率随即结转材料价差)。(表 09-03-27、表 09-03-28)

(13) 28 日,向龙江市红旗厂购入原材料一批,增值税专用发票上货款金额 30 000 元,增值税税额 5 100 元,共计 35 100 元尚未支付,该批材料已验收入库,其计划成本 29 200 元。(表 09-03-29)

(14) 31 日,本月自制工具全部完工入库,计划成本为 6 500 元。(表 09-03-30)

(15) 31 日,本月车间、行政管理部门一般性材料消耗计划成本汇总如下:(表 09-03-31、表 09-03-32、表 09-03-33、表 09-03-34、表 09-03-35、表 09-03-36)

	一车间	二车间	机修车间	工具车间	管理部门
消耗材料	17 000 元	6 000 元	600 元	400 元	1 800 元
修理材料	2 000 元	1 000 元	—	100 元	900 元
领用工具	10 000 元	4 000 元	400 元	200 元	800 元

(16) 31 日,本月领用工作服计划成本 12 000 元,其中,一车间 7 500 元,二车间 3 000 元,机修车间 900 元,工具车间 600 元。领用工作服时一次摊销随即再分配其价差(按月初差异率计算),编制待摊费用分配表(分配率精确到 0.000 1)。(表 09-03-37、表 09-03-38、表 09-03-39、表 09-03-40、表 09-03-41)

(17) 31 日,结转入库原材料和低值易耗品的成本差异(合编一张记账凭证)。

(18) 31 日,计算原材料、包装物本月差异率(精确到 0.000 1),编制发料凭证汇总表,结转发料计划成本和分配的材料成本差异(原材料和包装物分开编制记账凭证)。(表 09-03-42)

(19) 31 日,本月二车间报废工具一批,计划成本 300 元,无残值。(表 09-03-43、表 09-03-44)

二、登记材料核算的有关明细账(外购账页)

(20) 登记材料采购明细账。材料采购明细账应该设置三个明细账户:"材料采购——

原材料采购"、"材料采购——包装物采购"、"材料采购——低值易耗品采购"。九州电机厂设置"材料采购——原材料采购"、"材料采购——低值易耗品采购"两个明细账户（每个账户外购二十一栏式账页,格式见表3-1,以原材料差异为例）。

表 3-1　　　　　　　　　材料采购——原材料明细账格式

明细科目:原材料　　　　　　　　　　　　　　　　　　　　　　　采购资金限额:　　　元

记账凭证		供货单位名称	材料名称规格	采购记录			结算或付款记录					借方金额			材料记录			贷方金额	材料成本差异	备注
日期	编号			发票号数	计量单位	发票数量	结算日期	结算凭证种类	结算金额	付款金额	付款日期	拒付金额	买价	采购费用	合计	日期	收料单号	实收数量			
12/1	上月	京卫工厂	钢管		千克	1 100			5 827.9	5 827.9	11/18		4 870	130	5 000						
12/1	上月	三星公司	生铁		吨	30										11/27		30 吨	1 000		

（21）登记材料成本差异明细账。材料成本差异明细账设置三个明细账户:"材料成本差异——原材料差异"、"材料成本差异——包装物差异"、"材料成本差异——低值易耗品差异"（每个明细账户外购九栏式账页,格式见表3-2、表3-3、表3-4）。

表 3-2　　　　　　　　　材料成本差异——原材料差异明细账

二级科目名称:原材料差异　　　　　　　　　　　　　　　　　　　　　　单位:元

20××年		凭证		摘要	收入材料计划成本	发出材料计划成本	差异分配率	借方差额（超支）	贷方差额（节约）		
月	日	种类	号数								
1	1			年初余额	380 000				25 600		
				……							
11	30			1～11月累计	3 937 831	3 767 831			47 600		
12	1			月初余额	550 000		4%	22 000			

表 3-3　　　　　　　　　材料成本差异——包装物差异明细账

二级科目名称:包装物差异　　　　　　　　　　　　　　　　　　　　　　单位:元

20××年		凭证		摘要	收入材料计划成本	发出材料计划成本	差异分配率	借方差额（超支）	贷方差额（节约）		
月	日	种类	号数								
1	1			年初余额	48 000				2 880		
				……							
11	30			1～11月累计	38 400	36 400		2 360	240		
12	1			月初余额	50 000		10%	5 000			

表 3-4 **材料成本差异——低值易耗品差异明细账**

二级科目名称：低值低耗品 单位：元

20××年		凭证		摘 要	收入材料计划成本	发出材料计划成本	差异分配率	借方差额（超支）	贷方差额（节约）		
月	日	种类	号数								
1	1			年初余额	280 000				4 200		
				……							
11	30			1～11月累计	476 520	506 520		300	1 900		
12	1			月初余额	250 000		−0.8%		2 000		

（22）登记委托加工物资料明细账（外购九栏式账页，格式见表 3-5）。

表 3-5 **委托加工物资明细账格式**

一级科目名称：委托加工材料

二级科目名称：新华板箱厂

合同号： 单位：元

20××年		凭证		摘 要	借方				贷方				余额
月	日	种类	号数		发出材料计划成本	发出材料成本差异	加工费	借方合计	入库木箱计划成本	入库木箱成本差异	退回余料成本	贷方合计	
11	30			1～11月累计	35 480	3 080	2 200	40 760	35 000	4 100	1 660	40 760	0

（23）登记低值易耗品明细账。明细账设置三个明细账户："低值易耗品——在库"、"低值易耗品——在用"、"低值易耗品——摊销"（每个明细账户外购三栏式账页，格式见表 3-6、表 3-7、表 3-8）。

表 3-6 **低值易耗品明细账**

明细科目：在库低值易耗品 单位：元

20××年		凭证		对方科目	摘 要	总页	借方金额	贷方金额	借或贷	金额
月	日	种类	号数							
1	1				年初余额				借	160 000
					……					
11	30				1～11月累计		345 900	355 900	借	150 000
12	1				月初余额				借	150 000

表 3-7　　　　　　　　　　　　　　　**低值易耗品明细账**

明细科目:在用低值易耗品　　　　　　　　　　　　　　　　　　　　　　　　单位:元

20××年		凭证		对方科目	摘要	总页	借方金额	贷方金额	借或贷	金额
月	日	种类	号数							
1	1				年初余额				借	120 000
					……					
11	30				1~11月累计		130 620	150 620	借	100 000
12	1				月初余额				借	100 000

表 3-8　　　　　　　　　　　　　　　**低值易耗品明细账**

明细科目:摊销低值易耗品　　　　　　　　　　　　　　　　　　　　　　　　单位:元

20××年		凭证		对方科目	摘要	总页	借方金额	贷方金额	借或贷	金额
月	日	种类	号数							
1	1				年初余额				贷	110 000
					……					
11	30				1~11月累计		74 180	69 180	贷	105 000
12	1				月初余额				贷	105F000

第四节　存货岗位考核测试题及参考答案

一、考核测试题

(一) 单项选择题

1. 外购材料途中发生损耗原因尚待查明,应按该材料(　　)借记"待处理财产损溢"科目。

　　A. 买价　　　　　　　　　　　　　　B. 实际采购成本

　　C. 买价及其增值税　　　　　　　　　D. 实际采购成本和增值税

2. 随同产品出售但不单独计价的包装物,应于包装物发出时,借记"(　　)"科目。

　　A. 管理费用　　　　　　　　　　　　B. 生产成本

　　C. 销售费用　　　　　　　　　　　　D. 其他业务成本

3. 对于逾期未退包装物没收加收的押金,应作(　　)处理。

　　A. 销售费用　　　　　　　　　　　　B. 其他业务成本

　　C. 管理费用　　　　　　　　　　　　D. 营业外收入

4. 企业发出半成品委托外单位加工,该半成品实际成本15 000元,向加工单位支付加工费1 000元、增值税170元、代垫的运杂费500元。该批半成品加工后的实际成本是(　　)元。

　　A. 16 670　　　　　　B. 16 500　　　　　　C. 16 000　　　　　　D. 25 500

5. 盘盈存货报批转销，作（　　　）处理。

A. 其他业务收入　　　　　　　　　B. 营业外收入

C. 冲减管理费用　　　　　　　　　D. 冲减营业外支出

6. 属于非常损失造成的存货毁损，应按（　　　）计入营业外支出。该存货属于保险范围。

A. 毁损价值　　　　　　　　　　　B. 毁损价值扣除保险公司赔款后

C. 毁损价值扣除保险赔款和残料价值后　D. 毁损价值加上保险赔款后

（二）多项选择题

1. 下列各项属于存货范围的有（　　　）。

A. 外购件　　　　　　　　　　　　B. 在产品和产成品

C. 低值易耗品　　　　　　　　　　D. 外购商品

E. 包装物

2. 购入材料的实际成本包括（　　　）。

A. 买价　　　　　　　　　　　　　B. 运杂费

C. 途中合理损耗　　　　　　　　　D. 入库前加工整理挑选费用

E. 支付的增值税（买者为一般纳税人，并取得专用发票）

3. 外购商品的实际成本包括（　　　）等。

A. 买价　　　　　　　　　　　　　B. 按离岸价成交的进口商品到岸前的运杂费

C. 途中合理损耗　　　　　　　　　D. 进口关税

E. 消费税　　　　　　　　　　　　F. 增值税

4. 委托外单位加工的存货，其实际成本包括（　　　）等。

A. 实际耗用的原材料或半成品的实际成本

B. 运杂费

C. 加工费

D. 支付的增值税（仅取得普通发票）

5. 接受国内捐赠的存货，其实际成本包括（　　　）等。

A. 专用发票上的货价

B. 专用发票上的增值税（接受捐赠者为一般纳税人）

C. 企业负担的运输费

D. 企业负担的保险费

6. 能随时掌握存货实际库存成本的计价方法有（　　　）。

A. 先进先出法　　　　　　　　　　B. 月末一次加权平均法

C. 移动加权平均法　　　　　　　　D. 个别计价法

E. 后进先出法

7. 通过"原材料"科目核算的材料有（　　　）。

A. 原料及主要材料　　　　　　　　B. 辅助材料

C. 外购半成品　　　　　　　　　　D. 外购商品

E. 备品备件　　　　　　　　　　　F. 包装材料

G. 燃料

8. 下列各项属于包装物核算范围的有(　　)。

A. 生产过程中用于包装产品作为产品组成部分的包装物

B. 随同产品出售单独计价和不单独计价的包装物

C. 储存和保管产品、材料而不对外出售的包装物

D. 出租或出借给购买单位使用的包装物

9. 下列各项作为产成品核算的有(　　)。

A. 商品产品　　　　　　　　B. 通过成品库收发的代制品

C. 通过成品库收发的代修品　　D. 降价出售的不合格品

10. 根据现行企业会计准则规定,产成品按实际成本计价时,对发出和销售的产成品可以采用(　　)确定其实际成本。

A. 先进先出法　　　　　　　B. 月末一次加权平均法

C. 移动加权平均法　　　　　D. 后进先出法

E. 个别计价法

11. 减少产成品,可自"库存商品"科目贷方转入"(　　)"科目借方。

A. 主营业务成本　　　　　　8. 发出商品

C. 产品成本差异　　　　　　D. 待处理财产损溢

(三)填空题

1. 存货是指企业在日常活动中持有以备出售的_____或_____、处在生产过程中的_____、在生产过程或提供劳务过程中耗用的_____和_____等。

2. 自制存货的实际成本包括自制过程中发生的_____、_____、_____等各项支出。

3. 盘盈的存货,应当按照其_____作为入账价值。

4. 材料明细分类核算包括_____核算和_____核算两个部分。企业可采用设置"_____"或"_____"的方式进行材料的明细分类核算。

5. 从生产中回收的废料估价入账时,借记"_____"科目,贷记"_____"等科目。

6. 购入材料在运输途中发生短缺毁损要求运输部门赔偿时,借记"_____"等科目。

7. 企业运输部门以自备运输工具将外购大宗材料运回企业时,对于应由外购材料负担的运输费用,借记"_____"科目,贷记"_____"科目。

8. 生产领用包装物用于包装产品,应借记"_____"科目。

9. 企业随产品销售不单独计价的包装物,在包装物发出时,应借记"_____"科目。

10. 低值易耗品按用途可分为以下几类:一般工具、专用工具、_____、_____、_____和其他。

11. 盘亏存货,属于自然损耗产生的定额内合理损耗,经批准,计入_____,属于超定额损耗,在扣除过失人赔款后,经批准,计入_____。

(四)判断题

1. 投资者投入的存货,其实际成本为投资各方确认的价值。(　　)

2. 接受捐赠的存货,如果无发票账单,可按有关同类物资的市价或该存货预计未来产生现金流量的现值价值作为实际成本入账。(　　)

3. 企业发出材料如果采用先进先出法计价,在物价变动的情况下,可以使库存材料价

值比较接近市场价值。（　　）

4. 企业发出材料如果采用后进先出法计价,在物价变动的情况下,可以使本期发料成本接近现时的成本水平。（　　）

5. 购入材料在运输途中出现定额内合理损耗,应单独进行账务处理。（　　）

6. 外购材料途中超定额损耗的原因难以查明,经批准可计入材料采购成本。（　　）

7. 计划上单独列作企业商品产品的自制包装物,也应作为包装物核算。（　　）

（五）简答题

1. 简述先进先出法和后进先出法的特点。

2. 材料日常核算按实际成本计价和按计划成本计价各有什么优缺点?

（六）计算(核算)题

1. 某企业8月份甲材料收发存情况是:8月1日结存540件,单价1.10元;8月6日购入400件,单价1.20元;8月12日发出800件;8月16日购入440件,单价1.25元;8月24日发出360件;8月26日购入330件,单价1.30元。试用先进先出法、后进先出法和月末一次加权平均法计算甲材料本月发出成本和期末结存金额,并比较其发出成本,说明不一致的原因。

2. 某企业材料存货按实际成本计价。5日,购入原材料一批,价款40 000元,增值税6 800元,当即提交面值46 800元的商业承兑汇票一张。8日,该批材料到达验收入库。试作有关分录。

3. 某企业材料存货按计划成本计价。月初,"原材料"科目余额45 000元,"材料成本差异——原材料差异"科目贷方余额2 600元。本月份发生下列业务,试作有关分录。

（1）购入原材料一批,付款46 800元(其中增值税6 800元),该批材料验收入库的计划成本40 800元。

（2）又购入原材料一批,付款6 435元(其中增值税935元),材料直到月底也未到达。

（3）又购入原材料一批,按计划价9 000元验收入库,因结算凭证未到,直到月底也未付款。

（4）基本生产车间自制原材料入库,计划成本5 290元,月终计算出该批材料的实际成本为5 000元。

（5）月终,根据发料凭证汇总表,产品生产耗用原材料计划成本53 000元,厂部管理部门耗用1 000元。

（6）月终,结转外购材料成本差异,并计算材料成本差异率,分配材料价差。

4. 企业出租新包装物一批,计划成本2 000元,收押金3 000元存入银行,当月收租金585元存入银行(含17%的增值税85元);月末,按2%的材料成本差异率计算出租包装物应分摊的价差。出租包装物到期,对方退回3/4的包装物,企业退回相应的押金,其余押金予以没收;收回的包装物有一部分不能使用而报废,残期入库作价200元。该包装物的价值采用一次摊销法。试作有关分录。

5. 企业出借新包装物一批,计划成本800元,收押金1 600元存入银行,月终分摊材料节约价差8元。出借包装物到期,对方退回4/5的包装物,企业退回相应的押金,并没收其余押金。该包装物的价值采用一次摊销法。试作有关分录。

6. 加工车间本月报废低值易耗品,计划成本2 000元,残料入库作价100元。企业采用五五摊销法核算该低值易耗品。试作有关分录。

7. 某厂委托外单位加工木箱。发出木材一批,计划成本2 600元,分摊超支价差78元,以银行存款支付加工费600元、增值税102元、外地运杂费150元。木箱加工完毕验收入库,计划成本3 800元。试作有关分录。

8. 某商店本月购入商品一批,专用发票上货价8 000元,增值税1 360元,对方还代垫运费150元(取得普通发票,准予按7%计算进项税额),共付款9 510元,商品零售价11 000元;本月销售该商品收款8 541元存入银行;月终,分摊已销商品进销差价(假定月初无库存商品)。试作有关分录。

9. A材料盘亏6吨,每吨计划成本300元,材料成本差异率－4%,增值税率17%。经查,有5吨属于自然灾害造成毁损,有1吨原因难以查明。报经批准,毁损材料应收保险赔款1 400元,毁损残料入库作价100元,其余作非常损失处理;原因不明的短缺,应责成保管人员赔偿80元,其余损失同意转销。试作有关分录。

二、参考答案

(一)单项选择题
1. D 2. C 3. D 4. B 5. C 6. C

(二)多项选择题
1. ABCDE 2. ABCD 3. ABDE 4. ABCD 5. ACD 6. ACDE 7. ABCEFG
8. ABD 9. ABCD 10. ABCE 11. ABD

(三)填空题
1. 产成品 商品 在产品 材料 物料 2. 直接材料 直接人工 制造费用
3. 重置成本 4. 数量 金额 两套账 一套账 5. 原材料 生产成本
6. 其他应收款 7. 材料采购(或原材料) 生产成本 8. 生产成本
9. 销售费用 10. 替换设备 管理用具 劳动保护用品 11. 管理费用 管理费用

(四)判断题
1. × 2. √ 3. √ 4. √ 5. × 6. √ 7. ×

(五)简答题

1. 答:先进先出法是假定先购进的材料先领用,并根据这一假定,对每次发料分别以收料的顺序来计算实际成本。其特点是:期末结存材料的账面价值是反映最近购进材料的实际成本,即接近于市价。而本期发出材料的成本反映最早购进材料的成本水平。

后进先出法是假定后购进的材料先发出,并根据这一假定的成本流转顺序,对发出材料和期末结存材料进行计价。其特点是:期末结存材料的账面价值是反映最早购进材料的实际成本,而发出材料的成本则接近于现时的成本水平。

2. 答:材料日常核算按实际成本计价是指材料收发凭证以及材料总账和明细账全部登记实际成本,这种计价方法可以直接计算各种库存材料以及发出材料的实际成本.但如果企业材料收发业务很频繁,则材料计价工作极为繁重,而且不利于考核企业材料采购成本是节约还是超支,因而它适用于材料收发业务不多的企业。材料按计划成本计价是指材料收发凭证以及材料总账和明细账都登记计划成本,这种计价方法可以反映材料实际成本和计划成本的差异,分析差异产生的原因,借以考核材料采购业务和消耗情况的经营成果,简化和加速材料收发凭证的计价和材料明细账的登记工作。它适用于规模较大,材料品种繁多的企业。但采用计划成本计价,不如按实际成本计价准确。

（六）计算（核算）题

1．解:(1) 采用先进先出法:

本月发料成本=540×1.10+260×1.20+140×1.20+220×1.25=1 349(元)。

月末结存材料成本=月初(540×1.10)+本月收入(400×1.20+440×1.25+330×1.30)－本月发出1 349=594+1 459－1 349=704(元)。

(2) 采用后进先出法:

本月发料成本=400×1.20+400×1.10+360×1.25=1 370(元)。

月末结存材料成本=594+1 459－1 370 = 683(元)。

(3) 采用加权平均法:

加权单价=(594+1 459)÷[540+(400+440+330)]≈1.20(元)。

本月发料成本=(800+360)×1.20=1 392(元)。

月末结存材料成本=594+1 459－1 392=661(元)。

从计算结果可以看出,采用后进先出法的发料成本大于先进先出法的发料成本,采用加权平均法的发料成本又大于后进先出法的发料成本。原因是:本月购料单价不断上升,后购进的材料成本先计价发出,必然使发料成本比先进先出法高,全月加权平均单价虽然介于各次购价之间,但由于本月前期发料数量远远大于后期,致使发出材料的大多数按高于前期购价的加权单价计价,其结果必然大于先进先出法和后进先出法下的发料成本。

2．解:5 日　借:在途物资　　　　　　　　　　　　　　　40 000

　　　　　　应交税费——应交增值税(进项税额)　　　6 800

　　　　　　　贷:应付票据　　　　　　　　　　　　　　　　　　46 800

8 日　借:原材料　　　　　　　　　　　　　　　　　　40 000

　　　　　贷:在途物资　　　　　　　　　　　　　　　　　　　40 000

3．解:(1) 借:材料采购　　　　　　　　　　　　　　　40 000

　　　　　　应交税费——应交增值税(进项税额)　　　6 800

　　　　　　　贷:银行存款　　　　　　　　　　　　　　　　　46 800

　　　　　借:原材料　　　　　　　　　　　　　　　　　40 800

　　　　　　　贷:材料采购　　　　　　　　　　　　　　　　　40 800

(2) 借:材料采购　　　　　　　　　　　　　　　　　5 500

　　　　应交税费——应交增值税(进项税额)　　　935

　　　　　贷:银行存款　　　　　　　　　　　　　　　　　6 435

(3) 月终:借:原材料　　　　　　　　　　　　　　　9 000

　　　　　　　贷:应付账款　　　　　　　　　　　　　　　　9000

(4) 借:原材料　　　　　　　　　　　　　　　　　5 200

　　　　　贷:生产成本　　　　　　　　　　　　　　　　　5 200

　　　　借:生产成本　　　　　　　　　　　　　　　　200

　　　　　贷:材料成本差异　　　　　　　　　　　　　　　200

(5) 借:生产成本　　　　　　　　　　　　　　　53 000

　　　　管理费用　　　　　　　　　　　　　　　　1 000

贷:原材料		54 000

（6）借:材料采购 800
　　贷:材料成本差异 800

原材料成本差异率＝[－2 600＋（－200）＋（－800）]÷[45 000＋（40 800＋9 000＋5 200）]＝－3.6%。

借:材料成本差异 1 944
　贷:生产成本（53 000 × 3.6%） 1 908
　　管理费用（1 000×3.6%） 36

4. 解:（1）包装物出租并收押金:
借:其他业务成本 2 000
　贷:包装物 2 000
借:银行存款 3 000
　贷:其他应付款 3 000

（2）收到租金:
借:银行存款 585
　贷:其他业务收入 500
　　应交税费——应交增值税（销项税额） 85

（3）分摊价差:
借:其他业务成本（2 000×2%） 40
　贷:材料成本差异 40

（4）退回押金和没收押金:
借:其他应付款（3 000 ×3/4） 2 250
　贷:银行存款 2 250
借:其他应付款（3 000－2 250） 750
　贷:其他业务收入 641.03
　　应交税费——应交增值税（销项税额） 108.97

（5）残料入库:
借:原材料 200
　贷:其他业务成本 200

5. 解:出借并收取押金:
借:销售费用 800
　贷:包装物 800
借:银行存款 1600
　贷:其他应付款 1 600

月终分摊价差:
借:材料成本差异 8
　贷:销售费用 8

退回押金和没收押金:
借:其他应付款（1 600 × 4/5） 1 280

  贷:银行存款   1 280

借:其他应付款(1 600-1 280)   320

  贷:其他业务收入   273.50

    应交税费——应交增值税(销项税额)   46.50

6.解:

(1)报废时再摊销一半价值:

借:制造费用   1 000

  贷:低值易耗品——低值易耗品摊销   1 000

(2)反映收入残料:

借:原材料   100

  贷:制造费用   100

(3)注销报废低值易耗品的账面价值:

借:低值易耗品——低值易耗品摊销   2 000

  贷:低值易耗品——在用   2 000

7.解:发出木材并分摊价差:

借:委托加工物资   2 600

  贷:原材料   2 600

借:委托加工物资   78

  贷:材料成本差异   78

支付加工费等:

借:委托加工物资   750

  应交税费——应交增值税(进项税额)   102

  贷:银行存款   852

木箱入库并结转价差:

借:包装物   3 800

  贷:委托加工物资   3 800

借:委托加工物资   372

  贷:材料成本差异   372

8.解:购入商品:

借:在途物资[8 000+(150-150×7%)] 8 139.5

  应交税费——应交增值税(进项税额) 1 370.5

  贷:银行存款   9 510

借:库存商品   11 000

  贷:在途物资   8 139.5

    商品进销差价   2 860.5

收款并结转已销商品成本:

借:银行存款   8 541

  贷:主营业务收入(8 541÷1.17)   7 300

    应交税费——应交增值税(销项税额) 1 241

借：主营业务成本   8 541

  贷：库存商品   8 541

分摊进销差价 2 221.05 元(8 541×2 860.5÷11 000)：

借：商品进销差价   2 221.05

  贷：主营业务成本   2 221.05

9. 解：(1) 借：待处理财产损溢   2 021.76

            材料成本差异[1 800 ×(−4%)]   72

        贷：原材料(6×300)   1 800

        应交税费——应交增值税(进项税额转出)   293.76

(2) 借：其他应收款   1 480

    原材料   100

    营业外支出(2 021.76÷6 ×5−1 400−100)   184.80

    管理费用(2 021.76÷ 6−80)   256.96

    贷：待处理财产损溢   2 021.76

第四章　固定资产岗位技能训练

第一节　固定资产岗位基本技能知识

一、固定资产概述

（一）固定资产的定义与分类

固定资产，是指为生产商品、提供劳务、出租或经营管理而持有的使用寿命超过一个会计年度的有形资产。使用寿命，是指企业使用固定资产的预计期间，或者该固定资产所能生产产品或提供劳务的数量。

1. 固定资产的特征

从固定资产的定义可以看出，固定资产具有以下三个特征：

（1）为生产商品、提供劳务、出租或经营管理而持有。企业持有固定资产的目的是为了生产商品、提供劳务、出租或经营管理，这意味着，企业持有的固定资产是企业的劳动工具或手段，而不是直接用于出售的产品。其中"出租"的固定资产，是指用于出租的机器设备类固定资产，不包括以经营租赁方式出租的建筑物，后者属于企业的投资性房地产，不属于固定资产。

（2）固定资产使用寿命超过一个会计年度。表明固定资产属于长期资产，而且可以多次参加生产经营周转而不改变原有实物形态。随着使用和磨损，通过计提折旧方式逐渐减少账面价值。

（3）固定资产为有形资产。固定资产具有实物特征，这一特征将固定资产与无形资产区别开来。有些无形资产可能同时符合固定资产的其他特征，如无形资产为生产商品、提供劳务而持有，使用寿命超过一个会计年度，但是，由于其没有实物形态，所以，不属于固定资产。

企业的固定资产必须同时满足两个条件，才能加以确认：一是该固定资产包含的经济利益很可能流入企业；二是该固定资产的成本能够可靠地计量。企业在对固定资产进行确认时，应按照固定资产的定义和确认条件，考虑企业的具体情形加以判断。固定资产的各组成部分，如果各自具有不同的使用寿命或以不同的方式为企业提供经济利益，从而适用不同的折旧率或折旧方法的，应单独确认为固定资产。

2. 固定资产的分类

对固定资产进行科学、合理的分类，是加强固定资产管理，合理有效地组织固定资产核算的重要条件。

（1）按经济用途分类。固定资产按经济用途可分为：

① 经营用固定资产，是指直接参加或直接服务于生产经营过程的各种固定资产，如用于企业生产经营的房屋、建筑物、机器设备、运输设备、工具器具等。

② 非经营用固定资产，是指不直接服务于生产经营过程中的各种固定资产，如用于职

工住宅、公共福利设施、文化娱乐、卫生保健等方面的房屋、建筑物、设施和器具等。

（2）按使用情况分类。固定资产按其使用情况可分为：

① 使用中的固定资产，是指企业正在使用的经营用固定资产和非经营用固定资产。企业的房屋及建筑物无论是否在实际使用，都应视为使用中固定资产；由于季节性生产经营或进行大修理等原因而暂时停止使用以及存放在生产车间或经营场所备用、轮换使用的固定资产，也属于使用中固定资产。

② 未使用的固定资产，是指已购建完成但尚未交付使用的新增固定资产以及进行改建、扩建等暂时脱离生产经营过程的固定资产。

③ 租出固定资产，是指企业根据租赁合同规定，以经营租赁方式出租给其他企业临时使用的机器设备类固定资产。

④ 不需用的固定资产，是指本企业多余或不适用，待处置的固定资产。

（3）按所有权分类。按固定资产的所有权分类，可分为自有固定资产和租入固定资产。

（4）综合分类。在会计实务中，企业为了更好地满足固定资产管理和核算的需要，可以将几种分类标准结合起来，采用综合的标准对固定资产进行分类，将固定资产分为七类：① 经营用固定资产；② 非经营用固定资产；③ 经营租出的固定资产；④ 未使用的固定资产；⑤ 不需用的固定资产；⑥ 融资租入的固定资产（指企业采用融资租赁方式租入的，尚在租赁期内的未转归企业所有的固定资产）；⑦ 土地（指过去已经估价单独入账的土地，因征用土地而支付的补偿费，应计入与土地有关的房屋、建筑物的价值内，不单独作为土地价值入账）。

（二）固定资产的初始计量

固定资产的核算，既要按其实物数量进行计算和反映，又要按其货币计量单位进行计算和反映。以货币为计量单位计算固定资产的价值，称为固定资产的计价。

固定资产的初始计量，指确定固定资产的取得成本。固定资产应当按照成本进行初始计量。固定资产成本是指企业为购建某项固定资产达到预定可使用状态前所发生的一切合理的、必要的支出。在实务中，企业取得固定资产的方式是多种多样的，包括外购、自行建造、投资者投入、非货币性资产交换、债务重组、企业合并和融资租赁等，取得固定资产的方式不同，其成本的具体构成内容及确定方法也不尽相同。我们主要从外购和自行建造两方面进行介绍。

1. 外购固定资产

外购固定资产的成本，包括购买价款、相关税费、使固定资产达到预定可使用状态前所发生的可归属于该项资产的运输费、装卸费、安装费和专业人员服务费等。以一笔款项购入多项没有单独标价的固定资产，应当按照各项固定资产公允价值比例对总成本进行分配分别确定各项固定资产的成本。购买固定资产的价款超过正常信用条件延期支付，实质上具有融资性质的，固定资产成本以购买价款的现值为基础确定。购置固定资产支付的增值税（不包括购置房屋、建筑物等不动产等），可以抵扣的，计入"应交税费"科目的借方，不计入固定资产的成本。购进固定资产过程中支付运输费用的，按照运输费用结算单据上注明的运输费用金额 7% 的扣除率计算进项税额，予以抵扣。

2. 自行建造固定资产

自行建造固定资产的成本，由建造该项资产达到预定可使用状态前所发生的必要支出构成。包括工程物资成本、人工成本、交纳的相关税费、应予资本化的借款费用以及应分摊的间接费用等。

企业自行建造固定资产包括自营建造和出包建造两种方式。无论采用何种方式,所建工程都应当按照实际发生的支出确定其工程成本。

(1) 自营建造固定资产。企业以自营方式建造固定资产,是指企业自行组织工程物资采购、自行组织施工人员从事工程施工完成固定资产建造。自营建造固定资产的成本应当按照直接材料、直接人工、直接机械施工费等计量。

(2) 出包建造固定资产。以出包方式建造固定资产,其成本由建造该项固定资产达到预定可使用状态前所发生的必要支出构成,包括发生的建筑工程支出、安装工程支出、以及需分摊计入各固定资产价值的待摊支出。

① 建筑工程、安装工程支出。由于建筑工程、安装工程采用出包方式发包给建造承包商承建,因此,工程的具体支出,如人工费、材料费、机械使用费等由建造承包商核算。对于发包企业而言,建筑工程支出、安装工程支出是构成在建工程成本的重要内容,发包企业按照合同规定的结算方式和工程进度定期与建造承包商办理工程价款结算,结算的工程价款计入在建工程成本。

② 待摊支出。待摊支出是指在建设期间发生的,不能直接计入某项固定资产价值、而应由所建造固定资产共同负担的相关费用,包括为建造工程发生的管理费、可行性研究费、临时设施费、公证费、监理费、应负担的税金、符合资本化条件的借款费用、建设期间发生的工程物资盘亏、报废及毁损净损失,以及负荷联合试车费等。企业为建造固定资产通过出让方式取得土地使用权而支付的土地出让金不计入在建工程成本,应确认为无形资产(土地使用权)。

二、固定资产增加

(一) 固定资产增加的凭证和复核

单位对投入生产、经营和业务管理所接收使用的固定资产应保证质量、数量、配套完整和使用效果,并需正确核实价值、计提折旧、核实成本负担。因此单位在接收增加的固定资产时,必须经过严格的技术质量检验,有关交接单位和责任人要填制凭证,办理交接手续,才能投入生产或使用,充分加以利用,并及时登记固定资产账。财会部门在登记增加固定资产账之前,应严格审查固定资产增加的原始凭证和交接手续,审核无误后,才能编制固定资产增加的记账凭证并据以记账。

固定资产增加的原因很多,记账所要求填制的凭证和验收交接的手续也不一样。现将主要的几种如基本建设购建交付使用、自行购置,单位间调拨、其他单位转入等所需的凭证和手续介绍如下:

1. 基本建设购建固定资产的凭证和复核

基本建设购建交付使用所增加固定资产的凭证是"交付使用财产明细表"或"固定资产交接单"。格式见表 4-1、表 4-2。

在填制内容和要求的手续上,"交付使用财产明细表"比"固定资产交接单"更详尽些,单位可以根据自己的实际情况选用。基本建设购建的固定资产的资金来源主要有国家拨款、基建借款、其他单位投资和单位的资金投入,只要是通过基本建设购建的都要填制"交付使用财产明细表"或"固定资产交接单"。"交付使用财产明细表"或"固定资产交接单"由建设

表 4-1   交付使用财产明细表

移交单位：   交接根据：

接受单位：   交接时间：

编号：

固定资产名称及规格		用　途		固定资产编号	
制造单位建筑		出厂或建筑日期	图纸号或说明书		附属设备明细
是否与技术条件相符	是否需要改装		运行或试车结果	附　件	

简略鉴定说明：

验收小组结论：

预计使用年限	预计残余价值	预计清理费用	预计大修理	
			次　数	费　用

固定资产原始价值：					备注
实际成本或原价	搬运费用	安装费用	基础费用	合　计	可抵扣增值税

验收小组全体人员签章：

厂长或负责人：   固定资产管理部门：   财会部门：

表 4-2   固定资产交接单
年   月   日

资金来源	固定资产名称	规格型号	单位	数量	预计使用年限	预计金额	实际或重置原值	已提折旧	备注

购建部门   使用部门   财会部门

单位、单位的基本建设部门或基本建设各方组成的验收委员会按规定份数填制，经交接双方验收、签章、办理交接手续。"交付使用财产明细表"或"固定资产交接单"要详细记录每项固定资产的名称、规格、数量、单价、总价、附属设备、预计使用年限等详细资料，并连同说明书、图纸等技术文件一并交给接收单位。"交付使用财产明细表"或"固定资产交接单"一般一式三份，建设单位留存一份，其余两份交给接收单位，分交给固定资产管理部门据以开立固定资产卡片和财会部门作为入账的依据。会计人员主要复核上述内容记录是否完整，价格是否正确，各方手续签章是否齐全，特别注意的是要复核实际原价即工程决算同设计预算的比较，对超支资金要经有关部门和领导审批，对验收发现的质量问题要落实给建设单位和施工单位解决。会计人员以复核无误的"交付使用财产明细表"或"固定资产交接单"以及确定的价值作为记账的依据。

2. 自行购建固定资产的凭证和复核

自行购建固定资产的凭证是"固定资产移交使用验收单"。格式见表 4-3。

表 4-3　　　　　　　　　　　　固定资产移交使用验收单

管理部门：　　　　　　　　　　　　　　　　　　　　　　　编　　号：
使用部门：　　　　　　　　　　　　　　　　　　　　　　　交接日期：

固定资产编号	固定资产名称	出品工厂和日期	型号	购建原价或自制成本	
				单价	
				总值	
				安装费	
				运输费	
				调拨价值	
主要规格及说明				单价	
				总值	
单位	数量		资金来源	估计重置价值	
每月折旧率	每月折旧款	开始计提折旧年月		已提折旧累计	
				净值	

厂长或负责人：　　　固定资产管理部门：　　　固定资产使用部门：　　　财会部门：

　　自行购建的固定资产不管是否需要安装，交付使用部门时，都要由固定资产管理部门填制一式三份的"固定资产移交使用验收单"或由使用部门验收确认的其他凭证手续，固定资产管理部门据以开立固定资产卡片。"固定资产移交使用验收单"一份交由财会部门后，会计人员要复核验收单上各栏填写是否完整，交换双方签章是否齐全，复核无误后，才能作为记账的依据。固定资产移交使用部门的手续，各单位的做法不同。有的单位在购进不需要安装的固定资产时，固定资产管理部门在购买固定资产的发货票上签证并附上质量检验和使用部门签章，证明固定资产已购入并投入使用，财会部门据以付款或入账；有的单位在基本建设交工、竣工验收和不同单位间调入固定资产时，除填制"交付使用财产明细表"、"固定资产调拨单"外，也另行填制"固定资产移交使用验收单"，这主要是进一步证明固定资产已移交使用部门投产运转、使用，经会计人员复核凭证后，据以作为记账的依据。

三、固定资产折旧

（一）固定资产折旧的概念

　　固定资产在使用过程中会不断发生磨损或损耗，其损耗的价值要逐渐转移到成本费用中去，以便从企业的收入中得到补偿。随着固定资产的不断使用，其服务能力不断地发挥效能，在为企业带来经济利益的同时，固定资产的服务潜力会逐渐衰减直至消逝，虽然实物形态不变，但残留在固定资产实体中的价值会越来越少。

　　折旧是指在固定资产的使用寿命内，按照确定的方法对应计折旧额进行的系统分摊。应计折旧额是指应计提折旧的固定资产原价扣除其预计净残值后的余额。已计提减值准备的固定资产，还应当扣除已计提的固定资产减值准备累计金额。也就是说，固定资产折旧是固定资产在使用过程中，由于损耗而减少的价值。

　　固定资产损耗可分为有形损耗和无形损耗。有形损耗是指固定资产在使用过程中由于磨损而发生的使用性损耗和由于受自然力影响而发生的自然损耗;无形损耗是指由于技术进步、消费偏好的变化、经营规模扩充等原因而引起的损耗。

从本质上讲,折旧也是一种费用,只不过这种费用没有在计提期间付出实实在在的货币,但这种费用是前期已经发生的支出,而这种支出的收益在资产投入使用后的有效使用期内实现,无论是从权责发生制原则,还是收入与费用配比原则,计提折旧都是必要的。

(二)折旧的影响因素

影响企业每期计提固定资产折旧的因素主要有以下几方面:

1. 折旧基数

折旧基数是企业计提固定资产折旧的基础。一般情况下,以固定资产的原始价值作为计算折旧的基数,可以使折旧的计算建立在客观的基础上,不容易受会计人员主观因素的影响;对于个别无法确定原始价值的固定资产,应以重置完全价值为折旧基数。

2. 预计净残值

预计净残值是指假定固定资产预计使用寿命已满并处于使用寿命终了时的预期状态,企业目前从该项资产处置中获得的扣除预计处置费用后的金额。即固定资产在报废清理时预计残值收入扣除预计清理费用后的净额。其中,预计残值收入是指固定资产报废清理时预计可收回的器材、零件、材料等残料价值收入;预计清理费用是指固定资产报废清理时预计发生的拆卸、整理、搬运等费用,它是对固定资产价值的追加,应事先加以估计。固定资产原始价值减去预计净残值后的数额为应提折旧总额。

在固定资产投入使用时,企业应合理预计固定资产报废时的净残值。一般情况下,预计净残值应为固定资产原值的 3‰～5‰。低于 3‰ 或高于 5‰,应报主管财政机关备案。

3. 预计使用年限

预计使用年限是指固定资产预期使用的期限,也称折旧年限。企业在预计固定资产使用年限时,主要考虑的因素有:该资产的预计生产能力或实物产量;该资产的有形损耗;该资产的无形损耗;有关资产使用的法律或者类似的限制。可见,固定资产的预计使用年限是由有形损耗和无形损耗等所决定,但实质上,耐用年限一般以考虑技术进步的无形损耗为主,即固定资产的经济寿命决定其技术寿命。

企业应当根据固定资产的性质和使用情况,合理确定固定资产的使用寿命和预计净残值。除固定资产使用寿命以及预计净残值的预期数与原先的估计数有重大差异,需调整固定资产的折旧年限和预计净残值外,固定资产的使用寿命、预计净残值一经选定,不得随意调整。

(三)折旧的范围

《企业会计准则第4号——固定资产》规定,除下列情况外,企业应对所有固定资产计提折旧:① 已提足折旧仍继续使用的固定资产;② 按规定单独估价作为固定资产入账的土地。

已达到预定可使用状态的固定资产,如果尚未办理竣工决算的,应当按照估计价值暂估入账,并计提折旧;待办理了竣工决算手续后,再按照实际成本调整原来的暂估价值,同时调整原已计提的折旧额。企业一般应当按月提取折旧,当月增加的固定资产,当月不提折旧,从下月起计提折旧;当月减少的固定资产,当月照提折旧,从下月起不提折旧。提足折旧的固定资产和提前报废的固定资产,均不再提取折旧。

(四)固定资产折旧方法

根据《企业会计准则第4号——固定资产》规定,企业可选择的折旧方法包括年限平均法、工作量法、年数总和法和双倍余额递减法。折旧方法一经选定,不得随意变更。如需变更,应当在会计报表附注中予以说明。

四、固定资产减少

企业固定资产减少的途径有:固定资产报废、出售、毁损、盘亏、对外投资、抵偿债务、以物易物等。其中,固定资产报废是最常见的业务。报废清理固定资产的凭证是"固定资产报废单"和"固定资产清理单",格式如表4-4和表4-5。

表4-4　　　　　　　　　　　　固定资产报废单

固定资产编号:　　　　填报日期:　年　月　日　　　　固定资产卡片:

固定资产名称	规格型号	单位	数量	预计使用年限	已使用年限	原值	已提折旧	备注
固定资产状况及报废原因								
处理意见	使用部门	技术鉴定小组		固定资产管理部门		财会部门	主管部门审批	

表4-5　　　　　　　　　　　　固定资产清理单

编号:固定资产名称及规格		固定资产编号		固定资产卡片号码	
开始使用时间		预计使用年限		大修理情况	
				曾进行次数	曾支付费用
		实际使用年限			
二级批准清理		本单位组织清理前检查			
文件号码	时间	指示文件		时间	指定检查人员

检查时的技术状态及使用情况:

检查员检查后意见:

厂长意见:		固定资产管理部门科长意见:	
被清理固定资产的情况			
原价		已计提的累计折旧	
开始清理时间		完成清理时间	
清理费用与收入			

清 理 费 用				清 理 收 入			
时 间	凭证	项 目	金 额	时 间	凭证	项 目	金 额

固定资产卡片的处理

使用部门缴销			管理部门缴销			财会部门检查	
时间	使用部门名称	机械动力师(员)	会计员	时间	资产管理员	时间	会计员

固定资产由于报废、毁损或非常事故不能使用，应由固定资产管理部门会同技术、安全、检验、使用等有关部门对该项固定资产进行技术鉴定，并慎重处理，确实不能使用，需要报废清理时，应填制"固定资产报废单"上报审批，经有关部门和领导审批同意后，还应对被清理的固定资产进行一次检查，然后再安排清理；开始清理时，应由固定资产管理部门填制"固定资产清理单"用来记录在清理过程中和清理结束以后的有关事项，并作为结算费用的依据和留存资料。固定资产清理完毕后，固定资产管理部门根据"固定资产清理单"登记该项固定资产卡片，将卡片抽出另行保管，财会部门根据"固定资产清理单"进行账务处理。

五、固定资产及折旧业务的账务处理

（一）固定资产增加的账务处理

固定资产增加包括购入、自行建造、其他单位投资转入、融资租入、接受捐赠和盘盈等，不同的固定资产增加业务在账务处理上有一定差别。根据《中华人民共和国增值税暂行条例》（国务院令 2008 年第 538 号）的规定，企业自 2009 年 1 月 1 日后新购进的设备，将允许其抵扣进项税额，本期未抵扣完的进项税额可以结转下期继续抵扣。

1. 购入固定资产

购入不需要安装的固定资产，按买价、支付的包装费、运输费等，根据专用发票等单据，作记账凭证，借记"固定资产"、"应交税费——应交增值税（进项税额）"账户，贷记"银行存款"等账户；购入需要安装的固定资产，先记入"在建工程"、"应交税费"账户，安装完成交付使用时，根据固定资产交付使用明细表作记账凭证，再转入"固定资产"账户。

例 1：某单位购入生产用不需要安装的手提式切割器 2 台，价款 5 000 元，增值税率 17％，用银行存款支付。编制的会计分录如下：

借：固定资产 5 000
　应交税费——应交增值税（进项税额） 850
　　贷：银行存款 5 850

例 2：某单位购入需要安装的生产用设备 1 台，买价 200 000 元，增值税 34 000 元，包装费 20 元，用银行存款支付。编制的会计分录如下：

借：在建工程 200 020
　应交税费——应交增值税（进项税额） 34 000
　　贷：银行存款 234 020

安装完成，支付安装费 10 000 元并交付使用。编制的会计分录如下：

借：在建工程 10 000
　　贷：银行存款 10 000
借：固定资产 210 020
　　贷：在建工程 210 020

2. 自行建造完成交付使用的固定资产

按建造时实际发生的全部建造支出，根据固定资产移交使用验收单等，借记"固定资产"账户，贷记"在建工程"账户。

例 3：某公司自行建造仓库 1 座，面积 2 000 平方米，实际发生全部建造费用 100 000 元，该仓库经验收合格交付使用。编制的会计分录如下：

借：固定资产 100 000

　　贷:在建工程　　　　　　　　　　　　　　　　　　　　　　　　　　100 000

（二）固定资产减少的账务处理

　　企业出售、投资转出、盘亏、报废和毁损等原因减少固定资产,应根据这些业务的有关单据凭证编制记账凭证登记相关账户。

　　例 4:某公司出售一台 M 型旧机器,原值 1 200 元,售价 900 元收到现金,M 型机器已提折旧 800 元。

　　（1）先注销固定资产和折旧:

　　　借:固定资产清理——M 型机器　　　　　　　　　400

　　　　累计折旧　　　　　　　　　　　　　　　　　　800

　　　　贷:固定资产　　　　　　　　　　　　　　　　　　　　　1 200

　　（2）收回价款:

　　　借:库存现金　　　　　　　　　　　　　　　　　900

　　　　贷:固定资产清理——M 型机器　　　　　　　　　　　　900

　　（3）结转净收益:

　　　借:固定资产清理——M 型机器　　　　　　　　　500

　　　　贷:营业外收入——处理固定资产净收益　　　　　　　　500

（三）固定资产折旧的账务处理

　　企业应按月编制"固定资产折旧计算表",按固定资产使用部门或去向,借记"制造费用"、"管理费用"、"销售费用"、"其他业务成本"等科目,贷记"累计折旧"科目。具体分录如下:

　　　借:制造费用（生产有关的固定资产）

　　　　销售费用（销售有关的固定资产）

　　　　管理费用（管理活动有关的固定资产）

　　　　其他业务成本（经营租出和附属营业部门固定资产）

　　　　贷:累计折旧

六、固定资产及折旧的明细分类核算

　　为了详细反映和监督每项固定资产的增减变动和结存情况,做好固定资产折旧、修理的计提和登记工作,管好用好固定资产,企业应设置和登记固定资产及折旧的明细分类账。固定资产及折旧的明细分类核算通过设置、登记固定资产卡片和固定资产登记簿进行。

（一）固定资产卡片

　　固定资产卡片通常按照固定资产的项目设置,固定资产项目是固定资产独立登记的对象,是指具有一定用途的独立物体,包括固定资产主体和必要的附属设备或附件,如房屋要以房屋和其附属建筑物以及设备等成为一个固定资产项目。固定资产卡片除要记载满足技术管理需要的资料外,还要满足会计核算的要求。卡片应记载固定资产的编号、名称、规格、技术特征、技术资料编号、附属设备、使用单位、所在地点、购置或建造年份、开始使用日期、预计使用年限、原价、折旧及折旧率、大修理次数和日期、转移调拨情况、报废清理情况等详细资料,并分正面和背面填写。固定资产卡片一般由财会部门签发,由固定资产管理部门填写。固定资产卡片一般是一式两份,一份由财会部门保管,一份由固定资产管理部门保管。有的企业或单位规模大、资产多,为了使管理部门和使用部门都能掌握固定资产的使用情况,固定资产卡片可填一式三份,除财会部门保管一份外,另两份由固定资产管理部门和使用部门保管。为了防止凌乱或散失,固定资产卡片应按照规定的固定资产目录编号(固定资产目录由主管部门制定)、分类顺序设置在加锁的卡片箱内。

(二)固定资产登记簿

为了汇总反映各类固定资产的增减变动和结存情况,并控制和核对固定资产卡片,企业应建立"固定资产登记簿"。"固定资产登记簿"应按照会计规章制度规定的固定资产类别和固定资产保管使用部门设置,并且只记金额。"固定资产登记簿"一般是按照固定资产类别及明细分类开设账页,其中再区分保管使用部门或按保管使用部门设置专栏,金额可以只记原价栏,也可以设原价和折旧两栏。

以工业企业为例,工业企业的"固定资产登记簿"应该根据有关制度规定,按照生产用固定资产、非生产用固定资产、租出固定资产、不需用固定资产、土地、融资租入固定资产等明细类别设置,而生产用固定资产设置更应该要详细,须按照房屋、建筑物等九个类别设置,每一类别还要再按不同的保管部门分别设置。

"固定资产登记簿"在年度开始时,应将企业、单位所有固定资产卡片上的余额,按照规定的类别汇总记入。在每月终了时,根据固定资产记账凭证,将本月份固定资产增加数和减少数分别记入,同时结算出当月的期末余额。"固定资产登记簿"的设置有多种方式,一是在财会部门和在固定资产管理和保管使用部门同时设置。财会部门和固定资产管理或保管使用部门根据固定资产管理部门的通知,各自编制或登记"固定资产登记簿"。固定资产管理或保管使用部门编制、登记的"固定资产登记簿"各项金额合计数应与财会部门编制或登记的"固定资产登记簿"的有关金额相符。这项稽核工作一般由财会部门负责进行。二是将固定资产登记簿同固定资产卡片相结合,把固定资产登记簿的有关账页作为每类固定资产卡片的汇总账页,每月终了时,固定资产管理或使用部门根据固定资产凭证,编制或登记固定资产卡片,由财会部门进行稽核,复核每张固定资产卡片的金额数,并结记汇总账页的有关金额。稽核无误后,签章确认,带回固定资产凭证,再登记财会部门的"固定资产登记簿"的有关金额栏,与总账和各类各部分的固定资产卡片及汇总账页的金额相核对,更能起到监督作用。

在会计实务中,会计人员稽核、登记"固定资产卡片"和"固定资产登记簿"的主要工作,是按月在每张固定资产卡片上稽核计提和登记每项固定资产的折旧额,并随时在"固定资产登记簿"上累计汇总每类和全部固定资产的已提折旧,以及固定资产的净值。每项固定资产折旧额累计数超过原价或重置完全价值时,应按会计准则的规定停止提取该项固定资产的折旧。进行这项明细分类账登记工作的原因一是为了按月或按季、按年记录和反映每项每类固定资产的原价、已提折旧和净值,以便核对固定资产及其折旧的总分类账的余额,编制会计报表。二是为了提供反映单位现有固定资产新旧程度的资料,满足管理的需要。同时也是为了在固定资产增加、减少或调出、报废时,从"固定资产卡片"和"固定资产登记簿"上了解该项固定资产的已提折旧额和净值。

按月稽核计提和登记每项固定资产的折旧工作量很大,如果固定资产增减变动不大,折旧计提月月如此,登记工作就非常繁琐。所以一般企业、单位为了简化这项工作,不采用在"固定资产卡片"上按月逐张填写折旧额并予以累计的方法。而是定期地机动地进行。在固定资产卡片上登记折旧额的定期或机动时间一般是半年或一年,当固定资产增加、增值、减少、报废、清理、外调、固定资产封存停用或大修理完工时也要登记调整折旧额,具体做法是:按月稽核登记"固定资产登记簿",再按半年或一年稽核登记"固定资产卡片"并汇总计算,与年度固定资产登记簿的原价、折旧、净值等各栏的金额相核对。采用这种方法要随时检查每张固定资产卡片的累计折旧额是否超过原价或重置价值,如果已经提足折旧应停止计提。

七、固定资产账的核对

固定资产账的核对包括固定资产账账核对、账证核对和账实核对。核对的方法或步骤是:① 将固定资产总账和固定资产类别账核对相符;② 将财会部门设置的固定资产类别账和固定资产管理部门账核对相符;③ 将管理部门固定资产明细账和固定资产使用部门固定资产卡片同实物核对相符。如果出现账账、账卡不符情况,应查明原因处理,保证了固定资产账账、账卡相符无误。

第二节 固定资产岗位业务流程

一、业务流程

(一)固定资产购置

固定资产购置业务流程是:采购部提交关于固定资产购置的申请,主要涉及购置资产的作用、规格、价格等相关内容,经固定资产管理部门(如设备科、总务科、行政科等)初审同意后,提交企业经营管理者(如总经理、副总经理)审批。企业经营管理者审批同意后,将审批单发给采购部。采购部收到审批单后,招标投标确定固定资产价格购买固定资产,并将固定资产采购合同、发票等提交财务部门;固定资产需要安装的还要发生安装费用等,等安装完毕验收后交使用部门,相应的凭证(包括移交清册等)提交财务部门核算。财务部门确定固定资产的类别,填制固定资产卡片,并录入固定资产登记簿。固定资产购置业务流程见图4-1。

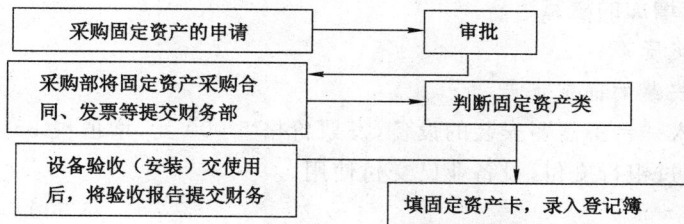

图 4-1 固定资产购置业务流程图

(二)固定资产使用

固定资产的使用流程:财务部门按月计提固定资产折旧;设备管理部门检查固定资产使用情况,定期对固定资产进行盘点,并进行资产评估。固定资产使用部门编制固定资产维修计划、技术更新改造计划等固定资产资产支出计划上报财务部。财务部门根据固定资产支出计划安排资金进行维修或改造,属于资本化支出部分还要在原固定资产卡片中作出反映。固定资产使用业务流程见图4-2。

(三)固定资产处置

固定资产的处置业务流程:固定资产使用部门、管理部门确定固定资产处置类型:报废、

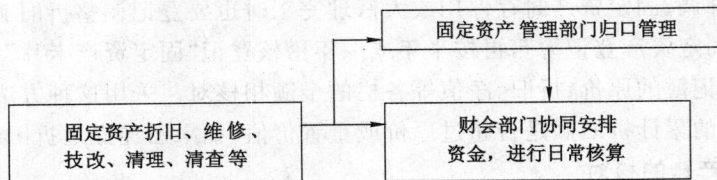

图 4-2 固定资产使用业务流程

出售、毁损等;属于自然灾害等毁损找保险公司理赔;进行固定资产清理,处置固定资产残值;填写固定资产处置申请表报批后交财务部门;财务部门核算该固定资产的账面价值,计算或查看固定资产折旧,核销固定资产卡片等资料;进行固定资产处置核算,注销固定资产登记簿记录,办理其他相关业务或事项。固定资产的处置业务流程图见图 4-3。

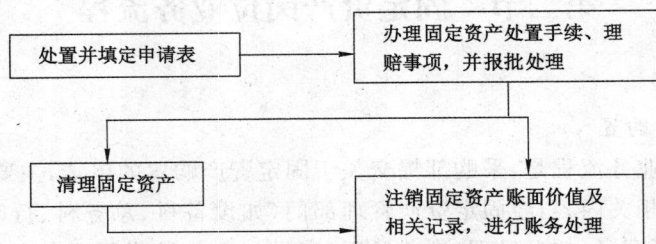

图 4-3 固定资产处置业务流程图

第三节 固定资产岗位业务处理

一、固定资产增加的核算

（一）购入固定资产

1. 购入不需安装的固定资产

例 1：企业购入一台不需要安装的设备,发票价格 5 000 元,增值税 850 元,支付运杂费 500 元。款项已通过银行支付,设备业已交付使用。

借:固定资产   5 500

应交税费——应交增值税（进项税额）   850

贷:银行存款   6 350

2. 购入需要安装的固定资产

购入需要安装的固定资产,由于从固定资产运抵企业到达到预定可使用状态,尚需经过安装和调试过程,并发生安装调试成本,因此,应先通过"在建工程"科目归集和计算购置固定资产所支付的价款、运费和安装成本等,待固定资产安装完毕达到预定可使用状态后,再将"在建工程"科目累计的固定资产成本一次转入"固定资产"科目。

例 2：企业购入一台需要安装的设备,价款 16 000 元,增值税 2 720 元,支付运费 4 000 元,运费取得了增值税合法抵扣凭证,款项已通过银行支付。设备业已交付安装。

（1）设备运抵企业,等待安装。

借：在建工程　　　　　　　　　　　　　　　　　　　　　19 720

　　应交税费——应交增值税（进项税额）　　　　　　　　3 000

　　贷：银行存款　　　　　　　　　　　　　　　　　　　　　22 720

（2）设备投入安装，用银行存款支付安装成本 2 500 元。

借：在建工程　　　　　　　　　　　　　　　　　　　　　2 500

　　贷：银行存款　　　　　　　　　　　　　　　　　　　　　2 500

（3）设备安装完毕，交付使用。

借：固定资产　　　　　　　　　　　　　　　　　　　　　22 220

　　贷：在建工程　　　　　　　　　　　　　　　　　　　　　22 220

（二）自行建造固定资产

企业自行建造固定资产包括自营建造和出包建造两种方式。为了反映固定资产建造情况，企业要设置"在建工程"和"工程物资"一级科目。在"工程物资"科目下设置"专用材料"、"专用设备"、"工器具"等明细科目进行明细核算；在"在建工程"科目下设置"建筑工程"、"安装工程"、"在安装设备"、"待摊支出"以及单项工程（如"技术改造工程"、"自制设备工程"等）明细科目进行明细核算。

1. 自营工程

例 3：某企业自行建造仓库一座，购入工程物资 400 000 元，支付的增值税额为 68 000元，工程物资全部被工程领用；另外还领用了企业生产用的原材料一批，实际成本为 30 000元；支付工程人员工资 50 000 元，企业辅助生产车间为工程提供有关劳务支出 10 000 元，工程完工交付使用。有关会计处理如下：

（1）购入工程物资。

借：工程物资　　　　　　　　　　　　　　　　　　　　　400 000

　　应交税费——应交增值税（进项税额）　　　　　　　　68 000

　　贷：银行存款　　　　　　　　　　　　　　　　　　　　　468 000

（2）工程领用工程物资。

借：在建工程　　　　　　　　　　　　　　　　　　　　　400 000

　　贷：工程物资　　　　　　　　　　　　　　　　　　　　　400 000

（3）工程领用原材料。

借：在建工程　　　　　　　　　　　　　　　　　　　　　30 000

　　贷：原材料　　　　　　　　　　　　　　　　　　　　　30 000

（4）支付工程人员工资。

借：在建工程　　　　　　　　　　　　　　　　　　　　　50 000

　　贷：应付职工薪酬　　　　　　　　　　　　　　　　　　　50 000

（5）结转辅助生产车间为工程提供的劳务支出。

借：在建工程　　　　　　　　　　　　　　　　　　　　　10 000

　　贷：生产成本——辅助生产成本　　　　　　　　　　　　10 000

借：固定资产　　　　　　　　　　　　　　　　　　490 000

　　贷：在建工程　　　　　　　　　　　　　　　　　　　　　490 000

在建工程完工后，企业为建造固定资产准备的剩余工程物资，如果转为本企业的存货的,按其实际成本或计划成本进行结转。工程建设期间发生的工程物资盘亏、报废及毁损,减去残料价值及保险公司、过失人等赔款后的净损失,计入所建工程项目的成本;盘盈的工程物资或处置净收益,冲减所建工程项目的成本。工程完工后发生的工程物资盘盈、盘亏、报废及毁损,计入当期营业外收支。

2. 出包工程

企业采用出包方式进行的自制、自建固定资产工程,其工程的具体支出由承包单位核算。在这种方式下,"在建工程"科目实际成为企业与承包单位的结算科目,企业按规定预付承包单位的工程价款时,借记"在建工程"科目,贷记"银行存款"等科目;工程完工收到承包单位账单,补付或补记工程价款时,借记"在建工程"科目,贷记"银行存款"等科目;工程完工交付使用时,按实际发生的全部支出,借记"固定资产"科目,贷记"在建工程"科目。

二、固定资产折旧的核算

例 4:某企业某月计提固定资产折旧总额 15 000 元,其中,生产部门固定资产折旧 10 000 元,管理部门固定资产折旧 3 000 元,销售部门固定资产折旧 1 200 元,经营租出固定资产折旧 800 元。该企业做以下会计分录:

借:制造费用	10 000	
管理费用	3 000	
销售费用	1 200	
其他业务成本	800	
贷:累计折旧		15 000

三、固定资产减少的核算

(一)固定资产报废、毁损的核算

例 5:企业有一套生产线因技术进步而提前报废,该生产线的原值 60 000 元,已提折旧 53 000 元。在清理过程中,以银行存款支付清理费用 750 元,拆除的残料一部分作价 800 元入库,另一部分变卖收入 200 元存入银行。编制会计分录如下:

(1)固定资产转入清理,注销固定资产的账面价值。

借:固定资产清理	7 000	
累计折旧	53 000	
贷:固定资产		60 000

(2)支付清理费用。

借:固定资产清理	750	
贷:银行存款		750

(3)残料变价收入。

借:原材料	800	
银行存款	200	
贷:固定资产清理		1 000

(4)结转固定资产清理净损益。

借:营业外支出——非流动资产处置损失	6 750	
贷:固定资产清理		6 750

例 6:企业因水灾导致一幢生产用房倒塌,该房屋原值 100 000 元,已提折旧 60 000 元,

进行清理时,发生清理费 4 000 元,用银行存款支付,残料变卖收入 5 000 元,已存入银行,同时,应向保险公司收取 36 000 元的赔款。编制会计分录如下:

（1）固定资产转入清理,注销固定资产的账面价值。

借:固定资产清理　　　　　　　　　　　　　　　　　40 000

　　累计折旧　　　　　　　　　　　　　　　　　　　60 000

　　贷:固定资产　　　　　　　　　　　　　　　　　　　　　　100 000

（2）支付清理费用。

借:固定资产清理　　　　　　　　　　　　　　　　　4 000

　　贷:银行存款　　　　　　　　　　　　　　　　　　　　　　4 000

（3）收到残料变卖收入及应收赔款。

借:银行存款　　　　　　　　　　　　　　　　　　　5 000

　　其他应收款——保险公司　　　　　　　　　　　　36 000

　　贷:固定资产清理　　　　　　　　　　　　　　　　　　　　41 000

（4）结转固定资产净损益。

借:营业外支出——非常损失　　　　　　　　　　　　3 000

　　贷:固定资产清理　　　　　　　　　　　　　　　　　　　　3 000

（二）固定资产的出售

例 7:企业将一座厂房出售,该厂房原价 800 000 元,已计提折旧 200 000 元。售价 650 000 元,已收存银行。营业税率 5%（应计交的城建税和教育费附加略,假定该企业对固定资产未计提减值准备）。编制会计分录如下:

（1）固定资产转入清理,注销账面价值。

借:固定资产清理　　　　　　　　　　　　　　　　　600 000

　　累计折旧　　　　　　　　　　　　　　　　　　　200 000

　　贷:固定资产　　　　　　　　　　　　　　　　　　　　　　800 000

（2）收取出售价款。

借:银行存款　　　　　　　　　　　　　　　　　　　650 000

　　贷:固定资产清理　　　　　　　　　　　　　　　　　　　　650 000

（3）计算应交纳的营业税（650 000 × 5% ＝ 32 500）。

借:固定资产清理　　　　　　　　　　　　　　　　　32 500

　　贷:应交税费——应交营业税　　　　　　　　　　　　　　　32 500

（4）结转出售厂房的净收益（650 000－600 000－32 500）。

借:固定资产清理　　　　　　　　　　　　　　　　　17 500

　　贷:营业外收入——非流动资产处置利得　　　　　　　　　　17 500

自 2009 年 1 月 1 日起,纳税人销售自己使用过的固定资产（增值税暂行条例规定允许抵扣增值税的固定资产）,应区分不同情形征收增值税:

① 销售自己使用过的 2009 年 1 月 1 日以后购进或者自制的固定资产,按照适用税率征收增值税;

② 2008 年 12 月 31 日以前未纳入扩大增值税抵扣范围试点的纳税人,销售自己使用过的 2008 年 12 月 31 日以前购进或者自制的固定资产,按照 4% 征收率减半征收增值税。

企业如果出售增值税暂行条例规定允许抵扣增值税的固定资产计收的增值税,应通过"应交税费——应交增值税(销项税额)"核算。

(三)固定资产盘亏

企业盘亏的固定资产,在批准处理前,先通过"待处理财产损溢"科目核算盘亏固定资产的净值,待批准核销时,再将盘亏资产的净值转入"营业外支出"科目。

例8:企业在固定资产清查中,发现少了一台设备。该设备账面原价 30 000 元,已提折旧 15 000 元。

(1)注销盘亏设备的账面价值:

借:待处理财产损溢——待处理固定资产损溢　　　　　　15 000
　　累计折旧　　　　　　　　　　　　　　　　　　　　　15 000
　　贷:固定资产　　　　　　　　　　　　　　　　　　　　　　30 000

(2)经批准,核销盘亏设备的价值:

借:营业外支出——盘亏损失　　　　　　　　　　　　　15 000
　　贷:待处理财产损溢——待处理固定资产损溢　　　　　　　15 000

上述盘亏和毁损的固定资产"报批处理",是指报经股东大会或董事会,或经理(厂长)会议或类似机构批准处理。一般说,报批处理要在会计期末结账前处理完毕。如果期末结账前尚未批准的,应在对外提供的财务会计报告时由会计人员先进行处理,并在会计报表附注中作出说明,如果以后批准处理的金额与已处理的金额不一致,应按其差额调整会计报表相关项目的年初数。

企业在生产经营过程中,除报废、毁损、出售、投资、盘亏导致固定资产减少外,将固定资产对外捐赠或抵债等也会引起固定资产的减少。

第四节　固定资产岗位技能业务训练

一、固定资产岗位技能业务

根据下列九州电机厂 20××年 12 月份有关固定资产岗位技能业务填制记账凭证。

(1)10 日,出售未使用机床一台(20××年 12 月 31 日前购入),收款 19 372.55 元,该固定资产账面原价 50 000 元,已提折旧 30 000 元。(表 09-04-01、表 09-04-02、表 09-04-03)

(2)10 日,机修车间为一车间一台机床进行大修理,关键技术请外单位五师傅解决,用现金向王师傅付修理费 200 元。(表 09-04-04)

(3)12 日,上月委托市建筑一公司对一车间广房进行大修理,当时预付出包工程款 5 000 元,今日大修完毕,对方开来账单共计 12 000 元,扣除预付款外,其余用转账支票付讫。(表 09-04-05、表 09-04-06、表 09-04-07)

(4)22 日,一车间机器一台经批准报废,原价 6 000 元,已提折旧 5 700 元。报废中用转账支票向河区街道服务队支付清理费用 350 元,部分残料计价 400 元入材料库(随时编制记账凭证),部分残料也售给河区乡杜光村黄信,收现金 100 元。(表 09-04-08、表 09-04-09、表 09-04-10、表 09-04-11、表 09-04-12)

(5)30 日,计提本月固定资产折旧:所有房屋按月分类折旧率 0.45% 计提折旧,二车间机器设备按双倍余额递减法计提折旧(其设备预计使用 8 年,今年是第 5 年使用,预计净残值率3%);其余应计提折旧的机器设备均按月分类折旧率0.66%计提折旧(含未使用固定资产),编制固定资产折旧计算表,作记账凭证的依据。(表09-04-13、表09-04-14)

(3) 31日,机修车间为一车间机床大修,领用原材料(计划成本)100元。(表09-04-15)。

二、根据上述会计凭证登记有关明细账(账页另备)

① 登记累计折旧明细账;② 登记固定资产清理明细账;③ 登记固定资产登记簿;④ 登记待处理财产损溢明细账。

第五节 固定资产岗位考核测试题及参考答案

一、考核测试题

(一)单项选择题

1 固定资产,是指同时具有(   )和使用寿命超过一个会计年度特征的有形资产。

A. 价值逐渐转移

B. 单位价值在规定标准以上

C. 为生产商品、提供劳务、出租或经营管理而持有的

D. 使用中实物形态保持不变

2 自建固定资产,应按(   )计价。

A. 评估价值   B. 重置价值

C. 实际发生的全部支出   D. 同类固定资产市价

3 企业一般应根据(   )应计提折旧的固定资产账面原值按月计提折旧。

A. 月末   B. 月初

C. 月末和月初平均   D. 上月初

4 用期初固定资产账面折余价值乘以折旧率计算折旧额的方法是(   )

A. 平均年限法   B. 工作量法

C. 双倍余额递减法   D. 年数总和法

5 某项固定资产原值80 000元,预计使用10年,预计净残值率为3%,该固定资产用直线法确定的月折旧率为(   )。

A. 9.7%   B. 10.3%

C. 0.833%   D. 0.808%

E. 0.858%

6 某项固定资产原值50 000元,预计使用5年,预计净残值2 500元。采用双倍余额递减法计提折旧,按制度规定,第5年应提折旧额为(   )。

A. 2 592元   B. 4 150元

C. 6 480元   D. 3 980元

7 上项固定资产若采用年数总和法,则第1年应提折旧额为(   )。

A. 15 833元   B. 16 667元

C. 17 500元   D. 3 333元

E. 3 167元

8. 盘亏固定资产报批后,应按( )计入营业外支出。

A. 盘亏固定资产原值

B. 盘亏净值

C. 盘亏净值扣除过失人及保险公司赔款后的差额

D. 盘亏固定资产累计折旧

9. 企业在建工程建造期间盘点工程物资,如出现盘盈、盘亏,一般应计入"( )"科目。

A. 待处理财产损溢　　　　　　　　B. 在建工程

C. 固定资产清理　　　　　　　　　D. 长期待摊费用

10. 某大型生产线达到预定可使用状态前进行联合试车发生的费用,应记入的会计科目是( )

A. 长期待摊费用　　　　　　　　　B. 营业外支出

C. 在建工程　　　　　　　　　　　D. 管理费用

(二)多项选择题

1. 双倍余额递减法和年数总和法在计算固定资产折旧时的共同点是( )。

A. 不考虑净残值　　　　　　　　　B. 前期折旧额较低

C. 加速折旧　　　　　　　　　　　D. 前期折旧额较高

2. 下列各项计入购建固定资产成本的有( )。

A. 耗用原材料的实际成本　　　　　B. 进口设备支付的消费税

C. 支付的增值税　　　　　　　　　D. 支付的耕地占用税

E. 支付的关税

3. 购入固定资产入账的原价包括( )。

A. 买价　　　　　　　　　　　　　B. 支付的增值税

C. 支付的包装运输费　　　　　　　D. 购入后发生的安装成本

4. 企业会计准则规定,固定资产是指同时具备以下( )特征的有形资产。

A. 为生产商品、提供劳务、出租或经营管理而持有的

B. 使用年限超过一年

C. 单位价值较高

D. 实物形态保持不变

5. 确定固定资产使用年限时必须考虑有形损耗和无形损耗两方面的因素,包括( )。

A. 使用中的磨损　　　　　　　　　B. 自然力的影响

C. 劳动生产率提高　　　　　　　　D. 技术的进步

6. 影响固定资产折旧的主要因素有( )。

A. 预计使用年限　　　　　　　　　B. 固定资产折旧基数

C. 预计净残值　　　　　　　　　　D. 物价上涨率

7. 下列固定资产中计提折旧的有( )。

A. 未使用的房屋和建筑物　　　　　B. 在用的机器设备

C. 经营租出的固定资产　　　　　　D. 以经营租赁方式租入的固定资产

E. 融资租入的固定资产

8. 下列固定资产中不提折旧的有(　　　)。

A. 未使用设备

B. 季节性停用和大修理停用的设备

C. 不需用固定资产

D. 建设工程交付使用前未达到预定可使用状态的固定资产

E. 已提足折旧仍继续使用的固定资产

F. 土地

9. 企业按月计提折旧时,借记"(　　　)"等科目,贷记"累计折旧"科目。

A. 生产成本　　　　　　　　　B. 制造费用

C. 管理费用　　　　　　　　　D. 其他业务成本

10. 通过"固定资产清理"科目核算的固定资产业务有(　　　)。

A. 固定资产出售　　　　　　　B. 固定资产盘亏

C. 固定资产报废　　　　　　　D. 固定资产毁损

(三)填空题

1. 固定资产按用途分为_____固定资产和_____固定资产;按所有权分为_____固定资产和_____固定资产;按使用情况分为_____固定资产、_____固定资产和_____;按经济用途和使用情况分为_____、_____、_____、_____、_____和_____。

2. 进行固定资产明细分类核算应设置_____和_____,并定期同固定资产总账核对。

3. 采用平均年限法计提折旧时,应考虑_____、_____、_____和_____四个基本因素。

4. 进行固定资产折旧总分类核算的依据是_____。

5. 直线折旧法下,固定资产的折旧率有_____、_____和_____之分。

6. 盘盈固定资产时,应按规定价值借记"_____"科目,贷记"_____"科目。

7. 企业出售某建筑物,账面原值30万元,已提折旧5万元,出售价格28万元,按营业税率5%计算应交营业税_____万元,据计交的营业税借记"_____"科目。

8. 固定资产日常修理,其费用一般采用_____方式进行核算,直接计入当期损益;固定资产更新改造,其费用一般采用_____方式进行核算,计入固定资产成本。

9. 企业发生的专门用于工程的借款利息和外币借款汇兑损益,在固定资产达到预计可使用状态前的,借记"_____"科目,达到预计可使用状态后的,借记"_____"科目。

10. 企业自营工程发生意外损失,在扣除应收保险赔款和残料价值后,其净损失记入"_____"科目借方。

(四)判断题

1. 凡劳动资料都列作固定资产。(　　　)

2. 征用土地支付的补偿费列入土地使用权价值,记入"无形资产"科目。(　　　)

3. 融资租入固定资产在租赁期间虽然所有权不属于企业,但应视同自有固定资产进行管理。(　　　)

4. 企业接受捐赠固定资产时发生的费用,不能计入固定资产价值。(　　　)

5. 固定资产使用年限内应提折旧总额就是固定资产的原值。（　　　）

6. 在年数总和法下，每年计提折旧用递减的年折旧率去乘固定资产应提折旧总额。
（　　　）

7. 采用双倍余额递减法计提折旧，每年递减的折旧额相等。（　　　）

（五）计算及综合题

1. 企业购入需要安装的机器一台，专用发票上价款 48 000 元，增值税 8 160 元，另外支付包装费 2 000 元、运输费 1 500 元。机器直接交一车间安装，领用工程用材料 4 000 元，领用生产用材料 1 000 元（实际成本），工程发生直接工资 1 500 元，月终，该工程分摊辅助生产费用 400 元。机器安装完毕，交付生产使用。试作有关分录。

2. 企业因火灾烧毁一幢厂房，该厂房原值 50 万元，已提折旧 20 万元；经保险公司核定应赔偿损失 26 万元，用银行存款支付清理费用 1 万元，厂房残料入库作价 0.5 万元。试作有关分录。

二、参考答案

（一）单项选择题

1. C　2. C　3. B　4. C　5. D　6. B　7. A　8. C　9. B　10. C

（二）多项选择题

1. CD　2. ABDE　3. ACD　4. AB　5. ABD　6. ABC　7. ABCE　8. DEF

9. BCD　10. ACD

（三）填空题

1. 生产经营用　非生产经营用　自有　租入　使用中的　未使用　不需用　生产经营用　非生产经营用　租出　不需用　未使用　土地　融资租入

2. 固定资产卡片　固定资产登记簿

3. 原值　预计使用年限　预计清理费用　预计残值收入

4. 固定资产折旧计算表

5. 个别折旧率　分类折旧率　综合折旧率

6. 固定资产　以前年度损益调整

7. 1.4　固定资产清理

8. 费用化　资本化

9. 在建工程　财务费用

10. 在建工程

（四）判断题

1. ×　2. ×　3. √　4. ×　5. ×　6. √　7. ×

（五）计算及综合题

1. 解：

（1）购入时共付款 59 660 元时：

借：在建工程——在安装设备　　　　　　　　　　　　　　51 395

　　　应交税费——应交增值税（进项税额）(8 160＋1 500×7%) 8 265

　　　　贷：银行存款　　　　　　　　　　　　　　　　　　　59 660

（2）机器安装发生 6 900 元：

作：在建工程——在安装设备　　　　　　　　　　　　　　6 900
　　贷：工程物资　　　　　　　　　　　　　　　　　　　　　　　　4 000
　　　　原材料　　　　　　　　　　　　　　　　　　　　　　　　　1 000
　　　　应付职工薪酬　　　　　　　　　　　　　　　　　　　　　　1 500
　　　　生产成本　　　　　　　　　　　　　　　　　　　　　　　　　400

（3）工程完工，固定资产交付使用：

作：固定资产　　　　　　　　　　　　　　　　　　　58 295
　　贷：在建工程——在安装设备　　　　　　　　　　　　　　58 295

2. 解：

注销价值　　借：固定资产清理　　　　　　　　　　　　300 000
　　　　　　　　　累计折旧　　　　　　　　　　　　　200 000
　　　　　　　　贷：固定资产　　　　　　　　　　　　　　　500 000

应收赔款　　借：其他应收款　　　　　　　　　　　　260 000
　　　　　　　　贷：固定资产清理　　　　　　　　　　　　　260 000

清理费用　　借：固定资产清理　　　　　　　　　　　　10 000
　　　　　　　　贷：银行存款　　　　　　　　　　　　　　　10 000

残料收入　　借：原材料　　　　　　　　　　　　　　　5 000
　　　　　　　　贷：固定资产清理　　　　　　　　　　　　　　5 000

结转损失　　借：营业外支出　　　　　　　　　　　　45 000
　　　　　　　　贷：固定资产清理　　　　　　　　　　　　　45 000

第五章　成本费用岗位技能训练

第一节　成本费用岗位基本技能知识

一、费用的概念及分类

费用是指企业为销售商品、提供劳务等日常活动所产生的经济利益的流出。费用可以分为生产费用和期间费用。

生产费用是指企业在一定时期为生产产品而发生的各项支出，如生产产品而消耗的材料费用、生产工人的工资费用以及车间为组织产品生产而直接发生的生产费用等。

期间费用是指企业在一定会计期间为生产经营的正常进行而发生的各项费用，如销售产品所发生的销售费用、企业管理部门在日常管理中发生的管理费用以及筹集生产经营资金而发生的财务费用等。

二、生产成本

（一）生产成本的归集

生产成本通过"生产成本"科目进行归集。"生产成本"科目用于核算企业进行工业性生产所发生的各项生产费用，包括生产各种产成品、自制半成品、提供劳务、自制材料、自制工具以及自制设备等所发生的各项费用。该科目应设置"基本生产成本"和"辅助生产成本"两个二级科目。"基本生产成本"二级科目核算企业为完成主要生产目的而进行的商品产品生产所发生的费用，计算基本生产的产品成本。"辅助生产成本"二级科目核算企业为基本生产服务而进行的产品生产和劳务供应所发生的费用，计算辅助生产产品和劳务成本。"基本生产成本"科目和"辅助生产成本"科目还应当按照成本核算对象进行明细核算。

企业发生的直接材料和直接人工费用，直接归集记入"生产成本"科目及其所属的"基本生产成本"科目和"辅助生产成本"科目。

企业发生的其他间接费用，首先在"制造费用"科目汇集，月终分配记入"生产成本"科目及其所属的二级科目和明细账的借方。

企业辅助生产车间发生的费用，首先在"生产成本"科目所属的"辅助生产成本"二级科目中归集核算；然后，按照一定的分配方法和分配标准分配计入各受益对象。即根据其受益对象，将"辅助生产成本"二级科目汇集的费用，转入"生产成本"所属的"基本生产成本"二级科目、"管理费用"科目等。

企业将完工产成品验收入库，应将其完工的产成品以及自制半成品的实际成本，自"生产成本"科目及其所属的"基本生产成本"二级科目，结转至"库存商品"等科目。期末"生产成本"科目的借方余额反映尚未完成的在产品的成本。

《企业会计准则》及《小企业会计准则》规定："企业在不违反会计准则中确认、计量和报告规定的前提下，可以根据本企业的实际情况自行增设、分拆、合并会计科目"。例如，有的企业根据管理需要，可将"生产成本"一级科目分解为"基本生产"、"辅助生产"两个一级科目,即"生产成本——基本生产成本"科目由"基本生产"科目代替;"生产成本——辅助生产成本"科目由"辅助本生产"科目代替。

（二）辅助生产费用

1. 辅助生产费用的归集

企业的辅助生产,是指为基本生产服务而进行的产品生产和劳务供应。其中,有的只生产一种产品或提供一种劳务,如供电、供水、供气、供风、运输等辅助生产;有的则生产多种产品或提供多种劳务,如从事工具、模具、修理用备件的制造,以及机器设备的修理等辅助生产。

辅助生产费用的归集和分配,是通过"生产成本——辅助生产成本"科目进行的。该科目一般应按车间以及产品和劳务设立明细账,明细账中按照成本项目设立专栏或专行,进行明细核算。

辅助生产车间发生的各项费用中,直接用于辅助生产,并专设成本项目的费用,应单独地直接记入"生产成本——辅助生产成本"科目和所属有关明细账的借方。直接用于辅助生产、但没有专设成本项目的费用（例如辅助生产车间机器设备折旧费等）,以及间接用于辅助生产的费用（例如辅助生产车间管理人员薪酬、机物料消耗、修理费和运输费等）,一般有两种归集方式。一是,先记入"制造费用"科目及所属明细账的借方进行归集,然后再从其贷方直接转入或分配转入"生产成本——辅助生产成本"科目及所属明细账的借方。二是,不通过"制造费用"科目核算,直接记入"生产成本——辅助生产成本"科目和所属明细账的借方。

2. 辅助生产费用的分配

分配辅助生产费用的方法主要有直接分配法、交互分配法和按计划成本分配法。

（三）制造费用

1. 制造费用的归集

制造费用通过"制造费用"科目进行归集。"制造费用"科目用于核算企业为生产产品和提供劳务而发生的各项间接费用,包括生产车间管理人员薪酬、折旧费、修理费、办公费、水电费、机物料消耗、劳动保护费、租赁费、保险费、排污费以及其他制造费用。企业发生的各项制造费用,通过"制造费用"科目进行归集和分配。"制造费用"科目应按不同的车间、部门设置明细账,账内按制造费用的项目内容设专栏进行明细核算,发生的各项间接费用记入"制造费用"科目及其所属明细账的借方;月终,将制造费用分配计入有关的成本计算对象时,记入"制造费用"科目及其所属明细账的贷方。结转后"制造费用"科目无余额。

2. 制造费用的分配

在基本生产车间只生产一种产品的情况下,制造费用可以直接计入该种产品的成本。在生产多种产品的情况下,制造费用应采用适当的分配方法计入各种产品的成本。

分配制造费用的方法很多,通常采用的方法有:生产工人工时比例法、生产工人工资比例法和机器工时比例法和定额工时比例法等。

（四）生产成本在完工产品与在产品之间的分配

通过上述各项费用的归集和分配,生产过程中发生的各项成本全部归集在"生产成本——基本生产成本"科目,这些归集到生产成本的费用,在存在期初在产品和期末在产品的情况下,并不是本月完工产成品成本。成本计算的一个重要目的,就是计算出一定期间所生产的完工产品总成本和单位成本,为此还必须将本期归集的生产成本在完工产品与在产品之间进行分配。

产品费用在完工产品与在产品之间的分配,在成本计算工作中是一个重要而又比较复杂的问题。企业应当根据产品的生产特点,考虑到企业的管理要求和条件,选择既合理又简便的分配方法。常用的方法有以下几种:

1. 不计算在产品成本

这种方法不考虑期初在产品和期末在产品的情况,而是将本期归集的生产成本全部作为本期完工产品成本。这一方法,适用于期末在产品数量较小,在产品成本的大小对完工产品的成本影响不大的企业。

2. 在产品成本按其所耗用的原材料费用计算

这种方法是将在产品成本按其所耗用的原材料费用计算,其他费用全部由完工产品成本负担。这一方法,一般适用于原材料费用占产品成本的比重较大,并且原材料在生产开始时一次全部投入的企业。

3. 约当产量法

这种方法是对期末在产品确定约当产量,以计算的约当产量对生产成本在本期完工产品和期末在产品之间进行分配。这种方法,既考虑了期末在产品所负担的原材料费用,也考虑了所负担的其他费用,在一定程度上提高了成本计算的准确度。这一方法,适用于在产品数量较多,各月份在产品数量变化较大,并且原材料费用和其他费用在产品成本中的比重相差不多的企业。

4. 在产品成本按定额成本计算

这种方法是事先在调查研究的基础上,确定定额单位成本,月终根据在产品数量计算确定期末在产品成本,然后将期初在产品生产成本加上本月发生生产成本,减去期末在产品的定额成本,计算出产成品的总成本以及产成品单位成本。

5. 定额比例法

采用定额比例法,产品的生产费用在完工产品与月末在产品之间按照两者的定额消耗量或定额费用比例分配。其中直接材料费用,按直接材料的定额消耗量或定额费用比例分配。直接人工等加工费用,可以按各该定额费用的比例分配,也可按定额工时比例分配。由于加工费用的定额费用一般根据定额工时乘以每小时的各该费用定额计算,因而这些费用一般按定额工时比例分配,以节省各该定额费用的计算工作。

定额比例法适用于各项消耗定额或费用定额比较准确、稳定,但各月末在产品数量变动较大的产品。

(五)完工产品成本的结转

在计算得出当期完工产品单位成本后,应当根据完工产品的数量和计算确定的完工产品的单位成本,计算确定并结转本期完工产品的总成本。结转本期完工产品时,应当分别各种产品完工总成本,借记"库存商品"科目,贷记"生产成本"及其下设的"基本生产成本"科目。

(六)产品成本计算方法

企业在进行成本计算时,还必须根据其生产经营特点、生产经营组织类型和成本管理要求,确定成本计算方法。成本计算的基本方法有品种法、分批法和分步法三种。

1．品种法

品种法亦称简单法，是指以产品品种作为成本计算对象，归集和分配生产费用，计算产品的成本的一种方法。这种方法一般适用于单步骤、大量生产的企业，如发电、供水、采掘等企业。

2．分批法

分批法是指以产品的批别为产品成本计算对象，归集生产费用，计算产品成本的一种方法。分批法亦称定单法，适用于单件、小批生产的企业，如造船、重型机器制造、精密仪器制造等。分批法的主要特点是所有的生产费用要分别产品的定单或批别来归集，成本计算对象是赈买者事先订货或企业规定的产品批别。

3．分步法

分步法是指按照生产过程中各个加工步骤（分品种）为成本计算对象，归集生产费用，计算各步骤半成品和最后产成品成本的一种方法，适用于连续加工式生产的企业和车间，如冶金、纺织等。

三、期间费用

期间费用是指本期发生的直接计入损益的费用，主要包括管理费用、销售费用和财务费用。

（一）管理费用

1．管理费用的概念及其内容

管理费用是指企业行政管理部门为组织和管理生产经营活动而发生的各种费用。具体包括的项目有：公司经费（包括行政管理部门工资、职工福利费、差旅费、办公费、折旧费、修理费、物料消耗、低值易耗品摊销及其他公司经费）、工会经费、职工教育经费、业务招待费、房产税、车船使用税、土地使用税、印花税、技术转让费、无形资产摊销、咨询费、诉讼费、劳动保险费、社会保险费、住房公积金、董事会费（包括董事会成员津贴、会议费和差旅费等）等。

2．管理费用的核算

企业发生的管理费用在"管理费用"科目中核算，并按费用项目设置明细账进行明细核算。企业发生的各项管理费用借记该科目，贷记"库存现金"、"银行存款"、"原材料"、"应付职工薪酬"、"无形资产"、"累计折旧"、"应交税费"等科目；期末，将本科目借方归集的管理费用全部由本科目的贷方转入"本年利润"科目的借方，计入当期损益。结转管理费用后，"管理费用"科目期末无余额。

（二）销售费用

1．销售费用的概念及其内容

销售费用是指企业在销售产品、自制半成品和工业性劳务等过程中发生的各项费用以及专设销售机构的各项经费。具体包括的项目内容为：包装费、运输费、装卸费、保险费、展览费、广告费，以及企业为销售本企业产品而专设的销售机构的费用。专设的销售机构的费用包括机构职工薪酬、差旅费、办公费、折旧费、修理费、物料消耗和其他经费。

企业发生的与专设销售机构相关的固定资产修理费用等后续支出，也记入销售费用。

2．销售费用的核算

企业发生的销售费用在"销售费用"科目中核算，并按费用项目设置明细账进行明细核算。企业发生的各项销售费用借记该科目，贷记"库存现金"、"银行存款"、"应付职工薪酬"

等科目;月终,将借方归集的销售费用全部由本科目的贷方转入"本年利润"科目的借方,计入当期损益。结转销售费用后,"销售费用"科目期末无余额。

(三)财务费用

1.财务费用的概念及其内容

财务费用是指企业筹集生产经营所需资金而发生的费用。具体包括的项目内容为:利息净支出(减利息收入后的支出)、汇兑净损失(减汇兑收益后的损失)、金融机构手续费以及筹集生产经营资金发生的其他费用等。

2.财务费用的核算

企业发生的财务费用在"财务费用"科目中核算,并按费用项目设置明细账进行明细核算。企业发生的各项财务费用借记该科目,贷记"银行存款"、"应付利息"等科目;企业发生利息收入、汇兑收益时,借记"银行存款"等科目,贷记该科目。月终,将借方归集的财务费用全部由该科目的贷方转入"本年利润"科目的借方,计入当期损益。结转当期财务费用后,"财务费用"科目期末无余额。

第二节　成本费用岗位业务流程

一、成本费用核算账户对应关系业务流程图

进行成本核算,首先,分配要素费用,即将原材料、职工薪酬、其他要素费用从"原材料"、"应付职工薪酬"、"累计折旧"、"银行存款"科目贷方分配记入"生产成本——基本生产成本"、"生产成本——辅助生产成本"、"制造费用"、"管理费用"、"销售费用"等科目的借方;其次,分配辅助生产费用,从"生产成本——辅助生产成本"科目贷方分配记入"生产成本——基本生产成本"、"制造费用"、"管理费用"、"销售费用"等科目的借方;再次,分配制造费用,从"制造费用"科目的贷方分配记入"生产成本——基本生产成本"等科目的借方;最后,要在完工产品和在产品之间进行分配,将本期完工入库产品的生产成本从"生产成本—基本生产成本"科目的贷方转入"库存商品"科目的借方。成本费用核算账户对应关系业务流程图见图5-1。

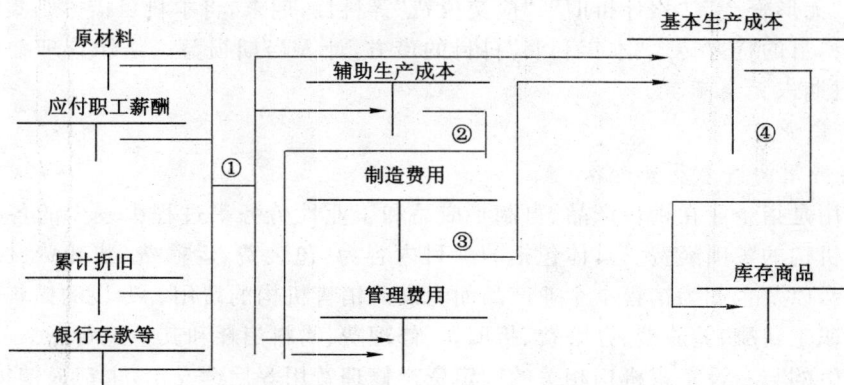

图5-1　成本费用核算账户对应关系业务流程图

二、成本费用核算证账表业务程序关系流程图

在实际工作中,成本核算是通过各种凭证、账簿、分配表之间关系按业务程序进行的。具体流程见图 5-2。

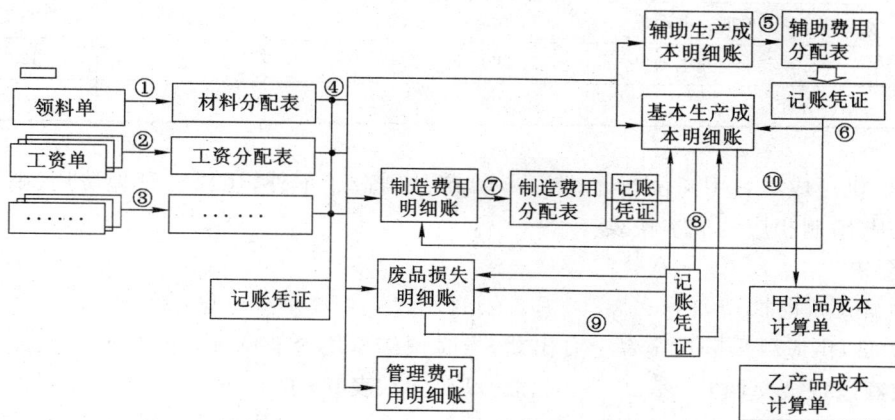

图 5-2　成本费用核算证账表业务程序关系流程图

图 5-2 中的编号及程序如下:

①②③:根据各项生产费用的原始凭证(如领料单、工资单等)和其他相关资料,编制各要素费用分配表(如材料分配表、工资分配表等)。

④:根据要素分配分配表,编制记账凭证。并据此登记生产成本——基本生产成本、生产成本——辅助生产成本、制造费用、销售费用、管理费用等明细账。

⑤:根据生产成本——辅助生产成本明细账,编制辅助生产成本分配表。

⑥:根据辅助生产成本分配表,编制记账凭证,并登记基本生产成本明细账。

⑦:根据制造费用明细账,编制制造费用分配表,并据以编制记账凭证。

⑧⑨:根据废品损失明细账,核算可修复废品和不可修复废品成本,并据以编制记账凭证。

⑩:根据生产成本明细账,计算产品成本,编制产品成本计算单,并据以编制完工产品记账凭证。

第三节　成本费用岗位技能业务训练

一、目的

练习成本费用岗位的会计核算。

二、成本费用岗位会计核算内容和方法

九州电机厂生产多种起动电机和变速电动机。第一个基本生产车间生产起动电机,第二基本生产车间生产变速电动机。另外设有两个辅助生产车间——工具车间和机修车间。该厂不设"生产成本"一级科目,而设"基本生产"和"辅助生产"两个一级科目。起动电动机不分品种、规格和批别混合生产,按定额比例法计算成本;变速电动机按分批法计算成本。基本生产明细账 20××年 12 月初余额见表 5-1。

表 5-1 　　　　　　　　　　基本生产明细账 12 月初在产品成本

基本生产		直接材料	直接人工	制造费用	合计
	起动电机	285 000	18 236	88 000	391 236
	218♯定单变速电动机	22 160	244	1 200	23 604
	225♯定单变速电动机	10 360	288	1 800	12 448
合计		317 520	18 768	91 000	427 288

九州电机厂成本费用岗位会计,除了核算产品制造成本外,还核算管理费用、财务费用和销售费用,编制相应的成本报表。

三、要求

1. 根据九州电机厂 20××年 12 月份下列经济业务填制会计凭证

(1) 7 日,供应科采购员金磊上月出差,当时预借备用金 400 元,今日回厂,报销差旅费 300 元,余额以现金交回。(表 09-05-01、表 09-05-02、表 09-05-03)

(2) 10 日,机修车间为一车间一台机床进行大修理,关键技术请外单位王师傅解决,用现金向王师傅付修理费 200 元。(表 09-05-04)

(3) 11 日,银行传来结息通知,应付长期借款利息 96 000 元已转入借款户,该项长期借款用于建造固定资产的工程早已竣工。(表 09-05-05)

(4) 11 日,本月上旬产品生产领用原材料经汇总,计划成本共计 134 000 元,其中,起动电动机耗用 100 000 元,218♯定单产品耗用 3 000 无,225♯定单产品耗用 6 000 元,236♯定单产品耗用 25 000 元。(注:本月原材料、包装物发出除题目注明随时结转外,一律通过编制"发料凭证汇总表"于月末一次编制记账凭证,低值易耗品发出随时进行账务处理)(先填表 09-05-06 领料单分类凭证汇总表,再填表 09-05-07 发料凭证汇总表)

(5) 12 日,上月委托市建筑一公司对一车间厂房进行大修理,当时预付出包工程款 5 000 元,今日大修完毕,对方开来账单共计 12 000 元,扣除预付款外,其余用转账支票付讫。(表 09-05-08、表 09-05-09、表 09-05-10)

(6) 13 日,向进华市进华公司售出产品时,随产品销售领用包装木箱 10 只,包装木箱单独计价出售,单位计划成本 110 元。(先填表 09-05-11 领料单,再汇入表 09-05-07,前表作后表的附件)

(7) 14 日,向市夹进厂销售原材料一批,计划成本 6 000 元。售价 6 300 元,计收增值税 1 071 元,款项 7 371 元已收存银行。(表 09-05-12、表 09-05-13、表 09-05-14;销售材料计划成本汇入表 09-05-07)

(8) 15 日,向河汇市机械厂售出产品时,领用包装木箱 2 只,包装木箱不单独计价,计划单位成本 110 元。(先填表 09-05-15 领料单,再汇入表 09-05-07,前表作后表的附件)

(9) 16 日,管理部门订报,支付现金 175 元。报刊费一次计入当期费用。(表 09-05-16)

(10) 18 日,工具车间自制工具(刀具)领用原材料 4 000 元。(先填表 09-05-17 领料单,再汇入表 09-05-07,前表作后表的附件)

(11) 24 日,以现金支付一车间管理人员黄工生活困难补助费 560 元(职工福利费采用直接列支方法核算,但要通过"应付职工薪酬——职工福利"科目过渡)。(表 09-05-18)

(12) 27 日,开出转账支票购买职工食堂用具,付款 500 元。(表 09-05-19、表 09-05-20)

（13）27 日，用现金支付职工死亡丧葬费 100 元。（表 09-05-21）

（14）27 日，向海淀市东升厂售出产品一批，领用产品包装木箱 10 只，包装木箱单独计价出售，单位计划成本 110 元。（先填表 09-05-22 领料单，再汇入表 09-05-07，前表作后表的附件）

（15）29 日，开出转账支票向市汽车运输公司支付购料的市内运费 2 000 元，以及由本企业负担的销售运费 1500 元。（表 09-05-23、表 09-05-24）

（16）29 日，开出转账支票向滨海日报社支付产品广告费 500 元。（表 09-05-25、表 09-05-26）

（17）29 日，偿付长期银行借款本息 22 448 元。其中，利息 2 448 元计入当期财务费用。（表 09-05-27）

（18）29 日，开出转账支票向市百货大楼购买办公用品等，取得的专用发票上货款 4 690 元，增值税 797.30 元。办公用品及其他用品直接由下列单位耗用：（表 09-05-28、表 09-05-29、表 09-05-30）

	一车间	二车间	机修车间	工具车间	管理部门
办公费	1 300 元	1 000 元	200 元	100 元	700 元
其他费用	440 元	568 元	122 元	102 元	158 元

（19）30 日，接银行利息回单，本季银行存款利息收入 2 150 元已转入存款户。（表 09-05-31）

（20）30 日，机电科提供本月耗电情况如下：一车间耗电 100 000 kW·h，二车间耗电 53 300 kW·h，机修车间耗电 1 660 kW·h，工具车间耗电 1 000 kW·h，管理部门耗电 6 720 kW·h，每度电电价 0.15 元。编制外购电力分配表作记账凭证的依据。（表 09-05-32）

（21）30 日，计提本月固定资产折旧：所有房屋按月分类折旧率 0.45% 计提折旧，二车间机器设备按双倍余额递减法计提折旧（其设备预计使用 8 年，今年是第 5 年使用，预计净残值率 3%）；其余应计提折旧的机器设备均按月分类折旧率 0.66% 计提折旧（含未使用固定资产），编制固定资产折旧计算表作记账凭证的依据。（表 09-05-33、表 09-05-34）

（22）31 日，按规定计算本月应交房产税 885 元，应交土地使用税 250 元。（表 09-05-35、表 09-05-36）

（23）31 日，本月自制工具全部完工入库，计划成本为 6 500 元（结转实际成本和价差在第 38 题处理）。（表 09-05-37）

（24）31 日，本月下旬产品领用原材料经汇总，计划成本总额为 93 000 元，其中，起动电动机耗 70 000 元，218# 定单产品耗 2 000 元，225# 定单产品耗 2 000 元，236# 定单产品耗 19 000 元。（先填表 09-05-38，再汇入表 09-05-07）

（25）31 日，本月车间、行政管理部门一般性材料消耗计划成本汇总如下：

	一车间	二车间	机修车间	工具车间	管理部门
消耗材料	17 000 元	6 000 元	600 元	400 元	1 800 元
修理材料	2 000 元	1 000 元	—	100 元	900 元
领用工具	10 000 元	4 000 元	400 元	200 元	800 元

注：消耗材料、修理材料属于原材料消耗，先填 5 张领料单：表 09-05-39、表 09-05-40、表 09-05-41、表 09-05-42、表 09-05-43，再汇入发料凭证汇总表（汇入表 09-05-07），这里对领用工具进行账务处理，领用工具采用五五摊销法核算，编制摊销表，见表 09-05-44。

（26）31 日，本月车间、行政管理部门耗用燃料经汇总，计划成本总额 34 000 元，其中，一车间耗 10 000 元，二车间耗 15 000 元，机修车间耗 3 000 元，工具车间耗 1 000 元，行政管理部门耗 5 000 元。（先填表 09-05-45，再汇入表 09-05-07）

（27）31 日，机修车间为一车间机床大修，领用原材料 100 元（计划成本）。原材料汇入发料凭证汇总表。（先填表 09-05-46，再汇入表 09-05-07）

（28）31 日，本月领用工作服计划成本 12 000 元，其中，一车间 7 500 元，二车间 3 000 元，机修车间 900 元，工具车间 600 元。领用工作服时采用一次摊销法，并随即分配其价差（按月初差异率计算），编制低值易耗品（工作服）分配表（分配率精确到 0.000 1）。［先填 4 张领料单：表 09-05-47、表 09-05-48、表 09-05-49、表 09-05-50，再编制低值易耗品（工作服）分配表，见表 09-05-51］

（29）31 日，按银行结息通知，本季短期银行借款利息支出 24336 元已在存款账户中划转，结合月初累计计息额结平应付短期借款利息账户。（表 09-05-52）

（30）31 日，据表 5-2 编制工资费用分配表，分配本月工资费用（涉及"基本生产"科目的，按第 38 题所列工时分配于有关产品，分配率精确到 0.000 1）。（表 09-05-53）

表 5-2　　　　　　　　　　　　　　工资汇总表

| 单位、人员 | | 应 付 工 资 | | 代扣养老保险 | 代扣失业保险 | 代扣职工房租水电 | 实发工资 |
类 别	别	……	小 计				
一 车 间	生产工人	……	15 000	1 200	150	1 342	
	管理人员		4 000	320	40	360	
二 车 间	生产工人	……	6 750	540	67.5	700	
	管理人员		1 600	128	16	120	
机修车间	生产工人	……	980	78.4	9.8	50	
	管理人员		20	1.6	0.2	6	
工具车间	生产工人	……	630	50.4	630	30	
	管理人员		20	1.6	20	2	
厂部管理人员		……	6 000	480	60	378	
福利部门人员		……	300	24	3	12	
长期病假人员		……	200	16	2	—	
合 计			35 500	2 840	355	3 000	

（31）31 日，计提养老保险 10 650 元（其中，企业按工资总额 22% 计提，负担 7 810 元；职工个人负担 2 840 元），并开出转账支票向时劳保事业处交纳。（表 09-05-54、表 09-05-55）

（32）31 日，计提失业保险（见表 09-05-54）1 065 元（其中，企业按工资总额 2％计提负担 710 元；职工个人负担 355 元），并开出转账支票向时劳保事业处交纳。（表 09-05-56）

（33）31 日，按工资总额的 2％计提本月工会经费，按工资总额的 1.5％计提职工教育费。（表 09-05-57）

（34）31 日，向保险部门支付财产保险费 380 元，其中，一车间财产保险 123.50 元，二车间财产保险费 57 元，管理部门财产保险费 199.50 元，编制财产保险费分配表。（表 09-05-58、表 09-05-59）

（35）31 日，本月摊销长期待摊费用 3 260 元（此价值为去年 11 月和今年 10 月对二车间租入的机器设备进行两次大修的摊销额，机器摊销 2 500 元，设备摊销 760 元）。编制摊销表。（表 09-05-60）

（36）31 日，根据材料核算员计算，原材料、包装物本月差异率分别为 1.55％、8.83％，编制发料凭证汇总表（见表 09-05-07），结转发料计划成本和分配的材料成本差异（原材料和包装物分开编制记账凭证）。

（37）31 日，本月二车间报废工具一批，计划成本 300 元，无残值。（表 09-05-61、表 09-05-62）

（38）31 日，将辅助车间的制造费用转入"辅助生产"；同时按本月实际工时（汇总见表 5-3）分配有关费用：① 计算分配机修车间的辅助生产费用（按直接分配法编制辅助生产费用分配表，见表 09-05-63）；② 计算工具车间自制工具的实际成本，结合第 23 题入库自制工具的计划成本，结转入库自制工具的成本差异；③ 分配结转第一、二两个基本生产车间的制造费用（编制制造费用分配表，见表 09-05-64、表 09-05-65，各种分配率精确到 0.000 1）。

表 5-3   12 月份实际工时汇总表

一车间	起动电动机	35 000 h
二车间	218＃定单	500 h
	235＃定单	1 000 h
	236＃定单	13 500 h
机修车间	一车间机床大修工程	200 h
	一车间经常修理	300 h
	二车间经常修理	400 h
	行政管理部门修理	200 h
工具车间		600 h

（39）31 日，根据本月完工产品入库存情况，编制"产成品收入汇总表"——入库存数量栏。本月完工产品入库存情况如下：（表 09-05-66）

10 日，完工一批产品入库，其中，ST700 起动电动机完工入库 500 台，ST90 起动电动机完工入库 800 台，380V 变速电动机完工入库 10 台，ST60 起动电动机完工入库 400 台。

22 日，完工一批产品验收入库，其中，ST60 起动电动机 600 台，ST90 起动电动机 1 200

台,346 V 变速电动机 10 台,380 V 变速电动机 20 台,ST8 起动电动机 1 500 台。

(40) 31 日,结转本月完工入库起动电动机和变速电动机实际成本(一车间期末盘点在产品一起动电动机,它的材料定额成本为 285 000 元,工时定额为 34 000 小时;二车间上月投产的 218♯定单和 225♯定单已全部完工。本月投产的 236♯定单到月底还未完工。分配率精确到 0.000 1),将所计算的四种起动电动机的单位成本、两种变速电动机的单位成本填入"产成品收入汇总表"(见表 09-05-66),计算表中完工入库产品总成本,将表 09-05-66 作为记账凭证的依据。

(41) 31 日,销售核算员编制本月销售产品汇总表(表 5-4),列明 12 月份各种产品的销售数量。请根据"库存商品明细账"资料采用月末一次加权平均法计算 12 月份发出商品的销售成本,编制结转已销产品成本的会计分录。

表 5-4   12 月份产品销售情况汇总表

产品名称	12 月份销售数量(台)	12 月份销售成本
一、主要产品		
ST700	600	
ST60	1 100	
ST90	1 900	
ST8	1 300	
380 V 变速电动机	25	
二、非主要产品		
346 V 变速电动机	10	

(42) 31 日,结转本月销售费用。

(43) 31 日,结转本月管理费用。

(44) 31 日,结转本月财务费用。

2. 根据上述会计凭证登记有关明细账(账页另备),并结账

(45) 登记"辅助生产——机修车间明细账",七栏式账页(表 5-5)。

表 5-5   辅助生产——机修车间明细账

| 20××年 | | 凭 证 | | 摘 要 | 直接材料 | 直接人工 | 制造费用 | 借方合计 | 贷方转出 | 余额 | |
月	日	种类	号数								
11	30		.	1~11 月累计	20 000	10 000	63 717	93 717	93 717		

(46) 登记"辅助生产——工具车间明细账",七栏式账页(表 5-6)。

表 5-6   辅助生产——工具车间明细账

| 20××年 | | 凭 证 | | 摘 要 | 直接材料 | 直接人工 | 制造费用 | 借方合计 | 贷方转出 | 余额 | |
月	日	种类	号数								
11	30			1~11 月累计	11 000	2 751	5 509	19 260	19 260		

（47）登记"基本生产——346 V 变速电动机明细账",七栏式账页(表 5-7)。

表 5-7　　　　　　　　　　　　基本生产——346 V 变速电动机明细账

投产数量:10 台

二车间产品名称:346 V 变速电动机　批号 218#　开工日期:11 月　完工日期:12 月　完工数量:10 台

| 20××年 | | 凭证 | | 摘要 | 直接材料 | 直接人工 | 制造费用 | 借方合计 | 贷方转出 | 余额 |
月	日	种类	号数							
11	30			1～11 月累计	85 070	31 090	23 040	139 200	244 800	23 604
12	1			月初在产品成本	22 160	244	1 200			23 604

（18）登记"基本生产——380 V 变速电动机明细账",七栏式账页(表 5-8)。

表 5-8　　　　　　　　　　　　基本生产——380 V 变速电动机明细账

投产数量:30 台

二车间产品名称:380 V 变速电动机　批号 225#　开工日期:11 月　完工日期:12 月　完工数量:30 台

| 20××年 | | 凭证 | | 摘要 | 直接材料 | 直接人工 | 制造费用 | 借方合计 | 贷方转出 | 余额 |
月	日	种类	号数							
11	30			1～11 月累计	158 400	66 010	39 612	264 022	383 300	12 448
12	1			月初在产品成本	10 360	288	1 800			12 448

（19）登记"基本生产——236#定单明细账",七栏式账页(表 5-9)。

表 5-9　　　　　　　　　　　　基本生产——236#定单明细账

投产数量:

二车间产品名称:　　　　　批号#236　开工日期:12 月　完工日期:　　完工数量:

| 20××年 | | 凭证 | | 摘要 | 直接材料 | 直接人工 | 制造费用 | 借方合计 | 贷方转出 | 余额 |
月	日	种类	号数							

（50）登记"基本生产——起动电机明细账",九栏式账页(表 5-10)。

表 5-10 **基本生产——起动电机明细账格式**

20××年 月	日	凭证 种类	号数	摘　要	单台材料 定额成本	材料定 额成本	直接材料	单台定 额工时	定额 工时	直接人工	制造费用	总成本	单位 成本
1	1			年初余额			100 246			12 170	39 694	152 110	
11	30			1～11月借方累计			3 080 054			419 646	875 506	4 375 206	
11	30			1～11月贷方累计			2 895 300			413 580	827 200	4 136 080	
12	1			月初余额			285 000			18 236	88 000	391 236	
12	31			工资分配表									
				福利分配表									
				社会保险费分配表									
				工会经费分配表									
				职工教育经费分配表									
				材料分配(料)									
				材料分配(价差)									
				制造费用分配表									
				本月合计									
				减:在产品盘亏									
				生产费用净额									
				分配率									
				月末在产品成本									
				完工产品成本									
				其中:ST700(500 台)									
				ST60(1 000 台)									
				ST90(2 000 台)									
				ST8(1 500 台)									

（51）登记"制造费用——一车间明细账",左页——九栏式账页（表 5-11）。

表 5-11 **制造费用——一车间明细账**

20××年 月	日	凭证 号数	摘要	工资	其他薪酬	折旧费	修理费	办公费	水电费	机物料 消耗	低耗品 摊销	劳动 保护费
11	30		1～11累计	30 048	15 325	168 400	70 136	13 000	155 240	128 000	282 100	5 100

注:其他薪金=福利费+工会经费+职工教育经费+医疗保险费+养老保险费+失业保险费+住房公积金。这些薪酬分别占工资的14%、2%、1.5%、10%、12%、1%、10.5%,下同。

登记"制造费用——一车间明细账",右页——二十栏账页（表 5-12）。

表5-12　　　　　　　　　　　制造费用——一车间明细账

租赁费	差旅费	取暖费	运输费	设计制图费	试验检验费	保险费	其他费用	借方合计	贷方转出	余额
	3 398					4 600		875 347	875 347	0

（52）登记"制造费用——二车间明细账"，左页——九栏式账页（表5-13）。

表5-13　　　　　　　　　　　制造费用——二车间明细账

20××年		凭证号数	摘要	工资	其他薪酬	折旧费	修理费	办公费	水电费	机物料消耗	低耗品摊销	劳动保护费
月	日											
11	30		1~11累计	1 510	770	49 260	924	640	3 160	2 436	2 900	180

登记"制造费用——一车间明细账"，右页——二十栏账页（表5-14）。

表5-14　　　　　　　　　　　制造费用——二车间明细账

租赁费	差旅费	取暖费	运输费	设计制图费	试验检验费	保险费	其他费用	借方合计	贷方转出	余额
	702					170		62 652	62 652	0

（53）登记"制造费用——机修车间明细账"，左页——九栏式账页（表5-15）。

表5-15　　　　　　　　　　　制造费用——机修车间明细账

20××年		凭证号数	摘要	工资	其他薪酬	折旧费	修理费	办公费	水电费	机物料消耗	低耗品摊销	劳动保护费
月	日											
11	30		1~11累计	75.50	38.50	5540			2 500	1 549	74 180	

登记"制造费用——一车间明细账"，右页——二十栏账页（表5-16）。

表5-16　　　　　　　　　　　制造费用——机修车间明细账

租赁费	差旅费	取暖费	运输费	设计制图费	试验检验费	保险费	其他费用	借方合计	贷方转出	余额
						2 830		86 713	86 713	0

（54）登记"制造费用——工具车间明细账"，左页——九栏式账页（表5-17）。

表5-17　　　　　　　　　　　制造费用——工具车间明细账

20××年		凭证号数	摘要	工资	其他薪酬	折旧费	修理费	办公费	水电费	机物料消耗	低耗品摊销	劳动保护费
月	日											
11	30		1~11累计	45	23	3 651			1 600			

登记"制造费用——一车间明细账"，右页——二十栏账页（表5-18）。

表 5-18　　　　　　　　　　　制造费用——工具车间明细账

租赁费	差旅费	取暖费	运输费	设计制图费	试验检验费	保险费	其他费用	借方合计	贷方转出	余额
						1 771		7 090	7 090	0

（55）登记"库存商品——ST700 明细账"，存货分类账（数量金额式）（表 5-19）。

表 5-19　　　　　　　　　　　库存商品—— **ST700 明细账**

产品名称：ST700　　　　　　　　　　　　　　　　　　　　　　　计量单位：台

年		凭证		摘要	收入			发出			结存		
月	日	字	号		数量	单价	金额	数量	单价	金额	数量	单价	金额
11	30			1～11 累计	4 400	295	1 298 880	4 375	296.14	1 295 630	300	295	88 500
12	1			月初结存							300	295	88 500

（56）登记"库存商品——ST60 明细账"，存货分类账（数量金额式）（表 5-20）。

表 5-20　　　　　　　　　　　库存商品—— **ST60 明细账**

产品名称：ST60　　　　　　　　　　　　　　　　　　　　　　　计量单位：台

年		凭证		摘要	收入			发出			结存		
月	日	字	号		数量	单价	金额	数量	单价	金额	数量	单价	金额
11	30			1～11 累计	9 900	88.40	875 200	9 850	88.56	872 300	500	85	42 500
12	1			月初结存							500	85	88 500

（57）登记"库存商品——ST90 明细账"，存货分类账（数量金额式）（表 5-21）。

表 5-21　　　　　　　　　　　库存商品—— **ST90 明细账**

产品名称：ST90　　　　　　　　　　　　　　　　　　　　　　　计量单位：台

年		凭证		摘要	收入			发出			结存		
月	日	字	号		数量	单价	金额	数量	单价	金额	数量	单价	金额
11	30			1～11 累计	24 200	44.22	1 070 200	24 080	44.35	1 068 040	1 000	40	40 000
12	1			月初结存							1 000	40	40 000

（58）登记"库存商品——ST8 明细账"，存货分类账（数量金额式）（表 5-22）。

表 5-22 **库存商品——ST8 明细账**

产品名称:ST8 计量单位:台

| 年 | | 凭证 | | 摘要 | 收入 | | | 发出 | | | 结存 | | |
月	日	字	号		数量	单价	金额	数量	单价	金额	数量	单价	金额
11	30			1~11 累计	17 600	50.67	891 800	17 472	50.77	887 050	800	48	38 400
12	1			月初结存							800	48	38 400

（59）登记"库存商品——380 V 明细账"，存货分类账（数量金额式）（表 5-23）。

表 5-23 **库存商品——380 V 明细账**

产品名称:380 V 计量单位:台

| 年 | | 凭证 | | 摘要 | 收入 | | | 发出 | | | 结存 | | |
月	日	字	号		数量	单价	金额	数量	单价	金额	数量	单价	金额
11	30			1~11 累计	330	1 161.52	383 300	332	1 161.99	385 780	10	1 120	11 200
12	1			月初结存							10	1 120	11 200

（60）登记"库存商品——346 V 明细账"，存货分类账（数量金额式）（表 5-24）。

表 5-24 **库存商品——346 V 明细账**

产品名称:346 V 计量单位:台

| 年 | | 凭证 | | 摘要 | 收入 | | | 发出 | | | 结存 | | |
月	日	字	号		数量	单价	金额	数量	单价	金额	数量	单价	金额
11	30			1~11 累计	66	3 707.09	244 800	66	3 709.09	244 800			

（61）登记"管理费用明细账"，九栏式账页（表 5-25）、二十栏式账页（表 5-26）。

表 5-25 **管理费用(职工薪酬)明细账**

| 20××年 | | 凭证 | | 摘要 | 工资 | 福利费 | 工会经费 | 职工教育经费 | 医疗保险费 | 养老保险费 | 失业保险费 | 住房公积金 | 劳动保险费 | 合计 |
月	日	种类	号数											
11	30			1~11月累计	61 600	8 624	1 232	924	6 160	7 392	616	6 468	269 375	362 391

表 5-26 **管理费用(一般)明细账**

| 20××年 | | 凭证号数 | 摘要 | 水电费 | 折旧费 | 办公费 | 差旅费 | 运输费 | 保险费 | 修理费 | 存货盘亏毁损 | 物料消耗 | 低耗品摊销 | 研究费用 | 税金 | 其他费用 | 薪酬 | 借方合计 | 贷方转出 | 余额 |
月	日																			
11	30		1~11月累计	10 340	26 368	19 900	8 000	20 680	451	9 950	7 000	21 600	4 180	116 800	7 900		362 391	615 560	615 560	0

（62）登记"财务费用明细账"，九栏式账页（表5-27）。

表 5-27　　　　　　　　　　　　　　　财务费用明细账

20××年		凭证		摘要	利息支出	减:利息收入	汇兑损益	金融机构手续费用	其他		借方合计	贷方转出	余额
月	日	种类	号数										
11	30			1～11累计	51 410			200			51 610	51 610	0

（63）登记"销售费用明细账"，九栏式账页（表5-28）。

表 5-28　　　　　　　　　　　　　　　销售费用明细账

20××年		凭证		摘要	运输费	包装费	广告费	其他费用			借方合计	贷方转出	余额
月	日	种类	号数										
11	30			1～11累计	21 400	3 200	107 824	80 000			212 424	212 424	0

3. 编制成本报表

（64）编制产品生产成本表（填表09-05-67）。

（65）编制主要产品单位成本表（填表09-05-68）。

（66）编制制造费用明细表（填表09-05-69）。

（67）编制销售费用明细表（填表09-05-70）。

（68）编制财务费用明细表（填表09-05-71）。

（69）编制管理费用明细表（填表09-05-72）。

第四节　成本费用岗位考核测试题及参考答案

一、考核测试题

（一）多项选择题

1. 产品成本又称为（　　）。

A. 生产成本　　　　　　　　　　　B. 工厂成本

C. 产品制造成本　　　　　　　　　D. 直接成本

2. 完工产品的成本应从"生产成本"科目贷方转入"（　　）"科目借方。

A. 库存商品　　　　　　　　　　　B. 原材料

C. 低值易耗品　　　　　　　　　　D. 自制半成品

3. 各月末在产品数量较多，且不稳定，各种费用在成本中比重相差不多，在产品成本可按（　　）计算。

A. 年初数固定　　　　　　　　　　B. 耗用的原材料费用

C. 约当产量法　　　　　　　　　　D. 定额成本

E. 定额比例法

（二）填空题

1. 企业期间费用是指_____的费用，包括_____、_____和_____，它从当期的_____中扣除。

2. 费用按经济用途分为_____、_____、_____和_____四大类,产品成本项目分为_____、_____、_____和_____。

3. "生产成本"科目下设_____和_____两个二级科目,在二级科目下,还应按_____开设明细账,账内按_____设专栏进行明细核算。

4. 产品成本计算单,又称_____,在产品收发存账,实际工作称_____。

5. 成本费用的归集和分配,最后要归结到"_____"科目和有关的_____中,计入各种产品的成本。

6. 如果企业有供电车间,外购电费应先计入"_____"科目,再加上_____,作为辅助生产成本进行分配。

7. 辅助生产发生的间接费用,应计入"_____"科目借方进行归集,然后再从该科目贷方直接转入或分配转入"_____"科目。

8. 制造费用的分配方法通常有按_____、_____、_____、_____等比例分配。

9. 各月末在产品数量比较稳定,且相差不多,则在产品成本应按_____计算为宜,如果原材料费用在在产品成本中所占比重大,且在生产开始时一次投入,为了简化核算工作,在产品成本按_____计算。

(三) 简答题

1. 简述产品成本核算的一般程序。

2. 产品费用在完工产品与在产品之间进行分配有哪几种常用方法?

(四) 计算及综合题

某企业采用品种法计算产品成本,生产甲、乙两种产品。本月完工入库 100 件、80 台。根据下列经济业务做会计分录,登记产品成本计算单(表 5-29,表 5-30),计算甲、乙产品成本。

表 5-29　　　　　　　　　　　　　产品成本计算单

甲产品上月投产 50 件　　　　　本月投产 100 件　　　　　　　本月完工 100 件

月末在产品 50 件　　　　　　　　　　　　　　　　　　　　　　完工率 60%

月	日	摘要	直接材料	直接人工	制造费用	合计
6	1	月初在产品用本	26 500	1 560	1 014	29 074
	30	本月材料费用				
	30	本月工资及福利费				
	30	本月制造费用				
	30	生产费用累计				
	30	分配率				
	30	本月完工 80 台成本				
	30	月末在产品成本				

表 5-30 　　　　　　　　　　　　　**产品成本计算单**

乙产品上月投产 100 台　　　　　　　本月投产 80 台　　　　　　　　　　本月完工 80 台

月末在产品 100 台　　　　　　　　　　　　　　　　　　　　　　　　　完工率 20%

月	日	摘要	直接材料	直接人工	制造费用	合计
6	1	月初在产品用本	87 960	12 840	9 336	110 136
	30	本月材料费用				
	30	本月工资及福利费				
	30	本月制造费用				
	30	生产费用累计				
	30	分配率				
	30	本月完工 80 台成本	57 200	8 040	7 320	
	30	月末在产品成本				72 560

　　1. 耗用原材料:甲产品耗 15 000 元,乙产品耗 12 000 元,甲乙产品共同耗 8 000 元(甲产品消耗定额 20 千克,乙产品为 15 千克,按本月投产量计算的定额消耗量比例分配),供电车间生产直接耗用 5 000 元,基本生产车间耗用 1 000 元,机修车间耗用 700 元,行政管理部门耗用 2 100 元。

　　2. 分配工资:甲产品生产工人工资 26 000 元,乙产品生产工人工资 24 000 元,供电车间生产工人工资 12 000 元,机修车间生产工人工资 7 500 元,车间管理人员工资 8 000 元(其中基本生产车间 3 500 元,供电车间 2 500 元,机修车间 2 000 元),厂部行政管理人员工资 4 700 元。

　　3. 按上列工资的 14% 计提福利费。

　　4. 按上列工资的 2% 和 1.5% 计提工会经费和职工教育经费。

　　5. 分配折旧费:基本生产车间 8 000 元,供电车间 3 800 元,机修车间 3 500 元,行政管理部门 2 300 元。

　　6. 计算本月应交房产税、车船使用税、土地使用税共计 2 660 元。

　　7. 生产工人领用工作服共计 3 054 元,其中基本生产车间 2 254 元,供电车间 500 元,机修车间 300 元,本月一次摊销。

　　8. 本月固定资产大修理费用支出:基本生产车间 4 000 元。供电车间 1 900 元,机修车间 1 750 元,行政管理部门 1 150 元。

　　9. 结转辅助生产车间的制造费用。

　　10. 分配辅助生产费用。根据受益情况计算:供电费用分配给基本生产车间 80%,分配给行政管理部门 20%;机修费用分配给基本生产车间 90%,分配给行政管理部门 10%。

　　11. 分配基本生产车间的制造费用。甲产品工时定额 52 小时,乙产品工时定额 60 小时,按本月投产产品定额工时比例分配。

　　12. 计算和结转完工产品成本。甲产品按约当产量法计算在产品成本(直接材料按产量全数分配,其他费用按约当产量比例分配);乙产品按定额成本计算在产品成本。

　　13. 结转管理费用。

二、参考答案

（一）多项选择题

1. AC   2. ABCD   3. CDE

（二）填空题

1. 当期发生的直接计入损益的费用   销售费用   管理费用   财务费用   损益

2. 生产成本（或填产品的费用）销售费用   管理费用   财务费用   直接材料费   **直接人工费**   燃料和动力费   制造费用

3. 基本生产成本   辅助生产成本   成本核算对象   成本项目

4. 基本生产成本明细账   在产品台账

5. 生产成本   成本计算单

6. 生产成本——辅助生产成本   供电车间本身发生的费用

7. 制造费用   生产成本——辅助生产成本

8. 生产工时   定额工时   机器工时   直接人工费

9. 年初固定数   其所耗用的原材料费用

（三）简答题

1. 答：（1）对费用进行审核和控制，确定这些费用该不该开支，已开支的费用应不应计入产品成本。（2）将应计入本月产品成本的各种费用在各种产品之间按照成本项目进行分配和归集，计算出各种产品的成本。（3）对于既有完工产品又有在产品的产品，将月初在产品费用和本月生产费用进行合计，然后在完工产品和月末在产品之间进行分配和归集，分别计算出完工产品成本和月末在产品成本。

2. 答：一般有五种方法：不计算在产品成本；在产品成本按年初数固定计算；在产品成本按其所耗用的原材料费用计算；采用约当产量法；采用定额比例法，在产品成本按定额成本计算。

（四）计算及综合题

1. 材料分配率 $= \dfrac{8\,000}{100 \times 20 + 80 \times 15} = 2.5$

甲负担料 $= 2\,000 \times 2.5 = 5\,000$（元）

乙负担料 $= 1\,200 \times 2.5 = 3\,000$（元）

借：生产成本——基本生产成本——甲	20 000	
——乙	15 000	
——辅助生产成本——供电	5 000	
制造费用——基本生产车间	1 000	
——机修车间	700	
管理费用	2 100	
贷：原材料		43 800

2. 分配工资费用

借：生产成本——基本生产成本——甲	26 000	
——乙	24 000	
——辅助生产成本——供电	12 000	

——机修	7 500	
制造费用——基本生产车间	3 500	
——供电车间	2 500	
——机修车间	2 000	
管理费用	4 700	
贷:应付职工薪酬——工资		82 200

3. 计提福利费

借:生产成本——基本生产成本——甲	3 640	
——乙	3 360	
——辅助生产成本——供电	1 680	
——机修	1 050	
制造费用——基本生产车间	490	
——供电车间	350	
——机修车间	280	
管理费用	658	
贷:应付职工薪酬——职工福利费		11 508

4. 计提工会经费和教育经费

借:生产成本——基本生产成本——甲(26 000×3.5％)	910	
——乙	840	
——辅助生产成本——供电	420	
——机修	262.5	
制造费用——基本生产车间	122.5	
——供电车间	87.5	
——机修车间	70	
管理费用	164.5	
贷:应付职工薪酬——工会经费		1 644
——职工教育经费		1 233

5. 借:制造费用——基本生产车间	8 000	
——供电车间	3 800	
——机修车间	3 500	
管理费用	2 300	
贷:累计折旧		17 600
6. 借:管理费用	2 660	
贷:应交税费——应交房产税		2 660
7. 借:制造费用——基本生产车间	2 254	
——供电车间	500	
——机修车间	300	
贷:低值易耗品		3 054
8. 借:制造费用——基本生产车间	4 000	

　　　　——供电车间　　　　　　　　　　　　　　　　1 900

　　　　——机修车间　　　　　　　　　　　　　　　　1 750

　　管理费用　　　　　　　　　　　　　　　　　　　1 150

　　　贷：银行存款　　　　　　　　　　　　　　　　　　　　　8 800

9. 供电车间制造费用

　　=②2 500+③350+④87.5+⑤3 800+⑦500+⑧1 900=9 137.5(元)

机修车间制造费用

　　=①700+②2 000+③280+④70+⑤3 500+⑦300+⑧1 750 =8 600(元)

借：生产成本——辅助生产成本——供电　　　　　　9 137.5

　　　　　　　　　　　　　——机修　　　　　　　8 600

　　贷：制造费用——供电车间　　　　　　　　　　　　　　　9 137.5

　　　　　　　　——机修车间　　　　　　　　　　　　　　　　8 600

10. 分配供电费用

　　=①5 000+②12 000+③1 680+④420+⑨9 137.5=28 237.5(元)

分配机修费用=②7 500+③1 050+④262.5+⑨8 600=17 412.5(元)

借：制造费用——基本生产车间　　　　　　　　　38 261.25

　　管理费用(28 237.5×20%+17 412.5×10%)　　7 388.75

　　贷：生产成本——辅助生产成本——供电　　　　　　　　28 237.5

　　　　　　　　　　　　　　　——机修　　　　　　　　　17 412.5

11. 分配制造费用

　　=①1 000+②3 500+③490+④122.5+⑤8 000+⑦2 254+⑧4 000+⑩38 261.25

　　=57 627.75(元)

分配率=$\dfrac{57\ 627.75}{100\times52+80\times60}$=5.76

甲负担费=5 200×5.76=29 952(元)

乙负担费=57 627.75-29 952=27 675.75(元)

借：生产成本——基本生产成本——甲　　　　　　　　29 952

　　　　　　　　　　　　　　　——乙　　　　　　27 675.75

　　贷：制造费用——基本生产车间　　　　　　　　　　　　　57 627.75

12. (1) 计算甲产品成本

①材料分配率=(26 500+20 000)÷(100+50)=310

完工产品负担料=100×310=31 000(元)

在产品负担料=50×310=15 500(元)

②人工分配率=(1 560+26 000+3 640)÷(100+50×60%)=240

完工产品负担工=100×240=24 000(元)

在产品负担工=30×240=7 200(元)

③费用分配率=(1 014+29 952)÷(100+50×60%)=238.2

完工产品负担费=100×238.2=23 820(元)

在产品负担费=30×238.2=7 146(元)

④ 甲产品完工成本＝31 000＋24 000＋23 820＝78 820(元)

(2) 计算乙产品成本

完工产品材料费＝87 960＋15 000－57 200＝45 760(元)

完工产品人工费＝12 840＋27 360－8 040＝32 160(元)

完工产品制造费＝9 336＋27 675.75－7 320＝29 691.75(元)

乙产品完工成本＝45 760＋32 160＋29 691.75＝107 611.75(元)

(3) 借:库存商品　　　　　　　　　　　　　　186 431.75

　　　贷:生产成本——基本生产成本——甲　　　　　　　　78 820

　　　　　　　　　　　　　　——乙　　　　　　　　107 611.75

13. 管理费用

　　＝①2 100＋②4 700＋③658＋④164.5＋⑤2 300＋⑥2 660＋⑧1 150＋⑩7 388.75

　　＝21 121.25(元)

借:本年利润　　　　　　　　　　　　　　21 121.25

　　贷:管理费用　　　　　　　　　　　　　　　　21 121.25

第六章　纳税实务岗位技能训练

第一节　纳税岗位基本技能知识

一、税收概述

税收是国家为满足社会公共需要,凭借公共权力,按照法律所规定的标准和程序,参与国民收入分配,强制地、无偿地取得财政收入的一种方式。税收具有强制性、无偿和固定性等特征。税收的固定性是指国家征税预先规定了统一的征税标准,包括纳税人、课税对象、税率、纳税期限、纳税地点等。这些标准一经确定,在一定时间内是相对稳定的。

（一）税法的分类

税法按各税法的立法目的、征税对象、权限划分、适用范围、职能作用的不同,可分为不同类型的税法。按照税法征收对象的不同分为以下四种:

1. 流转税法

流转税法是与商品生产、流通、消费有密切联系的税法,主要包括增值税、营业税、消费税、关税等。

2. 所得税法

所得税法主要包括企业所得税、个人所得税等税法。其特点是可以直接调节纳税人收入,发挥其公平税负、调整分配关系的作用。

3. 财产、行为税法

财产、行为税法主要是对财产的价值或某种行为课税,包括房产税、印花税等税法。

4. 资源税法

资源税法主要是为保护和合理使用国家自然资源而课征的税。我国现行的资源税、城镇土地使用税等税种均属于资源课税的范畴。

（二）税法构成要素

税法的构成要素是指实体法构成要素,一般包括总则、纳税义务人、征税对象、税目、税率、纳税环节、纳税期限、纳税地点、减税免税、罚则、附则等项目。其中,税率是对征税对象的征收比例或征收额度。我国现行使用的税率主要有比例税率、超额累进税率、定额税率、超率累进税率。适用超额累进税率的税种主要是个人所得税,适用超率累进税率的税种是土地增值税。

（三）税的征收与管理

税收征管的一般程序包括税务登记、账簿和凭证管理、发票管理、纳税申报、税款征收、税务检查等环节。税收征管法对税务机关和纳税人在各环节的权利、义务进行了规范,并明确了不履行义务的行政或法律责任。

税务登记是纳税人在开业、歇业前以及生产经营期间发生变动时,就其生产经营的有关情况向所在地税务机关办理书面登记的一种制度。包括开业登记、变更登记、停（复）业登记、注销登记、报验登记等。账簿和凭证管理是指税务部门按照税收法律、行政法规和财务会计制度规定,对纳税人的会计账簿、凭证等实行管理和监督,是税收征管的重要环节。发票管理是税务机关对发票印制、领购、开具、取得、保管、缴销所进行的管理和监督。纳税申报是纳税人按照税法规定的期限和内容,向税务机关提交有关纳税事项书面报告的法律行为,是纳税人履行纳税义务、承担法律责任的主要依据,是税务机关税收管理信息的主要来源和税务管理的一项重要制度。税款征收是税务机关依据国家税收法律、行政法规确定的标准和范围,通过法定程序将纳税人应纳税款组织征收入库的一系列活动。税款征收是税收征管活动的中心环节,也是纳税人履行纳税义务的体现。税务检查是税务机关依照国家有关税收法律、法规、规章和财务会计制度的规定,对纳税人、代扣代缴义务人履行纳税义务、扣缴义务情况进行审查监督的一种行政检查。税务检查是确保国家财政收入和税收法律、行政法规、规章贯彻落实的重要手段,是国家经济监督体系中不可缺少的组成部分。

二、增值税

(一)增值税的征税范围

凡在中华人民共和国境内发生销售货物或者提供加工、修理修配劳务,以及进口货物的行为,均属于增值税征税范围。

1. 销售或进口货物

货物是指有形动产,包括电力、热力、气体在内。销售货物,是指有偿转让货物的所有权。有偿,是指从购买方取得货币、货物或者其他经济利益。

2. 提供加工、修理修配劳务

加工是指受托加工货物,即委托方提供原料及主要材料,受托方按照委托方的要求,制造货物并收取加工费的业务。修理修配是指受托对损伤和丧失功能的货物进行修复,使其恢复原状和功能的业务。提供加工、修理修配劳务(以下称应税劳务),是指有偿提供加工、修理修配劳务。

3. 视同销售货物行为

单位或者个体工商户的下列行为,视同销售货物:一是将货物交付其他单位或者个人代销;二是销售代销货物;三是设有两个以上机构并实行统一核算的纳税人,将货物从一个机构移送其他机构用于销售,但相关机构设在同一县(市)的除外;四是将自产或者委托加工的货物用于非增值税应税项目;五是将自产、委托加工的货物用于集体福利或者个人消费;六是将自产、委托加工或者购进的货物作为投资,提供给其他单位或者个体工商户;七是将自产、委托加工或者购进的货物分配给股东或者投资者;八是将自产、委托加工或者购进的货物无偿赠送其他单位或者个人。

上述八种行为确定为视同销售货物行为,要征收增值税,其主要目的是防止借上述行为逃避纳税。

4. 混合销售行为

一项销售行为如果既涉及增值税应税货物又涉及非应税劳务,为混合销售行为。所谓非应税劳务是指属于应缴营业税的交通运输业、建筑业、金融保险业、邮电通信业、文化体育业、娱乐业、服务业税目征收范围的劳务。

对混合销售行为的税务处理方法是:从事货物的生产、批发或零售的企业、企业性单位及个体经营者以及以从事货物的生产、批发或零售为主,并兼营非应税劳务的企业、企业性单位及个体经营者的混合销售行为,视为销售货物,应当征收增值税;其他单位和个人的混合销售行为,视为销售非应税劳务,不征收增值税。

纳税人的销售行为是否属于混合销售行为,由国家税务总局所属征收机关确定。

5. 兼营非应税劳务

兼营非应税劳务是指增值税纳税人在从事应税货物销售或提供应税劳务的同时,还从事非应税劳务(即营业税规定的各项劳务),且从事的非应税劳务与某一项销售货物或提供应税劳务并无直接的联系和从属关系。根据《中华人民共和国增值税暂行条例实施细则》(以下简称《增值税暂行条例实施细则》)的规定,纳税人兼营非应税劳务的,应分别核算货物或应税劳务和非应税劳务的销售额,对货物和应税劳务的销售额按各自适用的税率征收增值税,对非应税劳务的销售额(即营业额)按适用的税率征收营业税。如果不分别核算或者不能准确核算货物或应税劳务和非应税劳务销售额的,其非应税劳务应与货物或应税劳务一并征收增值税。纳税人兼营的非应税劳务是否应当一并征收增值税,由国家税务总局所属征收机关确定。

6. 属于增值税征税范围的其他项目

① 货物期货(包括商品期货和贵金属期货),在期货的实物交割环节纳税;银行销售金银的业务。

② 典当业的死当物品销售业务和寄售业代委托人销售寄售物品的业务。

③ 集邮商品(包括邮票、明信片、首日封、邮折、小型张及其他集邮商品)的生产、调拨,以及邮政部门以外的其他单位与个人销售集邮商品。

④ 邮政部门以外的其他单位和个人发行报刊。

⑤ 税法规定的其他项目。

(二) 增值税的纳税义务人

在中华人民共和国境内销售货物或者提供加工、修理修配劳务以及进口货物的单位和个人,为增值税的纳税人,应当缴纳增值税。为了严格增值税的征收管理,《增值税暂行条例》将纳税人按其经营规模大小及会计核算健全与否划分为一般纳税人和小规模纳税人。

1. 小规模纳税人

小规模纳税人有三项认定标准:① 从事货物生产或者提供应税劳务的纳税人,以及以从事货物生产或者提供应税劳务为主,并兼营货物批发或者零售的纳税人,年应征增值税销售额(以下简称应税销售额)在 50 万元以下(含本数,下同)的。(以从事货物生产或者提供应税劳务为主,是指纳税人的年货物生产或者提供应税劳务的销售额占年应税销售额的比重在 50% 以上。)② 除上述规定以外的纳税人,年应税销售额在 80 万元以下的。③ 年应税销售额超过小规模纳税人标准的其他个人按小规模纳税人纳税;非企业性单位、不经常发生应税行为的企业可选择按小规模纳税人纳税。

2. 一般纳税人

一般纳税人的认定标准:一般纳税人是指年应征增值税销售额(以下简称年应税销售额,包括一个公历年度内的全部应税销售额),超过《增值税暂行条例实施细则》规定的小规模纳税人标准的企业和企业性单位。即从事货物生产或提供应税劳务的纳税人,以及以从事货物生产或提供应税劳务为主,并兼营货物批发或零售的纳税人(以下简称工业企业),年应税销售额超过 50 万元的;从事货物批发或零售的纳税人(以下简称商业企业),年应税销售额达到或超过 80 万元的。

3. 特殊规定

① 对于被认定为增值税一般纳税人的企业,由于其可以使用增值税专用发票,并实行税款抵扣制度,因此,必须对一般纳税人加强管理,进行税务检查。

② 凡增值税一般纳税人,均应按规定向其企业所在地主管税务机关申请办理一般纳税人认定手续,经主管税务机关审核批准后,才能成为增值税一般纳税人。

③ 新开业的符合一般纳税人条件的企业,应在办理税务登记的同时申请办理一般纳税人认定手续。

④ 小规模纳税人会计核算健全,能够提供准确税务资料的,可以向主管税务机关申请一般纳税人资格认定,不作为小规模纳税人,依照一般纳税人有关规定计算应纳税额。会计核算健全,是指能够按照国家统一的会计制度规定设置账簿,根据合法、有效凭证核算。

(三) 增值税的税率与征收率

按照增值税规范化的原则,我国增值税对一般纳税人采取了增值税税率的模式,对小规模纳税人采取了征收率的模式。

1. 一般纳税人增值税税率

纳税人销售或者进口货物,提供加工、修理修配劳务,税率为 17%。纳税人销售或者进口下列货物,税率为 13%:粮食、食用植物油;自来水、暖气、冷气、热水、煤气、石油液化气、天然气、沼气、居民用煤炭制品;图书、报纸、杂志;饲料、化肥、农药、农机、农膜;国务院规定的其他货物。纳税人出口货物,税率为零;但是,国务院另有规定的除外。

2. 小规模纳税人增值税征收率

由于小规模纳税人不能使用增值税专用发票抵扣进项税款,因此实行按销售额与征收率计算应纳税额的简易办法,小规模纳税人适用征收率为 3%。

(四) 增值税的税收优惠

1. 直接减免

享受直接减免的有:农业生产者销售的自产农产品;避孕药品和用具;古旧图书;直接用于科学研究、科学试验和教学的进口仪器、设备;外国政府、国际组织无偿援助的进口物资和设备;由残疾人的组织直接进口供残疾人专用的物品;销售的自己使用过的物品。

2. 起征点

根据《增值税暂行条例》的规定,个人销售额未达到起征点的,免征增值税。具体规定如下:

① 销售货物的,为月销售额 2 000～5 000 元;

② 销售应税劳务的,为月销售额 1 500～3 000 元;

③ 按次纳税的,为每次(日)销售额 150～200 元。

省、自治区、直辖市财政厅(局)和国家税务局应在规定的幅度内,根据实际情况确定本地区适用的起征点,并报财政部、国家税务总局备案。

3. 增值税的先征后返和即征即退优惠

实行增值税先征后返的纳税人,先按规定缴纳增值税,再由财政部门审批,并按照纳税人实际缴纳的税额全部或依照一定比例办理退税。实行增值税即征即退的纳税人,先按规定缴税,再由财政部门或委托部门审批后办理退税手续。

（五）一般纳税人应纳税额的计算

一般纳税人销售货物或者提供应税劳务，应纳税额为当期销项税额抵扣当期进项税额后的余额。应纳税额计算公式为：

$$应纳税额＝当期销项税额×当期进项税额$$

当期销项税额小于当期进项税额不足抵扣时，其不足部分可以结转下期继续抵扣。

1. 销项税额

销项税额是指纳税人销售货物或者提供应税劳务，按照销售额或应税劳务收入和规定的税率计算并向购买方收取的增值税税额。计算公式是：

$$销项税额＝销售额×适用税率$$

（一）销售额的一般规定。销售额是指纳税人销售货物或者提供应税劳务向购买方收取的全部价款和价外费用，但不包括向购买方收取的销项税额。价外费用，包括价外向购买方收取的手续费、补贴、基金、集资费、返还利润、奖励费、违约金、滞纳金、延期付款利息、赔偿金、代收款项、代垫款项、包装费、包装物租金、储备费、优质费、运输装卸费以及其他各种性质的价外收费。但下列四项不包括在内：

① 受托加工应征消费税的消费品所代收代缴的消费税。

② 同时符合以下条件的代垫运输费用：承运部门的运输费用发票开具给购买方的；纳税人将该项发票转交给购买方的。

③ 同时符合以下条件代为收取的政府性基金或者行政事业性收费：由国务院或者财政部批准设立的政府性基金，由国务院或者省级人民政府及其财政、价格主管部门批准设立的行政事业性收费；收取时开具省级以上财政部门印制的财政票据；所收款项全额上缴财政。

④ 销售货物的同时代办保险等而向购买方收取的保险费，以及向购买方收取的代购买方缴纳的车辆购置税、车辆牌照费。

（2）含税销售额的换算。增值税是价外税，应采用不含销项税的销售额按照使用税率计税。但是在实际工作中，一般纳税人有时采用将销售额和销项税额合并定价收取的方法，从而形成了含税的销售额。一般纳税人销售货物或者应税劳务取得的含税销售额在计算销项税额时，必须将其换算为不含税的销售额。

将含税销售额换算为不含税销售额的计算公式如下：

$$不含税销售额＝含税销售额÷（1＋税率）$$

例1：黄河实业公司销售产品并开具普通发票170张，合计金额2 000 000元，则：

销售额为：2 000 000÷（1＋17%）＝1 709 401.71（元）

（3）特殊销售方式下销售额的确定。税法对不同的特殊销售方式销售额作了不同规定。

① 折扣销售。折扣销售是指销货方在销售货物或应税劳务时，因购货方购货数量较大等原因，而给予购货方的价格优惠。例如购买500件，销售价格折扣5%，购买1 000件，折扣10%等。由于折扣是在实现销售时同时发生的，因此，税法规定，如果销售额和折扣额在同一张发票上分别注明的，可按折扣后的余额作为销售额计算增值税；如果将折扣额另开发票，不论其在财务上如何处理，均不得从销售额中减除折扣额。

这里需要注意的是：折扣销售不同于销售折扣和销售折让。销售折扣是指销货方在销售货物或应税劳务后，为了鼓励购货方及早偿还货款，而协议许诺给予购货方的一种折扣优惠。销售折扣在会计实务中又称现金折扣,例如:10 天内付款,货款折扣 3%;20 天内付款,折扣 1%;30 天内全价付款。销售折扣发生在销货之后,属于理财费用,因此,销售折扣不得从销售额中减除。

销售折让是指货物销售后,其品种、质量等不符合标准,购货方未予退货,但销货方需给予购货方的一种价格折让。销售折让与销售折扣相比较,虽然都是在货物销售后发生的,但因为销售折让是由于货物的品种和质量问题而引起销售额的减少,因此,对销售折让可以折让后的货款为销售额。

② 以旧换新。以旧换新是指纳税人在销售自己的货物时,有偿收回旧货物的行为。采取以旧换新方式销售货物的,应按新货物的同期销售价格确定销售额,不得扣减旧货物的收购价格。

例 2:某企业采取"以旧换新"方式销售电视机 1 台,旧电视机按 200 元折价后,收取购买者 5 000 元货款,开具普通发票,则:

以旧换新业务的销售额=(5 000+200)÷(1+17%)=4 444.44(元)

③ 还本销售。还本销售是指纳税人在销售货物后,到一定期限由销售方一次或分次退还给购货方全部或部分价款。采取还本销售方式销售货物,其销售额就是货物的销售价格,不得从销售额中减除还本支出。

例 3:某企业实行还本方式销售电视机,电视机单价定为 5 600 元,销售 40 台,5 年后全部还本,共开具 40 份普通发票,则:

该项业务销售额=5 600×40÷(1+17%)=191 452.99(元)

④ 以物易物。以物易物是指购销双方不是以货币结算,而是以同等价款的货物相互结算,实现货物购销的一种方式。以物易物双方都应作购销处理,以各自发出的货物核算销售额并计算销项税额,以各自收到的货物按规定核算购货额并计算进项税额。在以物易物活动中,应分别开具合法的票据,如收到的货物不能取得相应的增值税专用发票或其他合法票据的,不能抵扣进项税额(关于进项税额后面将讲述)。

例 4:淄博商厦与泰丰电子公司根据签订的合同,用 50 台电视机换取泰丰公司电子游戏机 3 000 个,双方交换的市场价值均为 260 000 元(含税),都没有开具发票,则:

淄博商厦以物易物业务销售额=260 000÷(1+17%)=222 222.22(元)

⑤ 包装物押金。包装物是指纳税人包装本单位货物的各种物品。纳税人为销售货物而出租出借包装物收取的押金,单独记账核算的,时间在一年以内,又未过期的,不并入销售额征税;但对因逾期未收回包装物不再退还的押金,应按所包装货物的适用税率计算销项税额,"逾期"是指按合同约定实际逾期或以一年为期限;对收取一年以上的押金,无论是否退还均并入销售额征税。

在将包装物押金并入销售额征税时,需要先将该押金换算为不含税价,再并入销售额征税。

对销售除啤酒、黄酒外的其他酒类产品而收取的包装物押金,无论是否返还以及会计上如何核算,均应并入当期销售额征税。对销售啤酒、黄酒所收取的押金,按上述一般押金的规定处理。包装物押金不同于包装物租金,包装物租金在销货时作为价外费用并入销售额计算销项税额。

(4)视同销售以及价格明显偏低并无正当理由。税法规定,对视同销售征税而无销售额的以及价格明显偏低并无正当理由的,按下列顺序确定其销售额。

第一顺序:按纳税人最近时期同类货物的平均销售价格确定。

第二顺序:按其他纳税人最近时期同类货物的平均销售价格确定。第三顺序:按组成计税价格确定。组成计税价格的公式如下。

$$组成计税价格＝成本×(1＋成本利润率)$$

属于应征消费税的货物,其组成计税价格中应加计消费税税额。

公式中的成本是指:销售自产货物的为实际生产成本,销售外购货物的为实际采购成本。公式中的成本利润率由国家税务总局确定为 10%。

例 5:某商厦无偿赠送给销售大户 1 台电视机。最近时期该类型电视机的销售价格,(以该月份该类型电视机的平均售价为依据)4 100 元(不含税),则:

无偿赠送电视机业务销售额＝1×4 100＝4 100(元)

例 6:某日化生产企业在三八妇女节来临之际,特制一批化妆品作为集体福利分发给本厂女职工,该批化妆品无同类产品市场价格,成本为 100 000 元,则:

作为福利分发职工化妆品业务的销售额＝100 000×(1＋10%)＝110 000(元)

(5) 混合销售行为销售额的确定。《增值税暂行条例实施细则》规定:从事货物的生产、批发或者零售的企业、企业性单位和个体工商户的混合销售行为,视为销售货物,应当缴纳增值税;其他单位和个人的混合销售行为,视为销售非增值税应税劳务,不缴纳增值税。混合销售行为如依照上述税务处理,属于应当征收增值税的,其销售额应是货物与非应税劳务的销售额的合计,该非应税劳务的销售额应视同含税销售额处理;且该混合销售行为涉及的非应税劳务所用购进货物的进项税额,凡符合条例规定的,在计算该混合销售行为增值税时,准予从销项税额中抵扣。

(6) 兼营非应税劳务行为销售额的确定。《增值税暂行条例实施细则》规定:纳税人兼营非增值税应税项目的,应分别核算货物或者应税劳务的销售额和非增值税应税 项目的营业额;纳税人兼营非应税劳务不分别核算或者不能准确核算,应当一并征收增值税的,其销售额为货物或者应税劳务与非应税劳务的销售额的合计,该非应税劳务的销售额应视同含税销售额处理。

以上增值税销项税额处理流程如图 6-1 所示。

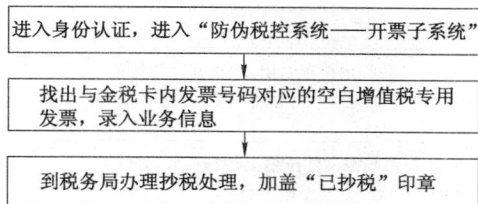

进入身份认证,进入"防伪税控系统——开票子系统"

↓

找出与金税卡内发票号码对应的空白增值税专用发票,录入业务信息

↓

到税务局办理抄税处理,加盖"已抄税"印章

图 6-1 增值税销项税额处理流程

2. 进项税额

纳税人购进货物或者接受应税劳务所支付或者负担的增值税额为进项税额。在开具增值税专用发票的情况下,销售方收取的销项税额,就是购买方支付的进项税额。对于一般纳税人而言,其在经营活动中,既会发生销售货物或提供应税劳务,又会发生购进货物或接受

应税劳务,因此,每个一般纳税人都会有收取的销项税额和支付的进项税额。增值税的核心就是用纳税人收取的销项税额抵扣其支付的进项税额,其余额为纳税人实际应缴纳的增值税税额。

(1)准予从销项税额中抵扣的进项税额。下列四种情况下的进项税额,在计算增值税应纳税额时,可以从销项税额中抵扣。

① 从销售方取得的增值税专用发票上注明的增值税额。

② 从海关取得的海关进口增值税专用缴款书上注明的增值税额。

③ 购进农产品,除取得增值税专用发票或者海关进口增值税专用缴款书外,按照农产品收购发票或者销售发票上注明的农产品买价(含按规定缴纳的烟叶税)和13%的扣除率计算的进项税额。进项税额计算公式:

$$进项税额 = 买价 \times 13\%$$

④ 购进或者销售货物以及在生产经营过程中支付运输费用的,按照运输费用结算单据上注明的运输费用金额和7%的扣除率计算的进项税额。进项税额计算公式:

$$进项税额 = 运输费用金额 \times 7\%$$

准予计算进项税额抵扣的货物运费金额是指在运输单位开具的货票上注明的运费和建设基金,不包括装卸费、保险费等其他杂费。

(2)不得从销项税额中抵扣的进项税额。《增值税暂行条例》规定,下列项目的进项税额不得从销项税额中抵扣。

① 用于非增值税应税项目、免征增值税项目、集体福利或者个人消费的购进货物或者应税劳务。

② 非正常损失的购进货物及相关的应税劳务。

③ 非正常损失的在产品、产成品所耗用的购进货物或者应税劳务。

④ 国务院财政、税务主管部门规定的纳税人自用消费品。

⑤ 上述各项规定的货物的运输费用和销售免税货物的运输费用。非正常损失,是指因管理不善造成被盗、丢失、霉烂变质的损失。

以上增值税进项税额处理流程如图 6-2 所示。

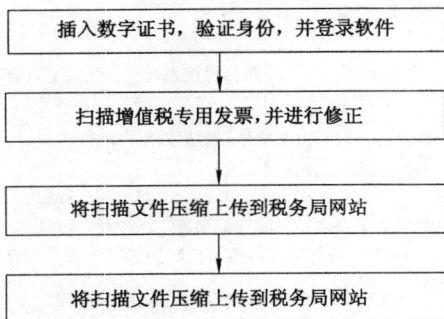

```
┌─────────────────────────────────┐
│  插入数字证书,验证身份,并登录软件  │
└─────────────────────────────────┘
                 ↓
┌─────────────────────────────────┐
│  扫描增值税专用发票,并进行修正      │
└─────────────────────────────────┘
                 ↓
┌─────────────────────────────────┐
│  将扫描文件压缩上传到税务局网站      │
└─────────────────────────────────┘
                 ↓
┌─────────────────────────────────┐
│  将扫描文件压缩上传到税务局网站      │
└─────────────────────────────────┘
```

图 6-2　增值税进项税额处理流程

3. 应纳税额的计算举例

例 7:某商场为增值税一般纳税人,适用于 17% 的税率,2009 年 6 月发生以下业务:零售各种服装,取得含税销售额585万元;将零售价为2.34万元的儿童服装作为六一儿童节礼物无偿捐赠给某贫困山区小学;当月购入服装,取得增值税专用发票注明的税金为36万元;购过设备一台,取得增值税专用发票注明价款为10万元;由于管理不善,上月购入的账面价值为5万元的衣服被盗。计算当月应纳增值税税额。

解析:儿童服装无偿捐赠作视同销售处理;管理不善造成的非正常损失,进项税额不可以抵扣,作进项税额转出处理。

当月销项税额=(585+2.34)÷(1+17%)×17%=85.34(万元)

当月准予抵扣的进项税额=36+10×17%-5×17%=36.85(万元)

当月应纳增值税税额=85.34-36.85=48.49(万元)

（六）小规模纳税人应纳税额的计算

1. 应纳税额的计算公式

《增值税暂行条例》规定,小规模纳税人销售货物或提供应税劳务,按简易方法计算,即按销售额和规定征收率计算应纳税额,不得抵扣进项税额,同时,销售货物也不得自行开具增值税专用发票。小规模纳税人应纳税额的计算公式如下:

$$应纳税额=销售额×征收率$$

公式中销售额与增值税一般纳税人计算应纳增值税的销售额规定内容一致,是销售货物或提共应税劳务向购买方收取的全部价款和价外费用。

2. 含税销售额的换算

由于小规模纳税人销售货物自行开具的发票是普通发票,发票上列示的是含税销售额,因此,在计税时需要将其换算为不含税销售额。换算公式如下:

$$不含税销售额=含税销售额÷(1+征收率)$$

3. 小规模纳税人购进税控收款机的进项税额抵扣

自2004年12月1日起,增值税小规模纳税人购置税控收款机,经主管税务机关审核批准后,可凭购进税控收款机取得的增值税专用发票,按照发票上注明的增值税额,抵免当期应纳增直税。

或者按照购进税控收款机取得的普通发票上注明的价款,依下列公式计算可抵免的税额:

$$可抵免的税额=价款÷(1+17%)×17%$$

当期应纳税额不足抵免的,未抵免的部分可在下期继续抵免。

4. 小规模纳税人应纳税额的计算举例

例8:某企业为增值税小规模纳税人,主要从事汽车修理和装潢业务。2009年9月提供汽车修理业务取得收入21 000元,销售汽车装饰用品取得收入15 000元;购进的修理用配件被盗 账面成本10 000元,计算该企业应纳增值税。

解析:小规模纳税人取得的收入是含税的,需换算成不含税销售额;进项税额不可以抵扣,所以也不存在进项税额转出之说。

应纳增值税=(21 000+15 000)÷(1+3%)×3%=1 048.54(元)

（七）进口货物应纳税额的计算

1. 进口货物的纳税人

申报进入中华人民共和国海关境内的货物,均应缴纳增值税。进口货物的收货人或办理报关手续的单位和个人,为进口货物增值税的纳税义务人。也就是说,进口货物增值税纳税人的界定范围较宽,包括了国内一切从事进口业务的企业事业单位、机关团体和个人。

2. 进口货物应纳税额的计算

纳税人进口货物,按照组成计税价格和《增值税暂行条例》规定的税率计算应纳税额,不得抵扣发生在我国境外的任何税额。组成计税价格和应纳税额的计算公式为:

$$组成计税价格＝关税完税价格＋关税$$
$$应纳税额＝组成计税价格×税率$$

进口货物增值税的组成计税价格中包括已纳关税税额,如果进口货物属于消费税应税消费品,其组成计税价格中还要包括进口环节已纳消费税税额。

3. 进口货物应纳税额计算举例

例9:某商场2009年5月进口货物一批,海关核定的关税的完税价格为90万元,货物报关后,该商场按照规定缴纳了关税10万元,并取得了海关开具的完税凭证。货物增值税税率为17%,已知该货物不属于消费税的应税消费品,计算货物进口环节应缴纳的增值税税额。

解析:纳税人进口货物,按照组成计税价格和规定的税率计算应纳税额,非应税消费品的组成计税价格＝关税完税价格＋关税。

组成计税价格＝90＋10＝100(万元)

进口环节应纳增值税＝100×17%＝17(万元)

(八) 出口货物退(免)税

我国的出口货物退(免)税是指在国际贸易业务中,对我国报关出口的货物退还或免征其在国内各生产和流转环节按税法规定缴纳的增值税和消费税,即对增值税出口货物实行零税率,对消费税出口货物免税。

1. 解读出口货物退(免)税的基本政策

出口退税是国际上通用的税收规则。我国根据出口企业的不同形式和出口货物的不同种类,对出口货物分别采取以下税收政策。

(1) 出口免税并退税。出口免税是指对货物在出口销售环节不征增值税、消费税;出口退税是指对货物在出口前实际承担的税收负担,按规定的退税率计算后予以退还。

(2) 出口免税不退税。出口免税与上述第1项含义相同;出口不退税是指适用这个政策的出口货物因在前一道生产、销售环节或进口环节是免税的,因此,出口时该货物的价格中本身就不含税,也无须退税。

(3) 出口不免税也不退税。出口不免税是指对国家限制或禁止出口的某些货物的出口环节视同内销环节,照常征税;出口不退税是指对这些货物出口不退还出口前其所负担的税款。

2. 出口货物退(免)税适用范围

我国现行出口货物退(免)税的货物范围主要是报关出口的增值税、消费税应税货物,一般须同时满足以下条件:必须是属于增值税、消费税征税范围的货物;必须是报关离境的货物;必须是在财务上作销售处理的货物;必须是出口收汇并已核销的货物。

(1) 出口免税并退税的适用范围。具备货物出口条件,给予退(免)税的货物;生产企业自营出口或委托外贸企业代理出口的自产货物;有出口经营权的外贸企业收购后直接出口或委托其他外贸企业代理出口的货物。

(2)不具备出口货物条件,也给予退(免)税的货物。国家规定下列企业的货物视同出口货物特准退还或免征增值税和消费税:

对外承包工程公司运出境外用于对外承包项目的货物;对外承接修理修配业务的企业用于对外修理修配的货物;外轮供应公司、远洋运输供应公司销售给外轮、远洋国轮而收取外汇的货物;利用国际金融组织或外国政府贷款采取国际招标方式由国内企业中标销售的机电产品、建筑材料;企业在国内采购并运往境外作为对外投资的货物;出口企业从小规模纳税人购进并持普通发票的抽纱、工艺品、香料油、山货、草柳竹藤制品、渔网渔具、松香、五倍子、生漆、鬃尾、山羊板皮、纸制品等 12 类货物。

(3)出口免税但不退税的适用范围。① 下列企业出口的货物,给予免税,但不予退税:属于生产企业的小规模纳税人自营出口或委托外贸企业代理出口的自产货物;外贸企业从小规模纳税人购进并持普通发票的货物出口,免税但不予退税。但对规定列举的 12 类出口货物特准退税;外贸企业直接购进国家规定的免税货物(包括免税农产品)出口的,免税但不予退税。② 下列出口货物,免税但不予退税。来料加工复出口的货物,即原材料进口免税,加工自制的货物出口不退税;避孕药品和用具、古旧图书的内销和出口均免税;出口卷烟:有出口卷烟权的企业出口国家出口卷烟计划内的卷烟,在生产环节免征增值税、消费税,出口环节不办理退税;其他非计划内出口的卷烟照章征收增 值税、消费税,出口一律不退税;军队以及军队系统企业出口军需工厂生产或军需部门调拨的货物免税。③ 出口不免税也不退税的适用范围。对下列出口货物,除经国家批准属于进料加工复出口贸易外,在出口时不予退税,也不予免税:国家计划外出口的原油;援外出口货物;国家禁止出口的货物,包括天然牛黄、麝香、铜及铜基合金、白银、白糖等。

3. 出口货物退税率的确定

出口货物的退税率,是出口货物的实际退税额与退税计税依据的比例。我国现行出口货物的增值税退税率有 17%、13%、11%、8%和 5%共 5 档。

(九)生产企业出口货物"免、抵、退"税的计算方法

自 2002 年 1 月 1 日起,生产企业自营或委托外贸企业代理出口自产货物,除另有规定外,增值税一律实行"免、抵、退"税管理办法。生产企业,仅指"独立核算,经主管国税机关认定为一般增值税纳税人,并且具有实际生产能力的企业和企业集团"。

增值税小规模纳税人出口自产货物继续实行免征增值税办法。生产企业出口自产的属于应征消费税的产品,实行免征消费税办法。

实行免、抵、退税管理办法的"免"税,是指对生产企业出口的自产货物,免征本企业生产销售环节增值税;"抵"税,是指生产企业出口自产货物所耗用的原材料、零部件、燃料、动力等所含应予退还的进项税额,抵顶内销货物的应纳税额;"退"税是指生产企业出口的自产货物在当月内应抵顶的进项税额大于应纳税额时,对未抵顶完的部分予以退税。免、抵、退税具体计算步骤如下:

1. 计算当期应纳税额

$$当期应纳税额 = \begin{matrix}当期内销货物 \\ 的销项税额\end{matrix} - \left(\begin{matrix}当期进项 \\ 税额\end{matrix} - \begin{matrix}当期免抵退税不得 \\ 免征和抵扣税额\end{matrix}\right) - 上期留抵税额$$

其中：

$$当期免抵退税不得\\免征和抵扣税额 = 出口货\\物离岸价 \times 外汇人民\\币牌价 \times \left(出口货物\\征税率 - 出口货物\\退税率\right) - 免抵退税不得免征\\和抵扣税额和抵减额$$

出口货物离岸价(FOB)以出口发票计算的离岸价为准,出口发票不能如实反映实际离岸价的,企业必须按照实际离岸价向主管国税机关申报,同时主管税务机关有权依照有关规定予以核定。

$$免抵退税不得免征\\和抵扣税额抵减额 = 免税购进\\原材料价格 \times \left(出口货物\\征税率 - 出口货物\\退税率\right)$$

免税购进原材料包括从国内购进免税原材料和进料加工免税进口料件,其中进料加工免税进口料件的价格为组成计税价格。

$$进料加工免税进口\\料件的组成计税价格 = 货物\\到岸价 + 海关实征关税\\和消费税$$

如果当期没有免税购进原材料价格,前述公式中的"免抵退税不得免征和抵扣税额抵减额",以及后面公式中的"免抵退税额抵减额",就不用计算。

如果当期应纳税额为负数,表明当期期末有留抵税额。

2. 计算免抵退税额

$$免抵退税额 = 出口货物\\离岸价 \times 外汇人民\\币牌价 \times 出口货物\\退税率 - 免抵退税\\额抵减额$$

其中：

$$免抵退税额抵减额 = 免税购进原材料价格 \times 出口货物退税率$$

3. 计算当期应退税额和免抵税额

如当期期末留抵税额≤当期免抵退税额,则:当期应退税额＝当期期末留抵税额,当期免抵税额＝当期免抵退税额－当期应退税额。

如当期期末留抵税额＞当期免抵退税额,则:当期应退税额＝当期免抵退税额,当期免抵税额＝0。

4. 生产企业出口货物"免、抵、退"税计算举例

例10: 爱丽公司是自营出口的生产企业,为增值税一般纳税人,出口货物的征税税率为17%,退税税率为11%。2009年5月的有关经营业务为:购进原材料一批,取得的电子版增值税专用发票注明的价款400万元,外购货物准予抵扣的进项税额68万元通过认证。上月末留抵税款3万元;本月内销货物不含税销售额200万元;收款234万元存入银行;本月出口货物的离岸价销售额折合人民币300万元。试计算该企业当期的"免、抵、退"税额。

解析:当期免抵退税不得免征和抵扣税额＝300×(17%－11%)＝18(万元),当期应纳税额＝200×17%－(68－18)－3＝－19(万元),表示期末留抵税额为19万元。

出口货物免抵退税额＝300×11%＝33(万元),因为当期期末留抵税额19万元＜当期免抵退税额33万元,所以,当期应退税额＝当期期末留抵税额＝19万元,当期免抵税额＝当期免抵退税额－当期应退税额＝33－19＝14(万元)。

(十)外贸企业出口货物"先征后退"的计算方法

1. 外贸企业收购货物出口应退增值税的计算

外贸企业以及实行外贸企业财务制度的工贸企业收购货物出口,其出口销售环节的增

值税免征;其收购货物的成本部分,因外贸企业在支付收购货款的同时也支付了生产经营该类商品的企业已纳的增值税款,因此,在货物出口后按收购成本与退税率计算退税退还给外贸企业,征、退税之差计入企业成本。

外贸企业出口货物应退增值税的计算依据是:购进出口货物增值税专用发票上所注明的不含增值税的购进金额和退税率。

$$应退税额＝外贸收购不含增值税购进金额×退税率$$

2. 外贸企业收购小规模纳税人出口货物增值税的退税规定

凡从小规模纳税人购进并持普通发票特准退税的抽纱、工艺品等 12 类出口货物,同样实行锉售出口货物的收入免税,并退还出口货物进项税额的办法。由于小规模纳税人使用的是普通发票,其销售额和应纳税额没有单独计价,因此必须将合并定价的销售额先换算成不含税价格,然后据以计算出口货物退税。其计算公式如下:

$$应退税额＝[普通发票所列(含增值税)销售金额]÷(1＋征收率)×退税率$$

凡从小规模纳税人购进税务机关代开的增值税专用发票的出口货物,按以下公式计算退税:

$$应退税额＝增值税专用发票注明的金额×退税率$$

说明:以上两个公式的退税率为 5%。

3. 外贸企业委托加工出口货物应退增值税的计算

外贸企业委托生产企业加工收回后报关出口的货物,按购进国内原辅材料的增值税专用发票上注明的购进金额,依原辅材料的退税率计算原辅材料应退税额。支付的加工费,凭受托方开具货物的退税率,计算加工费的应退税额。

4. 外贸企业出口货物"先征后退"计算举例

例 11:某外贸进出口公司 2009 年 4 月出口美国平纹布 10 000 平方米,进货增值税专用发票列明单价 25 元/平方米,计税金额 250 000 元,退税率 13%,计算应退税额。

$$应退税额＝10 000×25×13%＝32 500(元)$$

(一)营业税改增值税

2011 年,经国务院批准,财政部、国家税务总局联合下发营业税改征增值税试点方案。从 2012 年 1 月 1 日起,在上海交通运输业和部分现代服务业开展营业税改征增值税试点。至此,货物劳务税收制度的改革拉开序幕。自 2012 年 8 月 1 日起至年底,国务院将扩大营改增试点至 10 省市。截至 2013 年 8 月 1 日,"营改增"范围已推广到全国试行。

1. "营改增"企业的主要税制安排

(1) 税率。在现行增值税 17% 标准税率和 13% 低税率基础上,新增 11% 和 6% 两档低税率。租赁有形动产等适用 17% 税率,交通运输业、建筑业等适用 11% 税率,其他部分现代服务业适用 6% 税率。

(2) 计税方式。交通运输业、建筑业、邮电通信业、现代服务业、文化体育业、销售不动产和转让无形资产,原则上适用增值税一般计税方法。金融保险业和生活性服务业,原则上适用增值税简易计税方法。其中,交通运输业,是指使用运输工具将货物或者旅客送达目的地,使其空间位置得到转移的业务活动,包括陆路运输服务、水路运输服务、航空运输服务和管道运输服务。现代服务业(部分现代服务业),是指围绕制造业、文化产业、现代物流产业等提供技术性、知识性服务的业务活动,包括研发和技术服务、信息技术服务、文化创意服务、物流辅助服务、有形动产租赁服务、鉴证咨询服务。

研发和技术服务：包括研发服务、技术转让服务、技术咨询服务、合同能源管理服务、工程勘察勘探服务。信息技术服务：是指利用计算机、通信网络等技术对信息进行生产、收集、处理、加工、存储、运输、检索和利用，并提供信息服务的业务活动。包括软件服务、电路设计及测试服务、信息系统服务和业务流程管理服务。文化创意服务：包括设计服务、商标著作权转让服务、知识产权服务、广告服务和会议展览服务。物流辅助服务：包括航空服务、港口码头服务、货运客运场站服务、打捞救助服务、货物运输代理服务、代理报关服务、仓储服务和装卸搬运服务。有形动产租赁服务：包括有形动产融资租赁和有形动产经营性租赁。鉴证咨询服务：包括认证服务、鉴证服务和咨询服务。电路设计及测试服务、信息系统服务和业务流程管理服务。

（3）计税依据。纳税人计税依据原则上为发生应税交易取得的全部收入。对一些存在大量代收转付或代垫资金的行业，其代收代垫金额可予以合理扣除。

（4）服务贸易进出口。服务贸易进口在国内环节征收增值税，出口实行零税率或免税制度。

2."营改增"纳税业务举例

（1）纳税人兼有适用一般计税方法计税的应税服务和销售货物或者应税劳务的，按照销项税额的比例划分应纳税额，分别作为改征增值税和现行增值税收入入库。

例 12：本市某生产企业 2012 年 2 月货物不含税销售额 1 000 万元，检验检测不含税收入 200 万元，均开具增值税专用发票。当月外购货物取得增值税专用发票注明增值税 150 万元。

应纳增值税 ＝ 1 000 × 17％ ＋ 200 × 6％ － 150 ＝ 32（万元）

应税服务销项税额比例 ＝ 12 ÷（170 ＋ 12）＝ 6.59％

应税服务应纳增值税 ＝ 32 × 6.59％ ＝ 2.11（万元）

货物销售应纳增值税 ＝ 32 － 2.11 ＝ 29.89（万元）

（2）税收优惠政策过渡。国家给予试点行业的原营业税优惠政策可以延续，但对于通过改革能够解决重复征税问题的，予以取消。试点期间针对具体情况采取适当的过渡政策。

例 13：本市某会计师事务所（增值税一般纳税人）2012 年 2 月业务如下：

① 取得鉴证服务收入，开具增值税专用发票，发票注明金额 2 000 万元，税额 120 万元；与外省某会计师事务所协作开展业务，支付费用 250 万元，取得服务业普通发票；与本市某会计师事务所协作开展业务，支付费用 424 万元，取得增值税专用发票，发票注明金额 400 万元，税额 24 万元。

② 取得咨询服务收入 530 万元，其中开具增值税专用发票注明金额 300 万元，税额 18 万元，其余开具增值税普通发票，金额 212 万元。

③ 当月外购固定资产、原材料、办公用品等取得增值税专用发票注明的增值税 34 万元。

要求：计算该事务所当月应纳增值税。如果交纳营业税

应纳营业税 ＝（2 120 － 250 － 424 ＋ 530）× 5％ ＝ 1 976 × 5％ ＝ 98.8（万元）

现在应纳增值税 ＝［（2120 － 250）÷（1 ＋ 6％）＋ 300 ＋ 212 ÷（1 ＋ 6％）］× 6％ － 24 － 34

＝（105.85 ＋ 30）－ 58 ＝ 77.85（万元）

税负分析：

征收营业税：营业收入×5%；

改征增值税：营业收入÷(1+6%)×6%－进项税额；

营业收入×5.66%－进项税额；

营业收入×0.66%－进项税额：>0,税负提高；<0,税负降低。

(3) 跨地区税种协调。试点纳税人以机构所在地作为增值税纳税地点,其在异地缴纳的营业税,允许在计算缴纳增值税时抵减。非试点纳税人在试点地区从事经营活动的,继续按照现行营业税有关规定申报缴纳营业税。

例 14：某航空公司本市总机构 2012 年一季度营运收入 20 亿元；外省分公司营运收入 80 亿元,在机构所在地缴纳营业税 2.4 亿元。一季度总分机构汇总进项税额 6.8 亿元。要求：计算一季度应纳增值税。

应纳增值税＝(20+80)÷(1+11%)×11%－6.8－2.4＝0.71(万元)

三、消费税

（一）消费税的征税范围及税目

消费税是对我国境内从事生产、委托加工和进口应税消费品的单位和个人,就其销售额或销售数量,在特定环节征收的一种税。征收消费税的应税消费品包括烟,酒及酒精,化妆品,贵重首饰及珠宝玉石,鞭炮、焰火,成品油,汽车轮胎,小汽车,摩托车,高尔夫球及球具,高档手表,游艇,木制一次性筷子,实木地板等 14 个税目。税目是按照一定的标准和范围对征税对象进行划分从而确定的具体征税品种或项目,反映征税的具体范围。

（1）烟。凡是以烟叶为原料加工生产的产品,不论使用何种辅料,均属于本税目的征收范围。本税目包括卷烟、雪茄烟、烟丝三个子目。卷烟包括国产卷烟、进口卷 烟、白包卷烟、手工卷烟等;雪茄烟的征收范围包括各种规格、型号的雪茄烟;烟丝的征收范围包括以烟叶为原料加工生产的不经卷制的散装烟。

（2）酒及酒精。本税目包括白酒（粮食白酒、薯类白酒）、黄酒、啤酒、其他酒、酒精共五个子税目。其中,酒是指酒精度在 1 度以上的各种酒类饮料;酒精包括各种工业酒精、医用酒精和食用酒精。

（3）化妆品。本税目征收范围包括各类美容、修饰类化妆品、高档护肤类化妆品和成套化妆品。美容、修饰类化妆品是指香水、香水精、香粉、口红、指甲油、胭脂、眉笔、唇笔、蓝眼油、眼睫毛膏,以及成套化妆品、高档护肤类化妆品等。舞台、戏剧、影视演员化妆用的上妆油、卸妆油、油彩,不属于本税目的征收范围。

（4）贵重首饰及珠宝玉石。本税目包括各种金银珠宝首饰和经采掘、打磨、加工的各种珠宝玉石。金银珠宝首饰是指以金、银、白金、宝石、珍珠、钻石、翡翠、珊瑚、玛瑙等珍贵稀有物质以及其他金属、人造宝石等制作的各种纯金银首饰及镶嵌首饰（含人造金银、合成金银首饰等）。

（5）鞭炮、焰火。本税目包括各种鞭炮、焰火。体育上用的发令纸,鞭炮火药引线,不按本税目征收。

（6）成品油。本税目包括汽油、柴油、石脑油、溶剂油、润滑油、燃料油、航空煤油 7 个子目。

① 汽油。本税目的征收范围包括辛烷不小于 66 的各种汽油。

② 柴油。本税目的征税范围包括轻柴油、重柴油、农用柴油、军用轻柴油。

③ 石脑油。石脑油又叫轻汽油、化工轻油，是以石油加工生产的或二次加工汽油经加氢精制而得的用于化工原料的轻质油。石脑油的征收范围包括除汽油、柴油、煤油、溶剂油以外的各种轻质油。

④ 溶剂油。溶剂油是以石油加工生产的用于涂料和油漆生产、食用油加工、印刷油墨、皮革、农药、橡胶、化妆品生产的轻质油。溶剂油的征收范围包括各种溶剂油。

⑤ 润滑油。润滑油的征收范围包括以石油为原料加工的矿物性润滑油，矿物性润滑油基础油。植物性润滑油、动物性润滑油和化工原料合成润滑油不属于润滑油的征收范围。

⑥ 燃料油。燃料油也称重油、渣油。燃料油的征收范围包括用于电厂发电、船舶锅炉燃料、加热炉燃料、冶金和其他工业炉燃料的各类燃料油。

⑦ 航空煤油。航空煤油也叫喷气燃料，是以石油加工生产的用于喷气发动机和喷气推进系统中作为能源的石油燃料。航空煤油的征收范围包括各种航空煤油。

（7）汽车轮胎。汽车轮胎是指用于各种汽车、挂车、专用车和其他机动车上的内、外轮胎。不包括农用拖拉机、收割机、手扶拖拉机的专用轮胎。子午线轮胎免征消费税。

（8）摩托车。本税目包括轻便摩托车、摩托车。

（9）小汽车。汽车是指由动力驱动，具有四个或四个以上车轮的非轨道承载的车辆。本税目包括含驾驶员座位在内最多不超过 9 个座位（含）的，在设计和技术特性上用于载运乘客和货物的各类乘用车；含驾驶员座位在内的座位数为 10～23 座（含 23 座）的，在设计和技术特性上用于载运乘客和货物的各类中轻型商用客车。用排气量小于 1.5 升（含）的乘用车底盘（车架）改装、改制的车辆属于乘用车征收范围。用排气量大于 1.5 升的乘用车底盘（车架）或用中轻型商用客车底盘（车架）改装、改制的车辆属于中轻型商用客车征收范围。含驾驶员人数（额定载客）为区间值的（如 8～10 人；17～26 人）小汽车，按其区间值下限人数确定征收范围。电动汽车不属于本税目征收范围。

（10）高尔夫球及球具。高尔夫球及球具是指从事高尔夫球运动所需的各种专用装备，包括高尔夫球、高尔夫球杆及高尔夫球包（袋）等。

（11）高档手表。本税目的征收范围包括销售价格（不含增值税）每只在 10 000 元（含）以上的各类手表。

（12）游艇。本税目的征收范围包括艇身长度大于 8 米（含）小于 90 米（含），内置发动机，可以在水上移动，一般为私人或团体购置，主要用于水上运动和休闲娱乐等非牟利活动的各类机动艇。

（13）木制一次性筷子。本税目的征收范围包括各种规格的木制一次性筷子。未经打磨、倒角的木制一次性筷子属于本税目征税范围。

（14）实木地板。本税目征收范围包括各类规格的实木地板、实木指接地板、实木复合地板及用于装饰墙壁、天棚的侧端面为榫、槽的实木装饰板。未经涂饰的素板也属于本税目征税范围。

（二）消费税的纳税义务人和税率

在中华人民共和国境内生产、委托加工和进口应税消费品的单位和个人，以及国务院确定的销售《中华人民共和国消费税暂行条例》规定的消费品的其他单位和个人，为消费税的纳税人。这里的单位,是指企业、行政单位、事业单位、军事单位、社会团体及其他单位;个人是指个体工商户和其他个人。中华人民共和国境内是指生产、委托加工和进口属于应当缴纳消费税的消费品的起运地或所在地在境内。我国现行消费税税率分别采用比例税率、定额税率和复合计税三种形式,以适应不同应税消费品的实际情况。现行消费税税目、税率(税额)见表6-1。

表 6-1　　　　　　　　　　　　　　　消费税税目、税率

税　　目	税　　率
一、烟	
1. 卷烟	
(1) 甲类卷烟	56%加 0.003 元/支(生产环节)
(2) 乙类卷烟	36%加 0.003 元/支(生产环节)
(3) 批发环节	5%
2. 雪茄烟	36%
3. 烟丝	30%
二、酒及酒精	
1. 白酒	20%加 0.5 元/500 克(或者 500 毫升)
2. 黄酒	240 元/吨
3. 啤酒	
(1) 甲类啤酒	250 元/吨
(2) 乙类啤酒	220 元/吨
4. 其他酒	10%
5. 酒精	5%

(三) 消费税的计算

按照现行消费税法的基本规定,消费税应纳税额的计算主要分为从价计征、从量计征和从价从量复合计征三种方法。

1. 自产自销应税消费品应纳税额的计算

(1) 从价定率计算。消费税按从价定率方法计算时,其计算公式如下:

$$应纳消费税额=应税消费品的销售额×适用税率$$

① 销售额的一般规定。销售额为纳税人销售应税消费品向购买方收取的全部价款和价外费用(同增值税的价外费用),但不包括向购货方收取的销项税额。如果纳税人应税消费品的销售额中未扣除增值税税款或者因不得开具增值税专用发票而采取价税合计形式收取货款的,在计算消费税税额时,应将销售额换算成不含增值税的销售额后再进行计算,其换算公式为

$$应税消费品的销售额=含增值税的销售额÷(1+增值税税率或征收率)$$

② 销售额的特殊规定。

a. 对包装物的处理规定如下。应税消费品连同包装物销售的,无论包装物是否单独计

价,也不论在会计上如何核算,均应并入应税消费品的销售额中缴纳消费税。如果包装物不作价随同产品销售,而是收取押金(收取酒类产品的包装物押金除外),且单独核算,又未过期的,此项押金则不应并入应税消费品的销售额中征税。但对因逾期未收回的包装物不再退还的和已收取一年以上的押金,应并入应税消费品的销售额,按照应税消费品的适用税率征收消费税。对酒类产品生产企业销售酒类产品(黄酒、啤酒除外)而收取的包装物押金,无论押金是否返还与会计上如何核算,均需并入酒类产品销售额中,依酒类产品的适用税率征收消费税。

b. 纳税人通过自设非独立核算门市部销售的自产应税消费品,应当按照门市部 对外销售额或者销售数量征收消费税。

c. 纳税用于换取生产资料和消费资料,投资入股和抵偿债务等方面的应税消费品,应当以纳税人同类应税消费品的最高销售价格作为计税依据计算消费税。

d. 纳税人销售的应税消费品,以人民币以外的货币结算销售额的,其销售额的人民币折合率可以选择销售额发生的当天或者当月1日的人民币汇率中间价。纳税人应在事先确定采用何种折合率,确定后1年内不得变更。

例 15:雅琦化妆品生产企业为增值税一般纳税人,2009年6月6日向某大型商场销售化妆品一批,开具增值税专用发票,取得不含增值税销售收入50万元,增值税额8.5万元;6月10日向某单位销售化妆品一批,开具普通发票,取得含增值税销售额4.68万元。化妆品适用消费税税率为30%,计算雅琦化妆品生产企业上述业务应缴纳的消费税税额。

化妆品的应税销售额=50+4.68÷(1+17%)=54(万元)

应缴纳的消费税税额=54×30%=16.2(万元)

例 16:某摩托车生产企业,2009年8月将其自产的某型号的摩托车500辆,以每辆出厂价9 000元(不含增值税)销售给自设的非独立核算的门市部;门市部又以每辆11 700元(含增值税)零售给消费者,摩托车适用消费税税率为10%。计算摩托车生产企业8月份应缴纳的消费税税额。

纳税人通过自设非独立核算门市部销售的自产应税消费品,应当按照门市部对外销售额或者销售数量征收消费税。

应税销售额=11 700÷(1+17%)×500=5 000 000(元)

应缴纳的消费税税额=5 000 000×10%=500 000(元)

(2)从量定额计算。现行消费税的征税范围中,只有啤酒、黄酒和成品油计税方法按从量定额办法计算,应纳税额的多少取决于应税消费品的销售数量和单位税额两个因素,其计算公式如下:

$$应纳税额=应税消费品数量×单位税额$$

① 销售数量的确定。销售数量是指纳税人生产、加工和进口应税消费品的数量。具体规定如下。

a. 销售应税消费品的,为应税消费品的销售数量。

b. 自产自用应税消费品的,为应税消费品的移送使用数量。

c. 委托加工应税消费品的,为纳税人收回的应税消费品数量。

d. 进口的应税消费品,为海关核定的应税消费品进口征税数量。

② 计量单位的换算标准。《消费税暂行条例》规定,黄酒、啤酒以吨为税额单位;成品油

以升为税额单位。但是,考虑到实际销售过程中,一些纳税人会把吨或升这两个计算单位混用,为了规范不同产品的计量单位,以准确计算应纳税额,吨与升两个计量单位的换算标准如下:啤酒 1 吨＝988 升;石脑油 1 吨＝1 385 升;黄酒 1 吨＝962 升;溶剂油 1 吨＝1 282 升;汽油 1 吨＝1 388 升;燃料油 1 吨＝1 015 升;柴油 1 吨＝1 176 升;航空煤油 1 吨＝1 246 升;润滑油 1 吨＝1 126 升。

例 17:绿兰莎啤酒厂 7 月份销售啤酒 900 吨,每吨出厂价格 3 300 元。计算该啤酒厂 7 月应纳消费税税额。

解:每吨售价在 3 000 元以上的,适用单位税额 250 元应纳税额＝销售数量×单位税额＝900×250＝225 000(元)

(3) 从价定率与从量定额复合计算。现行消费税的征税范围中,只有白酒和卷烟实施复合计税方法。其计算公式如下:

$$应纳税额＝销售额×比例税率＋销售数量×定额税率$$

例 18:玉泉酒厂为增值税一般纳税人,2009 年 7 月销售粮食白酒 4 吨,收到不含税销售额 30 万元,另收取包装物押金 0.234 万元,白酒消费税定额税率 0.5 元/斤,比例税率为 20%,计算玉泉酒厂 7 月份应纳消费税税额。

解析:白酒是复合计税的;除黄酒、啤酒外的其他酒类产品收取的包装物押金,无论包装物是否单独计价,也不论在会计上如何核算,均应并入应税消费品的销售额中征收消费税。

应税消费品的销售额＝30＋0.234÷(1＋17%)＝30.2(万元)

应纳税额＝30.2×20%＋4×2 000×0.5÷10 000＝6.04＋0.4＝6.44(万元)

2. 自产自用应税消费品应纳税额的计算

自产自用是指纳税人生产的应税消费品,没有用于直接对外销售,而是用于连续生产应税消费品或其他方面。

用于连续生产应税消费品的,不纳税;用于生产非应税消费品和在建工程、管理部门、非生产机构、提供劳务、馈赠、赞助、集资、广告、样品、职工福利、奖励等方面,均视同对外销售,并按照纳税人生产的同类消费品的销售价格计算,于移送使用时缴纳消费税,没有同类消费品销售价格的,按照组成计税价格计算纳税。

实行从价定率办法计算纳税的组成计税价格计算公式:

$$组成计税价格＝(成本＋利润)÷(1－比例税率)$$

实行复合计税办法计算纳税的组成计税价格计算公式:

$$组成计税价格＝(成本＋利润＋自产自用数量×定额税率)÷(1－比例税率)$$

所称同类消费品的销售价格,是指纳税人或者代收代缴义务人当月销售的同类消费品的销售价格,如果当月同类消费品各期销售价格高低不同,应按销售数量加权平均计算。但销售的应税消费品有下列情况之一的,不得列入加权平均计算:

① 销售价格明显偏低并无正当理由的。

② 无销售价格的。如果当月无销售或者当月未完结,应按照同类消费品上月或者最近月份的销售价格计算纳税。成本,是指应税消费品的产品生产成本。利润,是指根据应税消费品的全国平均成本利润率计算的利润。应税消费品全国平均成本利润率由国家税务总局确定。具体规定如表 6-2 所示。

表 6-2 应税消费品全国平均成本利润率

序号	种类	成本利润率	序号	种类	成本利润率
1	甲类卷烟	10%	11	贵重首饰及珠宝玉石	6%
2	乙类卷烟	5%	12	汽车轮胎	5%
3	雪茄烟	5%	13	摩托车	6%
4	烟丝	5%	14	乘用车	8%
5	粮食白酒	10%	15	中轻型商用客车	5%
6	薯类白酒	5%	16	高尔夫球及球具	10%
7	其他酒	5%	17	高档手表	20%
8	酒精	5%	18	游艇	10%
9	化妆品	5%	19	木制一次性筷子	5%
10	鞭炮、焰火	5%	20	实木地板	5%

例 19：雅琦化妆品生产企业为增值税一般纳税人，2009 年 3 月特制一批化妆品作为三八妇女节福利发放给女职工，该化妆品无同类产品市场销售价格，已知成本为 20 000 元，成本利润率为 5%，消费税税率为 30%。计算该批化妆品应缴纳的消费税。

解：将自产化妆品用于集体福利，视同销售，应缴纳消费税；无同类产品市场销售价格，应按组成计税价格计税。

组成计税价格＝（成本＋利润）÷（1－比例税率）

　　　　　　＝（20 000＋20 000×5%）÷（1－30%）

　　　　　　＝30 000（元）

应纳消费税税额＝30 000×30%＝9 000（元）

例 20：某啤酒厂将自产的啤酒 20 吨用于厂庆活动，已知啤酒每吨成本 1 000 元，无同类产品售价，税务机关核定的啤酒的单位税额为 220 元/吨，计算该企业该业务应缴纳的增值税和消费税。

解析：啤酒属于从量定额计税的应税消费品，其应纳消费税仅跟自用数量有关；没有同类产品售价，增值税应按组成计税价格计税，因消费税是价内税，组成计税价格中应该考虑消费税，其公式为（成本利润率为 10%）：

组成计税价格＝成本×（1＋成本利润率）＋消费税税额

应纳消费税＝220×20＝4 400（元）

应纳增值税＝[20×1 000×（1＋10%）＋4 400]×17%＝4 488（元）

例 21：玉泉酒厂 2009 年 5 月将自制的粮食白酒 1 000 斤用于招待，每斤白酒成本 12 元，无同类产品售价，白酒消费税定额税率 0.5 元/斤，比例税率为 20%，计算酒厂应纳的消费税。

解析：白酒属于复合计税的应税消费品；自产白酒用于招待，作视同销售处理，应计税；因无同类产品售价，应该按照组成计税价格计税。

从量征收消费税＝1 000×0.5＝500（元）

从价征收消费税＝[12×1 000×（1＋10%）＋500]÷（1－20%）×20%＝3 425（元）

应纳消费税＝3 425＋500＝3 925（元）

3. 委托加工应税消费品应纳税额的计算

（1）委托加工应税消费品的确定。委托加工的应税消费品，是指由委托方提供原料和主要材料，受托方只收取加工费和代垫部分辅助材料加工的应税消费品。对于由受托方提供原材料生产的应税消费品，或者受托方先将原材料卖给委托方，然后再接受加工的应税消费品，以及由受托方以委托方名义购进原材料生产的应税消费品，无论纳税人在财务上是否作销售处理，都不得作为委托加工应税消费品，而应当按照销售自制应税消费品缴纳消费税。

① 代收代缴税款的规定。税法规定，委托加工应税消费品的委托方是纳税人，受托方是代收代缴义务人，由受托方在向委托方交货时代收代缴消费税。

② 组成计税价格及应纳税额的计算。委托加工的应税消费品，按照受托方的同类消费品的销售价格计算纳税（同类消费品销售价格的规定同自产自用），没有同类消费品销售价格的，按照组成计税价格计算纳税。

实行从价定率办法计算纳税的组成计税价格计算公式：

$$组成计税价格＝（材料成本＋加工费）÷（1－比例税率）$$

实行复合计税办法计算纳税的组成计税价格计算公式：

$$组成计税价格＝（材料成本＋加工费＋委托加工数量×定额税率）÷（1－比例税率）$$

$$应纳税额＝组成计税价格×适用税率＋委托加工数量×定额税率$$

"材料成本"是指委托方所提供加工材料的实际成本。

凡未提供材料成本或所在地主管税务机关认为不合理的，税务机关有权重新核定其材料成本。

"加工费"是指受托方加工应税消费品向委托方收取的全部费用（包括代垫辅助材料的实际成本，但不包括增值税税金）。

例22：雅琦化妆品厂2009年4月受托为某单位加工一批化妆品，委托单位提供的原材料金额为20万元，收取委托单位不含增值税的加工费1万元，雅琦化妆品厂当地无加工化妆品同类产品市场价格，化妆品消费税税率为30%。计算雅琦化妆品厂应代收代缴的消费税。

解：组成计税价格＝（20＋1）÷（1－30%）＝30（万元）

应代收代缴消费税＝30×30%＝9（万元）

例23：甲企业委托玉泉酒厂加工2 000斤白酒，委托加工合同注明甲企业提供原材料价款为60 000元，加工费为5 000元。玉泉酒厂同类白酒销售价格为30元/斤，白酒消费税定额税率0.5元/斤，比例税率为20%，计算玉泉酒厂应代收代缴的消费税。

解析：白酒属于复合计税的应税消费品；委托加工完毕后，甲企业去提货时，玉泉酒厂应代收代缴消费税；因为玉泉酒厂有同类白酒售价，从价征收消费税不用组成计税价格计税。

从量征收消费税＝2 000×0.5＝1 000（元）

从价征收消费税＝2 000×30×20%＝12 000（元）

应代收代缴消费税＝1 000＋12 000＝13 000（元）

4. 进口应税消费品应纳税额的计算

纳税人进口的应税消费品，于报关进口时缴纳消费税，并由海关代征；进口环节消费税除国务院另有规定外，一律不得给予减税、免税。

（1）从价定率计征应纳税额的计算。

$$组成计税价格＝（关税完税价格＋关税）÷（1－消费税税率）$$
$$应纳消费税税额＝组成计税价格×消费税税率$$

公式中所称"关税完税价格"，是指海关核定的关税完税价格，包括货物及货物运抵我国关境内输入地点起卸前的包装费、运费、保险费和其他劳务费等费用。

（2）实行从量定额计征应纳税额的计算。

$$应纳税款＝应税消费品数量×消费税单位税额$$

（3）实行从价定率和从量定额计征应纳税额的计算。

$$应纳税额＝组成计税价格×消费税税率＋应税消费品数量×消费税单位税额$$

$$组成计税价格＝（关税完税价格＋关税＋进口数量×消费税定额税率）÷（1－消费税比例税率）$$

例24： 某外贸公司2009年5月从法国进口一批化妆品，已知该批化妆品的关税完税价格为60万元，按规定应缴纳关税3万元，进口化妆品的消费税税率为30％。计算该批化妆品进口环节应缴纳的消费税税额。

解：组成计税价格＝（60＋3）÷（1－30％）＝90（万元）

应纳消费税额＝90×30％＝27（万元）

5. 准予从消费税应纳税额中抵扣税款的计算

为了避免重复征税，现行消费税税法规定，将外购应税消费品和委托加工收回的应税消费品继续生产应税消费品销售的，可以将外购应税消费品和委托加工收回的应税消费品已缴纳的消费税给予扣除。

（1）外购应税消费品已纳税款的扣除。以外购的应税消费品为原材料生产应税消费品的，在计算时可扣除外购应税消费品的已纳税款。扣除范围包括：外购已税烟丝生产的卷烟；外购已税化妆品生产的化妆品；外购已税珠宝玉石生产的贵重首饰及珠宝玉石（纳税人用外购的已税珠宝玉石生产的改在零售环节征收消费税的金银首饰（镶嵌首饰），在计税时一律不得扣除外购珠宝玉石的已纳税款）；外购已税鞭炮焰火生产的鞭炮焰火；外购已税汽车轮胎（内胎或外胎）生产的汽车轮胎；外购已税摩托车生产的摩托车（如用外购两轮摩托车改装三轮摩托车）；外购已税石脑油为原料生产的应税消费品；外购已税木制一次性筷子为原料生产的木制一次性筷子；外购已税润滑油为原料生产的润滑油；外购已税杆头、杆身和握把为原料生产的高尔夫球杆；外购已税实木地板为原料生产的实木地板。

当期准予扣除外购应税消费品已纳消费税税款，在计税时按当期生产领用数量计算，计算公式如下：

$$\begin{matrix} 当期准予扣除的外购 \\ 应税消费品已纳税款 \end{matrix} = \begin{matrix} 当期准予扣除的 \\ 外购应税消费品买价 \end{matrix} × \begin{matrix} 外购应税 \\ 消费品适用税率 \end{matrix}$$

$$\begin{matrix} 当期准予扣除的 \\ 外购应税消费品买价 \end{matrix} = \begin{matrix} 期初库存的外购 \\ 应税消费品的买价 \end{matrix} + \begin{matrix} 当期购进的应税 \\ 消费品的买价 \end{matrix} - \begin{matrix} 期末库存的外购 \\ 应税消费品的买价 \end{matrix}$$

例25： 雅琦化妆品厂用外购的已税化妆品生产高档化妆品，2009年4月初库存外购已税化妆品10万元，当月又外购已税化妆品40万元（不含增值税），月末库存化妆品20万元，其余被当月生产高档化妆品领用，化妆品适用的消费税税率为30％。计算当月准予扣除的外购化妆品已纳的消费税税款。

当月准予扣除的外购化妆品买价＝10＋40－20＝30(万元)

当月准予扣除的外购化妆品已纳消费税税款＝30×30％＝9(万元)

(2) 委托加工应税消费品已纳税额的扣除。委托加工的应税消费品已由受托方代收代缴消费税,因此,委托方收回后用于连续生产应税消费品的,其已纳税款准予按照规定从连续生产的应税消费品应纳消费税税额中抵扣。扣除范围包括:以委托加工收回的已税烟丝生产的卷烟;以委托加工收回的已税化妆品生产的化妆品;以委托加工收回的已税珠宝玉石生产的贵重首饰及珠宝玉石;以委托加工收回的已税鞭炮焰火生产的鞭炮焰火;以委托加工收回的已税汽车轮胎(内胎或外胎)生产的汽车轮胎;以委托加工收回的已税摩托车生产的摩托车(如用以委托加工收回的两轮摩托车改装三轮摩托车);以委托加工收回的已税石脑油为原料生产的应税消费品;以委托加工收回的已税木制一次性筷子为原料生产的木制一次性筷子;以委托加工收回的已税润滑油为原料生产的润滑油;以委托加工收回的已税杆头、杆身和握把为原料生产的高尔夫球杆;以委托加工收回的已税实木地板为原料生产的实木地板。

$$
\begin{array}{l}
\text{当期准予扣除} \\
\text{的委托加工应税} \\
\text{消费品已纳税款}
\end{array}
=
\begin{array}{l}
\text{期初库存的委托} \\
\text{加工应税消费品} \\
\text{的已纳税款}
\end{array}
+
\begin{array}{l}
\text{当期收回的} \\
\text{委托加工应税} \\
\text{消费品的已纳税款}
\end{array}
-
\begin{array}{l}
\text{期末库存的委托} \\
\text{加工应税消费品} \\
\text{的已纳税款}
\end{array}
$$

委托加工收回后直接销售的,不再征收消费税。

例 26:某卷烟厂 2009 年 5 月委托某烟丝加工厂加工一批烟丝,卷烟厂提供的烟叶在委托加工合同上注明的成本金额为 60 000 元,烟丝当月加工完,卷烟厂提货时支付的加工费用为 3 700 元,并支付了烟丝加工厂按烟丝组成计税价格计算的消费税税款。当月,卷烟厂将这批加工好的烟丝的 40％直接销售,60％用于生产甲类卷烟标准箱并予以全部销售,向购货方开具的增值税专用发票上注明的价税合计款为 105 300 元。计算卷烟厂应纳消费税税额。(烟丝消费税税率为 30％,甲类卷烟消费税税率为 56％,定额税率为 150 元/箱)。

委托加工烟丝的组成计税价格＝(60 000＋3 700)÷(1－30％)＝91 000(元)

委托加工烟丝的已纳消费税税额＝91 000×30％＝27 300(元)

委托加工收回烟丝的 40％直接销售不纳消费税委托加工收回烟丝的 60％被生产领用可抵扣消费税税额＝27 300×60％＝16 380(元)

卷烟厂应纳消费税税额＝10×150＋105 300÷(1＋17％)×56％－16 380＝35 520(元)

四、营业税

营业税是对在中国境内提供应税劳务、转让无形资产或销售不动产的单位和个人,就其所取得的营业额征收的一种税。营业税属于流转税制中的一个主要税种。2011 年 11 月 17 日,财政部、国家税务总局正式公布营业税改征增值税试点方案。

(一)营业税的征税范围

1. 一般规定

营业税的征税范围是在我国境内提供应税劳务、转让无形资产或销售不动产的行为。应税劳务是指属于交通运输业、建筑业、金融保险业、邮电通信业、文化体育业、娱乐业、服务业税目征收范围的劳务。加工和修理、修配,不属于《中华人民共和国营业税暂行条例》规定的劳务(以下称非应税劳务)。提供应税劳务、转让无形资产或者销售不动产,是指有偿提供条例规定的劳务、有偿转让无形资产或者有偿转让不动产所有权的行为(以下称应税行为)。

但单位或者个体工商户聘用的员工为本单位或者雇主提供条例规定的劳务,不包括在内。境内,是指提供或者接受条例规定劳务的单位或者个人在境内;所转让的无形资产(不含土地使用权)的接受单位或者个人在境内;所转让或者出租土地使用权的土地在境内;所销售或者出租的不动产在境内。

2. 特殊规定

(1) 混合销售。一项销售行为如果既涉及应税劳务又涉及货物,为混合销售行为。从事货物的生产、批发或者零售的企业、企业性单位和个体工商户的混合销售行为,视为销售货物,不缴纳营业税;其他单位和个人的混合销售行为,视为提供应税劳务,缴纳营业税。但是,对于从事运输业务的单位和个人,发生销售货物并负责运输所销售货物的混合销售行为,税法规定只征增值税,不征营业税。

纳税人的下列混合销售行为,应当分别核算应税劳务的营业额和货物的销售额,其应税劳务的营业额缴纳营业税,货物销售额不缴纳营业税;未分别核算的,由主管税务机关核定其应税劳务的营业额:

① 提供建筑业劳务的同时销售自产货物的行为;

② 财政部、国家税务总局规定的其他情形。

(2) 兼营不同税目的应税行为。纳税人兼营不同税目的应当缴纳营业税的劳务、转让无形资产或者销售不动产,应当分别核算不同税目的营业额、转让额、销售额(以下统称营业额);未分别核算营业额的,从高适用税率。

(3) 兼营应税劳务与货物或者非应税劳务。纳税人兼营应税行为和货物或者非应税劳务的,应当分别核算应税行为的营业额和货物或者非应税劳务的销售额,其应税行为营业额缴纳营业税,货物或者非应税劳务销售额不缴纳营业税;未分别核算的,由主管税务机关核定其应税行为营业额。

(4) 纳税人有下列情形之一的,视同发生应税行为,征收营业税:

① 单位或者个人将不动产或者土地使用权无偿赠送其他单位或者个人;

② 单位或者个人自己新建(以下简称自建)建筑物后销售,其所发生的自建行为;

③ 财政部、国家税务总局规定的其他情形。

(二) 营业税的纳税义务人和扣缴义务人

1. 营业税的纳税义务人

营业税的纳税人是在中国境内提供应税劳务、转让无形资产或者销售不动产的单位和个人。以下特殊规定的从其规定:

① 单位以承包、承租、挂靠方式经营的,承包人、承租人、挂靠人(以下统称承包人)发生应税行为,承包人以发包人、出租人、被挂靠人(以下统称发包人)名义对外经营并由发包人承担相关法律责任的,以发包人为纳税人;否则以承包人为纳税人。

② 中央铁路运营业务的纳税人为铁道部,合资铁路运营业务的纳税人为合资铁路公司,地方铁路运营业务的纳税人为地方铁路管理机构,基建临管线运营业务的纳税人为基建临管线管理机构。

③ 从事水路运输、航空运输、管道运输和其他陆路运输业务并负有营业税纳税义务的单位,为从事运输业务并计算盈亏的单位。

2. 营业税的扣缴义务人

① 中华人民共和国境外的单位或者个人在境内提供应税劳务、转让无形资产或者销售不动产,在境内未设有经营机构的,以其境内代理人为扣缴义务人;在境内没有代理人的,以受让方或者购买方为扣缴义务人。

② 非居民在中国境内发生营业税应税行为而在境内未设立经营机构的,以代理人为营业税的扣缴义务人;没有代理人的,以发包方、劳务受让方为扣缴义务人。工程作业发包方、劳务受让方,在项目合同签订之日起 30 日内,未能向其所在地主管税务机关提供相关证明资料的,应履行营业税扣缴义务。

③ 国务院财政、税务主管部门规定的其他扣缴义务人。

(三) 营业税的税目与税率

1. 税目

现行营业税按照行业类别的不同,分别设置了 9 个税目。

① 交通运输业。本税目的征税范围包括陆路运输、水路运输、航空运输、管道运输、装卸搬运。

② 建筑业。指建筑安装工程作业,本税目征税范围包括建筑、安装、修缮、装饰、其他工程作业。

③ 金融保险业,指经营金融、保险的业务,同时包括典当业。金融,是指经营货币资金融通活动的业务,包括贷款、融资租赁、金融商品转让、金融经纪业和其他金融业务。保险,是指将通过契约形式集中起来的资金,用以补偿被保险人的经济利益的业务。

④ 邮电通信业。指专门办理信息传递的业务。本税目的征收范围包括:邮政、电信。

⑤ 文化体育业。指经营文化、体育活动的业务。本税目的征收范围包括文化业、体育业。

⑥ 娱乐业。指为娱乐活动提供场所和服务的业务。本税目征收范围包括经营歌厅、舞厅、卡拉 OK 歌舞厅、音乐茶座、台球、高尔夫球、保龄球场、游艺场等娱乐 场所,以及娱乐场所为顾客进行娱乐活动提供服务的业务。

⑦ 服务业。指利用设备、工具、场所、信息或技能为社会提供服务的业务。本税目的征收范围包括,代理业,旅店业、饮食业、旅游业、仓储业、租赁业、广告业、其他服务业。

⑧ 转让无形资产。指转让无形资产的所有权或使用权的行为。本税目的征收范围包括:转让土地使用权、转让商标权、转让专利权、转让非专利技术、转让著作权、转让商誉。

⑨ 销售不动产,指有偿转让不动产所有权的行为。本税目的征收范围包括销售建筑物或构筑物、销售其他土地附着物。

2. 税率

我国现行营业税实行行业差别比例税率,具体分为 3%、5%、20% 三档,见表 6-3。

(四) 营业税的税收优惠

1.《中华人民共和国营业税暂行条例》规定的免税项目

① 托儿所、幼儿园、养老院、残疾人福利机构提供的育养服务,婚姻介绍,殡葬服务。

② 残疾人员个人提供的劳务。

③ 医院、诊所和其他医疗机构提供的医疗服务。

④ 学校和其他教育机构提供的教育劳务,学生勤工俭学提供的劳务。

表 6-3 营业税税目税率表

税目	税率	征收范围
交通运输业	3%	陆路运输、水路运输、航空运输、管道运输、装卸搬运
建筑业	3%	建筑、安装、修缮、装饰及其他工程作业
金融保险业	5%	金融、保险
邮电通信业	3%	邮政、电信
文化体育业	3%	文化业:表演、播映、其他文化业、经营游览场所。体育业:举办各种比赛和为体育比赛或体育活动提供场所的业务
娱乐业	20%	歌厅、舞厅、卡拉 OK 歌舞厅
	5%	保龄球、台球
服务业	5%	代理业、旅店业、饮食业、旅游业、仓储业、租赁业、广告业务及其他服务业
转让无形资产	5%	转让土地使用权、专利权、非专利技术、商标权、著作权、商誉
销售不动产	5%	销售建筑物及其他土地附着物

⑤ 农业机耕、排灌、病虫害防治、植物保护、农牧保险以及相关技术培训业务,家禽、牲畜、水生动物的配种和疾病防治。

⑥ 纪念馆、博物馆、文化馆、文物保护单位管理机构、美术馆、展览馆、书画院、图书馆举办文化活动的门票收入,宗教场所举办文化、宗教活动的门票收入。

⑦ 境内保险机构为出口货物提供的保险产品。

2. 起征点

现行《中华人民共和国营业税暂行条例》对个人取得的属于营业税征税范围的收入规定了起征点:

① 按期纳税的起征点为月营业额 1 000～5 000 元;

② 按次纳税的起征点为每次(日)营业额 100 元。

省、自治区、直辖市财政厅(局)、税务局应当在规定的幅度内,根据实际情况确定本地区适用的起征点,并报财政部、国家税务总局备案。

3. 国务院规定的免税项目

保险公司开展的 1 年期以上返还性人身保险业务的保费收入免征营业税。返还性人身保险业务是指保期 1 年以上、到期返还本利的普通人寿保险、养老金保险、健康保险。

对单位和个人(包括外商投资企业、外商投资设立的研究开发中心、外国企业和外籍个人)从事技术转让、技术开发业务和与之相关的技术咨询、技术服务业务取得的收入,免征营业税。

个人转让著作权,免征营业税。

凡经中央及省级财政部门批准纳入预算管理或财政专户管理的行政事业性收费、基金、无论是行政单位收取的,还是由事业单位收取的,均不征收营业税。社会团体按财政部门或民政部门规定标准收取的会费,不征收营业税。

对按政府规定价格出租的公有住房和廉租住房暂免征收营业税;对个人按市场价格出租的居民住房,暂按 3% 的税率征收营业税。

中国人民保险公司和中国进出口银行办理的出口信用保险业务,不作为境内提供保险,为非应税劳务,不征收营业税。

保险公司的摊回分保费用不征营业税。

人民银行对金融机构的贷款业务,不征收营业税。

金融机构往来业务暂不征收营业税。金融机构往来是指金融企业联行、金融企业与人民银行及同业之间的资金往来业务取得的利息收入,包括再贴现、转贴现业务取得的利息收入,不包括相互之间提供的服务。

对金融机构的出纳长款收入,不征收营业税。

企业集团或集团内的核心企业(以下简称企业集团)委托企业集团所属财务公司代理统借统还贷款业务,从财务公司取得的用于归还金融机构的利息不征收营业税。

对非营利性医疗机构按照国家规定的价格取得的医疗服务收入,免征营业税。对营利性医疗机构取得的收入,按规定征收各项税收。自其取得执业登记之日起,3 年内对其取得的医疗服务收入免征营业税。

对信达、华融、长城和东方资产管理公司接受相关国有银行的不良债权,免征销售转让不动产、无形资产以及利用不动产从事融资租赁业务应缴的营业税。对资产公司接受相关国有银行的不良债权取得的利息收入免征营业税。

对社保基金理事会、社保基金投资管理人运用社保基金购买证券投资基金、股票、债券的差价收入,暂免征收营业税。

对军队空余房产租赁收入暂免征收营业税、房产税。

单位和个人提供的垃圾处置劳务不属于营业税应税劳务,对其处置垃圾取得的垃圾处置费,不征收营业税。

自 2010 年 1 月 1 日起,个人将购买不足 5 年的非普通住房对外销售的,全额征收营业税;个人将购买超过 5 年(含 5 年)的非普通住房或者不足 5 年的普通住房对外销售的,按照其销售收入减去购买房屋的价款后的差额征收营业税;个人将购买超过 5 年(含 5 年)的普通住房对外销售的,免征营业税。

(三)营业税计算

营业税的应纳税额是按照应税营业额(计税依据)和规定的税率计算的。其基本计算公式如下:

$$应纳税额＝应税营业额×税率$$

纳税人的应税营业额是指纳税人提供应税劳务、转让无形资产或者销售不动产向对方收取的全部价款和价外费用。价外费用,包括收取的手续费、补贴、基金、集资费、返还利润、奖励费、违约金、滞纳金、延期付款利息、赔偿金、代收款项、代垫款项、罚息及其他各种性质的价外收费,但不包括同时符合以下条件代为收取的政府性基金或者行政事业性收费:

① 由国务院或者财政部批准设立的政府性基金,由国务院或者省级人民政府及其财政、价格主管部门批准设立的行政事业性收费。

② 收取时开具省级以上财政部门印制的财政票据。

③ 所收款项全额上缴财政。

五、企业所得税

企业所得税是以企业取得的生产经营所得和其他所得为征税对象所征收的一种税。其纳税义务人是在中华人民共和国境内的企业和其他取得收入的组织(以下统称企业),不包括个人独资企业和合伙企业。企业分为居民企业和非居民企业。

（一）企业所得税率

企业所得税税率有三档：① 企业所得税基本税率为 25%，适用于居民企业和在中国境内设有机构、场所且所得与机构场所有关联的非居民企业。② 企业所得税低税率为 20%，适用在中国境内未设立机构、场所的，或者虽设立机构、场所但所得与机构、场所没有实际联系的非居民企业。但实际征收时适用 10% 的税率。符合条件的小型微利企业，减按 20% 的税率征收企业所得税。③ 国家需要重点扶持的高新技术企业，减按 15% 的税率征收企业所得税。

（二）企业所得税的税收优惠

企业所得税的税收优惠，是指国家根据经济和社会发展的需要，在一定的期限内对特定地区、行业和企业的纳税人应缴纳的企业所得税，给予减征或者免征的一种照顾和鼓励措施。税收优惠具有很强的政策导向作用，正确制定并运用这种措施，可以更好地发挥税收的调节功能，促进国民经济健康发展。

（1）免税收入。国债利息收入、符合条件的居民企业之间及在中国境内设立机构、场所的非居民企业从居民企业取得与该机构、场所有实际联系的股息、红利等权益性投资收益，符合条件的非营利组织的收入。

（2）减免税所得。企业从事农、林、牧、渔业项目的所得，从事国家重点扶持的公共基础设施项目投资经营的所得，从事符合条件的环境保护、节能节水项目的所得，符合条件的技术转让的所得以及民族自治地方的自治机关对本民族自治地方的企业应缴纳的企业所得税中属于地方分享的部分，实行减免税。

（3）加计扣除。包括企业开发新技术、新产品等发生的研究开发费用；安置残疾人员及国家鼓励安置的其他就业人员所支付的工资；创业投资企业从事国家需要重点扶持和鼓励的创业投资；企业的固定资产由于技术进步等原因，确需的加速折旧；企业综合利用资源，生产符合国家产业政策规定的产品所取得的收入；企业购置用于环境保护、节能节水、安全生产等专用设备的投资额。

（4）税率优惠。符合条件的小型微利企业以及国家需要重点扶持的高新技术企业，分别实行 20%、15% 的低税率优惠。

（三）确定应纳税所得额

企业所得税的计税依据，就是企业的应纳税所得额。企业每一纳税年度的收入总额，减除不征税收入、免税收入、各项扣除以及允许弥补的以前年度亏损后的余额，为应纳税所得额。其计算公式是

$$\text{应纳税所得额} = \text{收入总额} - \text{不征税收入} - \text{免税收入} - \text{准予扣除项目金额} - \text{允许弥补的以前年度亏损}$$

1. 收入总额的确定

企业以货币形式和非货币形式从各种来源取得的收入，为收入总额，具体包括以下收入。

（1）基本收入。

① 销售货物收入，是指纳税人取得的商品销售收入、产品销售收入。

② 提供劳务收入，是指纳税人取得的劳务服务收入、营运收入、工程价款结算收入、工

业性作业收入以及其他业务收入。

③ 转让财产收入,是指纳税人有偿转让各类财产取得的收入,包括转让固定资产、有价证券、股权以及其他财产而取得的收入。

④ 股息、红利等权益性投资收益,是指纳税人对外投资入股分得的股利、红利收入。股利,是指按资本计算的利息;红利,是指企业分给股东的利润。

⑤ 利息收入,是指纳税人购买各种债券等有价证券的利息、外单位欠款付给的利息以及其他利息收入。

⑥ 租金收入,是指纳税人出租固定资产、包装物以及其他财产而取得的租金收入。如租赁期超过 1 年以上,一次收取的租赁费,出租方应按合同约定的租赁期分期计算收入,承租方应相应分期摊销租赁费。

⑦ 特许权使用费收入,是指纳税人提供或者转让专利权、非专利技术、商标权、著作权以及其他特许权的使用权而取得的收入。

⑧ 接受捐赠收入,是指纳税人因接受捐赠而取得收入,包括现金捐赠和非货币性捐赠。

⑨ 其他收入,是指除上述各项收入外的一切收入,包括固定资产盘盈收入、罚款收入、因债权人缘故确实无法支付的应付款项、物资及现金的溢余收入、教育费附加返还款、包装物押金收入以及其他收入。

(2) 不征税收入。收入总额中的下列收入为不征税收入:

○ 财政拨款;

② 依法收取并纳入财政管理的行政事业性收费、政府性基金;

③ 国务院规定的其他不征税收入。

(3) 免税收入。企业收入中的下列收入为免税收入:

○ 国债利息收入。纳税人购买国债的利息收入,不计入应纳税所得额。需要说明的是,纳税人转让国债取得的收益以及金融机构代发行国债取得的手续费收入属于应税收入范围,按规定缴纳企业所得税。

② 符合条件的居民企业之间的股息、红利等权益性投资收益。指居民企业直接投资于其他居民企业取得的投资收益。不包括连续持有居民企业公开发行并在上市流通的股票不足 12 个月取得的投资收益。

③ 符合条件的非营利组织的收入。

(4) 有关收入的其他规定。

○ 以分期收款方式销售货物的,按照合同约定的收款日期确认收入的实现。

② 企业受托加工制造大型机械设备、船舶、飞机,以及从事建筑、安装、装配工程业务或者提供其他劳务等,持续时间超过 12 个月的,按照纳税年度内完工进度或已完成的工作量确认收入的实现。

③ 采取产品分成方式取得收入的,按照企业分得产品的日期确认收入的实现,其收入额按照产品的公允价值确定。

④ 企业发生的非货币性资产交换,以及将利润、财产、劳务用于捐赠、偿债、赞助、集资、广告、样品、职工福利或者利润分配等用途的,应当视同销售货物、转让财产或者提供劳务,但国务院财政、税务主管部门另有规定的除外。

⑤ 企业在建工程发生的试运行收入,应并入总收入予以征税,而不能直接冲减在建工

程成本。

⑥ 企业取得的国家财政性补贴和其他补贴收入,除另有规定外,应一律并入实际收到该补贴收入年度的应纳税所得额予以征税。

2. 准予扣除项目的一般规定

企业实际发生的与取得收入有关的、合理的支出,包括成本、费用、税金、损失和其他支出,准予在计算应纳税所得额时扣除。

(1) 成本。成本是指纳税人销售商品、提供劳务、转让固定资产、无形资产的成本。外购存货的实际成本包括购货价格、购货费用和税金,计入存货成本的税金是指购买、自制或委托加工存货发生的消费税、关税、资源税和不能从销项税额中抵扣的增值税进项税额。纳税人自制存货的成本包括制造费用等间接费用。

(2) 费用。费用是指纳税人每一纳税年度生产、经营商品和提供劳务等所发生的可扣除的销售(经营)费用、管理费用和财务费用。已计入成本的有关费用除外。

(3) 税金。税金是指企业发生的除企业所得税,增值税,已经计入管理费用中扣除的房产税、车船使用税、土地使用税、印花税等之外的企业的各项税金及附加。

(4) 损失。损失是指纳税人生产、经营过程中的固定资产和存货的盘亏、毁损、报废损失,转让财产损失,呆账损失,坏账损失,自然灾害等不可抗力因素造成的损失以及其他损失。企业发生的损失减除责任人赔偿和保险赔款后的余额,依照国务院财政、税务主管部门的规定扣除。企业已经作为损失处理的资产、在以后纳税年度又全部收回或者部分收回的,应计入当期收入。

3. 税法允许扣除项目的范围和标准

(1) 利息费用。纳税人在生产、经营期间,向金融机构借款的利息支出,按照实际发生数扣除;向非金融机构借款的利息支出,包括纳税人之间相互拆借的利息支出,按照不高于金融机构同类、同期贷款利率计算的数额以内的部分,准予扣除。

(2) 工资、薪金支出。企业发生的合理的工资、薪金支出税前据实扣除。工资、薪金支出是纳税人每一纳税年度支付给在本企业任职或与其有雇员关系的员工的所有现金或非现金形式的劳动报酬,包括基本工资、奖金、津贴、补贴(含地区补贴、物价补贴和误餐补贴)、年终加薪、加班工资以及与任职或者受雇有关的其他支出。

(3) "三项"经费支出。"三项"经费包括职工工会经费、职工福利费、职工教育经费。企业发生的职工福利费支出,不超过工资、薪金总额14%的部分,准予扣除。企业拨缴的工会经费,不超过工资、薪金总额2%的部分,准予扣除。除国务院财政、税务主管部门另有规定外,企业发生的职工教育经费支出,不超过工资、薪金总额2.5%的部分,准予扣除;超过部分,准予在以后纳税年度结转扣除。

(4) 公益性捐赠支出。企业发生的公益性捐赠支出,在年度利润总额12%以内的部分,准予在计算应纳税所得额时据实扣除,超过部分不予扣除。

(5) 业务招待费。企业发生的与生产经营活动有关的业务招待费支出,按照发生额的60%扣除,但最高不得超过当年销售(营业)收入的5‰。

(6) 广告费与业务宣传费。企业发生的符合条件的广告费和业务宣传费支出,除国务院财政、税务主管部门另有规定外,不超过当年销售(营业)收入15%的部分,准予扣除;超过部分,准予在以后纳税年度结转扣除。

（7）新产品、新技术、新工艺研究开发费用。企业为开发新产品、新技术、新工艺发生的研发费用允许在税前加计50%扣除，其加计扣除额直接抵减当年度应纳税所得额。例如，A企业2009年研究开发新产品发生有关费用50万元，计入管理费用，该年度应纳税所得额为900万元，则A企业发生的开发费用50万元的50%，即25万元可加计抵扣应纳税所得额，因此，A企业2009年度应纳税所得额实际为900－25＝875（万元）。若A企业2009年度应纳税所得额为20万元，因为A企业发生的开发费用50万元的50%，即25万元大于当年应纳税所得额为20万元，所以开发费用只能加计扣除20万元，超过部分5万元，当年和以后年度均不再抵扣。则A企业2009年度应纳税所得额实际为零。若A企业2009年度应纳税所得额为负数，则开发费用不实行按50%加计抵扣应纳税所得额的办法。

（8）其他费用扣除规定。

① 社会保险费。企业依法按照国务院有关主管部门或者省级人民政府规定的范围和标准为职工缴纳的"五险一金"，准予扣除。企业为投资者或者职工支付的补充养老保险费、补充医疗保险费，在国务院财政、税务主管部门规定的范围和标准内，准予扣除。

② 企业参加财产保险，按照规定缴纳的保险费，准予扣除。企业依照国家有关规定为特种工种职工支付的人身安全保险费和符合国务院财政、税务主管部门规定可以扣除的商业保险费可以扣除。企业为投资者或者职工支付的商业保险费，不得扣除。

③ 固定资产租赁费。企业根据生产经营需要租入固定资产而支付的租赁费，分别按下列规定处理：纳税人以经营租赁方式从出租方取得固定资产，其符合独立纳税人交易原则的租金可根据受益时间，均匀扣除。纳税人以融资租赁方式取得固定资产，其租金支出不得扣除，但可按规定提取折旧费用。

④ 环境保护专项资金。企业依照法律、行政法规有关规定提取的用于环境保护、生态恢复等方面的专项资金，准予扣除，但是上述专项资金提取后改变用途的，不得扣除。

⑤ 劳动保护费。企业发生的合理的劳动保护支出，准予扣除。

⑥ 汇兑损益。企业在货币交易中，以及纳税年度终了时将人民币以外的货币性资产、负债按照期末即期人民币汇率中间价折算为人民币时产生的汇兑损失，除已经计入有关资产成本以及与向所有者进行利润分配相关的部分外，准予扣除。

4．不得扣除的项目

在计算应纳税所得额时，下列支出不得从收入总额中扣除：

① 向投资者支付的股息、红利等权益性投资收益款项。

② 企业所得税税款。

③ 税收滞纳金。

④ 罚金、罚款和被没收财物的损失。纳税人因违反税法规定，被处以的罚款不得扣除。项目引入案例中鲁中医药公司营业外支出中违反税法罚款支出的100 000元，不得在税前扣除。且纳税人逾期归还银行贷款，银行按规定加收的罚息，以及企业间的违约罚款，不属于行政性罚款，允许在税前扣除。

⑤ 超过税法规定允许扣除的公益性捐赠支出以及非公益性捐赠支出。

⑥ 赞助支出。各种赞助支出是指各种非广告性质的赞助支出，不得扣除。项目引入案例中鲁中医药公司营业外支出中非公益性赞助支出的500 000元，不得在税前扣除。

⑦ 未经核定的准备金支出。

⑧ 不符合规定的其他费用。企业之间支付的管理费、企业内营业机构之间支付的租金和特许权使用费，以及非银行企业内营业机构之间支付的利息，不得扣除。

⑨ 与取得收入无关的其他各项支出。

5. 亏损弥补

税法规定，纳税人发生年度亏损的，可以用下一纳税年度的所得弥补；下一纳税年度的所得不足弥补的，可以逐年延续弥补，但是延续弥补期最长不得超过 5 年。5 年内不论是盈利或亏损，都作为实际弥补期限计算。这里所说的亏损，是指企业依照税法规定将每一纳税年度的收入总额扣除不征税收入、免税收入和各项扣除后小于零的金额。亏损弥补的含义有两个：一是自亏损年度的下一个年度起连续 5 年不间断地计算；二是连续发生年度亏损，也必须从第一个亏损年度算起，先亏先补，按顺序连续计算亏损弥补期，不得将每个亏损年度的连续弥补期相加，更不得断开计算。例如，A 企业 2000～2006 年度应纳税所得额见表 6-4。

表 6-4　　　　　　　　　A 企业 2000～2006 年应纳税所得额一览表

年　度	2000	2001	2002	2003	2004	2005	2006
应纳税所得额	－100 万元	－30 万元	20 万元	20 万元	20 万元	30 万元	40 万元

2000 年度的亏损额 100 万元，到 2005 年时仍未弥补完（－100＋20＋20＋20＋30＝－10 万元），但达到了 5 年的弥补期限，2005 年后，2000 年未弥补完的亏损 10 万元不再弥补。2006 年的所得弥补完 2001 年的亏损后，尚余应纳税所得额 10 万元。

6. 非居民企业应纳税所得额的规定

在中国境内未设立机构、场所，或者虽设立机构、场所但取得的所得与其所设机构、场所没有实际联系的非居民企业，应就其来源于中国境内的所得按照下列方法计算应纳税所得额：

① 股息、红利等权益性投资收益和利息、租金、特许权使用费所得，以收入全额为应纳税所得额，不得扣除税法规定之外的税费支出。

② 转让财产所得，以收入全额减除财产净值后的余额为应纳税所得额。

③ 其他所得，参照前两项规定的方法计算应纳税所得额。

（四）计算企业所得税应纳税额

1. 核算征收应纳税额的计算

$$应纳税额＝应纳税所得额×适用税率$$

例 27：假定 A 企业为居民纳税人，适用 25％ 的税率。2008 年取得销售收入 2 500 万元，销售成本 1 100 万元。发生销售费用 670 万元（其中广告费 450 万元），管理费用 480 万元（其中业务招待费 15 万元），财务费用 60 万元，销售税金 160 万元（含增值税 120 万元），营业外收入 70 万元，营业外支出 50 万元（含通过公益性社会团体向贫困山区捐款 30 万元，支付税收滞纳金 6 万元），计入成本、费用中的实发工资总额 150 万元，拨付职工工会经费 3 万元、支付职工福利费和职工教育经费 29 万元。

要求：计算 A 企业 2008 年度的应纳税所得额和应纳税额。

（1）会计利润总额＝2 500＋70－1 100－670－480－60－40－50＝170（万元）

（2）广告费和业务宣传费调增所得额＝450－2 500×15％＝75（万元）

（3）业务招待费调增所得额＝15－15×60％＝6（万元）

（4）捐赠支出应调增所得额＝30－170×12％＝9.6（万元）

（5）"三项经费"应调增所得额＝3＋29－150×18.5％＝4.25（万元）

（6）税收滞纳金调增所得额＝6（万元）

应纳税所得额＝170＋75＋6＋9.6＋6＋4.25＝270.85（万元）

应纳税额＝270.85×25％＝67.71（万元）

2. 核定征收应纳税额的计算

（二）核定征收企业所得税的适用范围。纳税人具有下列情形之一的，应采取核定征收方式征收企业所得税：

① 依照税收法律法规规定可以不设账簿的或按照税收法律法规规定应设置但未设置账簿的。

② 只能准确核算收入总额，或收入总额能够查实，但其成本费用支出不能准确核算的。

③ 只能准确核算成本费用支出，或成本费用支出能够查实，但其收入总额不能准确核算的。

④ 收入总额及成本费用支出均不能正确核算，不能向主管税务机关提供真实、准确、完整纳税资料，难以查实的。

⑤ 账目设置和核算虽然符合规定，但并未按规定保存有关账簿、凭证及有关纳税资料的。

⑥ 发生纳税义务，未按照税收法律、法规规定的期限办理纳税申报，经税务机关责令限期申报，逾期仍不申报的。

（2）核定征收的办法。核定征收方式包括定额征收和核定应税所得率征收两种办法，以及其他合理的办法。

① 定额征收。是指税务机关按照一定的标准、程序和方法，直接核定纳税人年度应纳企业所得税额，由纳税人按规定进行申报缴纳的办法。

② 核定应税所得率征收。是指税务机关按照一定的标准、程序和方法，预先核定纳税人的应税所得率，由纳税人根据纳税年度内的收入总额或成本费用等项目的实际发生额，按预先核定的应税所得率计算缴纳企业所得税的办法。

实行核定应税所得率征收办法的，应纳所得税额的计算公式如下：

$$应纳所得税额＝应纳税所得额×适用税率$$

应纳税所得额＝收入总额×应税所得率

$$＝成本费用支出额÷（1－应税所得率）×应税所得率$$

应税所得率应按表6-5规定的标准执行：

表 6-5 应税所得率表

行　业	应税所得率/％	行　业	应税所得率/％
农、林、牧、渔业	3～10	建筑业	8～20
制造业	5～15	饮食业	8～25
批发和零售贸易业	4～15	娱乐业	15～30
交通运输业	7～15	其他行业	10～30

例 28：A 公司 2008 年度自行申报收入 80 万元,成本费用 76 万元,税务机关审查,认为其收入准确,成本费用无法查实,该行业应税所得率为 12%,则；

该企业当年应纳税所得额＝80×12%＝9.6(万元)。

在上例中,如果税务机关审查,认为其成本费用准确,收入无法查实,则；

该企业当年应纳税所得额＝76÷(1－12%)×12%＝10.36(万元)。

3. 境外所得已纳税额的抵免

企业所得税法规定,纳税人来源于中国境外的所得,已在境外缴纳的所得税税款,准予在汇总纳税时,从其应纳税额中扣除,但是扣除额不得超过其境外所得依照中国税法规定计算的应纳税额。所谓已在境外缴纳的所得税税款,是指纳税人来源于中国境外的所得,在境外实际缴纳的所得税税款,不包括减免税或纳税后又得到补偿,以及由他人代为承担的税款。

境外所得依税法规定计算的应纳税额,是指纳税人的境外所得,依照企业所得税法的有关规定,扣除为取得该项所得摊计的成本、费用以及损失,得出应纳税所得额,据以计算的应纳税额。该应纳税额即为扣除限额,应当分国(地区)、不分项计算,其计算公式为：

$$\text{境外所得税} \atop \text{税款扣除限额} = \text{境内、境外所得按税法计算的应纳税总额} \times (\text{来源于某外国的所得} \div \text{境内、境外所得总额})$$

纳税人来源于境外所得在境外实际缴纳的税款,低于按上述公式计算的扣除限额的,可以从应纳税额中按实扣除；超过扣除限额的,其超过部分不得在本年度的应纳税额中扣除,也不得列为费用支出,但可用以后年度税额扣除的余额补扣,补扣期限最长不得超过 5 年。

例 29：鲁中医药公司应纳税所得额为 4 149 272.25 元,适用 25% 的企业所得税税率。另外,该企业分别在 A、B 两国设有分支机构(我国与 A、B 两国已经缔结避免双重征税协定),在 A 国分支机构的应纳税所得额为 150 万元,A 国税率为 20%；在 B 国的分支机构的应纳税所得额为 130 万元,B 国税率为 35%。假设该企业在 A、B 两国所得按我国税法计算的应纳税所得额和按 A、B 两国税法计算的应纳税所得额是一致的,两个分支机构在 A、B 两国分别缴纳 30 万元和 45.5 万元的所得税。计算该企业汇总在我国应缴纳的企业所得税税额。

(1)该企业按我国税法计算的境内、境外所得的应纳税额：

应纳税额＝(4 149 272.25＋1 500 000＋1 300 000)×25%＝1 737 318.06(元)

(2)A、B 两国的扣除限额：

A 国扣除限额＝1 737 318.06×[1 500 000÷(4 149 272.25＋1 500 000＋1 300 000)]
＝375 000(元)

B 国扣除限额＝1 737 318.06×[1 300 000÷(4 149 272.25＋1 500 000＋1 300 000)]
＝325 000(元)

在 A 国缴纳的所得税为 300 000 元,低于扣除限额 375 000 元,可全额扣除。在 B 国缴纳的所得税为 455 000 元,高于扣除限额 325 000 元,其超过扣除限额的部分 130 000 元不能扣除。

(3)境内境外所得应缴纳的所得税：

应纳税额＝1 737 318.06－300 000－325 000＝1 112 318.06(元)

六、其他税种

（一）个人所得税

个人所得税是以个人（自然人）取得的各项应税所得为对象征收的一种税。

1. 个人所得税的所得项目

个人所得税的征税对象是纳税人取得的各项应税所得。《中华人民共和国个人所得税法》中列举的应税所得项目共 11 项。其具体内容如下。

（1）工资、薪金所得。指个人因任职或者受雇而取得的工资、薪金、奖金、年终加薪、劳动分红、津贴、补贴以及与任职或受雇有关的其他所得。根据我国目前个人收入的构成情况，对于一些不属于工资、薪金性质的补贴、津贴或者不属于纳税人本人工资、薪金所得项目的收入，不予征税。这些项目包括：① 独生子女津贴；② 执行公务员工资制度，未纳入基本工资总额的补贴、津贴差额和家属成员的副食品补贴；③ 托儿补助费；④ 差旅费津贴、误餐补助（单位以误餐的名义发放的补助除外）。

（2）个体工商户的生产经营所得。包括：① 个体工商户从事工业、手工业、建筑业、交通运输业、商业、饮食业、服务业、修理业以及其他行业生产经营取得的所得；② 个人经政府批准，取得执照，从事办学、医疗咨询及其他有偿服务的所得，如私人诊所的医生、医师、律师及会计师的独立活动；③ 其他个人从事个体工商业生产、经营取得的所得；④ 上述个体工商户和个人取得的与生产经营有关的各项应税所得；⑤ 个人独资企业和合伙企业的个人投资者以企业资金为本人家庭、成员及其相关人员支付与企业生产经营无关的消费性支出及购买汽车、住房等财产性支出视为企业对个人投资者利润分配，并入投资者个人的生产经营所得，依照"个体工商户的生产经营所得"项目计征个人所得税。

（3）对企事业单位的承包、承租经营所得。指个人承包、承租经营以及转包、转租取得的所得，包括个人按月或者按次取得的工资、薪金性质的所得。个人对企事业单位的承包、承租经营形式大体可分为两类。① 个人对企事业单位承包、承租经营后，工商登记改为个体工商户的，应按个体户的经营所得项目征收个人所得税，不再征收企业所得税；② 个人对企事业单位承包、承租经营后，工商登记仍为企业的，不管其分配方式如何，均应先按规定征收企业所得税，然后对承包、承租经营者按合同规定取得的所得，依法缴纳个人所得税。具体包括以下内容。

a. 承包、承租人对经营成果不拥有所有权，仅按合同或协议取得一定所得的，其所得应按工资、薪金所得项目征税。

b. 承包、承租人按合同规定只向发包方、出租方交纳一定费用后，企业经营成果归承包、承租人所有的，其取得的所得，按企事业单位承包经营、承租经营所得项目征收个人所得税。

（4）劳务报酬所得。指个人从事设计、装潢、安装、制图、化验、测试、医疗、法律、会计、咨询、讲学、新闻、广播、翻译、审稿、书画、雕刻、影视、录音、录像、演出、表演、广告、展览、技术服务、介绍服务、经济服务、代办服务及其他劳务报酬的所得。

个人担任董事职务所取得的董事费收入，按劳务报酬所得征税。

（5）稿酬所得。指个人因其作品以图书、报刊形式出版、发行、而取得的所得。作者去世后，财产继承人取得的一定稿酬，也应征收个人所得税。

（6）特许权使用费所得。指个人提供专利权、商标权、著作权、非专利技术以及其他特许的使用权取得的所得。提供著作权的使用权取得的所得，不包括稿酬的所得，对于作者将自己的文字作品手稿原件或复印件公开拍卖取得的所得,应按特许权使用费所得征收个人所得税。

(7) 利息、股息、红利所得。指个人拥有债券、股权而取得的利息、股息、红利所得。

(8) 财产租赁所得。指个人出租建筑物、土地使用权、机器设备、车船以及其他财产取得的所得。

(9) 财产转让所得。指个人转让有价证券、股权、建筑物、土地使用权、机器设备、车船以及其他财产取得的所得。

(10) 偶然所得。指得奖、中奖、中彩以及其他性质的偶然所得。其中,得奖,是指参加各种有奖竞赛活动,取得名次获得的奖金;中奖、中彩,是指参加各种有奖活动,如有奖销售、有奖储蓄或购买彩票,经过规定程序,抽中、摇中号码而取得的奖金。

(11) 经国务院财政部门批准的其他所得。

2. 个人所得税税率

我国个人所得税采用分类所得税制,对不同的所得项目分别确定不同的适用税率和不同的税率形式。采用的税率形式分别为比例税率和超额累进税率。适用的税率具体规定如下。

(1) 工资、薪金所得。适用九级超额累进税率,税率为 3%～45%,见表 6-6,2011 年 9 月 1 日起调整后,也就是 2012 年实行的 7 级超额累进个人所得税税率表。

应纳个人所得税税额＝应纳税所得额× 适用税率－速算扣除数

扣除标准为 3 500 元/月(2011 年 9 月 1 日起正式执行)

表 6-6　　　　　　　　　　　个人所得税税率表(工资、薪金所得适用)

级数	全月应纳税所得额(含税级距)	全月应纳税所得额(不含税级距)	税率	速算扣除数
1	不超过 1 500 元	不超过 1 455 元的	3%	0
2	超过 1 500 元至 4 500 元的部分	超过 1 455 元至 4 155 元的部分	10%	105
3	超过 4 500 元至 9 000 元的部分	超过 4 155 元至 7 755 元的部分	20%	555
4	超过 9 000 元至 35 000 元的部分	超过 7 755 元至 27 255 元的部分	25%	1 005
5	超过 35 000 元至 55 000 元的部分	超过 27 255 元至 41 255 元的部分	30%	2 755
6	超过 55 000 元至 80 000 元的部分	超过 41 255 元至 57 505 元的部分	35%	5 505
7	超过 80 000 元的部分	超过 57 505 元的部分	45%	13 505

(2) 个体工商户的生产经营所得和对企事业单位的承包经营、承租经营所得。适用 5%～35% 的五级超额累进税率,见表 6-7。个人独资企业和合伙企业的生产经营所得,也适用 5%～35% 的五级超额累进税率。

(3) 稿酬所得。适用比例税率,税率为 20%,并按应纳税额减征 30%,故实际税率为 14%。

(4) 劳务报酬所得。适用比例税率,税率为 20%。对劳务报酬所得一次收入畸高的,可以实行加成征收。所谓"劳务报酬所得一次收入畸高"是指个人一次取得劳务报酬,其应纳税所得额超过 20 000 元。对应纳税所得额超过 20 000 元至 50 000 元的部分,依照税法规定计算应纳税额后再按照应纳税额加征五成。因此劳务报酬所得实际上适用 20%、30%、40% 的三级超额累进税率,见表 6-8。

表 5-7　　　　　　　　　　　　　**个人所得税税率**

（个体工商户的生产经营所得和对企事业单位的承包经营、承租经营所得适用）

级数	全年应纳税所得额	税率	速算扣除数
1	不超过 15 000 元的	5%	0
2	超过 15 000 元至 30 000 元的部分	10%	750
3	超过 30 000 元至 60 000 元的部分	20%	3 750
4	超过 60 000 元至 100 000 元的部分	30%	9 750
5	超过 100 000 元的部分	35%	14 750

表 5-8　　　　　　　　　　　　**个人所得税税率（劳务报酬所得适用）**

级数	每次应纳税所得额（含税级距）	不含税级距	税率	速算扣除数
1	不超过 20 000 元的	不超过 16 000 元的	20%	0
2	超过 20 000 元至 50 000 元的部分	超过 16 000 元至 37 000 元的部分	30%	2 000
3	超过 50 000 元部分	超过 37 000 元的部分	40%	7 000

特许权使用费所得，利息、股息、红利所得，财产租赁所得，财产转让所得，偶然所得和其他所得。适用比例税率，税率为 20%。

3. 计算方法

$$缴税 = 全月应纳税所得额 \times 税率 - 速算扣除数$$
$$全月应纳税所得额 = （应发工资 - 三险一金） - 3\ 500$$
$$实发工资 = 应发工资 - 四金 - 缴税$$

扣除标准：2011 年 9 月份起，个税按 3 500 元/月的起征标准算。

特许权使用费所得、财产租赁所得应纳税额的计算公式：

每次收入不足 4 000 元的：

$$应纳税额 = 应纳税所得额 \times 适用税率 = （每次收入额 - 800） \times 20\%$$

每次收入在 4 000 元以上的：

$$应纳税额 = 应纳税所得额 \times 适用税率 = 每次收入额 \times （7 - 20\%） \times 20\%$$

财产转让所得应纳税额的计算公式：

$$应纳税额 = 应纳税所得额 \times 适用税率 = （收入总额 - 财产原值 - 合理税费） \times 20\%$$

利息、股息、红利所得和偶然所得应纳税计算公式：

$$应纳税额 = 应纳税所得额 \times 适用税率 = 每次收入额 \times 20\%$$

4. 个人所得税的税收优惠

（1）免税项目。省级人民政府、国务院部委和中国人民解放军军以上单位，以及外国组织、国际组织颁发的科学、教育、技术、文化、卫生、体育、环境保护等方面的奖金；国债和国家发行的金融债券利息；按照国家统一规定发给的补贴、津贴；福利费、抚恤金、救济金；保险赔款；军人的转业费、复员费；按照国家统一规定发给干部、职工的安家费、退职费、退休工资、离休工资、离休生活补助费；依照我国有关法律规定应予免税的各国驻华使馆、领事馆的外交代表、领事官员和其他人员的所得；中国政府参加的国际公约、签订的协议中规定免税的所得；企业和个人按规定比例提取并交付的住房公积金、医疗保险金、基本养老保险金和失业保险基金(简称"三保一金"),免征个人所得税;以及国务院财政部门批准免税的所得。

(2)减税项目。残疾、孤老人员和烈属的所得;因严重自然灾害造成重大损失的;其他经国务院财政部门批准减税的;暂免征税项目:外籍个人以非现金形式或实报实销形式取得的住房补贴、伙食补贴、搬迁费、洗衣费;外籍个人按合理标准取得的境内、境外出差补贴;外籍个人取得的语言训练费、子女教育费等,经当地税务机关审核批准为合理的部分;外籍个人从外商投资企业取得的股息、红利所得;个人举报、协查各种违法、犯罪行为而获得的奖金;个人办理代扣代缴手续,按规定取得的扣缴手续费。个人转让自用达 5 年以上,并且是唯一的家庭生活用房取得的所得,暂免征收个人所得税。对个人购买福利彩票、赈灾彩票、体育彩票,一次中奖收入在 1 万元以下的(含 1 万元)暂免征收个人所得税,超过 1 万元的,全额征收个人所得税。自 2008 年 10 月 9 日起,对储蓄存款利息所得暂免征收个人所得税。产权无偿赠与。国家对股票转让所得暂不征收个人所得税。

(二)城市维护建设税

1. 城市维护建设税概述

城市维护建设税,是指以单位和个人实际缴纳的增值税、消费税、营业税的税额为计税依据而征收的一种税。

(1)征税对象。城市维护建设税属于特定目的税,是国家为加强城市的维护建设,扩大和稳定城市维护建设资金的来源而采取的一项税收措施。同时具有附加税性质,城市维护建设税以纳税人实际缴纳的"增值税、消费税、营业税"税额为计税依据,附加于"三税"税额。城市维护建设税本身并没有特定的、独立的征税对象。

(2)纳税义务人。城市维护建设税的纳税人,是指负有缴纳"三税"义务的单位和个人,包括国有企业、集体企业、私营企业、股份制企业、行政事业单位、军事单位、社会团体以及个体工商户及其他个人,但不包括外商投资企业和外国企业。

(3)税率。城市维护建设税采用比例税率,按照纳税义务人所在地的不同,设置了三档税率,见表 6-9。

表 6-9 城市维护建设税税率表

税目	计税依据	税率
城市市区		7%
县城、建制镇	增值税、消费税、营业税(三税之和)	5%
其他		1%

(4)减免税优惠。城市维护建设税原则上不单独减免,但因其具有附加税性质,当主税发生减免时,城市维护建设税也相应发生减免。具体有以下几种情况:

① 对海关代征的进口货物增值税、消费税,不征收城市维护建设税。

② 对于因减、免"三税"而发生的退税,同时退还已纳的城市维护建设税。

③ 对外商投资企业、外国企业和外籍个人,暂不征收城市维护建设税。

④ 为支持三峡工程建设,对三峡工程建设基金,自 2004 年 1 月 1 日至 2009 年 12 月 31 日期间,免征城市维护建设税。

2. 城市维护建设税应纳税额的计算

(1)计税依据。城市维护建设税以纳税人实缴的消费税、增值税、营业税税额为计税依据。纳税人因违反有关税法的规定,对"三税"加收的滞纳金和罚款不作为城建税的计税依据,但纳税人在被查补"三税"和被处以罚款时,应同时对其偷漏的城建税进行补税、征收滞纳金和罚款。对出口产品退还的增值税、消费税的,不退还已缴纳的城市维护建设税。但如果免征或减征"三税",也就同时免征或减征城市维护建设税。

(2)应纳税额的计算。城市维护建设税的应纳税额是按纳税人实际缴纳的"三税"税额计算的,其计算公式为:

$$应纳税额＝实际缴纳的增值税、消费税、营业税×适用税率$$

例30:某企业3月份销售应税货物缴纳增值税30万元、消费税10万元,出售房产缴纳营业税8万元、土地增值税3万元。已知该企业所在地适用的城市维护建设税税率为7%。计算该企业3月份应缴纳的城市维护建设税税额。

应缴纳城市维护建设税＝(30+10+8)×7%＝3.36(万元)

(三)教育费附加

教育费附加是对缴纳增值税、消费税、营业税的单位和个人,以其实际缴纳的"三税"税额为计税依据征收的一种附加费。征收教育费附加,是为了加快发展地方教育事业,扩大地方教育经费的资金而征收的一项专用基金。教育费附加对缴纳增值税、消费税、营业税的单位和个人征收,以其实际缴纳的增值税、消费税和营业税税额为计征依据,分别与增值税、消费税和营业税同时缴纳。现行教育费附加征收比率为3%。教育费附加的计算公式如下:

$$应纳教育费附加＝实际缴纳的增值税、消费税、营业税×征收比率$$

例31:某企业3月份销售应税货物缴纳增值税30万元、消费税10万元,出售房产缴纳营业税8万元、土地增值税3万元。已知教育费附加的征收比率为3%。计算该企业3月份应缴纳的教育费附加。

应纳教育费附加＝(30+10+8)×3%＝1.44(万元)

教育费附加的纳税申报同城市维护建设税。纳税人应按照税法的有关规定及时办理纳税申报,并如实填写"城市维护建设税、教育费附加纳税申报表"。

(四)印花税

印花税是对经济活动和经济交往中书立、使用、领受具有法律效力的凭证的单位和个人征收的一种税。因纳税人主要是通过在应税凭证上粘贴印花税票来完成纳税义务,故名印花税。

1. 印花税征税范围

印花税的征税范围具体包括:① 购销、加工承揽、建设工程承包、财产租赁、货物运输、仓储保管、借款、财产保险、技术合同或者具有合同性质的凭证。② 产权转移书据,指单位和个人产权的买卖、继承、赠与、交换、分割等所立的书据。③ 营业账簿,指单位或者个人记载生产经营活动的财务会计核算账簿。④ 权利许可证照,包括房屋产权证、工商营业执照、商标注册证、专利证、土地使用证等。⑤ 经财政部确定征税的其他凭证。

2. 纳税义务人

在中华人民共和国境内书立、领受本条例所列举凭证的单位和个人,都是印花税的纳税义务人。具体包括立合同人、立账簿人、立据人、领受人、使用人、各类电子应税凭证的签订人。单位和个人,是指国内各类企业、事业、机关、团体、部队以及中外合资企业、合作企业、外资企业、外国企业和其他经济组织及其在华机构等单位和个人。

3. 印花税税率

(1) 比例税率。在印花税的 13 个税目中,各类合同和具有合同性质的凭证、产权转移书据、营业账簿中记载资金的账簿,适用比例税率,共四个档次,分别为 0.05‰、0.3‰、0.5‰、1‰。其中:适用 0.05‰税率的为借款合同;适用 0.3‰税率的为购销合同、建筑安装工程承包合同、技术合同;适用 0.5‰税率的为加工承揽合同、建筑工程勘察设计合同、货物运输合同、产权转移书据、营业账簿税目中记载资金的账簿;适用 1‰税率的为财产租赁合同、仓储保管合同、财产保险合同、股权转让书据。

(2) 定额税率。在印花税 13 个税目中,权利许可证照和营业账簿税目中的其他账簿,适用定额税率,均为按件贴花,税额为 5 元。

(3) 减免税优惠。我国目前在印花税方面,实行的税收优惠政策有以下几种:

① 法定凭证免税。下列凭证,免征印花税:已缴纳印花税的凭证的副本或者抄本;财产所有人将财产赠给政府、社会福利单位、学校所立的书据;经财政部批准免 税的其他凭证。

② 免税额。应纳税额不足一角的,免征印花税。

③ 特定凭证免税。下列凭证,免征印花税:国家指定的收购部门与村委会、农民个人书立的农副产品收购合同;无息、贴息贷款合同;外国政府或者国际金融组织向中国政府及国家金融机构提供优惠贷款所书立的合同。

4. 印花税应纳税额的计算

(1) 计税依据。《中华人民共和国印花税暂行条例》按照应税凭证的种类,对计税依据分别规定如下。

① 合同类:以凭证所载金额作为计税依据。

② 营业账簿中记载资金的账簿:以"实收资本"和"资本公积"两项的合计金额作为计税依据。

③ 不记载金额的营业账簿、权利许可证照(房屋产权证、营业执照、专利证)和辅助性账簿(企业的日记账簿、各种明细分类账簿):以件数作为计税依据。

(2) 应纳税额的计算。印花税应纳税额的计算,应分别按比例税率和定额税率计算确定,其计算公式为:

$$应纳税额＝应税凭证计税金额(或计税件数)×适用税率(额)$$

例 32:某企业 2009 年实收资本为 500 万元,资本公积为 400 万元。该企业 2008 年资金账簿上已按规定贴印花 2 500 元,税率 0.5‰。计算该企业 2009 年应纳印花税税额。

营业账簿税目中记载资金的账簿的计税依据为"实收资本"与"资本公积"两项的合计金额。

该企业 2009 年应纳印花税＝(5 000 000＋4 000 000)×0.5‰－2 500＝2 000(元)

例 33:大宇电厂与某水运公司签订了两份运输保管合同:第一份合同载明的金额合计 50 万元(运费和保管费并未分别记载);第二份合同中注明运费 30 万元、保管费 10 万元。分别计算大宇电厂第一份、第二份合同应缴纳的印花税税额。

第一份合同应缴纳印花税税额＝500 000×1‰＝500(元)

第二份合同应缴纳印花税税额＝300 000×0.5‰＋100 000×1‰＝250(元)

(五) 车船使用税

车船税是指对在我国境内应依法到公安、交通、农业、渔业、军事等管理部门办理登记的车辆、船舶,根据其种类,按照规定的计税依据和年税额标准计算征收的一种财产税。从2007年7月1日开始,有车族需要在投保交强险时缴纳车船税。在中华人民共和国境内,车辆、船舶(以下简称车船)的所有人或者管理人为车船税的纳税人,应当依照规定缴纳车船税。即在我国境内拥有车船的单位和个人。车船的所有人或者管理人未缴纳车船税的,使用人应当代为缴纳车船税。所称的管理人,是指对车船具有管理使用权,不具有所有权的单位。

1. 征收范围

车船税的征收范围,是指依法应当在我国车船管理部门登记的车船(除规定减免的车船外)。其中:车辆,包括机动车辆和非机动车辆。机动车辆,指依靠燃油、电力等能源作为动力运行的车辆,如汽车、拖拉机、无轨电车等;非机动车辆,指依靠人力、畜力运行的车辆,如三轮车、自行车、畜力驾驶车等。船舶,包括机动船舶和非机动船舶。机动船舶,指依靠燃料等能源作为动力运行的船舶,如客轮、货船、气垫船等;非机动船舶,指依靠人力或者其他力量运行的船舶,如木船、帆船、舢板等。

2. 税目税率

车船税实行定额税率。定额税率也称固定税额是税率的一种特殊形式。定额税率计算简便,适宜于从量计征的税种。车船税的适用税额,依照条例所附的《车船税税目税额表》执行。

国务院财政部门、税务主管部门可以根据实际情况在《车船税税目税额表》规定的税目范围和税额幅度内,划分子税目并明确车辆的子税目税额幅度和船舶的具体适用税额。车辆的具体适用税额由省、自治区、直辖市人民政府在规定的子税目税额幅度内确定。

车船税采用定额税率,即对征税的车船规定单位固定税额。车船税确定税额总的原则是:非机动车船的税负轻于机动车船;人力车的税负轻于畜力车;小吨位船舶的税负轻于大船舶。由于车辆与船舶的行使情况不同,车船税的税额也有所不同,具体见表6-10。

表6-10 车船税税目税额表

类型	计税依据	税额	备注
载客汽车	每辆	60～660	包括电车
载货汽车 专项作业车	按自重每吨	16～120	包括半挂牵引车、挂车
三轮汽车 低速货车	按自重每吨	24～120	
摩托车	每辆	36～180	
船舶	按净吨位每吨	3～6	拖船和非机动驳船分别按船舶税额的50%计算

3. 计算依据

(1)纳税人在购买机动车交通事故责任强制保险时,应当向扣缴义务人提供地方税务机关出具的本年度车船税的完税凭证或者减免税证明。不能提供完税凭证或者减免税证明的,应当在购买保险时按照当地的车船税税额标准计算缴纳车船税。

(2)拖船按照发动机功率每2马力折合净吨位1吨计算征收车船税。

(3)条例及细则所涉及的核定载客人数、自重、净吨位、马力等计税标准,以车船管理部门核发的车船登记证书或者行驶证书相应项目所载数额为准。纳税人未按照规定到车船管理部门办理登记手续的，上述计税标准以车船出厂合格证明或者进口凭证相应项目所载数额为准；不能提供车船出厂合格证明或者进口凭证的，由主管地方税务机关根据车船自身状况并参照同类车船核定。

（4）车辆自重尾数在 0.5 吨以下（含 0.5 吨）的，按照 0.5 吨计算；超过 0.5 吨的，按照 1 吨计算。船舶净吨位尾数在 0.5 吨以下（含 0.5 吨）的不予计算，超过 0.5 吨的按照 1 吨计算。1 吨以下的小型车船，一律按照 1 吨计算。

（5）条例和本细则所称的自重，是指机动车的整备质量。

（6）对于无法准确获得自重数值或自重数值明显不合理的载货汽车、三轮汽车、低速货车、专项作业车和轮式专用机械车，由主管税务机关根据车辆自身状况并参照同类车辆核定计税依据。对能够获得总质量和核定载质量的，可按照车辆的总质量和核定载质量的差额作为车辆的自重；无法获得核定载质量的专项作业车和轮式专用机械车，可按照车辆的总质量确定自重。

4．计算方法

购置的新车船，购置当年的应纳税额自纳税义务发生的当月起按月计算。计算公式为：

$$应纳税额＝年应纳税额÷12×应纳税月份数$$

（六）城镇土地使用税

城镇土地使用税是以开征范围的土地为征税对象，以实际占用的土地面积为计税标准，按规定税额对拥有土地使用权的单位和个人征收的一种行为税。属于资源税。

现行《中华人民共和国城镇土地使用税暂行条例》规定：在城市、县城、建制镇、工矿区范围内使用土地的单位和个人，为城镇土地使用税（以下简称土地使用税）的纳税义务人（以下简称纳税人），应当依照本条例的规定缴纳土地使用税。

1．纳税义务人

（1）拥有土地使用权的单位和个人是纳税人。

（2）拥有土地使用权的单位和个人不在土地所在地的，其土地的实际使用人和代管人为纳税人。

（3）土地使用权未确定的或权属纠纷未解决的，其实际使用人为纳税人；

（4）土地使用权共有的，共有各方都是纳税人，由共有各方分别纳税。

例如：几个单位共有一块土地使用权，一方占 60％，另两方各占 20％，如果算出的税额为 100 万，则分别按 60、20、20 的数额负担土地使用税。

2．征税范围

城市、县城、建制镇和工矿区的国家所有、集体所有的土地。

从 2007 年 7 月 1 日起，外商投资企业、外国企业和在华机构的用地也要征收城镇土地使用税。

3．计税依据

城镇土地使用税以实际占用的土地面积为计税依据：

（1）凡有由省、自治区、直辖市人民政府确定的单位组织测定土地面积的，以测定的面积为准；

（2）尚未组织测量，但纳税人持有政府部门核发的土地使用证书的，以证书确认的土地面积为准。

（3）尚未核发出土地使用证书的,应由纳税人申报土地面积,据以纳税,待核发土地使用证以后再作调整。

注意:税务机关不能核定纳税人实际使用的土地面积。

4. 应纳税额的计算

城镇土地使用税根据实际使用土地的面积,按税法规定的单位税额交纳。其计算公式如下:

$$应纳城镇土地使用税额=应税土地的实际占用面积×适用单位税额$$

一般规定每平方米的年税额,大城市为 0.50～10.00 元;中等城市为 0.40～8.00 元;小城市为 0.30～6.00 元;县城、建制镇、工矿区为 0.20～4.00 元。房产税、车船使用税和城镇土地使用税均采取按年征收,分期交纳的方法。

（七）土地增值税

土地增值税是指转让国有土地使用权、地上的建筑物及其附着物并取得收入的单位和个人,以转让所取得的收入包括货币收入、实物收入和其他收入为计税依据向国家缴纳的一种税赋,不包括以继承、赠与方式无偿转让房地产的行为。纳税人为转让国有土地使用权及地上建筑物和其他附着物产权、并取得收入的单位和个人。课税对象是指有偿转让国有土地使用权及地上建筑物和其他附着物产权所取得的增值额。土地价格增值额是指转让房地产取得的收入减除规定的房地产开发成本、费用等支出后的余额。土地增值税实行四级超率累进税率。

土地增值税是以转让房地产取得的收入,减除法定扣除项目金额后的增值额作为计税依据,并按照四级超率累进税率进行征收。土地增值税率见表 6-11。

表 5-11   土地增值税率表

级数	计税依据	适用税率	速算扣除率
1	增值额未超过扣除项目金额 50% 的部分	30%	0
2	增值额超过扣除项目金额 50%、未超过扣除项目金额 100% 的部分	40%	5%
3	增值额超过扣除项目金额 100%、未超过扣除项目金额 200% 的部分	50%	15%
4	增值额超过扣除项目金额 200% 的部分	60%	35%

计算公式如下:

$$应纳税额=增值额×适用税率-扣除项目金额×速算扣除系数$$

第二节 纳税申报业务的办理

当企业填报税务登记表,领取税务登记证件,税务局办税员认定企业税种后,企业即可正常纳税。其纳税业务程如下:领购发票—登入国税网站交纳国税—登入地税网站交纳地税。

下面以增值税纳税申报为例,说明申报纳税的流程如下:

第一步:月末增值税进项税额认证(到税务机关大厅或者自己购买扫描仪对增值税发票进行认证);

第二步:通过认证的发票可以抵扣(当月认证必须当月抵扣);

第三步:防伪税控系统开具发票的信息报送税务机关(抄报税);

第四步:次月进行纳税申报。

网上申报简要流程:

(1)登录—核对日期(密码1)—系统维护—纳税核定—基本信息维护—输入税号—保存退出。

(2)重进软件—系统维护—纳税核定—申报表选择—选择完保存显示到主界面。

(3)数据传输—其他传输—设置通讯参数(只填写注册码,选择互联网)—其他传输—字典信息下载—远程—下载成功退到主界面。

(4)系统维护—纳税核定—基本信息维护—参看下载信息是否正确。

(5)增值税(上网)—数据传输—其他传输—销项发票下载—远程—提示下载成功—确认退出—进项发票下载—远程—提示下载成功—退出到主界面。

(6)报表填写—增值税—填写各表(增值税表三和表四由系统自动生成)—各表填写完毕后一定要保存退出—数据审核—单击"审核"—审核成功—确定返回到主界面。

上网—数据传输—数据上报—生成数据—远程上报—提示申报成功—确认返回到主界面。

上网—数据传输—数据上报—申报情况反馈信息—查询打印—选择报表打印。

第三节 纳税岗位技能业务训练

一、根据九州电机厂 20×3 年 12 月下列经济业务填制会计凭证

(1)5 日,向市机械厂售出 ST700 起动电动机 200 台,单位售价 430 元(不含税价,下同),按规定收取增值税额 14 620 元,款项共计 100 620 元已收存银行。(表 09-06-01、表 09-06-02、表 09-06-03)

(2)5 日,向沙雷市沙雷厂销售 ST60 起动电动机 500 台,单位售价 140 元,按规定收取增值税额 11 900 元,款项共计 81 900 元已办妥委托收款手续。(表 09-06-04、表 09-06-05、表 09-06-06)

(3)8 日,填写税务局专用缴款书和缴款单,交纳上月应交增值税 13 000 元、城建税 910 元和教育费附加 390 元。(表 09-06-07)

(4)8 日,填写税务局专用缴款书交纳上月应交所得税 41 530 元。(表 09-06-08)

(5)10 日,银行传来委托收款凭证收账通知,5 日售给沙雷厂产品的款项 81 900 元已收存银行。(表 09-06-09)

(6)10 日,出售未使用机床一台(2008 年 12 月 31 日前购入),收款 19 372.55 元,该固定资产账面原价 50 000 元,已提折旧 30 000 元。(表 09-06-10、表 09-06-11、表 09-06-12)

(7)13 日,向进华市进华公司售出 ST90 起动电动机 600 台,单价 70 元,计收增值税额 7 140 元;售出 ST8 起动电动机 500 台,单价 80 元,计收增值税额 6 800 元;随产品销售领用包装木箱 10 只,单位计划成本 110 元,每只单独计价销售 120 元,并计收增值税额共计 204

元;该批产品发出时用银行存款代垫运杂费 5 400 元,运费发票已交给购货方。全部款项共计 102 744 元尚未收到。(注:包装物计划成本随时结转,下同)(表 09-06-13、表 09-06-14、表 09-06-15、表 09-06-16)

(3) 14 日,向市夹进厂销售原材料一批,计划成本 6 000 元。售价 6 300 元,计收增值税 1 071 元,款项 7 371 元已收存银行。(注:原材料计划成本随时结转)(表 09-06-17、表 09-06-18、表 09-06-19)

(9) 15 日,收到沙雷市沙雷厂偿付的欠款 85 530 元,收到进华市进华公司偿付的欠款 151 450 元。(表 09-06-20、表 09-06-21)

(10) 15 日,向河汇市机械厂售出 ST700 起动电动机 400 台,单位售价 431 元,计收增值税 29 308 元,领用包装木箱 2 只(不单独计价,计划单位成本 110 元),款项共计 201 708 元,当即收到银行汇票,款已送存银行。(表 09-06-22、表 09-06-23、表 09-06-24、表 09-06-25)

(11) 19 日,由于本企业没有履行销售合同,开出转账支票向市利国厂支付违约金和赔偿金共计 4 236.14 元。(表 09-06-26、表 09-06-27)

(12) 22 日,一车间机器一台经批准报废,原价 6 000 元,已提折旧 5 700 元。报废残料售给汇区乡杜光村黄信,收现金 150 元。(表 09-06-28、表 09-06-29)

(13) 22 日,从市方相厂收到出租固定资产租金收入 300 元,当即存入银行。(表 09-06-30、表 09-06-31)

(14) 23 日,13 日售给进华市进华公司产品的款项共计 102 744 元,对方开来商业承兑汇票一张(面值 102 744 元,承兑期两个月)用来抵付欠款。(表 09-06-32)

(15) 23 日,向市光福厂售出 7.3/22 kW 380 V 变速电动机 25 台,单位售价 1 700 元,计收增值税 7 225 元;售出 ST8 起动电动机 800 台,单位售价 80 元,计收增值税 10 880 元;售出 ST60 起动电动机 600 台,单位售价 140 元,计收增值税 14280 元,全部款项共计 222 885 元,当即收到转账支票,款已存入银行。(表 09-06-33、表 09-06-34、表 09-06-35)

(16) 27 日,向希望工程基金会捐赠现金 300 元。(表 09-06-36)

(17) 向海淀市东升厂售出 10/30 kW 346 V 变速电动机 10 台,每台售价 4 270 元,计收增值税 7 259 元,领用产品包装木箱 10 只,单位计划成本 110 元,每只售价 120 元,计收增值税 204 元,产品发出时用转账支票代垫运杂费 2 000 元(运费发票交购方),款项共计 53 363 元尚未收到。(表 09-06-37、表 09-06-38、表 09-06-39、表 09-06-40、表 09-06-41)

(18) 28 日,向沙雷市沙雷厂售出 ST90 起动电动机 1 000 台,单位售价 70 元,计收增值税 11 900 元,已办妥委托收款手续。(表 09-06-42、表 09-06-43、表 09-06-44)

(19) 28 日,从市设备厂购入不需安装机器一台,价款 4 000 元,增值税 680 元,共计 4 680 元已用转账支票付讫。该项固定资产已交一车间使用。(表 09-06-45、表 09-06-46、表 09-06-47)

(20) 28 日,向海淀市东升厂销售 ST90 起动电动机 300 台,单位售价 70 元,计收增值税额 3 570 元,发出产品时用转账支票代垫运杂费 1 050 元(运费发票交购方),共 25 620 元尚未收到。(表 09-06-48、表 09-06-49、表 09-06-50、表 09-06-51)

(21) 29 日,银行传来信汇凭证收账通知,27 日售给东升厂 10/30 kW 346 V 变速电动机的款项 53 363 元已收到。(表 09-06-52)

(22) 31 日,按规定计算本月应交房产税 885 元,应交土地使用税 250 元。(表 09-06-

53、表 09-06-54)

（23）31 日,材料核算员计算本月原材料成本差异率 1.55％、包装物成本差异率为 8.83％,分配本月销售原材料和产品销售领用包装物应负担的成本差异。

（24）31 日,按 5％的营业税率计算本月固定资产出租应交营业税,再按营业税计算应交 7％(下同)的城建税和 3％(下同)的教育费附加。（表 09-06-55）

（25）31 日,结转本月主营业务收入。

（26）31 日,按成本核算员计算本期发出产品的成本(查阅第五章第三节业务 41 数据),结转"主营业务成本"科目。

（27）31 日,结转本月其他业务收入和其他业务成本。

（28）31 日,按本月应交增值税计算应交城建税和教育费附加,并按收入比例将城建税及教育费附加分配于各销售产品和销售材料,编制营业税金及附加分配表作为记账凭证的依据,分配率精确到 0.000 01。（表 09-06-56）(本月进项税额 60 894 元,进项税额转出 510 元)

（29）31 日,结转本月营业税金及附加。

（30）31 日,结转本月营业外支出。

（31）31 日,计算本月利润总额(涉及销售费用、管理费用和财务费用查阅第二章第三节业务 42-44 数据),按所得税率 25％计算本月应交所得税,计算所得税费用并结转本月"所得税费用"科目。

（32）31 日,结转全年净利润。

（33）31 日,计提本年度法定盈余公积(计提率 10％)和任意盈余公积(计提率 5％)。

（34）31 日,企业决定向投资者分配利润 156 800 元。

（35）31 日,结转利润分配明细科目。

二、根据上述会计凭证登记有关明细账(账页另备)

（1）登记主营业务收入明细账,十四栏(数量金额式)账页(表 6-12)。

表 6-12   **主营业务收入明细账**

20×3年		凭证号数	摘要	借方	贷方	贷方余额	贷 方 分 析													...
月	日						St700		St60		St90		St8		346 V		380 V		贷方合计		...
							数量	金额	数量	金额	数量	金额	数量	金额	数量	金额	数量	金额	数量	金额	...
11	30		1~11月累计	6 516 985	6 516 985	0	4 375	1 704 270	9 850	1 247 280	24 080	1 524 620	17 472	1 264 400	66	254 950	332	521 465		6 516 985	...

（2）登记主营业务成本明细账,九栏式账页(表 6-13)。

表 6-13   **主营业务成本明细账**

20×3年		凭证		摘 要	ST700	ST60	ST90	ST8	346 V	380 V	借方合计	贷方转出	余额
月	日	种类	号数										
11	30			1~11月累计	1 295 630	872 300	1 068 040	887 050	24 800	385 780	4 753 600	4 753 600	0

（3）登记营业税金及附加明细账,九栏式账页(表 6-14)。

表 6-14　　　　　　　　　　　　　　　　　营业税金及附加明细账

20×3年		凭证		摘　要	库存商品						原材料	包装物	固定资产出租	借方合计	贷方转出	余额
月	日	种类	号数		ST70	ST60	ST90	ST8	346 V	380 V						
11	30			1～11月累计	9 697	7 097	8 675	7 194	1 451	2 962	196		183	37 455	37 455	0

（4）登记其他业务收入明细账，七栏式账页（表6-15）。

表 6-15　　　　　　　　　　　　　　　　　其他业务收入明细账

20×3年		凭证		摘　要	借方转出	贷方				余额
月	日	种类	号数			售包装物	售原材料	固定资产出租	贷方合计	
11	30			1～11月累计	37 800	13 000	21 500	3 300	37 800	0

（5）登记其他业务成本明细账，七栏式账页（表6-16）。

表 6-16　　　　　　　　　　　　　　　　　其他业务成本明细账

20×3年		凭证		摘　要	借方				贷方转出	余额
月	日	种类	号数		售包装物	售原材料	固定资产出租	借方合计		
11	30			1～11月累计	12 900	20 540	1 781	35 221	35 221	0

（6）登记营业外支出明细账，九栏式账页（表6-17）。

表 6-17　　　　　　　　　　　　　　　　　营业外支出明细账

20×3年		凭证		摘　要	借方					贷方转出	余额
月	日	种类	号数		处置固定资产损失	固定资产盘亏	子弟学校经费	公益救济性捐赠	借方合计		
11	30			1～11月累计	5 700	21 000	12 100	30 000	68 800	68 800	0

（7）登记所得税费用明细账，三栏式账页（1～11月累计197 875元）。

（8）登记利润分配明细账，九栏式账页（表6-18）。

表 6-18　　　　　　　　　　　　　　　　　利润分配明细账

20×3年		凭证		摘　要	提取盈余公积	应付利润	借方合计	盈余公积补亏	未分配利润	贷方合计		借或贷	余额
月	日	种类	号数										
12	1			年初余额								贷	199 568

第四节 纳税实务岗位考核测试题及参考答案

一、考核测试题

（一）单项选择题

1. 企业取得罚款收入记入"（　　）"科目。

A. 管理费用 　　　B. 营业外收入 　　　C. 其他业务收入 　　　D. 利润分配

2. 调增上年利润,记入（　　）。

A. "本年利润"贷方 　　　　　　　　B. "利润分配——未分配利润"贷方

C. "以前年度损益调整"贷方 　　　　D. "利润分配——未分配利润"借方

（二）多项选择题

1. 属于产品销售的项目有（　　）。

A. 产成品 　　　B. 代制品 　　　C. 代修品 　　　D. 自制半成品

E. 外购商品 　　　F. 工业性劳务

2. 属于其他销售的项目有（　　）。

A. 材料销售 　　　　　　　　B. 包装物出租或出售

C. 技术转让 　　　　　　　　D. 对外运输

E. 固定资产出租 　　　　　　F. 销售不动产

（三）填空题

1. 采用托收承付或委托收款结算方式,应在_____时,将有关单据提交银行,并在_____后,作为收入实现,委托其他单位代销产品,应在_____,并_____时,作收入实现。

2. 委托他人代销商品,期末结转其销售成本时,借记"_____"科目,贷记"_____"科目。

3. 转让无形资产的净收入记入"_____"科目贷方;按收入计算的营业税记入"_____"科目借方。

（四）计算及综合题

1. 某企业（一般纳税人）本月购进材料的进项税额 29 442 元,同时发生销售等业务如下,试作会计分录（写出应交税费的二级或三级科目）。

（1）销售产品一批,收入 180 000 元,增值税 30 600 元,款已收。该批产品实际成本 108 000 元。

（2）捐出产品 10 000 元（成本）,应交增值税 1 700 元。

（3）在建工程领用本企业产品 15 000 元（成本）。

（4）水灾损失产成品一批（已入账处理）,据其中原材料成本 24 000 元分担增值税 4 080 元。

（5）上月未收款的已销产品被退回,货价 8 000 元,增值税 1 360 元,该产品实际成本 5 000 元。

（6）收到出租固定资产租金 1 000 元,同时计提其折旧 200 元,计算应交营业税（税率 6%）。

（7）上交上月应交增值税 7 800 元。

（8）计算本月应交城建税 692 元。

（9）计算应交教育费附加（附加率 3%）。

（10）将损益类科目的余额转入"本年利润"科目。

（11）若该企业本月发生管理费用和财务费用共计 20 640 元，取得投资收益 3 000 元，试确定"利润表"中当月营业利润和利润总额（此题不作分录）。

2. 某企业连续五年无亏损，本年利润总额 100 万元，纳税调整（扣除项目）总计 10 万元，无暂时性差异，按 25% 的所得税率计算全年应交所得税，按 10% 的比例计提法定盈余公积，并决定向投资者分利 24 万元，年终，结转全年所得税费用、净利润和利润分配科目。试作有关分录。若年初"利润分配"账户贷方余额为 5.7 万元，则本年利润分配表中可供分配的利润和年末未分团利润各是多少？

二、参考答案

（一）单项选择题

1. B   2. C

（二）多项选择题

1. ABCDEF   2. ABCDE

（三）填空题

1. 产品已经发出   办妥托收手续   代销产品已经售出   收到代销清单   本期收到的价款

2. 主营业务成本   委托代销商品

3. 营业外收入   营业外收入

（四）计算及综合题

1. 解：

（1）借：银行存款   210 600

   贷：主营业务收入   180 000

     应交税费——应交增值税（销项税额） 30 600

  借：主营业务成本   108 000

   贷：库存商品   108 000

（2）借：营业外支出   11 700

   贷：库存商品   10 000

     应交税费——应交增值税（销项税额） 1 700

（3）借：在建工程   15 000

   贷：库存商品   15 000

（4）借：营业外支出   4 080

   贷：应交税费——应交增值税（进项税额转出） 4 080

（5）借：主营业务收入   8 000

    应交税费——应交增值税（销项税额）   1 360

   贷：应收账款   9 360

  借：库存商品   5 000

   贷：主营业务成本   5 000

（6）借：银行存款　　　　　　　　　　　　　　　　1 000

　　　贷：其他业务收入　　　　　　　　　　　　　　　　　　1 000

　　借：其他业务成本　　　　　　　　　　　　　　　　200

　　　贷：累计折旧　　　　　　　　　　　　　　　　　　　　200

　　借：营业税金及附加（1 000×5％）　　　　　　　　50

　　　　贷：应交税费——应交营业税　　　　　　　　　　　　50

（7）借：应交税费——应交增值税（已交税金）　　　7 800

　　　贷：银行存款　　　　　　　　　　　　　　　　　　　　7 800

（8）借：营业税金及附加　　　　　　　　　　　　　　692

　　　贷：应交税费——应交城建税　　　　　　　　　　　　　692

（9）本月应交增值税＝①30 600＋②1 700＋④4 080－⑤1 360－进项29 442

　　　　　　　　　＝5 578（元）

借：营业税金及附加[（5 578＋50）×3％]　　　　　168.84

　贷：应交税费——应交教育费附加　　　　　　　　　　　　168.84

（10）借：主营业务收入（①180 000－⑤8 000）　　172 000

　　　　其他业务收入　　　　　　　　　　　　　　1 600

　　　　贷：本年利润　　　　　　　　　　　　　　　　　　173 600

　　　借：本年利润　　　　　　　　　　　　　　　119 890.84

　　　　贷：主营业务成本（①108 000－⑤5 000）　　　　103 000

　　　　　营业税金及附加（⑧692＋⑨168.84）　　　　　860.84

　　　　　其他业务成本（⑥250）　　　　　　　　　　　　250

　　　　　营业外支出（②11 700＋④4 080）　　　　　　15 780

（11）营业利润68 889.16元、利润总额53 109.16元。

2．解：

借：所得税费用　　　　　　　　　　　　　　　　22.5万

　贷：应交税费[（100－10）×25％]　　　　　　　　　　　22.5万

借：利润分配——计提盈余公积　　　　　　　　　7.75万

　贷：盈余公积[（100－22.5）×10％]　　　　　　　　　　7.75万

借：利润分配——应付股利　　　　　　　　　　　24万

　贷：应付股利　　　　　　　　　　　　　　　　　　　　　24万

借：本年利润　　　　　　　　　　　　　　　　　22.5万

　贷：所得税费用　　　　　　　　　　　　　　　　　　　　22.5万

借：本年利润　　　　　　　　　　　　　　　　　77.5万

　贷：利润分配——未分配利润　　　　　　　　　　　　　　77.5万

借：利润分配——未分配利润　　　　　　　　　　31.75万

　贷：利润分配——计提盈余公积　　　　　　　　　　　　　7.75万

　　　　　　　　——应付股利　　　　　　　　　　　　　　24万

可供分配利润＝77.5＋5.7＝83.2（万元）

年末未分配利润＝83.2－7.75－24＝51.45（万元）

第七章　财务报表岗位技能训练

第一节　财务报表岗位基本技能知识

一、小企业财务报表的种类

小企业的财务报表包括资产负债表、利润表、现金流量表和附注。小企业财务报表分类见表7-1。

表7-1　　　　　　　　　　　　　　小企业财务报表分类

编　号	报表名称	编报期
会小企 01 表	资产负债表	月报、年报
会小企 02 表	利润表	月报、年报
会小企 03 表	现金流量表	月报、年报

二、小企业财务报表格式及编制说明

（一）小企业资产负债表格式及编制说明

小企业资产负债表的格式见表7-2。

表7-2　　　　　　　　　　　　　　资产负债表

会小企 01 表

编制单位：　　　　　　　　　　　年　　月　　日　　　　　　　　　　　单位：元

资产	期末余额	年初余额	负债和所有者权益	期末余额	年初余额
流动资产：			流动负债：		
货币资金			短期借款		
短期投资			应付票据		
应收票据			应付账款		
应收账款			预收款项		
预付款项			应付职工薪酬		
应收股利			应交税费		
应收利息			应付利息		
其他应收款			应付利润		
存货			其他应付款		
其中：原材料			其他流动负债		
在产品					

资产	期末余额	年初余额	负债和所有者权益	期末余额	年初余额
库存商品					
周转材料					
其他流动资产					
流动资产合计			流动负债合计		
非流动资产：			非流动负债：		
长期债券投资			长期借款		
长期股权投资			长期应付款		
固定资产原价			递延收益		
减：累计折旧			非流动负债合计		
固定资产账面价值			负债合计		
在建工程			所有者权益(或股东权益)：		
工程物资			实收资本(或股本)		
固定资产清理			资本公积		
生产性生物资产			盈余公积		
无形资产			未分配利润		
开发支出			所有者权益(或股东权益)合计		
长期待摊费用					
非流动资产合计					
资产总计			负债和所有者权益(或股东权益)总计		

　　小企业(中外合作经营)根据合同规定在合作期间归还投资者的投资,应在"实收资本(或股本)"项目下增加"减:已归还投资"项目单独列示。

　　本表反映小企业某一特定日期全部资产、负债和所有者权益的情况。

　　本表"年初余额"栏内各项数字,应根据上年末资产负债表"期末余额"栏内所列数字填列。

　　本表"期末余额"各项目的内容和填列方法:

　　(1)"货币资金"项目,反映小企业库存现金、银行存款、其他货币资金的合计数。本项目应根据"库存现金"、"银行存款"和"其他货币资金"科目的期末余额合计填列。

　　(2)"短期投资"项目,反映小企业购入的能随时变现并且持有时间不准备超过1年的股票、债券和基金投资的余额。本项目应根据"短期投资"科目的期末余额填列。

　　(3)"应收票据"项目,反映小企业收到的未到期收款也未向银行贴现的应收票据(银行承兑汇票和商业承兑汇票)。本项目应根据"应收票据"科目的期末余额填列。

　　(4)"应收账款"项目,反映小企业因销售商品、提供劳务等日常生产经营活动应收取的款项。本项目应根据"应收账款"的期末余额分析填列。如"应收账款"科目期末为贷方余额,应当在"预收账款"项目列示。

（5）"预付账款"项目，反映小企业按照合同规定预付的款项。包括：根据合同规定预付的购货款、租金、工程款等。本项目应根据"预付账款"科目的期末借方余额填列；如"预付账款"科目期末为贷方余额，应当在"应付账款"项目列示。属于超过 1 年期以上的预付账款的借方余额应当在"其他非流动资产"项目列示。

（6）"应收股利"项目，反映小企业应收取的现金股利或利润。本项目应根据"应收股利"科目的期末余额填列。

（7）"应收利息"项目，反映小企业债券投资应收取的利息。小企业购入一次还本付息债券应收的利息，不包括在本项目内。本项目应根据"应收利息"科目的期末余额填列。

（8）"其他应收款"项目，反映小企业除应收票据、应收账款、预付账款、应收股利、应收利息等以外的其他各种应收及暂付款项。包括：各种应收的赔款、应向职工收取的各种垫付款项等。本项目应根据"其他应收款"科目的期末余额填列。

（9）"存货"项目，反映小企业期末在库、在途和在加工中的各项存货的成本。包括：各种原材料、在产品、半成品、产成品、商品、周转材料（包装物、低值易耗品等）、消耗性生物资产等。本项目应根据"材料采购"、"在途物资"、"原材料"、"材料成本差异"、"生产成本"、"库存商品"、"商品进销差价"、"委托加工物资"、"周转材料"、"消耗性生物资产"等科目的期末余额分析填列。

（10）"其他流动资产"项目，反映小企业除以上流动资产项目外的其他流动资产（含 1 年内到期的非流动资产）。本项目应根据有关科目的期末余额分析填列。

（11）"长期债券投资"项目，反映小企业准备长期持有的债券投资的本息。本项目应根据"长期债券投资"科目的期末余额分析填列。

（12）"长期股权投资"项目，反映小企业准备长期持有的权益性投资的成本。本项目应根据"长期股权投资"科目的期末余额填列。

（13）"固定资产原价"和"累计折旧"项目，反映小企业固定资产的原价（成本）及累计折旧。这两个项目应根据"固定资产"科目和"累计折旧"科目的期末余额填列。

（14）"固定资产账面价值"项目，反映小企业固定资产原价扣除累计折旧后的余额。本项目应根据"固定资产"科目的期末余额减去"累计折旧"科目的期末余额后的金额填列。

（15）"在建工程"项目，反映小企业尚未完工或虽已完工，但尚未办理竣工决算的工程成本。本项目应根据"在建工程"科目的期末余额填列。

（16）"工程物资"项目，反映小企业为在建工程准备的各种物资的成本。本项目应根据"工程物资"科目的期末余额填列。

（17）"固定资产清理"项目，反映小企业因出售、报废、毁损、对外投资等原因处置固定资产所转出的固定资产账面价值以及在清理过程中发生的费用等。本项目应根据"固定资产清理"科目的期末借方余额填列；如"固定资产清理"科目期末为贷方余额，以"－"号填列。

（18）"生产性生物资产"项目，反映小企业生产性生物资产的账面价值。本项目应根据"生产性生物资产"科目的期末余额减去"生产性生物资产累计折旧"科目的期末余额后的金额填列。

（19）"无形资产"项目，反映小企业无形资产的账面价值。本项目应根据"无形资产"科目的期末余额减去"累计摊销"科目的期末余额后的金额填列。

（20）"开发支出"项目，反映小企业正在进行的无形资产研究开发项目满足资本化条件的支出。本项目应根据"研发支出"科目的期末余额填列。

（21）"长期待摊费用"项目，反映小企业尚未摊销完毕的已提足折旧的固定资产的改建支出、经营租入固定资产的改建支出、固定资产的大修理支出和其他长期待摊费用。本项目应根据"长期待摊费用"科目的期末余额分析填列。

（22）"其他非流动资产"项目，反映小企业除以上非流动资产以外的其他非流动资产。本项目应根据有关科目的期末余额分析填列。

（23）"短期借款"项目，反映小企业向银行或其他金融机构等借入的期限在1年内的、尚未偿还的各种借款本金。本项目应根据"短期借款"科目的期末余额填列。

（24）"应付票据"项目，反映小企业因购买材料、商品和接受劳务等日常生产经营活动开出、承兑的商业汇票（银行承兑汇票和商业承兑汇票）尚未到期的票面金额。本项目应根据"应付票据"科目的期末余额填列。

（25）"应付账款"项目，反映小企业因购买材料、商品和接受劳务等日常生产经营活动尚未支付的款项。本项目应根据"应付账款"科目的期末余额填列。如"应付账款"科目期末为借方余额，应当在"预付账款"项目列示。

（26）"预收账款"项目，反映小企业根据合同规定预收的款项。包括：预收的购货款、工程款等。本项目应根据"预收账款"科目的期末贷方余额填列；如"预收账款"科目期末为借方余额，应当在"应收账款"项目列示。属于超过1年期以上的预收账款的贷方余额应当在"其他非流动负债"项目列示。

（27）"应付职工薪酬"项目，反映小企业应付未付的职工薪酬。本项目应根据"应付职工薪酬"科目期末余额填列。

（28）"应交税费"项目，反映小企业期末未交、多交或尚未抵扣的各种税费。本项目应根据"应交税费"科目的期末贷方余额填列；如"应交税费"科目期末为借方余额，以"－"号填列。

（29）"应付利息"项目，反映小企业尚未支付的利息费用。本项目应根据"应付利息"科目的期末余额填列。

（30）"应付利润"项目，反映小企业尚未向投资者支付的利润。本项目应根据"应付利润"科目的期末余额填列。

（31）"其他应付款"项目，反映小企业除应付账款、预收账款、应付职工薪酬、应交税费、应付利息、应付利润等以外的其他各项应付、暂收的款项。包括：应付租入固定资产和包装物的租金、存入保证金等。本项目应根据"其他应付款"科目的期末余额填列。

（32）"其他流动负债"项目，反映小企业除以上流动负债以外的其他流动负债（含1年内到期的非流动负债）。本项目应根据有关科目的期末余额填列。

（33）"长期借款"项目，反映小企业向银行或其他金融机构借入的期限在1年以上的、尚未偿还的各项借款本金。本项目应根据"长期借款"科目的期末余额分析填列。

（34）"长期应付款"项目，反映小企业除长期借款以外的其他各种应付未付的长期应付款项。包括：应付融资租入固定资产的租赁费、以分期付款方式购入固定资产发生的应付款项等。本项目应根据"长期应付款"科目的期末余额分析填列。

（35）"递延收益"项目，反映小企业收到的、应在以后期间计入损益的政府补助。本项目应根据"递延收益"科目的期末余额分析填列。

（36）"其他非流动负债"项目，反映小企业除以上非流动负债项目以外的其他非流动负债。本项目应根据有关科目的期末余额分析填列。

（37）"实收资本（或股本）"项目，反映小企业收到投资者按照合同协议约定或相关规定投入的、构成小企业注册资本的部分。本项目应根据"实收资本（或股本）"科目的期末余额分析填列。

（38）"资本公积"项目，反映小企业收到投资者投入资本超出其在注册资本中所占份额的部分。本项目应根据"资本公积"科目的期末余额填列。

（39）"盈余公积"项目，反映小企业（公司制）的法定公积金和任意公积金，小企业（外商投资）的储备基金和企业发展基金。本项目应根据"盈余公积"科目的期末余额填列。

（40）"未分配利润"项目，反映小企业尚未分配的历年结存的利润。本项目应根据"利润分配"科目的期末余额填列。未弥补的亏损，在本项目内以"－"号填列。

本表中各项目之间的勾稽关系为：

行 15＝行 1＋行 2＋行 3＋行 4＋行 5＋行 6＋行 7＋行 8＋行 9＋行 14；

行 9≥行 10＋行 11＋ 行 12＋行 13；

行 29＝行 16＋行 17＋行 20＋行 21＋行 22＋行 23＋行 24＋行 25＋行 26＋行 27＋行 28

行 20＝行 18－行 19；

行 30＝行 15＋行 29；

行 41＝行 31＋行 32＋行 33＋行 34＋行 35＋行 36＋行 37＋行 38＋行 39＋行 40；

行 46＝行 42＋行 43＋行 44＋行 45；

行 47＝行 41＋行 46；

行 52＝行 48＋行 49＋行 50＋行 51；

行 53＝行 47＋行 52＝行 30。

（二）小企业利润表格式及编制说明

小企业利润表格式见表 7-3。

表 7-3　　　　　　　　　　　　利　润　表

会小企 02 表

编制单位：　　　　　　　年　　月　　日　　　　　　　单位：元

项目	行次	本年累计金额	本月金额
一、营业收入	1		
减：营业成本	2		
营业税金及附加	3		
其中：消费税	4		
营业税	5		
城市维护建设税	6		
资源税	7		
土地增值税	8		
城镇土地使用税、房产税、车船税、印花税	9		

项 目	行次	本年累计金额	本月金额
教育费附加、矿产资源补偿费、排污费	10		
销售费用	11		
其中:商品维修费	12		
广告费和业务宣传费	13		
管理费用	14		
其中:开办费	15		
业务招待费	16		
研究费用	17		
财务费用	18		
其中:利息费用(收入以"-"号填列)	19		
加:投资收益(损失以"-"号填列)	20		
二、营业利润(亏损以"-"号填列)	21		
加:营业外收入	22		
其中:政府补助	23		
减:营业外支出	24		
其中:坏账损失	25		
无法收回的长期债券投资损失	26		
无法收回的长期股权投资损失	27		
自然灾害等不可抗力因素造成的损失	28		
税收滞纳金	29		
三、利润总额(亏损总额以"-"号填列)	30		
减:所得税费用	31		
四、净利润(净亏损以"-"号填列)	32		

本表反映小企业在一定会计期间内利润(亏损)的实现情况。

本表"本年累计金额"栏反映各项目自年初起至报告期末止的累计实际发生额。本表"本月金额"栏反映各项目的本月实际发生额;在编报年度财务报表时,应将"本月金额"栏改为"上年金额"栏,填列上年全年实际发生额。

本表各项目的内容及其填列方法:

(1)"营业收入"项目,反映小企业销售商品和提供劳务所实现的收入总额。本项目应根据"主营业务收入"科目和"其他业务收入"科目的发生额合计填列。

(2)"营业成本"项目,反映小企业所销售商品的成本和所提供劳务的成本。本项目应根据"主营业务成本"科目和"其他业务成本"科目的发生额合计填列。

(3)"营业税金及附加"项目,反映小企业开展日常生产活动应负担的消费税、营业税、城市维护建设税、资源税、土地增值税、城镇土地使用税、房产税、车船税、印花税和教育费附加、矿产资源补偿费、排污费等。本项目应根据"营业税金及附加"科目的发生额填列。

(4)"销售费用"项目,反映小企业销售商品或提供劳务过程中发生的费用。本项目应根据"销售费用"科目的发生额填列。

(5)"管理费用"项目,反映小企业为组织和管理生产经营发生的其他费用。本项目应根据"管理费用"科目的发生额填列。

(6)"财务费用"项目,反映小企业为筹集生产经营所需资金发生的筹资费用。本项目应根据"财务费用"科目的发生额填列。

(7)"投资收益"项目,反映小企业股权投资取得的现金股利(或利润)、债券投资取得的利息收入和处置股权投资和债券投资取得的处置价款扣除成本或账面余额、相关税费后的净额。本项目应根据"投资收益"科目的发生额填列;如为投资损失,以"一"号填列。

(8)"营业利润"项目,反映小企业当期开展日常生产经营活动实现的利润。本项目应根据营业收入扣除营业成本、营业税金及附加、销售费用、管理费用和财务费用,加上投资收益后的金额填列。如为亏损,以"一"号填列。

(9)"营业外收入"项目,反映小企业实现的各项营业外收入金额。包括:非流动资产处置净收益、政府补助、捐赠收益、盘盈收益、汇兑收益、出租包装物和商品的租金收入、逾期未退包装物押金收益、确实无法偿付的应付款项、已作坏账损失处理后又收回的应收款项、违约金收益等。本项目应根据"营业外收入"科目的发生额填列。

(10)"营业外支出"项目,反映小企业发生的各项营业外支出金额。包括:存货的盘亏、毁损、报废损失,非流动资产处置净损失,坏账损失,无法收回的长期债券投资损失,无法收回的长期股权投资损失,自然灾害等不可抗力因素造成的损失,税收滞纳金,罚金,罚款,被没收财物的损失,捐赠支出,赞助支出等。本项目应根据"营业外支出"科目的发生额填列。

(11)"利润总额"项目,反映小企业当期实现的利润总额。本项目应根据营业利润加上营业外收入减去营业外支出后的金额填列。如为亏损总额,以"一"号填列。

(12)"所得税费用"项目,反映小企业根据企业所得税法确定的应从当期利润总额中扣除的所得税费用。本项目应根据"所得税费用"科目的发生额填列。

(13)"净利润"项目,反映小企业当期实现的净利润。本项目应根据利润总额扣除所得税费用后的金额填列。如为净亏损,以"一"号填列。

本表中各项目之间的勾稽关系为:

行 21＝行 1－行 2－行 3－行 11－行 14－行 18＋行 20;

行 3≥行 4＋行 5＋行 6＋行 7＋行 8＋行 9＋行 10;

行 11≥行 12＋行 13;

行 14≥行 15＋行 16＋行 17;

行 18≥行 19;

行 30＝行 21＋行 22－行 24;

行 22≥行 23;

行 24≥行 25＋行 26＋行 27＋行 28＋行 29;

行 32＝行 30－行 31。

(三)小企业现金流量表格式及编制说明

小企业现金流量表格式见表 7-4。

表 7-4   **现金流量表**

会小企 03 表

编制单位：   年   月   日   单位:元

项　目	行次	本年累计金额	本月金额
一、经营活动产生的现金流量：			
销售产成品、商品、提供劳务收到的现金	1		
收到其他与经营活动有关的现金	2		
购买原材料、商品、接受劳务支付的现金	3		
支付的职工薪酬	4		
支付的税费	5		
支付的其他与经营活动有关的现金	6		
经营活动产生的现金流量净额	7		
二、投资活动产生的现金流量：			
收回短期投资、长期债券投资和长期股权投资收到的现金	8		
取得投资收益收到的现金	9		
处置固定资产、无形资产和其他非流动资产收回的现金净额	10		
短期投资、长期债券投资和长期股权投资支付的现金	11		
购建固定资产、无形资产和其他非流动资产支付的现金	12		
投资活动产生的现金流量净额	13		
三、筹资活动产生的现金流量：			
取得借款收到的现金	14		
吸收投资者投资收到的现金	15		
偿还借款本金支付的现金	16		
偿还借款利息支付的现金	17		
分配利润支付的现金	18		
筹资活动产生的现金流量净额	19		
四、现金净增加额	20		
加：期初现金余额	21		
五、期末现金余额	22		

本表反映小企业一定会计期间内有关现金流入和流出的信息。

本表"本年累计金额"栏反映各项目自年初起至报告期末止的累计实际发生额。本表"本月金额"栏反映各项目的本月实际发生额；在编报年度财务报表时，应将"本月金额"栏改为"上年金额"栏，填列上年全年实际发生额。

本表各项目的内容及填列方法如下：

（1）经营活动产生的现金流量：

○"销售产成品、商品、提供劳务收到的现金"项目，反映小企业本期销售产成品、商品、提供劳务收到的现金。本项目可以根据"库存现金"、"银行存款"和"主营业务收入"等科目的本期发生额分析填列。

②"收到其他与经营活动有关的现金"项目，反映小企业本期收到的其他与经营活动有关的现金。本项目可以根据"库存现金"和"银行存款"等科目的本期发生额分析填列。

③"购买原材料、商品、接受劳务支付的现金"项目，反映小企业本期购买原材料、商品、接受劳务支付的现金。本项目可以根据"库存现金"、"银行存款"、"其他货币资金"、"原材料"、"库存商品"等科目的本期发生额分析填列。

④"支付的职工薪酬"项目，反映小企业本期向职工支付的薪酬。本项目可以根据"库存现金"、"银行存款"、"应付职工薪酬"科目的本期发生额填列。

⑤"支付的税费"项目，反映小企业本期支付的税费。本项目可以根据"库存现金"、"银行存款"、"应交税费"等科目的本期发生额填列。

⑥"支付其他与经营活动有关的现金"项目，反映小企业本期支付的其他与经营活动有关的现金。本项目可以根据"库存现金"、"银行存款"等科目的本期发生额分析填列。

（2）投资活动产生的现金流量：

①"收回短期投资、长期债券投资和长期股权投资收到的现金"项目，反映小企业出售、转让或到期收回短期投资、长期股权投资而收到的现金，以及收回长期债券投资本金而收到的现金，不包括长期债券投资收回的利息。本项目可以根据"库存现金"、"银行存款"、"短期投资"、"长期股权投资"、"长期债券投资"等科目的本期发生额分析填列。

②"取得投资收益收到的现金"项目，反映小企业因权益性投资和债权性投资取得的现金股利或利润和利息收入。本项目可以根据"库存现金"、"银行存款"、"投资收益"等科目的本期发生额分析填列。

③"处置固定资产、无形资产和其他非流动资产收回的现金净额"项目，反映小企业处置固定资产、无形资产和其他非流动资产取得的现金，减去为处置这些资产而支付的有关税费等后的净额。本项目可以根据"库存现金"、"银行存款"、"固定资产清理"、"无形资产"、"生产性生物资产"等科目的本期发生额分析填列。

④"短期投资、长期债券投资和长期股权投资支付的现金"项目，反映小企业进行权益性投资和债权性投资支付的现金。包括：企业取得短期股票投资、短期债券投资、短期基金投资、长期债券投资、长期股权投资支付的现金。本项目可以根据"库存现金"、"银行存款"、"短期投资"、"长期债券投资"、"长期股权投资"等科目的本期发生额分析填列。

⑤"购建固定资产、无形资产和其他非流动资产支付的现金"项目，反映小企业购建固定资产、无形资产和其他非流动资产支付的现金。包括：购买机器设备、无形资产、生产性生物资产支付的现金、建造工程支付的现金等现金支出，不包括为购建固定资产、无形资产和其他非流动资产而发生的借款费用资本化部分和支付给在建工程和无形资产开发项目人员的薪酬。为购建固定资产、无形资产和其他非流动资产而发生借款费用资本化部分，在"偿还借款利息支付的现金"项目反映；支付给在建工程和无形资产开发项目人员的薪酬，在"支付的职工薪酬"项目反映。本项目可以根据"库存现金"、"银行存款"、"固定资产"、"在建工程"、"无形资产"、"研发支出"、"生产性生物资产"、"应付职工薪酬"等科目的本期发生额分

析填列。

（3）筹资活动产生的现金流量：

①"取得借款收到的现金"项目，反映小企业举借各种短期、长期借款收到的现金。本项目可以根据"库存现金"、"银行存款"、"短期借款"、"长期借款"等科目的本期发生额分析填列。

②"吸收投资者投资收到的现金"项目，反映小企业收到的投资者作为资本投入的现金。本项目可以根据"库存现金"、"银行存款"、"实收资本"、"资本公积"等科目的本期发生额分析填列。

③"偿还借款本金支付的现金"项目，反映小企业以现金偿还各种短期、长期借款的本金。本项目可以根据"库存现金"、"银行存款"、"短期借款"、"长期借款"等科目的本期发生额分析填列。

④"偿还借款利息支付的现金"项目，反映小企业以现金偿还各种短期、长期借款的利息。本项目可以根据"库存现金"、"银行存款"、"应付利息"等科目的本期发生额分析填列。

⑤"分配利润支付的现金"项目，反映小企业向投资者实际支付的利润。本项目可以根据"库存现金"、"银行存款"、"应付利润"等科目的本期发生额分析填列。

本表中各项目之间的勾稽关系为：

行 7＝行 1＋行 2－行 3－行 4－行 5－行 6；

行 13＝行 8＋行 9＋行 10－行 11－行 12；

行 19＝行 14＋行 15－行 16－行 17－行 18；

行 20＝行 7＋行 13＋行 19；

行 22＝行 20＋行 21。

（四）小企业报表附注

附注是财务报表的重要组成部分。小企业应当按照小企业会计准则规定披露附注信息，主要包括下列内容：

（1）遵循小企业会计准则的声明。小企业应当声明编制的财务报表符合小企业会计准则的要求，真实、完整地反映了小企业的财务状况、经营成果和现金流量等有关信息。

（2）短期投资、应收账款、存货、固定资产项目的说明。

① 短期投资的披露格式见表 7-5。

表 7-5　　　　　　　　　　　　　　　　短期投资明细表

项目	期末账面余额	期末市价	期末账面余额与市价的差额
1. 股票			
2. 债券			
3. 基金			
4. 其他			
合计			

② 应收账款按账龄结构披露的格式见表 7-6。

表 7-6　　　　　　　　　　　　应收账款账龄结构明细表

账龄结构	期末账面余额	年初账面余额
1 年以内(含 1 年)		
1 年至 2 年(含 2 年)		
2 年至 3 年(含 3 年)		
3 年以上		
合计		

③ 存货的披露格式见表 7-7。

表 7-7　　　　　　　　　　　　存货明细表

存货种类	期末账面余额	期末市价	期末账面余额与市价的差额
1. 原材料			
2. 在产品			
3. 库存商品			
4. 周转材料			
5. 消耗性生物资产			
……			
合计			

④ 固定资产的披露格式见表 7-8。

表 7-8　　　　　　　　　　　　固定资产明细表

项目	原价	累计折旧	期末账面价值
1. 房屋、建筑物			
2. 机器			
3. 机械			
4. 运输工具			
5. 设备			
6. 器具			
7. 工具			
……			
合计			

(3) 应付职工薪酬、应交税费项目的说明。

① 应付职工薪酬的披露格式见表 7-9。

表 7-9　　　　　　　　　　　　　　**应付职工薪酬明细表**

会小企 01 表附表 1

编制单位：　　　　　　　　　　　　年　　月　　日　　　　　　　　　　　单位:元

项目	期末账面余额	年初账面余额
1. 职工工资		
2. 奖金、津贴和补贴		
3. 职工福利费		
4. 社会保险金		
5. 住房公积金		
6. 工会经费		
7. 职工教育经费		
8. 非货币盈利		
9. 辞退福利		
10. 其他		
合计		

② 应交税费的披露格式见表 7-10。

表 7-10　　　　　　　　　　　　　　**应交税费明细表**

会小企 01 表附表 2

编制单位：　　　　　　　　　　　　年　　月　　日　　　　　　　　　　　单位:元

项目	期末账面余额	年初账面余额
1. 增值税		
2. 消费税		
3. 营业税		
4. 城市维护建设税		
5. 企业所得税		
6. 资源税		
7. 土地增值税		
8. 城镇土地使用税		
9. 车税费		
10. 房产税		
11. 教育附加费		
12. 矿产资源补偿费		
13. 排污费		
14. 代扣代缴的个人所得税		
……		
合计		

（∠）利润分配的说明，利润分配表见表7-11。

表 7-11 　　　　　　　　　　**利润分配表**

会小企 01 表附表 3

编制单位：　　　　　　　　　年　　月　　日　　　　　　　　　单位:元

项目	行次	本年金额	上年金额
一、净利润	1		
加:年初未分配利润	2		
其它转入	3		
二、可共分配的利润	4		
减:提取法定盈余公积	5		
提取任意盈余公积	6		
提取职工奖励及福利基金①	7		
提取储备基金	8		
提取企业发展基金	9		
利润归还投资②	10		
三、可供投资者分配的利润	11		
减:应付利润	12		
四、未分配利润	13		

① 提取职工奖励及福利基金、提取储备基金、提取企业发展基金这 3 个项目仅适用于小企业(外商投资)按照相关法律规定提取的 3 项基金。

② 利润归还投资这个项目仅适用于小企业(中外合作经营)根据合同规定在合作期间归还投资者的投资。

（5）用于对外担保的资产名称、账面余额及形成的原因;未决诉讼、未决仲裁以及对外提供担保所涉及的金额。

（6）发生严重亏损的,应当披露持续经营的计划、未来经营的方案。

（7）对已在资产负债表和利润表中列示项目与企业所得税法规定存在差异的纳税调整过程,参见《中华人民共和国企业所得税年度纳税申报表》。

（8）其他需要说明的事项。

三、小企业报表对外报送

（一）财务会计报表报送期限

财务会计报表月报需按月报送,报送时间为月度终了后 15 日内;财务会计报表年报需按年报送,报送时间为年度终了后 5 个月内。

（二）报送方式

网上报送方式。登录当地国家税务局网站"财务会计报表申报"栏目进行报送。

第二节　财务报表岗位业务流程

一、资产负债表、利润表编制流程图

资产负债表、利润表编制流程图见图 7-1。

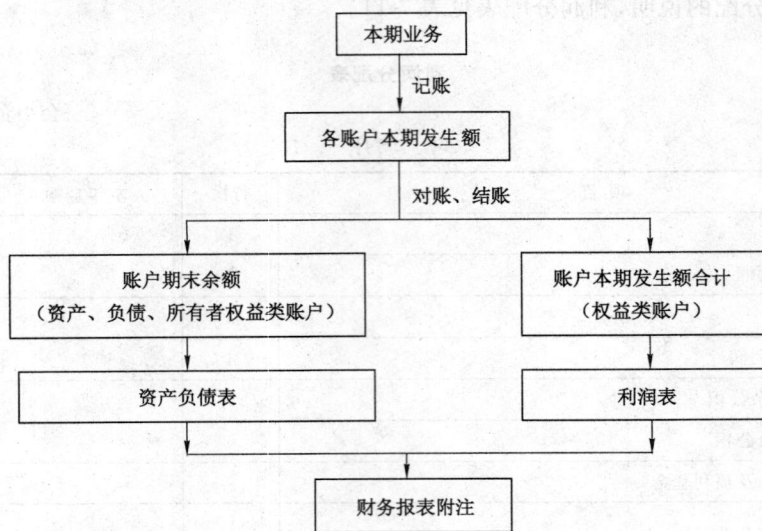

图 7-1　资产负债表、利润表编制流程图

二、资产负债表、利润表编制步骤

（1）将本期全部业务登记入账，得到本期各账户发生额。

（2）对账、结账，结出资产、负债、所有者权益类总账和明细账的期末余额，结出损益类总账的本期发生额合计数。

（3）根据资产、负债、所有者权益类总账和明细账的期末余额直接填列或分析填列资产负债表期末数。

年初数填列方法：根据上年末资产负债表"期末数"栏内所列数字填列。	
期末数填列方法	
（1）直接根据总账科目的余额填列	短期投资、应收票据、应收利息、应收股利、其他应收款、固定资产清理、开发支出、长期待摊费用、固定资产原价、累计折旧、在建工程、工程物资、短期借款、应付票据、应付职工薪酬、应交税费、应付利息、应付利润、其他应付款、长期应付款、递延收益、实收资本、资本公积、盈余公积、未分配利润等资产负债表项目的期末余额直接根据各对应账户的期末余额填列
（2）根据总账科目的余额计算分析填列	① 货币资金项目金额＝"库存现金"期末余额＋"银行存款"期末余额＋"其他货币资金"期末余额； ② 存货项目金额＝"材料采购"、"在途物资"、"原材料"、"材料成本差异"、"生产成本"、"库存商品"、"商品进销差价"、"委托加工物资"、"周转材料"、"消耗性生物资产"期末余额合计； ③ 固定资产账面价值项目金额＝"固定资产"期末余额－"累计折旧"期末余额； ④ 生产性生物资产项目金额＝"生产性生物资产"期末余额－"生产性生物资产累计折旧"期末余额； ⑤ 无形资产项目金额＝"无形资产"期末余额－"累计摊销"期末余额
（3）根据有关明细科目的余额计算分析填列	① 应收账款项目金额＝"应收账款"明细账期末借方余额＋"预收账款"明细账期末借方余额； ② 预付账款项目金额＝"预付账款"明细账期末借方余额＋"应付账款"明细账期末借方余额； ③ 应付账款项目金额＝"应付账款"明细账期末贷方余额＋"预付账款"明细账期末贷方余额； ④ 预收账款项目金额＝"预收账款"明细账期末贷方余额＋"应收账款"明细账期末贷方余额
（4）根据相关科目余额分析填列	其他流动资产、其他非流动资产、其他流动负债、其他非流动负债

（4）根据损益类总账的本期发生额合计数直接或合计填列利润表项目并计算利润。

根据总账发生额合计填列	营业收入＝主营业务收入＋其他业务收入 营业成本＝主营业务成本＋其他业务成本
根据总账发生额直接填列	营业税金及附加 销售费用 管理费用 财务费用 资产减值损失 公允价值变动收益 投资收益 营业外收入 营业外支出 所得税费用

（5）撰写财务报表附注。

第三节　财务报表岗位报表编制实务

一、资产负债表编制

远达公司 20×2 年 12 月 31 日全部总分类账户和所属明细分类账户余额如表 7-12 所示。

表 7-12　　　　　　　远达公司总分类账及明细分类账账户余额表　　　　单位：万元

总账科目	明细科目	借方余额	贷方余额	总账科目	明细科目	借方余额	贷方余额
库存现金		5		短期借款			300
银行存款		85		应付账款			50
短期投资		70			A 工厂		35
应收账款		115			B 工厂	25	
	甲公司	50			C 工厂		40
	乙公司		10	预收账款			5
	丙公司	75			A 单位		20
预付账款		23.5			B 单位	15	
	甲单位	25		其他应付款			45
	乙单位		1.5	应付职工薪酬			173.5
其他应收款		5		应交税费			300
原材料		135		应付利润			115
生产成本		40		长期借款			150
库存商品		100		其中一年内到期			50
长期债券投资		1 000		实收资本			1 400
固定资产		2 000		盈余公积			110.4
累计折旧			100	利润分配	未分配利润		849.6
无形资产		0					

假设远达公司采用《小企业会计准则》,远达公司编制的资产负债表如表 7-13 所示。

表 7-13 资产负债表

会小企 01 表

编制单位:远达公司　　　　　　20×2 年 12 月 31 日　　　　　　单位:万元

资　产	期末余额	负债和所有者权益	期末余额
流动资产:		流动负债:	
货币资金	90	短期借款	300
短期投资	70	应付票据	0
应收票据	0	应付账款	50
应收账款	115	预收账款	5
预付账款	23.5	应付职工薪酬	173.5
应收股利	0	应交税费	300
应收利息	0	应付利息	0
其他应收款	5	应付利润	115
存货	275	其他应付款	45
其中:原材料	135	其他流动负债	50
在产品	40	流动负债合计	1 038.5
库存商品	100	非流动负债:	
周转材料	0	长期借款	100
其他流动资产	0	长期应付款	0
流动资产合计	578.5	递延收益	0
非流动资产:		其他非流动负债	0
长期债券投资	1 000	非流动负债合计	100
长期股权投资	0	负债合计	1 138.5
固定资产原价	2 000		
减:累计折旧	100		
固定资产账面价值	1 900		
固定资产清理	0	所有者权益(或股东权益):	
生产性生物资产	0	实收资本(或股本)	1 400
无形资产	0	资本公积	0
长期待摊费用	20	盈余公积	110.4
其他非流动资产		未分配利润	849.6
非流动资产合计	2 920	所有者权益(或股东权益)合计	2 360
资产总计	3 498.5	负债和所有者权益(或股东权益)总计	3 498.5

二、利润表编制

天华股份有限公司 20×2 年度有关损益类科目本年累计发生净额如表 7-14 所示。

表 7-14 天华股份有限公司损益类科目 20×2 年度累计发生净额表 单位:元

科目名称	借方发生额	贷方发生额
主营业务收入		1 250 000
其他业务收入		50 000
主营业务成本	750 000	
营业税金及附加	2 000	
其他业务成本	30 900	
销售费用	20 000	
管理费用	157 100	
财务费用	41 500	
投资收益		31 500
营业外收入		50 000
营业外支出	19 700	
所得税费用	85 300	

编制年度利润表,应将"本月金额"栏改为"上年金额"栏。

根据上述资料,编制天华股份有限公司 20×2 年度利润表,如表 7-15 所示。

表 7-15 利 润 表

编制单位:天华股份有限公司 20×2 年 12 月 单位:元

项目	行次	本年累计金额	上年金额（略）
一、营业收入	1	1 300 000	
减:营业成本	2	780 900	
营业税金及附加	3	2 000	
其中:消费税	4		
营业税	5		
城市维护建设税	6		
资源税	7		
土地增值税	8		
城镇土地使用税、房产税、车船税、印花税	9		
教育费附加、矿产资源补偿费、排污税	10		
销售费用	11	20 000	
其中:商品维修费	12		
广告费和业务宣传费	13		
管理费用	14	157 100	
其中:开办费	15		
业务招待费	16		
研究费用	17		

项　目	行次	本年累计金额	上年金额（略）
财务费用	18	41 500	
其中:利息费用（收入以"－"号填列）	19		
加:投资收益（亏损以"－"号填列）	20	31 500	
二、营业利润（亏损以"－"号填列）	21	330 000	
加:营业外收入	22	50 000	
其中:政府补助	23		
减:营业外支出	24	19 700	
其中:坏账损失	25		
无法收回的长期债券投资损失	26		
无法收回的长期股权投资损失	27		
自然灾害等不可抗力因素造成的损失	28		
税收滞纳金	29		
三、利润总额（亏损总额以"－"号填列）	30	360 300	
减:所得税费用	31	85 300	
四、净利润（净亏损以"－"号填列）	32	275 000	

三、现金流量表编制

泰兰公司 20×2 年度有关资料如下（增值税率 17%）:

(1) 本期现销主营业务收入为 1 000 万元;收回应收账款 120 万元;预收账款 50 万元。

(2) 本期现购材料成本为 700 万元;支付去年应付账款 50 万元;预付账款 110 万元。

(3) 本期发放的职工工资总额为 100 万元,其中生产经营及管理人员的工资 70 万元,奖金 15 万元;在建工程人员的工资 12 万元,奖金 3 万元。工资及奖金全部从银行提取现金发放。

(4) 本期所得税费用为 160 万元;未交所得税的年初数为 120 万元,年末数为 100 万元。（无调整事项）

(5) 为建造厂房,本期以银行存款购入工程物资 100 万元,支付增值税 17 万元。

(6) 购入股票 100 万股,每股价格 5.2 元,其中包含的已宣告而尚未领取的现金股利每股 0.2 元,作为短期投资核算。

(7) 到期收回长期债券投资,面值为 100 万元,3 年期,利率 3%,一次还本付息。

(8) 对一台管理用设备进行清理,该设备账面原价 120 万元,已计提折旧 80 万元,以银行存款支付清理费用 2 万元,收到变价收入 13 万元,该设备已清理完毕。

(9) 借入短期借款 240 万元,借入长期借款 460 万元,当年以银行存款支付利息 30 万元。

(10) 向股东支付上年现金股利 50 万元。

泰兰公司编制现金流量表如表 7-16 所示。

表 7-16 现金流量表

会小企 03 表

编制单位:泰兰公司 20×2 年 单位:万元

项 目	行次	本期金额	上期金额
一、经营活动产生的现金流量:			
销售产成品、商品、提供劳务收到的现金	1	1340	
收到其他与经营活动有关的现金	2	0	
购买原材料、商品、接受劳务支付的现金	3	979	
支付的职工薪酬	4	85	
支付的税费	5	180	
支付其他与经营活动有关的现金	6	0	
经营活动产生的现金流量净额	7	96	
二、投资活动产生的现金流量:			
收回短期投资、长期债券投资和长期股权投资收到的现金	8	100	
取得投资收益收到的现金	9	9	
处置固定资产、无形资产和其他非流动资产收回的现金净额	10	11	
购建固定资产、无形资产和其他非流动资产支付的现金	11	520	
短期投资、长期债券投资和长期股权投资支付的现金	12	132	
投资活动产生的现金流量净额	13	－532	
三、筹资活动产生的现金流量:			
取得借款收到的现金	14	700	
吸收投资者投资收到的现金	15	0	
偿还借款本金支付的现金	16	0	
偿还借款利息支付的现金	17	30	
分配利润支付的现金	18	50	
筹资活动产生的现金流量净额	19	620	
四、现金净增加额	20		
加:期初现金余额	21		
五、期末现金余额	22		

① "销售产成品、商品、提供劳务收到的现金"项目＝1 000×(1＋17％)＋120＋50＝1 340(万元);

② "购买原材料、商品、接受劳务支付的现金"项目＝700×(1＋17％)＋50＋110＝979(万元);

③ "支付的职工薪酬"项目＝70＋15＝85(万元);

④ "支付的税费"项目＝120＋160－100＝180(万元);

⑤ "收回短期投资、长期债券投资和长期股权投资收到的现金"项目＝100(万元)

⑥ "取得投资收益收到的现金"项目＝100×3％×3＝9(万元);

⑦ "处置固定资产、无形资产和其他非流动资产收回的现金净额"项目＝13－2＝11

（万元）；

⑧"短期投资、长期债券投资和长期股权投资支付的现金"项目＝100×5.2＝520（万元）；

⑨"购建固定资产、无形资产和其他非流动资产支付的现金"项目＝100＋17＋12＋3＝132（万元）；

⑩"取得借款收到的现金"项目＝240＋460＝700（万元）；

⑪"偿还借款利息支付的现金"项目＝30（万元）；

⑫"分配利润支付的现金"项目＝50（万元）。

第四节　财务报表岗位考核测试题及参考答案

一、考核测试题

（一）单项选择题

1. 下列资产负债表项目，可直接根据有关总账余额填列的是（　　）。

A. 货币资金　　　　B. 短期投资　　　　C. 存货　　　　D. 应收账款

2. 某企业20×3年12月31日"固定资产"科目余额为1 000万元，"累计折旧"科目余额为300万元，"在建工程"科目余额为50万元。该企业20×3年12月31日资产负债表"固定资产"项目金额为（　　）万元。

A. 1 050　　　　B. 700　　　　C. 750　　　　D. 1 000

3. 某企业20×3年1月1日所有者权益构成情况如下：实收资本1 500万元，资本公积100万元，盈余公积300万元，未分配利润200万元。20×3年度实现利润总额为600万元，企业所得税税率为25%。假定不存在纳税调整事项及其他因素，该企业20×3年12月31日可供分配利润为（　　）万元。

A. 600　　　　B. 650　　　　C. 800　　　　D. 1 100

4. 下列各项中，应列入利润表"管理费用"项目的是（　　）。

A. 坏账损失　　　　　　　　　　B. 出租无形资产的摊销额

C. 支付中介机构的咨询费　　　　D. 处置固定资产的净损失

5. 下列各损益类项目中，与计算营业利润无关的是（　　）。

A. 其他业务成本　　B. 投资收益　　C. 财务费用　　D. 营业外收入

6. 下列各项中，不应在利润表"营业收入"项目列示的是（　　）。

A. 政府补助收入　　　　　　　　B. 设备安装劳务收入

C. 代修品销售收入　　　　　　　D. 固定资产出租收入

7. 下列各表中，不属于《小企业会计准则》规定的资产负债表附表的为（　　）。

A. 应付职工薪酬明细表　　　　　B. 应交税费明细表

C. 应交增值税明细表　　　　　　D. 利润分配明细表

8. 对小企业流动负债表述错误的是（　　）。

A. 预计在1年以内或者超出1年的一个正常营业周期内清偿的债务

B. 包括短期借款、应付及预收账款、应交税费、应付职工薪酬等

C. 流动负债的账面价值会因公允价值变化而变化

D. 各项流动负债应当按照实际发生额入账

9. 某企业年度发生以下业务:以银行存款购买将于2个月后到期的国债500万元,偿还应付账款200万元,支付生产人员工资150万元,购买固定资产300万元。假定不考虑其他因素,该企业年度现金流量表中"购买原材料、商品、接受劳务支付的现金"项目的金额为( )万元。

A. 200   B. 350   C. 650   D. 1 150

10. 下列各项资产中,能作为小企业的存货处理的是( )。

A. 外购取得非专利技术   B. 代某化肥厂销售的化肥

C. 该企业拥有的消耗性生物资产   D. 处于建设期的办公大楼

11. 下列各项中,不属于现金流量表"筹资活动产生的现金流量"的是( )。

A. 取得借款收到的现金

B. 吸收投资收到的现金

C. 处置固定资产收回的现金净额

D. 分配股利、利润或偿付利息支付的现金

12. 预收账款情况不多的企业,可以不设"预收账款"科目,而将预收的款项直接记入的账户是( )。

A. 应收账款   B. 预付账款   C. 其他应付款   D. 应付账款

13. 财政部规定《小企业会计准则》自( )年1月1日起在小企业范围内施行,鼓励小企业提前执行。

A. 2011年   B. 2012年   C. 2013年   D. 2014年

14. 下列企业,可以执行《小企业会计准则》的有( )。

A. 企业集团内规模较小符合"小企业标准"的子公司

B. 股票在证券市场上公开交易的小企业

C. 从业人员30人,年营业收入500万元的工业企业

D. 规模较小的城市商业银行

15. 小企业发生的下列支出中不属于长期待摊费用的是( )。

A. 已提足折旧的固定资产的改建支出   B. 经营租入固定资产的改建支出

C. 固定资产的大修理支出   D. 固定资产的日常修理支出

(二) 多项选择题

1. 下列资产负债表各项目中,属于流动负债的有( )。

A. 预收账款   B. 应交税费

C. 预付账款   D. 一年内到期的长期借款

2. 在编制利润表时,下列各项应列入利润表"营业成本"项目的有( )。

A. 出售商品的成本

B. 销售材料的成本

C. 专利权的摊销额

D. 融资租赁方式租入的办公大楼计提的折旧额

3. 小企业的财务报表至少应当包括( )。

A. 资产负债表   B. 利润表

C. 所有者权益变动表 D. 附注

4. 下列各项,影响当期利润表中利润总额的有( )。

A. 固定资产盘盈 B. 确认所得税费用

C. 对外捐赠固定资产 D. 无形资产出售利得

5. 下列各项中,应在资产负债表"应收账款"项目列示的有( )。

A. "预付账款"科目所属明细科目的借方余额

B. "应收账款"科目所属明细科目的借方余额

C. "应收账款"科目所属明细科目的贷方余额

D. "预收账款"科目所属明细科目的借方余额

6. 下列各项中,属于现金流量表"经营活动产生的现金流量表"的报表项目有( )。

A. 销售产成品、商品、提供劳务收到的现金

B. 购买原材料、商品、接受劳务支付的现金

C. 支付的职工薪酬

D. 支付的税费

7. 下列交易或事项中,会引起现金流量表"投资活动产生的现金流量净额"发生变化的有( )。

A. 购买股票支付的现金 B. 向投资者派发的现金股利

C. 购建固定资产支付的现金 D. 收到被投资单位分配的现金股利

8. 小企业现金流量表"短期投资、长期债券投资和长期股权投资支付的现金"项目,反映小企业进行权益性投资和债权性投资支付的现金,包括( )。

A. 取得短期股权投资支付的现金 B. 取得长期股权投资支付的现金

C. 取得长期债券投资支付的现金 D. 取得短期股票投资支付的现金

9. 小企业编制现金流量表时,"购建固定资产、无形资产和其他非流动资产支付的现金"项目包括( )。

A. 购买机器设备支付的现金

B. 支付给在建工程和无形资产开发项目人员的薪酬

C. 为购建固定资产、无形资产而发生的借款费用资本化部分

D. 建造工程支付的现金

10. 编制资产负债表时,"应收账款"项目应根据( )填报。

A. "应收账款"明细科目期末贷方余额 B. "应收账款"明细科目期末借方余额

C. "预收账款"明细科目期末贷方余额 D. "预收账款"明细科目期末借方余额

11. 资产负债表反映的财务信息包括( )。

A. 某一时点的财务状况 B. 某一时点的偿债能力

C. 某一期间的经营成果 D. 某一期间的获利能力

12. 下列属于小企业投资活动现金流量的有( )。

A. 取得投资收益收到的现金

B. 短期投资、长期债券投资和长期股权投资支付的现金

C. 购建固定资产和无形资产支付的现金

D. 收回短期投资、长期债券投资和长期股权投资收到的现金

13. 以下各项,财务报表附注中应当包括(　　)

A. 遵循小企业会计准则的声明　　　　B. 利润分配的说明

C. 应付职工薪酬、应交税费项目的说明　　D. 公司战略规划

14、下列各账户的期末余额,应列入资产负债表"存货"项目的有(　　)。

A. 生产成本　　　　　　　　　　　　B. 制造费用

C. 消耗性生物资产　　　　　　　　　D. 工程物资

15. 小企业的财务报表至少应当包括(　　)。

A. 资产负债表　　　　　　　　　　　B. 利润表

C. 所有者权益变动表　　　　　　　　D. 附注

(三)判断题

1. 消耗性生物资产在会计报表上列入其他流动资产科目。(　　)

2. 企业采用出包方式建造固定资产时按合同规定向建造承包商预付的款项,应在资产负债表中列示为流动资产。(　　)

3. 制造费用和管理费用都是本期发生的生产费用,因此,均应在编制利润表时计入当期损益,抵减当期利润。(　　)

4. 企业采用"表结法"结转本年利润,年度内每月月末损益类科目发生额合计数和月末累计余额无需转入"本年利润"科目,但要将其填入利润表,在年末时将损益类科目全年累计余额转入"本年利润"科目。(　　)

5. 利润表中的"营业税金及附加"项目,反映企业日常经营活动应负担的消费税、营业税、城市维护建设税、所得税等税金和教育费附加。(　　)

6. 小企业的现金流量表所反映的现金,包括库存现金、银行存款和现金等价物。

7. 在编制资产负债表时,属于超过1年期以上的预付账款的借方余额应当在"其他非流动资产"项目中列报。(　　)

8. 小企业的财务报表包括资产负债表、利润表、现金流量表和附注。小企业应该分月度、季度、年度编制财务报表。(　　)

9. 小企业利润表中"本月金额"的填列需要区分月报和年报。月报的"本月金额"反映本月实际发生数;年报的"本月金额"应改为"上年金额"反映上年全年实际发生额。(　　)

10 执行《小企业会计准则》的小企业,发生的交易或者事项《小企业会计准则》未作规范的,可以参照《企业会计准则》中的相关规定进行处理。(　　)

(四)综合题

甲公司为增值税一般纳税人,适用的增值税税率为17%。对长期股权投资按成本法核算,原材料和库存商品均按实际成本核算,商品售价不含增值税,其销售成本随销售收入同时结转。20×3年1月1日资产负债表(简表)资料见表7-17。

表 7-17　　　　　　　　　　　　　资产负债表(简表)

编制单位:甲公司　　　　　　　　20×3年1月1日　　　　　　　　　单位:万元

资产	年初余额	负债和所有者权益	年初余额
货币资金	320.4	短期借款	200
短期投资	0	应付账款	84

资产	年初余额	负债和所有者权益	年初余额
应收票据	24	应付票据	40
应收账款	159.2	预收款项	60
预付账款	0.16	应付职工薪酬	4
存货	368	应交税费	9.6
长期股权投资	480	应付利息	40
固定资产	1 442	长期借款	1 008
在建工程	100	实收资本	1 600
无形资产	204	盈余公积	96
长期待摊费用	50	未分配利润	6.16
资产总计	3 147.76	负债和所有者权益总计	3 147.76

20×3 年甲公司发生如下交易或事项：

(1) 以商业承兑汇票支付方式购入材料一批,发票账单已经收到,增值税专用发票上注明的货款为 30 万元,增值税额为 5.1 万元。材料已验收入库。

(2) 委托证券公司购入公允价值为 100 万元股票,作为短期投资核算,支付相关税费 1 万元,期末公允价值为 110 万元。

(3) 计算并确认短期借款利息 5 万元。

(4) 确认无法收回的应收账款坏账损失 8 万元。

(5) 计提行政管理部门用固定资产折旧 20 万元;摊销管理用无形资产成本 10 万元。

(6) 销售库存商品一批,该批商品销售价为 100 万元,增值税为 17 万元,实际成本为 65 万元,商品已发出。甲公司已于上年预收货款 60 万元,其余款项尚未结清。

(7) 分配工资费用,其中生产工人工资 62 万元,车间管理人员工资 6 万元,企业行政管理人员工资 15 万元,在建工程人员工资 5 万元。

(8) 计提应计入在建工程成本的长期借款利息 20 万元(一次还本分期付息)。

(9) 被投资单位宣告发放现金股利,根据持股比例企业确认投资收益 50 万,月末收到实际发放的现金股利。

(10) 计算并确认应交城市维护建设税 3 万元(教育费附加略)。

(11) 按照合同规定,收到包装物租金收入 30 万元。

(12) 因未按约定履行合同,支付违约金 1 万元。

(13) 本年度实现利润总额 53 万元,经过纳税调整,应纳税所得额为 84 万元。

(14) 按照税后利润 10% 计提法定盈余公积金。

要求:

1. 根据所列资料编制甲公司 20×3 年度相关交易或事项的会计分录,资料未提及的事项,如期末账户结转、税金缴纳等均不需要额外考虑。

2. 根据资料填列甲公司 20×3 年 12 月 31 日的资产负债表。(不需要列出计算过程,"应交税费"科目要求写出明细科目和专栏名称,答案中的金额单位用万元表示)。

二、参考答案

（一）单选题答案

1. B　2. B　3. B　4. C　5. D　6. A　7. C　8. C　9. A　10. C　11. C　12. A
13. C　14. C　15. D

（二）多选题答案

1. ABD　2. AB　3. ABD　4. ACD　5. BD　6. ABCD　7. ACD　8. BCD　9. AD
10. BD　11. AB　12. ABCD　13. ABC　14. ABC　15. ABD

（三）判断题答案

1. ×　2. ×　3. ×　4. √　5. ×　6. ×　7. √　8. ×　9. √　10. √

（四）综合题答案

答案：（单位：万元）

1. 甲公司 20×3 年度交易或事项的会计分录

(1) 借：原材料	30	
应交税费——应交增值税（进项税额）	5.1	
贷：应付票据		35.1
(2) 借：短期投资	101	
贷：银行存款		101
(3) 借：财务费用	5	
贷：应付利息		5
(4) 借：营业外支出	8	
贷：应收账款		8
(5) 借：管理费用	20	
贷：累计折旧		20
借：管理费用	10	
贷：累计摊销		10
(6) 借：预收账款	117	
贷：主营业务收入		100
应交税费——应交增值税（销项税额）		17
借：主营业务成本	65	
贷：库存商品		65
(7) 借：生产成本	62	
制造费用	6	
管理费用	15	
在建工程	5	
贷：应付职工薪酬——工资薪金		88
(8) 借：在建工程	20	
贷：应付利息		20
(9) 借：应收股利	50	
贷：投资收益		50

借:银行存款   50

 贷:应收股利   50

(10)借:营业税金及附加   3

 贷:应交税费——应交城市维护建设税   3

(11)借:银行存款   30

 贷:营业外收入   30

(12)借:营业外支出   1

 贷:银行存款   1

(13)借:所得税费用   21

 贷:应交税费——应交所得税   21

(14)借:利润分配——提取法定盈余公积金 3.2

 贷:盈余公积   3.2

2. 甲公司 20×3 年度资产负债表见表 7-18。

表 7-18   **资产负债表(简表)**

编制单位:甲公司   20×3 年 12 月 31 日   单位:万元

资产	年末余额	年初余额	负债和所有者权益	年末余额	年初余额
货币资金	298.4	320.4	短期借款	200	200
短期投资	101	0	应付账款	84	84
应收票据	24	24	应付票据	75.1	40
应收账款	208.2	159.2	预收账款	0	60
预付账款	0.16	0.16	应付职工薪酬	92	4
存货	401	368	应交税费	45.5	9.6
长期股权投资	480	480	应付利息	65	40
固定资产	1 422	1 442	长期借款	1 008	1 008
在建工程	125	100	实收资本	1 600	1 600
无形资产	194	204	盈余公积	99.2	96
长期待摊费用	50	50	未分配利润	34.96	6.16
资产总计	3 303.76	3 147.76	负债和所有者权益总计	3 303.76	3 147.76

第八章　会计电算岗位技能训练

　　会计电算化岗位培训应用的操作软件是用友 ERP-U8，ERP-U8 系统中包括系统管理、总账、UFO 报表、工资管理、固定资产管理、采购管理、销售管理、库存管理、存货核算、应付款管理、应收款管理几个子系统，本次考核由于时间和手工操作内容的限制，我们只选择与手工操作配套，即财务产品中的系统管理、总账系统、UFO 报表等。

　　在本次会计电算化的实训中，我们采用分岗实训的操作方式，每三个同学一组，分别扮演账套主管、总账会计、出纳的角色，首先完成一套账的操作与练习，然后分别交换角色，完成整套账务的练习与操作。财务软件操作流程见图 8-1。

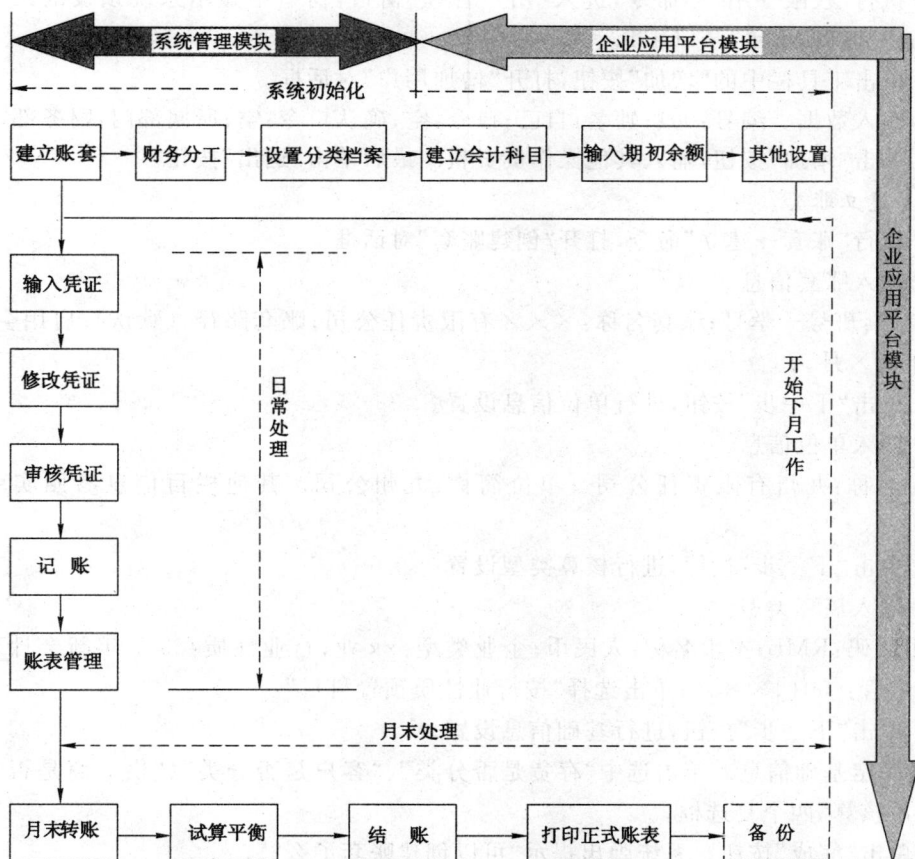

图 8-1　财务软件的操作流程

第一节　系统管理岗位技能操作

一、系统管理岗位操作技能

（一）启动系统管理

执行"开始→程序→用友 ERPU8→系统服务→系统管理"命令，系统管理模块启动。

（二）注册系统管理

（1）在"用友 ERP　U8〖系统管理〗"窗口中，执行"系统→注册"命令，打开"注册〖系统管理〗"对话框。

（2）输入数据。操作员：admin；密码：（空）。

（3）单击"确定"按钮，以系统管理员身份进入系统管理。

（三）增加操作员

（1）执行"权限→用户"命令，进入"用户管理"窗口，窗口中显示系统预设的几位操作员：demo、SYSTEM 和 UFSOFT。

（2）单击工具栏中的"增加"按钮，打开"增加用户"对话框。

（3）输入数据。编号：001；姓名：自己；口令：空；确认口令：空；所属部门：财务部。

（4）单击"增加"按钮，输入其他操作员资料。最后单击"退出"按钮。

（四）建立账套

（1）执行"账套→建立"命令，打开"创建账套"对话框。

（2）输入账套信息。

账套号：班号＋学号；账套名称：×××有限责任公司；账套路径：（默认）；启用会计期：20××年××月。

（3）单击"下一步"按钮，进行单位信息设置。

（4）输入单位信息。

单位名称：九州有限责任公司 ；单位简称：九州公司。其他栏目信息参照实验资料输入。

（5）单击"下一步"按钮，进行核算类型设置。

（6）输入核算类型。

本币代码：RMB；本币名称：人民币；企业类型：xx 业；行业性质：2007 年新会计制度科目；账套主管：[001]×××；单击选择"按行业性质预置科目"。

（7）单击"下一步"按钮，进行基础信息设置。

（8）确定基础信息。单击选中"存货是否分类"、"客户是否分类"、"供应商是否分类"、"有无外币核算"四个复选框。

（9）单击"完成"按钮。系统弹出提示"可以创建账套了么？"。

（10）单击"是"按钮，稍候，打开"分类编码方案"对话框。确定分类编码方案。

建立账套——数据精度定义；

建立账套——是否启用系统设置；单击"是"按钮。

选中"GL—总账"复选框，弹出"日历"对话框，选择日期"20××年××月××日"。单击"确定"按钮。

系统提示"确实要启用当前系统吗?"。单击"是"按钮。最后单击"退出"按钮。

（五）权限分配

（1）执行"权限→权限"命令,进入"操作员权限"窗口。

（2）选择"×××账套"、"20××年度"。

（3）选择"001"。

（4）单击工具栏中的"修改"按钮,打开"增加和调整权限"对话框。

（5）单击选择"相应操作员"权限,按实验资料再设置其他权限。

（6）单击"确定"按钮。

（7）同理,设置其他操作员的操作权限。

二、系统管理岗位操作内容

（一）以系统管理员（Admin）登陆"系统管理",增加下列操作员:

编号	姓名	所属部门	角色	密码
001	自己	财务部	账套主管	空
002	同学 2	财务部	会计	空
003	同学 3	财务部	出纳	空

（二）建立账套

（1）账套信息。

账套号:班号＋学号;账套名称:九州有限责任公司;账套路径:默认;启用会计期:2012年 1 月。

（2）单位信息。

单位名称:九州有限责任公司;单位简称:九州公司;单位地址:嵩山路 1 号;法人代表:徐平;邮政编码:221116;联系电话及传真:5656161;电子邮件:jznu@126. COM;税号:320303100210636,开户行为徐州市工商银行支行,行号 24202。

（3）核算类型。

本币代码:RMB;本币名称:人民币;企业类型:工业企业;行业性质:2007 年新会计制度科目;账套主管:自己;按行业性质预置会计科目。

（4）基础信息。

存货、客户、供应商分类核算,无外币业务。

（5）分类编码方案。

科目编码级次:4－2－2－2－2;客户权限组级次:2－2－3;客户分类编码级次:2－2－3;部门编码级次:2－2;收发类别编码级次:1－2;供应商权限组级次:2－2－3;供应商分类编码级次:2－2－3;数据精度定义均按默认值。

（三）系统启用

2012 年 1 月 1 日,系统管理员启用总账系统。

（四）操作员权限设置

编号	姓名	权　限
002	同学 2	除出纳、出纳签字外的总账权限、固定资产、薪资管理
003	同学 3	出纳、出纳签字

第二节　账套主管岗位技能操作

一、账套主管岗位操作技能一（基础档案设置）

（一）启动企业门户

（1）执行"开始→程序→用友 ERPU8→企业门户"命令，打开"注册〖企业门户〗"对话框。

（2）输入或选择数据。

操作员："×××"；密码："×"；账套："[×××]×××有限责任公司"；会计年度："20××"；日期："20××-××-××"。

（3）单击"确认"按钮。

（二）进入基础档案设置

（1）在"用友 ERP—U8 门户"窗口中，单击"基础档案"图标。

（2）在"基础档案"对话框中，双击要设置档案项目，即可进入相应项目的设置界面。

（三）设置部门档案

（1）在"部门档案"窗口中，单击"增加"按钮，进入基础档案设置。

（2）输入数据。

部门编码：×；部门名称：××部；部门属性：××部门。

（3）单击"保存"按钮。

（4）同理，根据实验资料增加其他部门档案信息。

（四）设置职员档案

（1）在"职员档案—部门职员分类下"窗口中，单击选中职员所属部门。

（2）单击"增加"按钮，打开"增加职员档案"对话框。

（3）输入数据。

职员编码：×××；职员名称：×××；职员属性：×××。

（4）单击"保存"按钮，单击"退出"按钮。

（5）同理，根据实验资料增加其他职员档案信息。

（五）设置客户分类

（1）在"客户分类"窗口中，单击"增加"按钮。

（2）输入数据。类别编码：××类别名称：××客户。

（3）单击"保存"按钮。

（4）同理，根据实验资料增加其他客户分类信息。

（六）设置供应商分类

（1）在"供应商分类"窗口中，单击"增加"按钮。

（2）输入数据。类别编码：××；类别名称：×××供应商。

（3）单击"保存"按钮。

（4）同理，根据实验资料增加其他供应商分类信息。

（七）设置地区分类

（1）在"地区分类"窗口中，单击"增加"按钮。

（2）输入数据。类别编码：××；类别名称：××地区。

（3）单击"保存"按钮。

（4）同理，根据实验资料增加其他地区分类信息。

（八）设置客户档案

（1）在"客户档案"窗口中，单击选中"××××单位"。

（2）单击"增加"按钮，打开"增加客户档案"对话框。

（3）输入数据。

客户编码：×××；客户名称：××××××；客户简称：×××；所属地区：××；税号：××××××××；开户银行：××××××行；银行账号：××××××××××××××；地址：××××××××邮政编码：××××××。

（4）单击"保存"按钮，单击"退出"按钮。

（5）同理，根据实验资料增加其他客户档案信息。

（九）设置供应商档案

（1）在"供应商档案"窗口中，单击选中"××××供应商"。

（2）单击"增加"按钮，打开"增加供应商档案"对话框。

（3）输入数据。供应商编码：×××；供应商名称：××××有限公司；供应商简称：×××；所属地区：××；税号：××××××××；开户银行：××××行；银行账号：××××××；地址：××××××××；邮政编码：××××××。

（4）单击"保存"按钮，单击"退出"按钮。

（5）同理，根据实验资料增加其他供应商档案信息。

（十）设置外币及汇率

（1）在"外币设置"窗口中，输入数据。币符：×××；币名：×××元。

（2）单击"确认"按钮。

（3）在"20××年××月记账汇率"栏中输入汇率数值，回车确认。

（十一）设置结算方式

（1）在"结算方式"窗口中，单击"增加"按钮。

（2）输入数据。结算方式编码：×；结算方式名称：××结算。

（3）单击"保存"按钮。

（4）同理，根据实验资料增加其他结算方式信息。

（十二）设置开户银行

（1）在"开户银行"窗口中，单击"增加"按钮。

（2）输入数据

编码：××；名称：××××银行；账号：××××××××。

（3）单击"保存"按钮。

二、账套主管岗位操作内容一(基础档案设置)

(一)设置总账参数(表8-1)

表 8-1 设置总账参数信息

选项卡	参数设置
凭证、凭证打印及权限	制单序时控制 支票控制 不允许修改、作废他人填制的凭证 可以使用应收受控科目 可以使用应付受控科目 凭证编号由系统编号 打印凭证页脚姓名 出纳凭证必须经由出纳签字 凭证必须经由主管会计签字 其他采用系统默认设置
账簿及权限	账簿打印位数、每页打印行数按软件的标准设置 明细账打印按年排页 明细账查询权限控制到科目 其他采用系统默认设置
会计日历	会计日历为1月1日~12月31日
其他	部门、个人、项目按编码方式排序 其他采用系统默认设置

(二)部门档案(表8-2)

表 8-2 部门档案信息

部门编码	部门名称	部门编码	部门名称
01	办公室	0401	销售一部
02	财务部	0402	销售二部
03	采购部	0403	销售三部
04	销售部	05	仓管部

(三)职员档案(表8-3)

表 8-3 职员档案信息

职员编码	职员姓名	部门名称	职员属性	是否业务员
01001	张山	办公室	总经理	否
01002	李立	办公室	副总经理	是
01003	李小璐	办公室	管理人员	否
02001	自己	财务部	财务经理	否
02002	同学2	财务部	会计	是

职员编码	职员姓名	部门名称	职员属性	是否业务员
02003	同学 3	财务部	出纳	是
03001	黄小舟	采购部	部门经理	是
03002	周瑜	采购部	业务人员	是
03003	李密	采购部	业务人员	是
04001	徐凡	销售一部	部门经理	是
04002	王明浩	销售一部	业务人员	是
04003	李斌	销售一部	业务人员	是
04004	戴春	销售二部	业务人员	是
04005	李咏	销售二部	业务人员	是
04006	王晓慧	销售三部	业务人员	是
04007	傅一平	销售三部	业务人员	是
04008	周健	销售三部	业务人员	是
05001	崔歌	仓管部	部门经理	否
05002	刘伟	仓管部	业务人员	是

（四）客户分类（表 8-4）

表 8-4　　　　　　　　　客户分类信息

客户分类编码	客户分类名称	客户分类编码	客户分类名称
01	本地	0202	华东地区
02	外地	0203	西北地区
0201	东北地区	0204	西南地区

（五）客户档案（表 8-5）

表 8-5　　　　　　　　　客户档案信息

客户编码	客户名称	客户简称	所属分类	税号	业务员
01001	光明股份有限公司	光明公司	本地	123456789011111	王明浩
01002	星星股份有限公司	星星公司	本地	234567890122222	徐凡
02001	长江股份有限公司	长江公司	东北	345678901233333	李斌
02002	青蓝股份有限公司	青蓝公司	华东	456789012344444	戴春
02003	胜利股份有限公司	胜利公司	华东	567890123455555	李咏
02004	黄河股份有限公司	黄河公司	西北	678901234566666	王晓慧
02005	黄山股份有限公司	黄山公司	西南	789012345677777	傅一平

（六）供应商分类（表 8-6）

表 8-6 供应商分类信息

类别编码	类别名称	类别编码	类别名称
01	生产商	02	批发商

（七）供应商档案（表 8-7）

表 8-7 供应商档案信息

供应商编码	供应商名称	供应商简称	所属分类	开户银行	账号	税号	业务员	部门
01001	亚龙股份有限公司	亚龙公司	生产商	工商银行	9876	999888777666555	黄小舟	采购部
01002	方舟股份有限公司	方舟公司	生产商	工商银行	8765	888777666555444	周瑜	采购部
02001	大地股份有限公司	大地公司	批发商	工商银行	7654	777666555444333	周瑜	采购部
02002	春光股份有限公司	春光公司	批发商	工商银行	6543	666555444333222	李密	采购部
02003	维维股份有限公司	维维公司	批发商	工商银行	5432	555444333222111	李密	采购部

（八）存货分类（表 8-8）

表 8-8 存货分类信息

存货分类编码	存货分类名称	存货分类编码	存货分类名称
01	A类商品	03	C类商品
02	B类商品	04	应税劳务

（九）项目档案

新建项目大类：存货核算（使用存货目录定义），核算科目：1405 库存商品、6001 主营业务收入、6401 主营业务成本

（十）计量单位

1. 计量单位分组（表 8-9）

表 8-9 计量单位分组信息

计量单位组编码	计量单位组名称	计量单位组类别
1	A组	无换算
2	B组	固定换算

2. 计量单位（表 8-10）

表 8-10 计量单位信息

编码	名称	计量单位组名称	计量单位组类别	主计量单位标志	换算率
001	台	A组	无换算	否	
002	件	A组	无换算	否	
003	元	A组	无换算	否	
004	双	B组	固定换算	是	1
005	箱	B组	固定换算	否	10

（十一）存货档案（表 8-11）

表 8-11　　　　　　　　　　　　　存货档案信息

存货编码	存货代码	存货名称	存货大类	单位	主要供货单位	存货属性
01001	A1	101 商品	01	件	亚龙公司	外购、销售
01002	A2	102 商品	01	件	亚龙公司	外购、销售
01003	A3	103 商品	01	件	亚龙公司	外购、销售
02001	B1	201 商品	02	台	方舟公司	外购、销售
02002	B2	202 商品	02	台	方舟公司	外购、销售
02003	B3	203 商品	02	台	大地公司	外购、销售
03001	C1	301 商品	03	双	春光公司	外购、销售
03002	C2	302 商品	03	双	维维公司	外购、销售
03003	C3	303 商品	03	双	维维公司	外购、销售
04001	YF	运费	04	元		应税劳务

（十二）会计科目

1. 修改会计科目（表 8-12）

表 8-12　　　　　　　　　　　　修改会计科目信息

科目编码	科目名称	辅助核算
1121	应收票据	客户往来
1122	应收账款	客户往来
1221	其他应收款	个人往来
1123	预付账款	供应商往来
1601	固定资产	部门核算
2201	应付票据	供应商往来
2202	应付账款	供应商往来
2203	预收账款	客户往来
1405	库存商品	项目核算、数量核算、单位：份
6001	主营业务收入	项目核算、数量核算、单位：份
6401	主营业务成本	项目核算、数量核算、单位：份

2. 增加会计科目（表 8-13）

表 8-13　　　　　　　　　　　　增加会计科目信息

科目编码	科目名称	科目类型	核算账类
100201	工行存款	资产	日记账、银行账
100202	建行存款	资产	日记账、银行账
110101	A 股票	资产	

科目编码	科目名称	科目类型	核算账类
11010101	成本	资产	
110102	B 基金	资产	
11010201	成本	资产	
221101	应付工资	负债	
221102	应付福利费	负债	
221103	工会经费	负债	
221104	职工教育经费	负债	
221105	养老保险	负债	
222101	应交增值税	负债	
22210101	进项税额	负债	
22210102	销项税额	负债	
22210103	已交税金	负债	
222102	应交所得税	负债	
222103	应交城建税	负债	
222104	应交个人所得税	负债	
222105	应交教育费附加	负债	
400201	资本溢价	权益	
400202	其他资本公积	权益	
410401	未分配利润	权益	
660101	运杂费	损益	
660102	广告费	损益	
660103	工资及福利费	损益	
660199	其他费用	损益	
660201	办公费	损益	
660202	差旅费	损益	部门核算
660203	折旧费	损益	部门核算
660204	工资及福利费	损益	
660205	业务招待费	损益	
660206	税金	损益	
660207	汽车费	损益	
660209	工会经费	损益	
660210	职工教育经费	损益	
660211	养老保险	损益	
660299	其他费用	损益	

3　指定科目

在编辑菜单中选择"指定科目"项,将1001库存现金指定为现金总账科目,将1002银行存款指定为银行总账科目。

（十三）凭证类别（表8-14）

表8-14　　　　　　　　　　　　凭证类别信息

类别字	类别名称	限制类型	限制科目
记	记账凭证	无限制	

（十四）结算方式（表8-15）

表8-15　　　　　　　　　　　　结算方式信息

结算方式编码	结算方式名称	票据管理标志
1	现金	否
2	支票	是
201	现金支票	是
202	转账支票	是
3	电汇	否
4	银行汇票	否
5	其他	否

三、账套主管岗位操作技能二（总账系统初始设置）

（一）设置总账控制参数

（1）执行系统菜单的"设置→选项"命令,打开"选项"对话框。

（2）分别单击"凭证"、"账簿"、"会计日历"、"其他"选项卡,按照"实验资料"的要求进行相应的设置。

（3）设置完成后,单击"编辑"按钮。

（4）单击"确定"按钮,退出选项设置。

（二）设置基础数据

1. 建立会计科目——增加明细会计科目

（1）执行"设置→会计科目"命令,进入"会计科目"窗口,显示所有"按新会计制度"预置的科目。

（2）单击"增加"按钮,进入"会计科目—新增"窗口。

（3）输入明细科目相关内容。输入编码"××××"、科目中文名称"××××";选择科目相应的辅助核算

（4）单击"确定"按钮。

（5）继续单击"增加"按钮,输入实验资料中其他明细科目的相关内容。

（6）全部输完后,单击"关闭"按钮。

2. 建立会计科目——修改会计科目

在"会计科目"窗口中,单击要修改的会计科目。

(1) 单击"修改"按钮或双击该科目,进入"会计科目—修改"窗口。

(2) 在"会计科目—修改"窗口中,单击"修改"按钮。

(3) 选中需要的辅助核算复选框。

(4) 单击"确定"按钮。

(5) 按实验资料内容修改其他科目的辅助核算属性,修改完成后,单击"返回"按钮。

3. 建立会计科目——删除会计科目

(1) 在"会计科目"窗口中,选择要删除的会计科目。

(2) 单击"删除"按钮,弹出"记录删除后不能修复!真的删除此记录吗?"的提示框。

(3) 单击"确定"按钮,即可删除该科目。

4. 建立会计科目——指定会计科目

(1) 在"会计科目"窗口中,执行"编辑→指定科目"命令,进入"指定科目"窗口。

(2) 单击"现金总账科目"单选按钮。

(3) 单击选中"××××"科目。

(4) 单击">"按钮,将"××××"科目由待选科目选入已选科目。

(5) 同理,单击"银行总账科目"或"现金流量科目"将"××××"由待选科目选入已选科目。

(6) 单击"确认"按钮。

5. 设置凭证类别

(1) 执行系统菜单"设置→凭证类别"命令,打开"凭证类别预置"对话框。

(2) 单击"记账凭证"单选按钮。

(3) 单击"确定"按钮,进入"凭证类别"窗口确定凭证类别。

(4) 进入"凭证类别"窗口,单击工具栏中的"修改"按钮。

(5) 再单击收款凭证"限制类型"的下三角按钮,选择"借方必有";在"限制科目"栏输入科目代码。

(6) 同理,设置付款凭证的限制类型"贷方必有"、限制科目代码;设置转账凭证的限制类型"凭证必无"、限制科目代码。

(7) 设置完后,单击"退出"按钮。

6. 设置项目目录——定义项目大类

(1) 执行系统菜单"设置→编码档案→项目目录"命令,进入"项目档案"窗口。

(2) 单击"增加"按钮,打开"项目大类定义—增加"对话框。

(3) 输入新项目大类名称,如:"生产成本"。

(4) 单击"下一步"按钮,其他设置均采用系统默认值。

(5) 最后单击"完成"按钮,返回"项目档案"窗口。

7. 设置项目目录——指定核算科目

(1) 在"项目档案"窗口中,选择"核算科目"页签。

(2) 选择项目大类:如"生产成本"。

(3) 分别选择要参加核算的科目。

（4）单击"＞"按钮，将参加核算的科目从"待选科目"移至"已选科目"中。

（5）单击"确定"按钮。

8. 设置项目目录——定义项目分类

（1）在"项目档案"窗口中，选择"项目分类定义"页签。

（2）单击右下角的"增加"按钮。

（3）输入分类编码"1"；输入分类名称：如"学习类软件"。

（4）单击"确定"按钮。

（5）同理，定义"2"如"游戏类软件"项目分类。

9. 设置项目目录——定义项目目录

（1）在"项目档案"窗口中，选择"项目目录"页签。

（2）单击"维护"按钮，进入"项目目录维护"窗口。

（3）单击"增加"按钮。

（4）输入项目编号"101"；输入项目名称，如"A 软件"；选择所属分类码"1"。

（5）同理，继续增加，如"102　B 软件"项目档案。

（三）输入期初余额

1. 输入期初余额——总账期初余额

（1）执行"设置→期初余额"命令，进入"期初余额录入"窗口。

（2）输入，如"1001 现金"科目的期初余额 5 000，敲回车键确认。

（3）同理，输入实验资料中其他总账科目的期初余额。

2. 输入期初余额——辅助账期初余额

（1）执行"设置→期初余额"命令，进入"期初余额录入"窗口。

（2）双击，如"其他应收款"的期初余额栏，进入"个人往来期初"窗口。

（3）单击"增加"按钮。

（4）输入实验资料中的"其他应收款"的辅助核算信息。

（5）单击"退出"按钮。

（6）同理，输入实验资料中其他辅助核算科目的期初余额。

3. 输入期初余额——试算平衡

（1）输完所有科目余额后，在"期初余额录入"窗口，单击"试算"按钮，打开"期初试算平衡表"对话框。

（2）单击"确认"按钮。若期初余额不平衡，则修改期初余额直到平衡为止。

（四）数据权限分配

（1）执行系统菜单"设置→数据权限分配"命令，进入"权限浏览"窗口。

（2）选择用户，如"李芳"。

（3）单击"授权"按钮，弹出"记录权限设置"对话框。

（4）选中"查账"复选框。

（5）分别选中，如"1001 现金"、"1002 银行存款"、"100201 工行存款"、"100202 中行存款"科目。

（6）单击"＞"按钮，将以上科目由禁用科目选为可用科目。

（7）再单击"保存"按钮。这样，用户"李芳"便具有查询现金和银行存款日记账的权限。

四、账套主管岗位操作内容二（总账系统初始设置）

（一）期初余额（表 8-16）

表 8-16　　　　　　　　　　　各科目期初余额

科目编码	科目名称	余额方向	期初余额
1001	库存现金	借	1 573.00
1002	银行存款	借	1 426 805.23
100201	工行存款	借	1 326 805.23
100202	建行存款	借	100 000.00
1012	其他货币资金	借	56 000.00
1101	交易性金融资产	借	285 000.00
11010101	A 股票－成本	借	105 000.00
11010201	B 基金－成本	借	180 000.00
1121	应收票据	借	120 000.00
1122	应收账款	借	77 805.00
1221	其他应收款	借	1 500.00
1231	坏账准备	贷	396.53
1123	预付账款	借	55 600.00
1405	库存商品	借	265 770.00
1501	持有至到期投资	借	300 000.00
1601	固定资产	借	6 021 000.00
1602	累计折旧	贷	1 089 843.00
1701	无形资产	借	150 000.00
1801	长期待摊费用	借	78 000.00
2001	短期借款	贷	500 000.00
2202	应付账款	贷	20 124.00
2203	预收账款	贷	60 000.00
221102	应付福利费	贷	63 250.00
2221	应交税费	贷	74 647.70
22210103	已交税金	贷	38 250.00
222102	应交所得税	贷	29 700.00
222103	应交城市维护建设税	贷	2 677.50
222104	应交个人所得税	贷	2 490.20
222105	应交教育费附加	贷	1 530.00
2241	其他应付款	贷	53 848.00
2501	长期借款	贷	400 000.00
4001	实收资本	贷	5 000 000.00
4002	资本公积	贷	613 600.00
400201	资本溢价	贷	600 000.00
400202	其他资本公积	贷	13 600.00
4101	盈余公积	贷	760 544.00
4104	利润分配	贷	202 800.00
410401	未分配利润	贷	202 800.00

（二）辅助账期初余额

（1）1121 应收票据，信息见表 8-17。

表 8-17 应收票据信息

日期	凭证号	客户	摘要	方向	金额
20×1—12—16	记—21	黄山公司	销货款	借	120 000

（2）1122 应收账款，信息见表 8-18。

表 8-18 应收账款信息

日期	凭证号	客户	摘要	方向	金额
20×1—12—26	记—52	光明公司	销货款	借	60 021
20×1—12—28	记—56	青蓝公司	销货款	借	17 784

（3）1221 其他应收款，信息见表 8-19。

表 8-19 其他应收款信息

日期	凭证号	部门	个人	摘要	方向	金额
20×1—12—29	记—28	办公室	李立	出差借款	借	1 500

（4）1123 预付账款，信息见表 8-20。

表 8-20 预付账款信息

日期	凭证号	供应商	摘要	方向	金额
20×1—12—29	记—29	大地	预付款	借	50 000

（5）1601 固定资产，信息见表 8-21。

表 8-21 固定资产信息

部门名称	固定资产原值	部门名称	固定资产原值
办公室	432 500	销售二部	1 006 500
财务部	453 500	销售三部	1 024 000
采购部	692 500	仓管部	980 000
销售一部	1 432 000	合计	6 021 000

（6）2202 应付账款，信息见表 8-22。

表 8-22 应付账款信息

日期	凭证号	供应商	摘要	方向	金额
20×1—12—29	记—58	维维公司	购货款	贷	20 124

（7）2203 预收账款，信息见表 8-23。

表 8-23　　　　　　　　　预收账款信息

日期	凭证号	客户	摘要	方向	金额
20×1－12－30	记－16	胜利公司	预收款	贷	60 000

（8）1405 库存商品，信息见表 8-24。

表 8-24　　　　　　　　　库存商品信息

存货编码	存货名称	计量单位	数量	单价	金额
01001	101 商品	件	20	700	14 000
01002	102 商品	件	35	600	21 000
01003	103 商品	件	48	500	29 000
02001	201 商品	台	12	2 750	33 000
02002	202 商品	台	25	2 160	54 000
02003	203 商品	台	19	1 530	29 070
03001	301 商品	双	190	280	53 200
03002	302 商品	双	70	310	21 700
03003	303 商品	双	100	158	10 800

（三）数据权限，信息见表 8-25。

表 8-25　　　　　　　　　数据权限信息

用户	科目权限	部门权限	用户
同学 2	全选	全选	全选
同学 3	全选	全选	全选

（四）期间损益结转设置

凭证类别：记账凭证；本年利润科目：4103。

第三节　制单会计岗位技能操作

一、制单岗位日常业务操作技能（日常业务）

（一）填制凭证

1. 增加凭证——输入 1 张完整的凭证（业务 1）

（1）执行系统菜单"凭证→填制凭证"命令，进入"填制凭证"窗口。

（2）单击"增加"按钮，增加一张空白凭证。

（3）选择凭证类型、输入制单日期、输入附单据数。

（4）输入摘要、输入科目名称、方金额，回车，摘要自动带到下一行；输入科目名称、贷方金额。

（5）单击"保存"按钮，弹出"凭证已成功保存！"信息提示框。

（5）单击"确定"按钮。

2 增加凭证——输入凭证的辅助核算信息

在凭证填制过程中，若某科目为"银行科目"、"外币科目"、"数量科目"、"辅助核算科目"，则输完科目名称后，须继续输入该科目的辅助核算信息。

（1）银行科目。

① 在填制凭证过程中，输完银行科目，如"100201"，弹出"辅助项"对话框。

② 输入结算方式、票号、发生日期。

③ 单击"确认"按钮。

④ 凭证输完后，单击"保存"按钮，若此张支票未登记，则弹出"此支票尚未登记，是否登记？"对话框。

⑤ 单击"是"按钮，弹出"票号登记"对话框。

⑥ 输入领用日期、领用部门、姓名、限额、用途。

⑦ 单击"确定"按钮。

（2）外币科目。

① 在填制凭证过程中，输完外币科目，如"100202"。

② 输入外币金额、根据自动显示的外币汇率、自动算出并显示本币金额。

③ 全输完后，单击"保存"按钮，保存凭证。

（3）数量科目。

① 在填制凭证过程中，输完数量科目，如"121101"，弹出"辅助项"对话框。

② 输入数量、单价。

③ 单击"确认"按钮。

（4）辅助核算科目——客户往来。

① 在填制凭证过程中，输完客户往来科目，如"1131"，弹出"辅助项"对话框。

② 选择输入客户、业务员、输入票号、发生日期。

③ 单击"确认"按钮。

（5）辅助核算科目——供应商往来。

① 在填制凭证过程中，输完供应商往来科目，如"2121"，弹出"辅助项"对话框。

② 选择输入供应商、业务员、发生日期。

③ 单击"确认"按钮。

（6）辅助核算科目——部门核算。

① 在填制凭证过程中，输完部门核算科目，如"550205"，弹出"辅助项"对话框。

② 选择输入部门。

③ 单击"确认"按钮。

（7）辅助核算科目——个人往来。

① 在填制凭证过程中，输完个人往来科目，如"1133"，弹出"辅助项"对话框。

② 选择输入部门、个人、发生日期。

③ 单击"确认"按钮。

（8）辅助核算科目——项目核算。

① 在填制凭证过程中，输完项目核算科目，如"410101"，弹出"辅助项"。

② 选择输入项目名称。

③ 单击"确认"按钮。

3. 修改凭证

（1）执行"凭证→填制凭证"命令，进入"填制凭证"窗口。

（2）单击"查询"按钮，输入查询条件（例如：收款凭证 0001 号），找到要修改的凭证。

（3）对于凭证的一般信息，将光标放在要修改的地方，直接修改；如果要修改凭证的辅助项信息，首先选中辅助核算科目行，然后将光标置于备注栏辅助项，待鼠标变形时双击，弹出"辅助项"对话框，在对话框中修改相关信息。

（4）单击"保存"按钮，保存相关信息。

4. 冲销凭证

（1）在"填制凭证"窗口，执行"制单→冲销凭证"命令，打开"冲销凭证"对话框。

（2）输入条件：选择"月份"、"凭证类别"；输入"凭证号"等信息。

（3）单击"确定"按钮，系统自动生成一张红字冲销凭证。

5. 删除凭证

（1）作废凭证。

① 在"填制凭证"窗口，先查询到要作废的凭证。

② 执行"制单→作废/恢复"命令。

③ 凭证的左上角显示"作废"，表示该凭证已作废。

（2）整理凭证。

① 在"填制凭证"窗口中，执行"制单→凭证删除/整理"命令，打开"选择凭证期间"对话框。

② 选择要整理的"月份"。

③ 单击"确定"按钮，打开"作废凭证表"对话框。

④ 选择真正要删除的作废凭证。

⑤ 单击"确定"按钮，系统将这些凭证从数据库中删除并对剩下凭证重新排号。

二、制单岗位日常操作内容（日常业务）

（1）2 日，根据月初在用固定资产原值计提本月折旧，附单据 1 张。

借：管理费用——折旧费（办公室）	1 289.50
管理费用——折旧费（财务部）	1 373.50
管理费用——折旧费（采购部）	3 343.50
管理费用——折旧费（销售一部）	5 051.55
管理费用——折旧费（销售二部）	3 181.35
管理费用——折旧费（销售三部）	3 319.60
管理费用——折旧费（仓管部）	2 548.00
贷：累计折旧	20 107.00

（2）2 日，青蓝公司汇来前欠货款 17 784 元，票号 2201，附件 1 张。

借：银行存款——工商银行　　　　　　　　　17 784.00

　　　　贷：应收账款（公司）　　　　　　　　　　　　　　　　　　17 784.00

　　（3）2 日，胜利公司订购 202 商品 20 台，协议价格 2 780 元/台，301 商品 80 双，协议价格 350 元/双。

　　（4）3 日，向大地公司订购 203 商品 50 台，单价 1 500 元，要求 6 日到货（注：本实训题中的单价均指不含税单价）。

　　（5）4 日，仓库发出胜利公司 2 日所订商品，并开出专用发票，价款 83 600 元，税款 14 212 元，价税合计 97 812 元。

　　　　借：应收账款（胜利公司）　　　　　　　　　　　　　　　97 812.00

　　　　　　贷：主营业务收入　　　　　　　　　　　　　　　　　　83 600.00

　　　　　　　　应交税费——应交增值税——销项税额　　　　　　14 212.00

　　（6）4 日，向亚龙公司订购 101 商品 100 件，单价 680 元，102 商品 100 件，单价 590 元，103 商品 80 件，单价 500 元。

　　（7）5 日，办公室李立出差归来，报销差旅费 1 820 元，原预借 1 500 元，差额以现金付给，附单据 2 张。

　　　　借：管理费用——差旅费　　　　　　　　　　　　　　　　1 820.00

　　　　　　贷：其他应收款（李立）　　　　　　　　　　　　　　　1 500.00

　　　　　　　　库存现金　　　　　　　　　　　　　　　　　　　　320.00

　　（8）5 日，电汇给维维公司 20 124 元，支付前欠货款，票号 4561，附单据 1 张。

　　　　借：应付账款（维维公司）　　　　　　　　　　　　　　　20 124.00

　　　　　　贷：银行存款——工商银行　　　　　　　　　　　　　20 124.00

　　（9）6 日，交上月应交增值税 38 250 元，应交所得税 29 700 元，应交城市维护建设税 2 677.5 元，应交个人所得税 2 490.2 元，应交教育费附加 1 530 元，共计 74 647.7 元。结算方式：其他；附单据 3 张。

　　　　借：应交税费——应交增值税-已交税金　　　　　　　　　38 250.00

　　　　　　应交税费——应交所得税　　　　　　　　　　　　　　29 700.00

　　　　　　应交税费——应交城市维护建设税　　　　　　　　　　2 677.50

　　　　　　应交税费——应交个人所得税　　　　　　　　　　　　2 490.20

　　　　　　应交税费——应交教育费附加　　　　　　　　　　　　1 530.00

　　　　　　贷：银行存款——工商银行　　　　　　　　　　　　　74 647.70

　　（10）6 日，向维维公司订购 302 商品 200 双，单价 300 元，303 商品 150 双，单价 160 元，13 日自备车辆提货。

　　（11）6 日，星星公司订购 101 商品 50 件，单价 910 元，102 商品 30 件，单价 780 元，103 商品 40 件，单价 650 元，商品自提；黄河公司订购 203 商品 30 台，单价 1 980 元，302 商品 30 双，单价 400 元，要求 12 日发货。

　　（12）6 日，收到大地公司发来 203 商品 50 台，验收入库。

　　　　借：库存商品　　　　　　　　　　　　　　　　　　　　　75 000.00

　　　　　　贷：材料采购　　　　　　　　　　　　　　　　　　　75 000.00

　　（13）6 日，收到大地公司开来的专用发票，列 203 商品 50 台，单价 1500 元，货款 75 000 元，税款 12 750 元共计 87 750 元。

借:材料采购　　　　　　　　　　　　　　　　　　75 000.00

　　应交税费——应交增值税——进项税额　　　　12 750.00

　　贷:应付账款(大地公司)　　　　　　　　　　　　　　　87 750.00

(14) 6 日,收到亚龙公司发来 101 商品 100 件,102 商品 100 件,103 商品 80 件,验收入库。

借:库存商品　　　　　　　　　　　　　　　　　　167 000.00

　　贷:材料采购　　　　　　　　　　　　　　　　　　　　167 000.00

(15) 9 日,仓库发出星星公司 6 日订购商品,开出专用发票,计货款 94 900 无,税款 16 133 元共计 111 033 元,收到转账支票送存工商银行,票据号:4562,银行账号:2233。

借:银行存款——工商银行　　　　　　　　　　　111 033.00

　　贷:主营业务收入　　　　　　　　　　　　　　　　　94 900.00

　　　　应交税费——应交增值税——销项税额　　　　　　16 133.00

(16) 9 日,以现金支付汽油费 900 元,附单据 1 张。

借:管理费用——汽车费　　　　　　　　　　　　900.00

　　贷:库存现金　　　　　　　　　　　　　　　　　　　　900.00

(17) 10 日,收到亚龙公司开来专用发票,101 商品 100 件,单价 680 元,102 商品 100 件,单价 590 元,103 商品 80 件,单价 500 元,共计货款 167 000 元,税款 23 890 元,价税合计 195 390 元。

借:材料采购　　　　　　　　　　　　　　　　　　167 000.00

　　应交税费——应交增值税——进项税额　　　　28 390.00

　　贷:应付账款(亚龙公司)　　　　　　　　　　　　　　195 390.00

(18) 10 日,发放本月工资,据统计,上月职工戴春事假 1 天,李咏梅病假 2 天,本月工资表如下:

借:应付职工薪酬——应付职工薪酬——应付工资　52 768.00

　　贷:其他应付款　　　　　　　　　　　　　　　　　　　3 136.00

　　　　应交税费——应交个人所得税　　　　　　　　　　1 284.15

　　　　银行存款——工商银行　　　　　　　　　　　　　48 347.85

(19) 11 日,收到光明公司 2187♯转账支票,系上月货款 60 021 元。

借:银行存款——工商银行　　　　　　　　　　　60 021.00

　　贷:应收账款(光明公司)　　　　　　　　　　　　　　60 021.00

(20) 11 日,开出现金支票 2368♯,提现 3 000 元备用,附单据 1 张。

借:库存现金　　　　　　　　　　　　　　　　　　3 000.00

　　贷:银行存款——工商银行　　　　　　　　　　　　　　3 000.00

(21) 11 日,办公室购进传真机一台,价款 2 600 元,开出 2188♯转账支票付讫,当即交付使用,使用年限为 5 年。

借:固定资产(办公室)　　　　　　　　　　　　　2 600.00

　　贷:银行存款——工商银行　　　　　　　　　　　　　　2 600.00

(22) 12 日,开出银行承兑汇票 195 390 元,抵付亚龙公司货款,票据号 06001,期限一个月,中国工商银行承兑。

借:应付账款(亚龙公司) 195 390.00

  贷:应付票据(亚龙公司) 195 390.00

(23) 12 日,收到胜利公司汇来前欠货款 37 812 元,并以预收款 60 000 元冲应收该公司账款,票据号:3276。

借:银行存款——工商银行 37 812.00

     预收账款(胜利公司) 60 000.00

  贷:应收账款(胜利公司) 97 812.00

(24) 12 日,仓库发出长江公司 6 日订购 203 商品 30 台,302 商品 30 双;以现金代垫运费 600 元,开出销售专用发票,货款 71 400 元,税款 12 138 元,价税合计 83 538 元。

借:应收账款(长江公司) 84 138.00

  贷:主营业务收入 71 400.00

     应交税费——应交增值税——销项税额 12 138.00

     库存现金 600.00

(25) 13 日,收到仓库通知,向维维公司订购的 302 商品 200 双,303 商品 150 双,已到货验收入库。收到专用发票,货款 84 000 元,税款 14 280 元,共计 98 280 元,当即开出银行汇票付讫,票据号:7403;账号 6549。

借:库存商品 84 000.00

  贷:材料采购 84 000.00

借:材料采购 84 000.00

     应交税费——应交增值税——进项税额 14 280.00

  贷:应付账款(维维公司) 98 280.00

(26) 13 日,办公室购买办公用品 360 元,以现金支付,附单据 1 张。

借:管理费用——办公费 360.00

  贷:库存现金 360.00

(27) 13 日,向方舟公司订购 201 商品 20 台,单价 2 750 元,202 商品 30 台,单价 2 160 元。

(28) 16 日,黄山公司 2005 年 12 月 16 日签发的应收票据到期,款项收存银行,结算方式:其他。

借:银行存款——工商银行 120 000.00

  贷:应收票据(黄山公司) 120 000.00

(29) 16 日,红光公司订购 101 商品 40 件,单价 910 元,102 商品 50 件,单价 780 元,103 商品 30 件,单价 650 元。

(30) 17 日,销售一部徐凡报销业务招待 780 元,以现金支付。

借:管理费用——业务招待费 780.00

  贷:库存现金 780.00

(31) 17 日,收到方舟公司发来的 201 商品 20 台,202 商品 30 台,验收入库。

借:库存商品 119 800.00

  贷:材料采购 119 800.00

(32) 17 日,收到方舟公司专用发票:201 商品 20 台,单价 2 750 元,价款 55 000 元,税款 9 350 元;202 商品 30 台,单价 2 160 元,价款 64 800 元,税款 11 016 元。

借:材料采购   119 800.00

    应交税费——应交增值税——进项税额   20 366.00

  贷:应付账款(方舟公司)   140 166.00

(33)18 日,仓库发出光明公司 16 日订购 101 商品 40 件,102 商品 50 件,103 商品 30 件,开出专用发票,计价款 94 900 元,税款 16 133 元,价税合计 111 033 元。

借:应收账款(光明公司)   111 033.00

  贷:主营业务收入   949 00.00

    应交税费——应交增值税——销项税额   16 133.00

(34)18 日,汇给大地公司 37 750 元,并冲预付款 50 000 元,结清前欠购货款,票据号 4 562。

借:应付账款(大地公司)   87 750.00

  贷:银行存款——工商银行   37 750.00

    预付账款(大地公司)   50 000.00

(35)19 日,收到光明公司转账支票一张,31 033 元,二个月期限的银行承兑汇票一张,面值 80 000 元,结清前欠货款,票据编号 06002,结算方式:转账支票,承兑银行:工商银行。

借:银行存款——工商银行   31 033.00

  应收票据(光明公司)   80 000.00

  贷:应收账款(光明公司)   111 033.00

(36)19 日,向春光公司订购 301 商品 150 双,单价 280 元。

(37)20 日,黄河公司业务员持 100 000 元银行汇票前来购货,订购 301 商品 60 双,单价 360 元,302 商品 100 双,单价 400 元,303 商品 100 双,单价 200 元,计价款 81 600 元,税款 13 872 元,价税合计 95 472 元。开出专用发票,填写进账单将银行汇票送存银行,实际结算 95 472 元,票据号:5782,账号 6789。商品已由 3♯库发出。

借:银行存款——工商银行   95 472.00

  贷:主营业务收入   81 600.00

    应交税费——应交增值税——销项税额   13 872.00

(38)20 日,短期借款 200 000 元今日到期,开出 2189♯转账支票归还。

借:短期借款   200 000.00

  贷:银行存款——工商银行   200 000.00

(39)23 日,黄山公司订购 301 商品 70 双,单价 350 元,302 商品 70 双,单价 390 元,303 商品 70 双,单价 200 元。

(40)23 日,19 向春光公司购进的 150 双 301 商品验收入库,同时收到专用发票,价款 42 000 元,税款 7 140 元,价税合计 49 140 元。

借:库存商品   42 000.00

  贷:材料采购   42 000.00

借:材料采购   42 000.00

  应交税费——应交增值税——进项税额   7 140.00

  贷:应付账款(春光公司)   49 140.00

（41）24 日，售出持有的 A 股票，收入 138 600 元，购入成本 105 000 元，获利 33 600 元，附单据 1 张。

借：其他货币资金　　　　　　　　　　　　　　　　　　138 600.00
　　贷：交易性金融资产——A 股票——成本　　　　　　　105 000.00
　　　　投资收益　　　　　　　　　　　　　　　　　　33 600.00

（42）24 日，仓库发出黄山公司 23 日订购的商品，销售部开出专用发票，价款 65 800 元，税款 11 186 元，价税合计 76 986 元。

借：应收账款（黄山公司）　　　　　　　　　　　　　76 986.00
　　贷：主营业务收入　　　　　　　　　　　　　　　　65 800.00
　　　　应交税费——应交增值税——销项税额　　　　　11 186.00

（43）25 日，青蓝公司订购 201 商品 20 台，单价 3 560 元，202 商品 20 台，单价 2 750 元，203 商品 20 台，单价 1 950 元。

（44）26 日，仓库发出青蓝公司 25 日订购的商品，销售部开出专用发票，价款 165 200 元，税款 28 084 元，价税合计 193 284 元。

借：应收账款（青蓝公司）　　　　　　　　　　　　　193 284.00
　　贷：主营业务收入　　　　　　　　　　　　　　　165 200.00
　　　　应交税费——应交增值税——销项税额　　　　　28 084.00

（43）27 日，从工商银行账户预交增值税 25 000 元，结算方式：其他，附单据 1 张。

借：应交税费——应交增值税——已交税金　　　　　　25 000.00
　　贷：银行存款——工商银行　　　　　　　　　　　25 000.00

（47）27 日，摊销本月应分摊的保险费：预付账款 800 元，长期待摊费用 2 000 元，无形资产 1 250 元。

借：管理费用——其他费用　　　　　　　　　　　　　4 050.00
　　贷：预付账款　　　　　　　　　　　　　　　　　800.00
　　　　累计摊销　　　　　　　　　　　　　　　　　1 250.00
　　　　长期待摊费用　　　　　　　　　　　　　　　2 000.00

（43）27 日，计提本月应交城市维护建设税 2 018.24 元，应交教育费附加 1 153.28 元，附单据 1 张。

借：营业税金及附加　　　　　　　　　　　　　　　　3 171.52
　　贷：应交税费——应交城市维护建设税　　　　　　　2 018.24
　　　　　　　　——应交教育费附加　　　　　　　　　1 153.28

三、制单岗位期末处理操作技能

（一）转账定义

1. 自定义结转设置

（1）执行系统菜单"期末→转账定义→自定义结转"命令，进入"自动转账设置"窗口。

（2）单击"增加"按钮，打开"转账目录"设置对话框。

（3）输入转账序号、转账说明、;选择凭证类别。

（4）单击"确定"按钮，继续定义转账凭证分录信息。

（5）确定分录的借方信息。选择科目编码、部门、方向"借"、输入金额公式，如"JG()"。

(6) 单击"增行"按钮。

(7) 确定分录的贷方信息。

选择科目编码、方向"贷"、输入金额公式,如"1 200/12"。

(8) 单击"保存"按钮。

2. 期间损益结转设置

(1) 执行系统菜单"期末→转账定义→期间损益"命令,进入"期间损益结转设置"窗口。

(2) 选择凭证类别,选择本年利润科目"4103"。

(3) 单击"确定"按钮。

(二) 转账生成

1. 自定义转账生成

(1) 执行系统菜单"期末→转账生成"命令,进入"转账生成"窗口。

(2) 单击"自定义转账"单选按钮。

(3) 单击"全选"按钮。

(4) 单击"确定"按钮,生成转账凭证。

(5) 单击"保存"按钮,系统自动将当前凭证追加到未记账凭证中。

2. 期间损益结转生成

以"会计员"身份重新注册总账系统。依次选择输入操作员、密码、账套、会计年度、操作日期。

(1) 执行系统菜单"期末→转账生成"命令,进入"转账生成"窗口。

(2) 单击"期间损益结转"单选按钮。

(3) 单击"全选"按钮。

(4) 单击"确定"按钮,生成转账凭证。

(5) 单击"保存"按钮,系统自动将当前凭证追加到未记账凭证中。

四、制单岗位期末处理操作内容

★期末处理产生凭证的日期均为 1 月 31 日。

(一) 工资分摊

1. 分摊工资

借:销售费用——工资及福利费　　　　　　　　　　　18 758.00

　　管理费用——工资及福利费　　　　　　　　　　　34 010.00

　　贷:应付职工薪酬——应付工资　　　　　　　　　　　　　52 768.00

2. 计提福利费

借:销售费用——工资及福利费　　　　　　　　　　　2 626.12

　　管理费用——工资及福利费　　　　　　　　　　　4 761.40

　　贷:应付职工薪酬——应付福利费　　　　　　　　　　　　7 387.52

3. 计提工会经费

借:管理费用——工会经费　　　　　　　　　　　　　1 055.36

　　贷:应付职工薪酬——工会经费　　　　　　　　　　　　　1 055.36

4. 计提职工教育经费

借:管理费用——职工教育经费　　　　　　　　　　　791.52

　　贷:应付职工薪酬——职工教育经费　　　　　　　　　　　791.52

5. 计提养老保险

　　借:管理费用——养老保险　　　　　　　　10 025.92

　　贷:应付职工薪酬——养老保险　　　　　　　　　　　　10 025.92

★总账期末处理前出纳对出纳凭证进行出纳签字,会计主管对未记账凭证进行审核、签章、记账。

(二)销售成本结转设置及生成凭证操作

　　借:主营业务成本　　　　　　　　　　　506 437.35

　　贷:库存商品　　　　　　　　　　　　　　　　　506 437.35

(三)计提本月应交所得税

　　收入合计 691 000 元,支出合计 612 818.74 元,利润 78 181.26 元,应交所得税 25 799.82 元,附单据 1 张。

　　借:所得税费用　　　　　　　　　　　　25 799.82

　　贷:应交税费——应交所得税　　　　　　　　　　　　25 799.82

★会计主管对上述凭证进行审核、签章、记账。

(四)设置并结转期间损益账户。

　　借:主营业务收入　　　　　　　　　　　657 400.00

　　　　投资收益　　　　　　　　　　　　　33 600.00

　　贷:本年利润　　　　　　　　　　　　　　　　　55 545.99

　　　　主营业务成本　　　　　　　　　　　　　　　506 437.35

　　　　主营业务税金及附加　　　　　　　　　　　　　3 171.52

　　　　销售费用——工资及福利费　　　　　　　　　21 384.12

　　　　管理费用——办公费　　　　　　　　　　　　　360.00

　　　　管理费用——差旅费　　　　　　　　　　　　1 820.00

　　　　管理费用——折旧费(办公室)　　　　　　　　1 289.50

　　　　管理费用——折旧费(财务部)　　　　　　　　1 373.50

　　　　管理费用——折旧费(采购部)　　　　　　　　3 343.50

　　　　管理费用——折旧费(销售一部)　　　　　　　5 051.55

　　　　管理费用——折旧费(销售二部)　　　　　　　3 181.35

　　　　管理费用——折旧费(销售三部)　　　　　　　3 319.60

　　　　管理费用——折旧费(仓管部)　　　　　　　　2 548.00

　　　　管理费用——工资及福利费　　　　　　　　　38 771.40

　　　　管理费用——业务招待费　　　　　　　　　　　780.00

　　　　管理费用——汽车费　　　　　　　　　　　　　900.00

　　　　管理费用——工会经费　　　　　　　　　　　1 055.36

　　　　管理费用——职工教育经费　　　　　　　　　　791.52

　　　　管理费用——养老保险　　　　　　　　　　　10 025.92

　　　　管理费用——其他费用　　　　　　　　　　　4 050.00

　　　　所得税　　　　　　　　　　　　　　　　　　25 799.82

★会计主管对上述凭证进行审核、签章、记账。

★会计主管进行结账。

第四节　出纳岗位技能操作

一、出纳岗位操作技能

（一）出纳签字

1. 更换操作员。

（1）在"总账系统"的初始窗口，执行"系统→重新注册"命令，进入"注册总账"窗口。

（2）以"003"的身份重新注册总账系统。

2. 出纳签字

（1）执行"凭证→出纳签字"命令，打开"出纳签字"查询条件对话框。

（2）输入查询条件：单击"全部"单选按钮，输入月份"2005.12"。

（3）单击"确认"按钮，进入"出纳签字"的凭证列表窗口。

（4）双击某一要签字的凭证或者单击"确定"按钮，进入"出纳签字"的签字窗口。

（5）单击"签字"按钮，凭证底部的"出纳"处自动签上出纳人姓名。

（6）单击"下张"按钮，对其他凭证进行签字。

（7）最后单击"退出"按钮。

（二）出纳管理

1. 现金日记账

（1）执行系统菜单"出纳→现金日记账"命令，打开"现金日记账查询条件"对话框。

（2）选择科目"1001 现金"，默认月份。

（3）单击"确认"按钮，进入"现金日记账"窗口。

（4）双击某行或将光标定在某行，再单击"凭证"按钮，可查看相应的凭证。

（5）单击"总账"按钮，可查看此科目的三栏式总账。

（6）单击"退出"按钮。

2. 银行存款日记账

银行存款日记账查询与现金日记账查询操作基本相同，所不同的只是银行存款日记账多一结算号栏，主要是对账时用。

3. 资金日报表

（1）执行系统菜单"出纳→资金日报"命令，打开"资金日报表查询条件"对话框。

（2）输入查询日期，选择"有余额无发生也显示"复选框。

（3）单击"确认"按钮，进入"资金日报表"窗口。

（4）查看资金日报表，单击"退出"按钮。

4. 支票登记簿

（1）执行系统菜单"出纳→支票登记簿"命令，打开"银行科目选择"对话框。

（2）选择科目，例如：工行存款"100201"。

（3）单击"确定"按钮，进入支票登记窗口。

（4）单击"增加"按钮。

（5）输入领用日期、领用部门、领用人、支票号、预计金额。

（6）单击"保存"按钮,再单击"退出"按钮。

（三）银行对账

以"出纳员"的身份启动和注册总账系统。依次选择输入操作员、密码、账套、会计年度、操作日期。

1. 输入银行对账期初数据

（1）执行系统菜单"出纳→银行对账→银行对账期初录入"命令,打开"银行科目选择"对话框。

（2）选择科目,例如"工行存款（100201）"。

（3）单击"确定"按钮,进入"银行对账期初"窗口。

（4）确定启用日期。

（5）输入单位日记账的调整前余额、输入银行对账单的调整前余额。

（6）单击"对账单期初未达项"按钮,进入"银行方期初"窗口。

（7）单击"增加"按钮。

（8）输入日期、结算方式、借方金额。

（9）单击"保存"按钮。

（10）单击"退出"按钮。

2. 输入银行对账单

（1）执行系统菜单"出纳→银行对账→银行对账单"命令,打开"银行科目选择"对话框。

（2）选择科目,例如"工行存款（100201）"。

（3）单击"确定"按钮,进入"银行对账单"窗口。

（4）单击"增加"按钮。

（5）按实验资料输入银行对账单数据。

（6）单击"保存"按钮。

3. 银行对账

（1）自动对账：

① 执行"出纳→银行对账→银行对账"命令,打开"银行科目选择"对话框；

② 选择科目,例如"工行存款（100201）"；

③ 单击"确定"按钮,进入"银行对账"窗口；

④ 单击"对账"按钮,打开"自动对账"条件对话框；

⑤ 输入截止日期,默认系统提供的其他对账条件；

⑥ 单击"确定"按钮,显示自动对账结果。

（2）手工对账：

① 在自动对账窗口,对于一些应勾对而未勾对上的账项,可分别双击"两清"栏,直接进行手工调整；

② 对账完毕,单击"检查"按钮,结果如果平衡,单击"确认"按钮。

（四）输出余额调节表

（1）执行系统菜单"出纳→银行对账→余额调节表查询"命令,进入"银行存款余额调节表"窗口。

（2）选中科目，例如"工行存款（100201）"。

（3）单击"查看"或双击该行，即显示该银行账户的银行存款余额调节表。

（4）单击"打印"按钮，打印银行存款余额调节表。

二、出纳会计岗位操作内容

1. 银行对账期初

银行存款日记账（工商银行）月初余额为 1 426 805.23 元，银行对账单（工商银行）月初余额为 1 444 589.23 元。20×1 年 12 月 31 日电汇（2201）收款 17 784 元，银行已收企业未收。

2. 银行对账单（工商银行）（表 8-36）

表 8-26 银行对账单

日期	结算方式	票号	借方	贷方	余额
20×2－1－05	电汇	4561		20 124.00	1 424 465.23
20×2－1－06	其他			74 647.70	1 349 817.53
20×2－1－09	转账支票	4562	111 033.00		1 460 850.53
20×2－1－10	其他			48 347.85	1 412 502.68
20×2－1－11	转账支票	2187	60 021.00		1 472 523.68
20×2－1－11	现金支票	2368		3 000.00	1 469 523.68
20×2－1－12	转账支票	2188		2 600.00	1 466 923.68
20×2－1－12	电汇		37 812.00		1 504 735.68
20×2－1－13	银行汇票	7403		98 280.00	1 406 455.68
20×2－1－16	其他		120 000.00		1 526 455.68
20×2－1－18	电汇	4562		37 750.00	1 488 705.68
20×2－1－19	转账支票	7410	31 033.00		1 519 738.68
20×2－1－20	银行汇票	5782	95 472.00		1 615 210.68
20×2－1－20	转账支票	2189		200 000.00	1 415 210.68
20×2－1－27	其他			25 000.00	1 390 210.68

第五节 报表编制

编制报表需要用账套主管的身份登录系统。

一、调用报表模板生成资产负债表（利润表）

（一）调用资产负债表模板

① 在"格式"状态下，新建一空白报表。

② 执行"格式→报表模板"命令，打开"报表模板"对话框。

③ 选择您所在的行业"2007 新会计制度科目"，财务报表"资产负债表"。

④ 单击"确认"按钮，弹出"模板格式将覆盖本表格式！是否继续？"提示框。

⑤ 单击"确定"按钮，即可打开"资产负债表"模板。

（二）调整报表模板

① 单击"数据/格式"按钮，将"资产负债表"处于格式状态。

② 根据本单位的实际情况，调整报表格式，修改报表公式。

③ 保存调整后报表模板。

（三）生成资产负债表数据

① 在数据状态下，执行"数据→关键字→录入"命令，打开"录入关键字"对话框。

② 输入关键字：年"20××"，月"××"，日"××"。

③ 单击"确认"按钮，弹出"是否重算第 1 页？"提示框。

④ 单击"确定"按钮。

二、调用报表模板生成利润表

（一）调用资产负债表模板

① 在"格式"状态下，新建一空白报表。

② 执行"格式→报表模板"命令，打开"报表模板"对话框。

③ 选择您所在的行业"2007 新会计制度科目"，财务报表"利润表"。

④ 单击"确认"按钮，弹出"模板格式将覆盖本表格式！是否继续？"提示框。

⑤ 单击"确定"按钮，即可打开"利润表"模板。

（二）调整报表模板

① 单击"数据/格式"按钮，将"利润表"处于格式状态。

② 根据本单位的实际情况，调整报表格式，修改报表公式。

③ 保存调整后报表模板。

（三）生成利润表数据

① 在数据状态下，执行"数据→关键字→录入"命令，打开"录入关键字"对话框。

② 输入关键字：年"20××"，月"××"。

③ 单击"确认"按钮，弹出"是否重算第 1 页？"提示框。

④ 单击"确定"按钮。

第九章 会计岗位技能训练操作资料

第一节 纳税实务岗位技能训练操作资料

（§6-1）

表 09-06-01

（§6-1）

表 09-06-02

（§6-1）

表 09-06-03

提 货 单

购买单位＿＿＿＿＿＿＿＿＿＿　　　　运输方式＿＿＿＿＿＿＿＿

收货地址＿＿＿＿＿＿＿＿　20 年 月 日　编　号＿＿＿＿＿＿

产品名称	产品编号	规格	计量单位	数量	单价	金额	备注
合　　　　　　计							

销售部门主管　　　　发货人　　　　　　　提货人　　　　　　制单人

（签章）　　　　　　（签章）　　　　　　（签章）　　　　　（签章）

一 仓库

（§6-2）

表 09-06-04

委托收款凭证（回单）1　委托号码

委托日期　年 月 日　　　　　　第　号

收款人	全　称		付款人	全　称											
	账　号			账号或住址											
	开户银行		行号		开户银行										
委托金额	人民币（大写）					千	百	十	万	千	百	十	元	角	分
款项内容			委托收款凭据名称			附寄单证张数									
备注：			款项收妥日期			收款人开户行盖章									
			年 月 日			月 日									

单位主管　　　　　会计　　　　　复核　　　　　　记账

委邮

此联收款人开户行给收款人的回单

231

(§6-2)

表 09-06-05

3200012170	江苏增值税专用发票	№						

江苏增值税专用发票

开票日期：

第一联：记账联　销货方记账凭证

国税函[2000]1004号南苏进厂

购货单位	名　称： 纳税人识别号： 地　址、电话： 开户行及账号：					密码区		
货物或应税劳务名称	规格型号	单位	数　量	单　价	金　额	税率	税　额	
合　　　计								
价税合计（大写）				（小写）				
销货单位	名　称： 纳税人识别号： 地　址、电话： 开户行及账号：					备注		
收款人：		复核：		开票人：		销货单位：（章）		

(§6-2)

表 09-06-06

提　货　单

购买单位＿＿＿＿＿＿＿＿　　　　运输方式＿＿＿＿＿＿

收货地址＿＿＿＿＿＿＿＿　20　年　月　日　编　号＿＿＿＿＿＿

产品名称	产品编号	规格	计量单位	数量	单价	金额	备注
合　　　　　计							

一仓库

销售部门主管　　　　发货人　　　　　　提货人　　　　　　制单人
（签章）　　　　　　（签章）　　　　　（签章）　　　　　（签章）

（§6-3）

表 09-06-07

××省税务局增值税专用缴款书

№1068923

缴款单位隶属关系：新海市　　　　填发日期：　　年　　月　　日

收入机关	税务一分局	缴款单位或缴款人	全称	九州电机厂	经济性质	国有
预算级次	新海市		账号	102 340	业别	工业
收款国库			开户银行	新海市支行	地址	九州路8号
预算科目		税款所属时期	年　月　日至　月　日			

缴款期限　年　月　日

类别名称	销售收入或收益额或计税额	税率(%)	应纳税额							
			十	万	千	百	十	元	角	分
合计										
合计金额	人民币（大写）									

缴款单位盖章	税务机关盖章	上列款项已收妥并划转款单位账户	备注
经办人	税务员	收款银行盖章 年　月　日	无银行收讫章无效

增

① 收据联 由银行收款盖章后退回缴款单位

（§6-4）

表 09-06-08

××省税务局增值税专用缴款书

№1068923

缴款单位隶属关系：新海市　　　　填发日期：　　年　　月　　日

收入机关	税务一分局	缴款单位或缴款人	全称	九州电机厂	经济性质	国有
预算级次	新海市		账号	102 340	业别	工业
收款国库			开户银行	新海市支行	地址	九州路8号
预算科目		税款所属时期	年　月　日至　月　日			

缴款期限　年　月　日

类别名称	销售收入或收益额或计税额	税率(%)	应纳税额							
			十	万	千	百	十	元	角	分
合计										
合计金额	人民币（大写）									

缴款单位盖章	税务机关盖章	上列款项已收妥并划转款单位账户	备注
经办人	税务员	收款银行盖章 年　月　日	无银行收讫章无效

增

① 收据联 由银行收款盖章后退回缴款单位

（§6-5）

表 09-06-09

委托收款凭证（收账通知）4 委托号码

委托日期　年　月　日　　　第　号

付款期限　年　月　日

收款人	全　称		付款人	全　称	
	账　号			账号或住址	
	开户银行	行号		开户银行	

委收人民币金额（大写）		千	百	十	万	千	百	十	元	角	分

款项内容		委托收款凭据名称		附寄单证张数	

备注：

上列款项：

1. 已全部划回收入你方账户。

2. 已收回部分款项收入你方账户。

3. 全部未收到。

收款人开户行盖章

年　月　日

单位主管　　会计　　复核　　记账　　　　付款人开户行收到日期　年　月　日

支付日期　年　月　日

此联收款人开户行在款项收妥后给收款人的收账通知

（§6-6）

表 09-06-10

固定资产出售单

固定资产类别＿＿＿＿＿　　20　年　月　日　　　编　号＿＿＿＿＿

结算方式＿＿＿＿＿＿＿　　　　　　　　　　保管地点＿＿＿＿＿

购买单位	名　称				出售单位（盖章）	
	账　号					
	开户银行					
	固定资产名称	规格及型号	原值	已提折旧	净值	出售价格

合计金额（人民币大写）　　　　　　　　　￥＿＿＿＿＿

财务主管　　核算员　　仓库　　设备主管　　设备保管　　制单

②清理联

（§6-6）

表 09-06-11

固定资产出售单

固定资产类别＿＿＿＿＿＿　　20　年　月　日　　编　号　＿＿＿＿＿＿

结算方式＿＿＿＿＿＿＿＿＿　　　　　　　　　　保管地点　＿＿＿＿＿＿

购买单位	名　称		出售单位（盖章）	
	账　号			
	开户银行			
	固定资产名称	规格及型号	原值	已提折旧	净值	出售价格
合计金额（人民币大写）				￥＿＿＿＿＿＿

③收款联

财务主管　　　核算员　　　仓库　　　设备主管　　　设备保管　　　制单

（§6-6）

表 09-06-12

进　账　单

回单或（收账通知）1

　　　　年　月　日　　　　　　　第　号

付款人	全　称		收款人	全　称	
	账　号			账　号	
	开户银行			开户银行	

人民币（大写）			千	百	十	万	千	百	十	元	角	分

付款单位名称或账号	种类	票据号码	百	十	万	千	百	十	元	角	分

收款人开户行盖章

此联是收款人开户行交给收款人的回单或收账通知

单位主管　　　　　会计　　　　　复核　　　　　记账

（§6-7）

表 09-06-13

领 料 单

年 月 日

领料单位_____ 凭证编号_____
用　　途_____ 发料仓库_____

材料类别	材料编号	材料名称及规格	计量单位	请领数量	实收数量	计划单价	金额	
								二财务
备注：						合　计		

仓库管理　　　　发料人　　　　　　领料单位负责人　　　　　收料人
（签章）　　　　（签章）　　　　　　（签章）　　　　　　（签章）

（§6-7）

表 09-06-14

提 货 单

购买单位_____　　　　　　　运输方式_____
收货地址_____　20 年 月 日 编 号 _____

产品名称	产品编号	规格	计量单位	数量	单价	金额	备注	
								一仓库
		合　　　　计						

销售部门主管　　　　发货人　　　　　　提货人　　　　　　制单人
（签章）　　　　　（签章）　　　　　（签章）　　　　　（签章）

（§6-7）

表 09-06-15

代垫运杂费入账单

购贷单位：　　　　　年　　月　　日

货物名称	发贷地点	发贷日期	运输方式	件数	计费标准（　）	代垫运杂费				贷款及代垫运费结算				
						运单号码	运费收据号码	运费	保价费	合计	结算方式	结算凭证号码	办理日期	结算金额
代垫运杂费合计（大写）														
备注														

审核　　　　　　　　制单　　　　　　　　经办人

第一联　付款联

241

（§6-7）

表 09-06-16

3200012170	江苏增值税专用发票 №	开票日期：

购货单位	名　　称： 纳税人识别号： 地址、电话： 开户行及账号：	密码区

货物或应税劳务名称	规格型号	单位	数　量	单　价	金　额	税率	税　额
合　　计							
价税合计（大写）				（小写）			

销货单位	名　　称： 纳税人识别号： 地址、电话： 开户行及账号：	备注

收款人：　　　　　复核：　　　　　开票人：　　　　　销货单位：（章）

国税函[200]1004号南京连市厂

第一联：记账联 销货方记账凭证

（§6-8）

表 09-06-17

进　账　单

回单或（收账通知）

年　　月　　日　　　　　　第　　号

1

付款人	全　　称		收款人	全　　称	
	账　　号			账　　号	
	开户银行			开户银行	

人民币（大写）		千	百	十	万	千	百	十	元	角	分

付款单位名称或账号	种类	票据号码	百	十	万	千	百	十	元	角	分	

收款人开户行盖章

单位主管　　　　　会计　　　　　复核　　　　　记账

此联是收款人开户行交给收款人的回单或收账通知

（§6-8）

表 09-06-18

新海市九州电机厂材料出售单

№0030054

购货单位：　　　　　　开票　年　月　日　　　　由_____库发料

材料编号	材料名称及规格	计量单位	数量		计划成本		差异率(%)	实际价格	
			原订	实发	单价	总价		单价	总价
销售金额	（大写）　万　仟　佰　拾　元　角　分								

发料员　　　　　　　　　财务盖章

第三联　发票

（§6-8）

表 09-06-19

3200012170　　　江苏增值税专用发票　　　№

开票日期：

购货单位	名　　称：							密码区	
	纳税人识别号：								
	地址、电话：								
	开户行及账号：								
货物或应税劳务名称	规格型号	单位	数量	单价	金　额	税率	税　额		
合　　计									
价税合计（大写）					（小写）				
销货单位	名　　称：							备注	
	纳税人识别号：								
	地址、电话：								
	开户行及账号：								
收款人：		复核：		开票人：		销货单位：（章）			

国税函[2000]1004号南方速印厂

第一联：记账联　销货方记账凭证

（§6-9）

表 09-06-20

（§6-9）

表 09-06-21

（§6-10）

表 09-06-22

进 账 单

回单或
（收账通知）1

年　月　日　　　　　　第　号

付款人	全　称		收款人	全　称	
	账　号			账　号	
	开户银行			开户银行	

人民币 （大写）		千	百	十	万	千	百	十	元	角	分

付款单位 名称或账号	种类	票据号码	百	十	万	千	百	十	元	角	分

收款人开户行盖章

此联是收款人开户行交给收款人的回单或收账通知

单位主管　　　　　　会计　　　　　　　复核　　　　　　记账

（§6-10）

表 09-06-23

领 料 单

年　月　日

领料单位
用　　途

凭证编号＿＿＿＿＿＿
发料仓库＿＿＿＿＿＿

材料 类别	材料 编号	材料名称 及规格	计量 单位	请领 数量	实收 数量	计划 单价	金　额
备注：						合　计	

二
财务

仓库管理　　　　发料人　　　　领料单位负责人　　　　收料人
（签章）　　　　（签章）　　　　（签章）　　　　　　（签章）

（§6-10）

表 09-06-24

提 货 单

购买单位＿＿＿＿＿＿＿　　　　　　运输方式＿＿＿＿＿＿

收货地址＿＿＿＿＿＿＿　　20 年　月　日　　编　号＿＿＿＿＿

产品名称	产品编号	规格	计量单位	数量	单价	金额	备注
		合　　　　计					

一
仓库

销售部门主管　　　　发货人　　　　　　提货人　　　　　　制单人
（签章）　　　　　　（签章）　　　　　（签章）　　　　　（签章）

（§6-10）

表 09-06-25

3200012170	江苏增值税专用发票				№			
					开票日期：			

购货单位	名　　称： 纳税人识别号： 地址、电话： 开户行及账号：					密码区		

货物或应税劳务名称	规格型号	单位	数量	单价	金　额	税率	税　额
合　　计							

价税合计（大写）		（小写）

销货单位	名　　称： 纳税人识别号： 地址、电话： 开户行及账号：		备注

收款人：　　　　　复核：　　　　　开票人：　　　　　销货单位：（章）

国税函[2000]1004号南京造币厂

第一联：记账联　销货方记账凭证

（§6-11）

表 09-06-26

新海市收据

№ 5038961

入账日期：　　　年　　月　　日

交款单位＿＿＿＿＿＿＿＿＿＿　　收款方式＿＿＿＿＿＿＿

人 民 币（大写）＿＿＿＿＿＿＿＿＿＿　　¥＿＿＿＿＿＿＿＿

收款事由＿＿＿＿＿＿＿＿＿＿＿＿＿＿＿＿＿＿＿

年　　月　　日

单位盖章　　　　　财会主管　　记账　　出纳　　审核　　经办

（三）交给付款单位

（§6-11）

表 09-06-27

中国银行
转账支票存根
附加信息＿＿＿＿＿＿＿＿
＿＿＿＿＿＿＿＿
出票日期　年　月　日

收 款 人：
金　额：
用　途：

单位主管　　　　　会计

（§6-12）

表 09-06-28

固定资产报废申请书

年　　月　　日

单位：九州电机厂　　　　　　　　　　　　　　　　　　　（　）年报废第　　号

固定资产类别	固定资产名称	规格型号	单位	数量	地点	预计使用年限	已用年限	原值	已提折旧	预计残值	预计清理费

报废原因	管理部门负责人：		经办人：		技术鉴定意见		鉴定负责人：	
企业意见		主管部门核批			账政局意见			

（§6-12）

表 09-06-29

九州电机厂收款收据

20　　年　　月　　日　　　　　　　　　　　附件　　张

付款单位		付款人	
付款项目		内容说明	
金额（大写）		￥_____	

会计主管　　　　　　　　　审核　　　　　　　　　收款人

②入账

（§6-13）

表 09-06-30

进 账 单

回单或（收账通知）1

年　　月　　日　　　　　第　　号

付款人	全　称		收款人	全　称	
	账　号			账　号	
	开户银行			开户银行	

人民币（大写）		千	百	十	万	千	百	十	元	角	分

付款单位名称或账号	种类	票据号码	百	十	万	千	百	十	元	角	分

收款人开户行盖章

单位主管　　　　　　会计　　　　　　复核　　　　　　记账

此联是收款人开户行交给收款人的回单或收账通知

（§6-13）

表 09-06-31

新海市通用机打发票

江苏省地方税务局通用机打发票

发票代码：232001108111

发票号码：35737681

开票日期： 　　　行业分类：

付款方名称：				机打发票代码：232001108111	
付款方代码：				机打发票号码：35737656	
开票项目	单价	数量	折扣额	金额（人民币）	附注
金额合计（大写）：人民币				（小写）¥：	
备注：				开户银行：	
				开户账号：	
开票人：	收款方名称：			收款方纳税识别号：	

第一联 发票联（付款方付款凭证）（手写无效）

（§6-14）

表 09-06-32

票据入账单

20 年 月 日

票据种类	收、付方单位	票据结算内容	签发日期	到期日期	票面金额				利率
					货款	增值税	运杂费	合计	
								合 计	

财务主管 　　　　　审核 　　　　　制单

（§6-15）

表 09-06-33

进 账 单

回单或
（收账通知）1

年 月 日 第 号

付款人	全 称		收款人	全 称		千	百	十	万	千	百	十	元	角	分
	账 号			账 号											
	开户银行			开户银行											

人民币（大写）							千	百	十	万	千	百	十	元	角	分

付款单位名称或账号	种类	票据号码	百	十	万	千	百	十	元	角	分

收款人开户行盖章

单位主管 会计 复核 记账

此联是收款人开户行交给收款人的回单或收账通知

（§6-15）

表 09-06-34

3200012170　　江苏增值税专用发票　　№

开票日期：

购货单位	名 称：		密码区	
	纳税人识别号：			
	地址、电话：			
	开户行及账号：			

货物或应税劳务名称	规格型号	单位	数量	单价	金额	税率	税额
合　计							

价税合计（大写）		（小写）

销货单位	名 称：		备注	
	纳税人识别号：			
	地址、电话：			
	开户行及账号：			

收款人： 复核： 开票人： 销货单位：（章）

国税函〔2000〕1004号南苏达市厂

第一联：记账联 销货方记账凭证

（§6-15）

表 09-06-35

提 货 单

购买单位＿＿＿＿＿＿＿＿＿＿ 运输方式＿＿＿＿＿＿＿＿

收货地址＿＿＿＿＿＿＿＿＿＿ 20 年 月 日 编 号＿＿＿＿＿＿＿

产品名称	产品编号	规格	计量单位	数量	单价	金额	备注	
								一
								仓
								库
合　　　计								

销售部门主管 发货人 提货人 制单人

（签章） （签章） （签章） （签章）

（§6-16）

表 09-06-36

新海市收据

№ 5038961

入账日期： 年 月 日

交款单位＿＿＿＿＿＿＿＿＿＿ 收款方式＿＿＿＿＿

人 民 币 (大写)＿＿＿＿＿＿＿＿＿ ￥▊▊▊▊▊▊

收款事由＿＿＿＿＿＿＿＿＿＿＿＿＿＿＿

年 月 日

（三）交给付款单位

单位盖章 财会主管 记账 出纳 审核 经办

（§6-17）

表 09-06-37

中国银行

转账支票存根

附加信息＿＿＿＿＿＿＿＿

＿＿＿＿＿＿

出票日期 年 月 日

收 款 人：
金　额：
用　途：

单位主管 会计

（§6-17）

表 09-06-38

领 料 单
年 月 日

领料单位 _____ 凭证编号_____
用　途 _____ 发料仓库_____

材料类别	材料编号	材料名称及规格	计量单位	请领数量	实收数量	计划单价	金额	二财务
备注：						合计		

仓库管理　　　　发料人　　　　　领料单位负责人　　　　　收料人
（签章）　　　　（签章）　　　　（签章）　　　　　　（签章）

（§6-17）

表 09-06-39

代垫运杂费入账单
年 月 日

购贷单位：

货物名称	发货地点	发货日期	运输方式	件数	计费标准（）	代垫运杂费					贷款及代垫运费结算				第一联
						运单号码	运费收据号码	运费	保价费	合计	结算方式	结算凭证号码	办理日期	结算金额	付款联
代垫运杂费合计（大写）															
备注															

审核　　　　　　　　　制单　　　　　　　　经办人

（§6-17）

表 09-06-40

提 货 单

购买单位_____ 运输方式 _____
收货地址_____ 20 年 月 日 编 号 _____

产品名称	产品编号	规格	计量单位	数量	单价	金额	备注	一仓库
		合	计					

销售部门主管　　　　发货人　　　　　提货人　　　　　制单人
（签章）　　　　（签章）　　　　（签章）　　　　（签章）

§6-17)

表 09-06-41

(§6-18)

表 09-06-42

（§6-18）

表 09-06-43

委托收款凭证（回单）1 委托号码

委邮		

委托日期　年　月　日　　　　　　　　　第　号

收款人	全　称		付款人	全　　称											
	账　号			账号或住址											
	开户银行		行号		开户银行										
委托金额	人民币（大写）					千	百	十	万	千	百	十	元	角	分
款项内容			委托收款凭据名称		附寄单证张数										
备注：			款项收妥日期												
					收款人开户行盖章										
			年　月　日		月　日										

此联收款人开户行给收款人的回单

单位主管　　　　　　会计　　　　　复核　　　　　记账

（§6-18）

表 09-06-44

提 货 单

购买单位＿＿＿＿＿＿＿＿＿＿　　　　　　运输方式＿＿＿＿＿＿＿＿

收货地址＿＿＿＿＿＿＿＿＿　20 年　月　日　　编　号＿＿＿＿＿＿＿

产品名称	产品编号	规格	计量单位	数量	单价	金额	备注
			合　　　　计				

一仓库

销售部门主管　　　　发货人　　　　　　提货人　　　　　　制单人
（签章）　　　　　　（签章）　　　　　（签章）　　　　　（签章）

（§6-19）

表 09-06-45

固定资产验收单

年　　月　　日　　　　　　　　　　编号：

名　　称	规格型号	来源	数量	购（造）价	使用年限	预计残值

安装费	月折旧率	建造单位	交工日期		附　件	
			年　月　日			

验收部门		验收人员		管理部门		管理人员	
备注							

（§6-19）

表 09-06-46

中国银行

转账支票存根

附加信息＿＿＿＿＿＿＿＿＿＿

＿＿＿＿＿＿＿＿＿＿

出票日期　　年　月　日

| 收 款 人： |
| 金　　额： |
| 用　　途： |

单位主管　　　　　　会计

（§6-19）

表 09-06-47

3200012170	江苏增值税专用发票				No	

开票日期：

购货单位	名　　称： 纳税人识别号： 地址、电话： 开户行及账号：				密码区	
	货物或应税劳务名称	规格型号	单位	数量	单价	金　额	税率	税　额

合　计

价税合计（大写）　　　　　　（小写）

| 销货单位 | 名　　称：
纳税人识别号：
地址、电话：
开户行及账号： | | 备注 | |

收款人：　　　复核：　　　开票人：　　　销货单位：（章）

国税函[2000]1004号南京遥市厂

第三联：发票联　购货方记账凭证

（§6-20）

表 09-06-48

中国银行

转账支票存根

附加信息＿＿＿＿＿＿＿＿＿＿＿＿

＿＿＿＿＿＿＿＿＿＿＿＿

出票日期　年　月　日

收 款 人：	
金　　额：	
用　　途：	

单位主管　　　　　　会计

（§6-20）

表 09-06-49

代垫运杂费入账单

购贷单位：　　　　　　　年　　月　　日

货物名称	发贷地点	发贷日期	运输方式	件数	计费标准（）	代 垫 运 杂 费					贷款及代垫运费结算				第一联 付款联
						运单号码	运费收据号码	运费	保价费	合计	结算方式	结算凭证号码	办理日期	结算金额	
代垫运杂费合计（大写）															
备注															

审核　　　　　　　　　　制单　　　　　　　　　　经办人

（习6-20）

表 09-06-50

| 3200012170 | 江苏增值税专用发票 | №
开票日期： |

| 购货单位 | 名　　　称：
纳税人识别号：
地　址、电　话：
开户行及账号： | | | | 密码区 | | | 第一联：记账联　销货方记账凭证 |
| --- | --- | --- | --- | --- | --- | --- | --- | --- |

货物或应税劳务名称	规格型号	单位	数　量	单　价	金　额	税率	税　额
合　　　计							
价税合计（大写）				（小写）			

| 销货单位 | 名　　　称：
纳税人识别号：
地　址、电　话：
开户行及账号： | | 备注 | |

| 收款人： | 复核： | 开票人： | 销货单位：（章） |

（习6-20）

表 09-06-51

提　货　单

购买单位＿＿＿＿＿＿＿＿　　　　　　运输方式＿＿＿＿＿＿

收货地址＿＿＿＿＿＿＿＿　20　年　月　日　编　号＿＿＿＿＿

产品名称	产品编号	规格	计量单位	数量	单价	金额	备注	
								一仓库
合　　　　计								

销售部门主管　　　　　　发货人　　　　　　　提货人　　　　　　制单人

（签章）　　　　　　　（签章）　　　　　　（签章）　　　　　　（签章）

（§ 6-21）

表 09-06-52

中国××银行信汇凭证（收账通知或取款收据） 4

委托日期　年 月 日　　　　第　　号

应解汇款编号：

收款人	全　称		汇款人	全　称					此联给收款人的收账通知或代取款收据
	账号或住址			账号或住址					
	汇入地点	省　市县　汇入行名称		汇出地点	省　市县　汇入行名称				
金额	人民币（大写）				千百十万千百十元角分				
汇款用途：			银行待取预留收款人印签						

上列款项已代进账，如有错误，请持此联来行面洽。 汇入行盖章 年 月 日	上列款项已照收无误 收款人盖章 年 月 日	科目（付） 对方科目（收） 汇入行解汇日期 年 月 日 复读　　　　出纳 记账

（§ 6-22）

表 09-06-53

房产税纳税申报表

经济性质：　　　　所属时期：　　年 月　　　　金额：列至角分

预算级次：

纳税人名称		税务微机编号		开户银行		账号	

房屋用途	房屋座落地点	栋数	建筑面积（m²）	房产来源及时间	房产原值	减除幅度	应税房产余值	出租面积（m²）	租金收入	税率	扣除税款	征收期计算税额	本期实纳税额
合　计													

缴款书字号　　　开票日期 年 月 日　入库限期： 年 月 日　开票人

申报业户（人）（签章）　　财务负责人（签章）　　申报日期 年 月 日

（§ 6-22）

表 09-06-54

城镇土地使用税纳申报表

经济性质：　　　　申报所属时期：　　年 月　　　金额：列至角分

预算级次：

纳税人名称		税务微机编号	开户银行		账号	

用地面积（m²）			土地座落地址	土地权属	土地等级	单位年税额	征收时期应纳税额	本期实缴税额
合计	免税用地	征税用地						
合计								

缴款书字号　　　开票日期 年 月 日　入库限期： 年 月 日　开票人

申报业户（人）（签章）　　财务负责人（签章）　　申报日期 年 月 日

（§6-24）

表 09-06-55

固定资产出租应交税费计算表

应税项目	应税金额 租金（元）	应交营业税 （5%）	应交城建税 （7%）	应交教育费附加 （3%）
固定资产出租				
合计				

（§6-28）

表 09-06-56

营业税金及附加分配表

20　　年　　月份

产品或材料 物资名称		本期销售 收入/元	本期应交 增值税 （17%）	应交城建税			教育费附加		
				本期应交 城建税 （7%）	分配率 （　%）	分配金 额（元）	本期应交教 育费附加 （3%）	分配率 （　%）	分配金 额（元）
起动 电机	ST700		—	—			—		
	ST60		—	—			—		
	ST90		—	—			—		
	ST8		—	—			—		
变速电机	346V		—	—			—		
	380V		—	—			—		
小　计			—	—			—		
原材料			—	—			—		
包装物			—	—			—		
			—	—			—		
小　计									
合　计									

审核　　　　　　　　　　　　　　　　　　制表

第二节　成本费用岗位技能训练操作资料

（例5-1）

表 09-05-01

借　款　单

20　年　月　日

借款人		所属单位		借款事由		②报销联
借款金额	人民币（大写）				Ｙ＿＿＿＿	
注意事项				审批人意见		

财务主管　　　　　　　　　单位主管　　　　　　　　　借款人

（例5-1）

表 09-05-02

九州电机厂旅差费报销表

年　　月　　日填

姓名（出差或报销人）			工作单位		出差事由及地点					

旅　　　　费						交通工具		途中（卧）补助		住勤（误餐）补助		其 他 费 用	
何时起			何时止			起止地点		名称	金额	天数	金额	天数	金额	项　　目	金额
月	日	时	月	日	时	起	止							

（按图样，合并表格如下）

何时起 月	日	时	何时止 月	日	时	起止地点 起	止	交通工具 名称	金额	途中（卧）补助 天数	金额	住勤（误餐）补助 天数	金额	其他费用 项目	金额
														住宿费	
														行李及搬运费	
														短程火车、电、汽车费	
														其他计费	
小计														小　计	

总计：人民币（大写）　　　　　　　　　　　　　　　　　Ｙ＿＿＿＿＿

备注：

财务主管签章　　　　　　　　单位主管签章　　　　　　　　报销人签章

（例5-2）

表 09-05-03

九州电机厂收款收据

20　年　月　日　　　　　　　　　附件　张

付款单位		付款人		②入账
付款项目		内容说明		
金额（大写）			Ｙ＿＿＿＿＿	

会计主管　　　　　　　　　审核　　　　　　　　　收款人

(§ 05-2)

表 09-05-04

收　条

今收到九州电机厂一车间机床修理劳务费共计人民币贰佰元整（￥200.00 元）。此条	
单位审批（签字）	收款人（签字）：市工程机械厂　王向荣 经办人（签字）：九州电机厂　方明华 20　年 12 月 10 日

(§ 5-3)

表 09-05-05

中国人民建设银行结息通知

20　年　月　日

付息单位名称：　　　　　　　　　　　　　　　　账号：

计息起讫日期：　　　　　　年　月　日至　　　　年　月　日

利息分类	计息总积数	利率	利息金额

银行盖章

(§ 5-5)

表 09-05-08

厂房大修工程结算单

建设单位：　　　　　　　年　月　日

应收工程款项	金　额	应扣款项	金　额
1　工程结算价款	12 000	1．预收工程款	5 000
2		2．甲方供料款	
3		3．	
合　　计	12 000	合　　计	5 000
乙方欠甲方工程款		甲方欠乙方工程款	7 000
建设单位（甲方）签章 经办人：		施工单位（乙方）签章 经办人：	

（§5-4）

表 09-05-06

领料单分类凭证汇总表

20　年　月　日至　月　日　　　　　发料汇字第　　号

材料类别 耗用单位	数量（　）	金额（　）	数量（　）	金额（　）
一车间 —— 电动机				
二车间 218#定单				
225#定单				
236#定单				
合　计				

审核：　　　　　　　　　　　　　　　　汇总人：

（§5-4）

表 09-05-07

发料凭证汇总表

20　年　　月份

应借科目			原材料计划成本/元				原材料成本（差异率　%）	包装物	
总账科目	二级或明细科目	成本或费用项目	上旬	中旬	下旬	合计		计划成本（元）	成本差异（差异率%）
基本生产	起动电动机	直接材料							
	218#订单	直接材料							
	225#订单	直接材料							
	236#订单	直接材料							
辅助生产（工具车间）		直接材料							
制造费用	一车间	物料消耗							
		修理材料							
	二车间	物料消耗							
		修理材料							
	机修车间	物料消耗							
	工具车间	物料消耗							
		修理材料							
其他业务成本		材料销售							
销售费用		包装费							
管理费用		修理费							
		物料消耗							
合　　计									

（§5-5）

表 09-05-09

公司商品（劳务）出售单　　　№0001009

购货单位：　　　　　　　　　年　月　日

商品或劳务名称	规格及型号	计量单位	数量	单价	金　额	备　注	
							二 发 货 单
合计金额	（大写）				¥_____		
提货地点							
结算方式			附实物收据　　　张				

财务主管　　　　　　　　　单位主管　　　　　　　　　经办人

（§5-5）

表 09-05-10

中国银行

转账支票存根

附加信息_____

_____

出票日期　　年　月　日

收 款 人：
金　　额：
用　　途：

单位主管　　　　　会计

（§5-6）

表 09-05-11

领　料　单

年　月　日

领料单位＿＿＿＿　　　　　　　　凭证编号＿＿＿＿＿＿
用　途＿＿＿＿　　　　　　　　　发料仓库＿＿＿＿＿＿

材料 类别	材料 编号	材料名称 及规格	计量 单位	请领 数量	实收 数量	计划 单价	金　额	
								二 财 务
备注：						合　计		

仓库管理　　　　发料人　　　　　领料单位负责人　　　　收料人
（签章）　　　　（签章）　　　　　（签章）　　　　　（签章）

（§5-7）

表 09-05-12

进 账 单

回单或
（收账通知） 1

年　月　日　　　　　　第　　号

付款人	全　称			收款人	全　称		此联是收款人开户行交给收款人的回单或收账通知
	账　号				账　号		
	开户银行				开户银行		

人民币（大写）		千	百	十	万	千	百	十	元	角	分

付款单位名称或账号	种类	票据号码	百	十	万	千	百	十	元	角	分

收款人开户行盖章

单位主管　　　　　　会计　　　　　　复核　　　　　　记账

（§5-7）

表 09-05-13

新海市九州电机厂材料出售单

购贷单位：　　　　　　开票　年　月　日　　　　　由_____库发料

材料编号	材料名称及规格	计量单位	数　量		计划成本		差异率(%)	实际价格	
			原订	实发	单价	总价		单价	总价
销售金额	（大写）　万　仟　佰　拾　元　角　分								

第三联　发票

发料员　　　　　　财务盖章

（§ 5-7）

表 09-05-14

3200012170	江苏增值税专用发票	№

发票联

开票日期：

第一联：记账联　销货方记账凭证

购货单位	名　　称： 纳税人识别号： 地　址、电话： 开户行及账号：	密码区

货物或应税劳务名称	规格型号	单位	数量	单价	金额	税率	税额
合　　计							

价税合计（大写）		（小写）

销货单位	名　　称： 纳税人识别号： 地　址、电话： 开户行及账号：	备注

收款人：　　　　　复核：　　　　　开票人：　　　　　销货单位：（章）

国税函[2000]1004号南京连币厂

（§ 5-8）

表 09-05-15

领 料 单
年　月　日

领料单位＿＿＿＿＿＿＿＿　　　　　凭证编号＿＿＿＿＿＿＿＿＿

用　　途＿＿＿＿＿＿＿＿　　　　　发料仓库＿＿＿＿＿＿＿＿＿

材料类别	材料编号	材料名称及规格	计量单位	请领数量	实收数量	计划单价	金　额
备注：						合　计	

二　财务

仓库管理　　　　发料人　　　　　领料单位负责人　　　　收料人

（签章）　　　　（签章）　　　　　（签章）　　　　　　（签章）

（§5-9）

表 09-05-16

经济开发报社发票

江苏省地方税务局通用机打发票

`232001108111135737681 5772`

发票代码：**232001108111**

发票号码：**35737681**

开票日期：　　　　　　　　　　　行业分类：

| 付款方名称： | | 机打发票代码：232001108111 |
| 付款方代码： | | 机打发票号码：35737656 |

开票项目　　单价　　数量　　折扣额　　金额（人民币）　　附注

金额合计（大写）：人民币　　　　　　　　　　（小写）￥：

备注：　　　　　　　　　　　　　　　开户银行：

　　　　　　　　　　　　　　　　　　开户账号：

开票人：　　收款方名称：　　　　　收款方纳税识别号：

第一联　发票联（付款方付款凭证）（手写无效）

（§5-10）

表 09-05-17

领 料 单

年　月　日

领料单位　　　　　　　　　　　　　　　凭证编号＿＿＿＿＿＿＿＿＿

用　途　　　　　　　　　　　　　　　　发料仓库＿＿＿＿＿＿＿＿＿

材料 类别	材料 编号	材料名称 及规格	计量 单位	请领 数量	实收 数量	计划 单价	金　额
备注：						合　计	

二　财务

仓库管理　　　　发料人　　　　　领料单位负责人　　　　收料人

（签章）　　　　（签章）　　　　　（签章）　　　　　　（签章）

（§5-11）

表 09-05-18

九州电机厂职工生活困难补助申请书（代收据）

所属单位：　　　　　申请书　　年　月　日

姓名		性别		家庭人口	大		月工资	
					小			
现住址	区		街		现任职务		其他收入	
			巷	路　　号				
申请补助理由								申请金额
小 组 意 见		单 位 意 见			领 导 批 示			
同意补助		同意补助			同意补助			
小组长签字		单位负责人盖章			领导人签字			
今领到 生活困难 补助金额	（大写）		元　　年　月　日			领款人（盖章）		

（§5-12）　　　　　　　　　　　　　　　　（§5-15）

表 09-05-19　　　　　　　　　　　　　　表 09-05-23

中国银行
转账支票存根
附加信息————————
————————
出票日期　　年　月　日
收 款 人：
金　　额：
用　　途：
单位主管　　　　会计

中国银行
转账支票存根
附加信息————————
————————
出票日期　　年　月　日
收 款 人：
金　　额：
用　　途：
单位主管　　　　会计

（§5-12）

表 09-05-20

新海市普通机打发票

江苏省新海市国家税务局通用机打发票

发票联

发票代码 132031280630

发票号码 00064813

开票日期：　　　　　　　行业分类：

购货单位名称						纳税登记代码	
购货单位地址						开 户 银 行	
购货单位电话						银 行 账 号	
品名	规格型号	单价	数量		金额（人民币）		备注
金额合计						小写	
收款单位名称						纳税登记代码	
收款单位地址						开 户 银 行	
收款单位电话						银 行 账 号	
收款人		复核人				开票人	

第一联 发票联（付款方作为付款凭证）

（手开无效）

徐州新华印制厂2012年2月印50000份 30001-80000

（§5-13）

表 09-05-21

职工享受劳动保险付费凭单

工作部门：　　　　　　　20　年　月　日

姓　　名		性　　别		年　　龄		现在住址	
申请项目				供养直系亲属人数			
工　　资		是否工会会员		一般工龄		连续工龄	
起讫日期		支 付 标 准				支付金额	
合计金额（大写）							

厂工会　　　　　厂劳保负责人　　　　　车间劳保委员　　　　　申请人

(§5-14)

表 09-05-22

领 料 单
年 月 日

领料单位
用　　途

凭证编号_____
发料仓库_____

材料类别	材料编号	材料名称及规格	计量单位	请领数量	实收数量	计划单价	金 额	
								二
								财
								务
备注:						合 计		

仓库管理　　　　发料人　　　　　领料单位负责人　　　　收料人
（签章）　　　　（签章）　　　　（签章）　　　　　　（签章）

(§5-15)

表 09-05-24

新海市公路货运收费结算凭证

开户银行：　　　　　　　　代发货票　　　　　　　交运（四）字
账　　号：　　　　　　　　　　　　　　　　　　　　年 月 日

托运单位				受理单位		受理编号		字		号					第
装货地点				承运单位		协议合同		字		号					二联运费收据托运单位报销凭证
卸货地点				计吨办法		计费里程		（公里）							
货物名称	件数	包装	规格	托运数量	货物等级		计费重量			+−加减或率	每吨单价		金　　额	
					运输	装卸	运量	周转量	装卸量		费目	费率	十万 千 百 十 元 角 分	
合计金额（大写）														

新海市财政局核准　　　制票单位　　　制票人　　　复核　　　收费章
新海市交通局监印

（§5-16）

表 09-05-25

表 09-05-25

滨海日报广告费收款收据

年 月 日　　　　　　№298605

客户名称				收费细目					金额						
广告内容				项目	数量	单位	单价	万	千	百	十	元	角	分
广告面积	行	刊次		广告费		行									
刊出日期				制版费		cm²									
备注				代收绘图费		幅									
				套红费	（加收广告的30%）										
总金额（大写）															

记账　　　　　　　　　　　　收款人

第二联交付款单位

（§5-16）

表 09-05-26

中国银行

转账支票存根

附加信息_____

_____

出票日期　年　月　日

收 款 人：
金　　额：
用　　途：

单位主管　　　　会计

（§5-18）

表 09-05-28

中国银行

转账支票存根

附加信息_____

_____

出票日期　年　月　日

收 款 人：
金　　额：
用　　途：

单位主管　　　　会计

（§5-17）

表 09-05-27

中国银行（　　贷款）还款凭证（回　　单）　　　　　　　④

此联转账后作回单，退借款单位并代存款户支款通知

借款单位	名　　称		付款单位	名　　称	同　　左
	放款户账号			存款户账号	
	开户银行			开户银行	

| 计划还款日期 | 年　月　日 | 还　款　次　序 | 第　　　次还款 |

| 偿还金额 | 货币及金额（大写） | 千 百 十 万 千 百 十 元 角 分 |

| 还　款　内　容 | |

| 备注： | 上述借款已从你单位存款户内转还　此致
　　借款单位
（银行盖章）　年　月　日 |

（§5-18）

表 09-05-29

3200012170　　江苏增值税专用发票　　№

开票日期：

第三联：发票联　购货方记账凭证

国税函[2000]1004号南方造币厂

购货单位	名　　称：		密码区
	纳税人识别号：		
	地　址、电话：		
	开户行及账号：		

货物或应税劳务名称	规格型号	单位	数量	单价	金　额	税率	税　额
合　　计							

| 价税合计（大写） | | （小写） |

销货单位	名　　称：		备注
	纳税人识别号：		
	地　址、电话：		
	开户行及账号：		

收款人：　　　　复核：　　　　开票人：　　　　销货单位：（章）

（§5-18）

表 09-05-30

九州电机厂物品（费用）报销单

20 年 月 日

开支项目	物品（费用）名称	单位	数量	单价	金额	情 况 说 明
合计金额（大写）					￥	
签 属 意 见						

附单据 张

部门主管 经办人

（§5-19）

表 09-05-31

中国工商银行 利息回单

日 期

收款单位	账 号		付款单位	账 号			代付、收款通知书
	户 号			户 号			
	开户银行			开户银行			
积数：			利率		利息		
户第4季度利息					银行盖章		

（§5-20）

表 09-05-32

外购电力分配表

20 年 月

单位：元

应 借 科 目			耗电度数	分配率（%）	分配金额
总账科目	明细科目	费用项目			
制造费用	一车间	水电费			
	二车间	水电费			
	机修车间	水电费			
	工具车间	水电费			
	合 计				
管理费用	水 电 费				
合 计					

业务部门主管 审核 制表

（§5-21）

表 09-05-33

固定资产折旧计算表（双倍余额递减法）

——二车间机器设备

20　年（第5年）　月　　　　　　　　　单位：元

年　份	当年计提的折旧额	累计折旧额	折余价值
0			原值 364 000
1			
2			
3			
4			
5			
6			
7			
8			
总　计			—

注：表中当年折旧率＝_____；表中月折旧率＝第_____年折旧额÷12＝___；月折旧额精确到元。

（§5-21）

表 09-05-34

固定资产折旧计算表（双倍余额递减法）

20　年　月　　　　　　　　　单位：元

固定资产类别	月份折旧率	一车间		二车间		机修车间		工具车间		管理部门		非生产部门		租出设备		未使用设备		折旧合计
		固定资产原值	折旧额	固定资产原值	折旧额	固定资产原值	折旧额	固定资产原值	折旧额	固定资产原值	折旧额	固定资产原值	折旧额	固定资产原值	折旧额	固定资产原值	折旧额	
房屋																		
机器设备																		
合计																		

注：二车间原值不包含加速折旧法的机器设备原值。

（§5-22）

表 09-05-35

房产税纳税申报表

经济性质：　　　　　　　所属时期：　　年　月　　　　　金额：列至角分
预算级次：

纳税人名称				税务微机编号			开户银行			账号			
房屋用途	房屋座落地点	栋数	建筑面积（m²）	房产来源及时间	房产原值	减除幅度	应税房产余值	出租面积（m²）	租金收入	税率	扣除税款	征收期计算税额	本期实纳税额
合　计													
缴款书字号			开票日期：　年　月　日			入库限期：　年　月　日					开票人			

申报业户（人）（签章）　　　财务负责人（签章）　　　申报日期　年　月　日

（§5-22）

表 09-05-36

城镇土地使用税纳申报表

经济性质：　　　　　　　申报所属时期：　　年　月　　　金额：列至角分
预算级次：

纳税人名称		税务微机编号		开户银行		账号		
用地面积（m²）			土地座落地址	土地权属	土地等级	单　位年税额	征收时期应纳税额	本期实缴税额
合计	免税用地	征税用地						
合计								
缴款书字号		开票日期：　年　月　日		入库限期：　年　月　日			开票人	

申报业户（人）（签章）　　　财务负责人（签章）　　　申报日期　年　月　日

（§5-23）

表 09-05-37

材料（工具）交库单

交库单位＿＿＿＿＿＿＿　　　　年　月　日　　　　交库单号＿＿＿＿＿＿＿
发票号码＿＿＿＿＿＿＿　　　　　　　　　　　　收料仓库＿＿＿＿＿＿＿

材料编号	材料名称	材料名称及规格	计量单位	交库数量	实收数量	计划单价	金　额	三
备注：						合计		财务

仓库管理员（签章）　　稽核员　　　交料员　　　收料人（签章）　　　制单

（§5-24）

表 09-05-38

领 料 单

年　月　日

凭证编号_____

发料仓库_____

领料单位
用　途

材料类别	材料编号	材料名称及规格	计量单位	请领数量	实收数量	计划单价	金额	二
备注：						合计		财务

仓库管理　　　　发料人　　　　　　领料单位负责人　　　　　　收料人

（签章）　　　　（签章）　　　　　　（签章）　　　　　　　　（签章）

（§5-25）

表 09-05-39

领 料 单

年　月　日

凭证编号_____

发料仓库_____

领料单位
用　途

材料类别	材料编号	材料名称及规格	计量单位	请领数量	实收数量	计划单价	金额	二
备注：						合计		财务

仓库管理　　　　发料人　　　　　　领料单位负责人　　　　　　收料人

（签章）　　　　（签章）　　　　　　（签章）　　　　　　　　（签章）

（§5-25）

表 09-05-40

领 料 单

年　月　日

凭证编号_____

发料仓库_____

领料单位
用　途

材料类别	材料编号	材料名称及规格	计量单位	请领数量	实收数量	计划单价	金额	二
备注：						合计		财务

仓库管理　　　　发料人　　　　　　领料单位负责人　　　　　　收料人

（签章）　　　　（签章）　　　　　　（签章）　　　　　　　　（签章）

（§5-25）

表 09-05-41

领　料　单

年　月　日

领料单位＿＿＿＿＿＿＿＿＿＿　　　　　　　　凭证编号＿＿＿＿＿＿＿＿

用　　途＿＿＿＿＿＿＿＿＿＿　　　　　　　　发料仓库＿＿＿＿＿＿＿＿

材料 类别	材料 编号	材料名称 及规格	计量 单位	请领 数量	实收 数量	计划 单价	金　额	二 财 务
备注：						合　计		

仓库管理　　　　　发料人　　　　　　　领料单位负责人　　　　　收料人

（签章）　　　　　　（签章）　　　　　　（签章）　　　　　　　（签章）

（§5-25）

表 09-05-42

领　料　单

年　月　日

领料单位＿＿＿＿＿＿＿＿＿＿　　　　　　　　凭证编号＿＿＿＿＿＿＿＿

用　　途＿＿＿＿＿＿＿＿＿＿　　　　　　　　发料仓库＿＿＿＿＿＿＿＿

材料 类别	材料 编号	材料名称 及规格	计量 单位	请领 数量	实收 数量	计划 单价	金　额	二 财 务
备注：						合　计		

仓库管理　　　　　发料人　　　　　　　领料单位负责人　　　　　收料人

（签章）　　　　　　（签章）　　　　　　（签章）　　　　　　　（签章）

（§5-25）

表 09-05-43

领　料　单

年　月　日

领料单位＿＿＿＿＿＿＿＿＿＿　　　　　　　　凭证编号＿＿＿＿＿＿＿＿

用　　途＿＿＿＿＿＿＿＿＿＿　　　　　　　　发料仓库＿＿＿＿＿＿＿＿

材料 类别	材料 编号	材料名称 及规格	计量 单位	请领 数量	实收 数量	计划 单价	金　额	二 财 务
备注：						合　计		

仓库管理　　　　　发料人　　　　　　　领料单位负责人　　　　　收料人

（签章）　　　　　　（签章）　　　　　　（签章）　　　　　　　（签章）

（§5-25）

表 09-05-44

低值易耗品（工具）摊销表（五五摊销法）

20　年　月　　　　　　　　　　　　　单位：元

应 借 科 目			领用金额	分摊价差 （月初差异率：　）	本期摊销 % （摊销率：50%）
总账科目	明细科目	费用项目			
制造费用	一 车 间	低耗品摊销			
	二 车 间	低耗品摊销			
	机修车间	低耗品摊销			
	工具车间	低耗品摊销			
	合　　　计				
管理费用	低耗品摊销				
合　　　计					

业务部门主管　　　　　　　审核　　　　　　　制表

（§5-26）

表 09-05-45

领料单分类凭证汇总表

20　年　月　日至　月　日　　　　发料汇字第　　号

材料类别 耗用单位	燃　　料		修 理 材 料	
	数量（　）	金额（　）	数量（　）	金额（　）
一车间				
二车间				
机修车间				
工具车间				
管理部门				
合　　计				

审核：　　　　　　　　　　　　　　　汇总人：

（§5-27）

表 09-05-46

领　料　单
年　月　日

领料单位　　　　　　　　　　凭证编号_____
用　途　　　　　　　　　　　发料仓库_____

材料 类别	材料 编号	材料名称 及规格	计量 单位	请领 数量	实收 数量	计划 单价	金额
备注：						合　计	

仓库管理　　　发料人　　　　领料单位负责人　　　收料人
（签章）　　　（签章）　　　（签章）　　　　　　（签章）

311

（3 5-28）

表 09-05-47

领 料 单

年 月 日

领料单位 _____ 凭证编号_____

用 途 _____ 发料仓库_____

材料类别	材料编号	材料名称及规格	计量单位	请领数量	实收数量	计划单价	金 额	二财务
备注:						合 计		

仓库管理 　　　发料人 　　　　　领料单位负责人 　　　　　收料人

（签章） 　　　（签章） 　　　　　（签章） 　　　　　（签章）

（3 5-28）

表 09-05-48

领 料 单

年 月 日

领料单位 _____ 凭证编号_____

用 途 _____ 发料仓库_____

材料类别	材料编号	材料名称及规格	计量单位	请领数量	实收数量	计划单价	金 额	二财务
备注:						合 计		

仓库管理 　　　发料人 　　　　　领料单位负责人 　　　　　收料人

（签章） 　　　（签章） 　　　　　（签章） 　　　　　（签章）

（3 5-28）

表 09-05-49

领 料 单

年 月 日

领料单位 _____ 凭证编号_____

用 途 _____ 发料仓库_____

材料类别	材料编号	材料名称及规格	计量单位	请领数量	实收数量	计划单价	金 额	二财务
备注:						合 计		

仓库管理 　　　发料人 　　　　　领料单位负责人 　　　　　收料人

（签章） 　　　（签章） 　　　　　（签章） 　　　　　（签章）

（§5-28）

表 09-05-50

领 料 单

年　月　日

领料单位　　　　　　　　　　　　　　　　　　凭证编号_____
用　　途　　　　　　　　　　　　　　　　　　发料仓库_____

材料类别	材料编号	材料名称及规格	计量单位	请领数量	实收数量	计划单价	金　额	二
								财务
备注：						合　计		

仓库管理　　　　发料人　　　　　　领料单位负责人　　　　收料人

（签章）　　　　（签章）　　　　　　（签章）　　　　　　（签章）

（§5-28）

表 09-05-51

低值易耗品（工作服）分配表（一次摊销法）

20　　年　　月　　　　　　　　　　　　单位：元

费用种类	应借科目			领用计划成本	分摊价差 月初差异率：　%
	总账科目	明细科目	费用项目		
低值易耗品 ——工作服	制造费用	一　车　间 二　车　间 机修车间 工具车间	劳动保护费 劳动保护费 劳动保护费 劳动保护费		
合　　　　　计					

（§5-29）

表 09-05-52

中国工商银行　利息回单

日　期

收款单位	账　号		付款单位	账　　号		代付、收款通知书
	户　号			户　　号		
	开户银行			开户银行		
积数：			利率		利息	
户第 4 季度利息					银行盖章	

（§5-31）

表 09-05-55

中国银行
转账支票存根
附加信息_____
_____
出票日期　年　月　日

收款人：
金　额：
用　途：

单位主管　　　会计

（§5-32）

表 09-05-56

中国银行
转账支票存根
附加信息_____
_____
出票日期　年　月　日

收款人：
金　额：
用　途：

单位主管　　　会计

（§5-30）

表 09-05-53
工资费用分配表

审核：　　　　　　　　　　　　　　　　　　　　　　　　　　　制表人：

应借科目		生产工时 /h	工　资			合计
总账科目	明细账		分配率	生产工人	管理人员	
基本生产	起动电机					
	小计					
	218♯订单					
	225♯订单					
	236♯订单					
	小计					
	合计		-		-	
辅助生产	机修车间					
	工具车间					
制造费用	一车间					
	二车间					
	机修车间					
	工具车间					
管理费用	工资					
	劳动保险					
应付职工薪酬	职工福利					
合　　计						

审核：　　　　　　　　　　　　　制表人：

（§5-31）

表 09-05-54

提取社会保险费分配表

20　　年　　　月份

应借科目		应付工资 /元	生产工时 /h	养老保险费		失业保险费	
总账科目	明细账			分配率	计提金额	分配率	计提金额
基本生产	起动电机						
	小　计						
	218♯订单						
	225♯订单						
	236♯订单						
	小　计						
	合　计			-	-		-
辅助生产	机修车间						
	工具车间						
制造费用	一车间						
	二车间						
	机修车间						
	工具车间						
管理费用	厂部管理人员						
	长期病假人员						
应付职工薪酬	职工福利						
合　计							

（§5-33）

表 09-05-57

提取工会经费及职工教育经费分配表

20　　年　　　月份

应借科目		应付工资 /元	生产工时 /h	工会经费		职工教育经费	
总账科目	明细账			分配率	计提金额	分配率	计提金额
基本生产	起动电机						
	小　计						
	218♯订单						
	225♯订单						
	236♯订单						
	小　计						
	合　计			-	-		-
辅助生产	机修车间						
	工具车间						
制造费用	一车间						
	二车间						
	机修车间						
	工具车间						
管理费用	厂部管理人员						
	长期病假人员						
应付职工薪酬	职工福利						
合　计							

（§ 5-34）

表 09-05-58

```
┌─────────────────────────────────┐
│          中国银行                 │
│                                 │
│        转账支票存根               │
│                                 │
│  附加信息_____    │
│                                 │
│      _____   │
│                                 │
│  出票日期    年  月  日          │
│ ┌─────────────────────────────┐ │
│ │ 收 款 人：                   │ │
│ ├─────────────────────────────┤ │
│ │ 金　　额：                   │ │
│ ├─────────────────────────────┤ │
│ │ 用　　途：                   │ │
│ └─────────────────────────────┘ │
│  单位主管          会计          │
└─────────────────────────────────┘
```

表 09-05-59

财产保险费分配表

20　年　月 　　　　　　　　　　　　　　单位：元

费用种类	应　借　科　目			分配标准 （保险财产额/万元）	分配率 （%）	分配金额
	总账科目	明细科目	费用科目			
财　产	制造费用	一车间	保险费	260		
		二车间	保险费	120		
保险费	小　　计			380		
	管 理 费 用		保险费	420		
	合　　　　计			800		

（§ 5-35）

表 09-05-60

长期待摊费用摊销表

20　年　月　日

项　　　目	车间或部门（内容）	长期待摊费用发生		摊 销 期	本月摊销（元）
		时　间	金　额（元）		
固定资产大修	二车间机器	上年 12 月	90 000	3 年	
支　　　出	二车间设备	今年 11 月	18 260	2 年	
合　　　计			108 260		

审核 　　　　　　　　　　　　　　　　　　　　　　制表

（§5-37）

表 09-05-61

工具报废单

填报单位：　　　　　　　　　20　年　月　日

材料编号	名　称	规　格	单　位	数　量	计划单价	金　额	报废残值	实物负责人	第三联
报废原因				鉴定部门			批准部门		财务

（§5-37）

表 09-05-62

低值易耗品(工具)摊销表(五五摊销法)

20　年　月　日

应借科目	领用计划成本	摊销率(50％)	分摊金额
		合　计	

审核　　　　　　　　　　　　　　　　制表

（§5-38）

表 09-05-63

辅助生产费用分配表

车间:机修车间　　　　　　　20　年　月　日

应借科目	修理工时	分配率	分配金额
合　计			

（§5-38）

表 09-05-64

制造费用分配表

车间：一车间　　　　　　20　　年　月　日

应借科目	生产工时	分配率	分配金额
合　计			

（§5-38）

表 09-05-65

制造费用分配表

车间：二车间　　　　　　20　　年　月　日

应借科目	生产工时	分配率	分配金额
合　计			

（§5-39）

表 09-05-66

产成品收入汇总表

20　　年　　月份

应贷科目	产　品　名　称		单位	入库数量				单位成本	总成本(元)
				1～10 日	11～20 日	21～31 日	合　计		
基本生产	起动电动机	ST700	台						
		ST60	台						
		ST90	台						
		ST8	台						
	变速电动机	346V	台						
		380V	台						
合　计									

（§5-64）

表 09-05-67

产品生产成本表

20　年　月　　　　　　　　　　　　　　单位：元

项　　目	上年实际	本月实际	本年累计实际
生产费用： 　直接材料 　　其中：原材料 　直接工资 　制造费用 　生产费用合计 加：在产品、自制半成品期初余额 减：在产品、自制半成品期末余额			
产品生产成本合计			

（§5-65）

表 09-05-68

主要产品单位成本表

20　年　月　　　　　　　　　　　　　　单位：元

产品名称：ST700　计量单位：　　售价：　本月实际产量：　　本年实际产量：

成本项目	本年累计 实际总成本	上年实际平均 单位成本	本月实际 单位成本	本年累计实际 平均单位成本
直接材料 直接工资 制造费用 产品生产成本				

补充资料项目：	上年 实际	本年 实际	补充资料项目：	上年 实际	本年 实际
产品销售率（％） 资金利税率（％） 增加值率（％）			营运资金周转率（次） 实现利税总额 职工工资总额		

（§ 5-66）

表 09-05-69
制造费用明细表
20　年　月　　　　　　　　　单位:元

项　　目	上年实际	本年计划	本月实际	本年累计实际
1. 工资				
2. 职工福利费				
3. 工会经费				
4. 职工教育经费				
5. 医疗保险费				
6. 养老保险费				
7. 失业保险费				
8. 住房公积金				
9. 劳动保险费				
10. 折旧费				
11. 修理费				
12. 办公费				
13. 水电费				
14. (机)物料消耗				
15. 劳动保护费				
16. 差旅费				
17. 保险费				
18. 低值易耗品摊销				
19. 运输费				
20. 研究费用				
21. 税金				
22. 存货盘亏毁损				
23. 其他				
制造费用合计				

（§ 5-67）

表 09-05-70
销售费用明细表
20　年　月　　　　　　　　　单位:元

项　　目	上年实际	本年计划	本月实际	本年累计实际
1. 包装费				
2. 运输费				
3. 广告费				
4. 其他费用				
合　计				

(§5-68)

表 09-05-71

财务费用明细表

20 年 月 单位:元

项 目	上年实际	本年计划	本月实际	本年累计实际
1. 利息支出				
减:利息收入				
2. 汇兑净损失				
3. 调剂外汇手续费				
4. 金融机构手续费				
5. 其他				
合 计				

(§5-69)

表 09-05-72

管理费用明细表

20 年 月 单位:元

项 目	上年实际	本年计划	本月实际	本年累计实际
1. 工资				
2. 职工福利费				
3. 工会经费				
4. 职工教育经费				
5. 医疗保险费				
6. 养老保险费				
7. 失业保险费				
8. 住房公积金				
9. 劳动保险费				
10. 折旧费				
11. 修理费				
12. 办公费				
13. 水电费				
14. (机)物料消耗				
15. 劳动保护费				
16. 差旅费				
17. 保险费				
18. 低值易耗品摊销				
19. 运输费				
20. 研究费用				
21. 税金				
22. 存货盘亏毁损				
23. 其他				
制造费用合计				

第三节 固定资产岗位技能训练操作资料

（§4-1）

表 09-04-01

固定资产出售单

固定资产类别＿＿＿＿＿＿＿＿ 20 年 月 日 编 号 ＿＿＿＿＿

结算方式＿＿＿＿＿＿＿＿＿＿ 保管地点 ＿＿＿＿＿＿

购买单位	名 称		出售单位（盖章）	②清理联
	账 号			
	开户银行			
固定资产名称	规格及型号	原值	已提折旧	净值	出售价格	
合计金额（人民币大写）				Ұ＿＿＿＿＿	

财务主管 核算员 仓库 设备主管 设备保管 制单

（§4-1）

表 09-04-02

固定资产出售单

固定资产类别＿＿＿＿＿＿＿＿ 20 年 月 日 编 号 ＿＿＿＿＿

结算方式＿＿＿＿＿＿＿＿＿＿ 保管地点 ＿＿＿＿＿＿

购买单位	名 称		出售单位（盖章）	③收款联
	账 号			
	开户银行			
固定资产名称	规格及型号	原值	已提折旧	净值	出售价格	
合计金额（人民币大写）				Ұ＿＿＿＿＿	

财务主管 核算员 仓库 设备主管 设备保管 制单

(§4-1)

表 09-04-03

进　账　单

回单或
（收账通知）1

年　月　日　　　　　　　　第　号

付款人	全　称		收款人	全　称	
	账　号			账　号	
	开户银行			开户银行	

人民币 （大写）						千	百	十	万	千	百	十	元	角	分
付款单位 名称或账号	种类	票据号码	百	十	万	千	百	十	元	角	分				
															收款人开户行盖章

单位主管　　　　　　会计　　　　　　　复核　　　　　　　记账

此联是收款人开户行交给收款人的回单或收账通知

(§4-2)

表 09-04-04

收　条

今收到九州电机厂一车间机床修理劳务费共计人民币贰佰元整（¥200.00 元）。此条

单位审批（签字）	收款人（签字）:市工程机械厂　　王向荣
	经办人（签字）:九州电机厂　　方明华
	20　　年 12 月 10 日

(§4-3)

表 09-04-05

厂房大修工程结算单

建设单位：　　　　　　　　年 月 日

应收工程款项	金　额	应扣款项	金　额
1. 工程结算价款	12 000	1. 预收工程款	5 000
2.		2. 甲方供料款	
3.		3.	
合　计	12 000	合　计	5 000
乙方欠甲方工程款		甲方欠乙方工程款	7 000
建设单位（甲方）签章		施工单位（乙方）签章	
经办人：		经办人：	

（§4-3）

表 09-04-06

中国银行
转账支票存根
附加信息————————————
————————————
出票日期　年　月　日
收款人：
金　额：
用　途：
单位主管　　　　会计

（§4-4）

表 09-04-08

中国银行
转账支票存根
附加信息————————————
————————————
出票日期　年　月　日
收款人：
金　额：
用　途：
单位主管　　　　会计

（§4-3）

表 09-04-07

公司商品（劳务）出售单　　　№0001009

购货单位：　　　　　　　　年　月　日

商品或劳务名称	规格及型号	计量单位	数量	单价	金　额	备　注
合计金额	（大写）				¥_____	
提货地点						
结算方式		附实物收据　　张				

财务主管　　　　　　　　单位主管　　　　　　　　经办人

（§4-4）

表 09-04-09

新海市　　　　收据

交款单位：　　　　　　　20　年　月　日　　　　结算方式：

项　目	内　容	金　额
合计人民币（大写）		¥_____

收款单位（印章）　　　　　　　　　　收款人签章

（3 4-4）

表 09-04-10

固定资产报废申请书

年　　月　　日

单位：九州电机厂　　　　　　　　　　　　　　　　　（　　）年报废第　　号

固定资产类别	固定资产名称	规格型号	单位	数量	地点	预计使用年限	已用年限	原值	已提折旧	预计残值	预计清理费

报废原因	管理部门负责人：	经办人：		技术鉴定意见		鉴定负责人：
企业意见		主管部门核批			财政局意见	

（3 4-4）

表 09-04-11

九州电机厂收款收据

20　年　月　日　　　　　　　　　附件　张

付款单位		付款人		②入账
付款项目		内容说明		
金额（大写）			￥_____	

会计主管　　　　　　　　　审核　　　　　　　　　收款人

（3 4-4）

表 09-04-12

收　料　单

年　　月　　日

供货单位_____　　　　　　　　　　凭证编号_____

发票号码_____　　　　　　　　　　收料仓库_____

材料类别	材料编号	材料名称及规格	计量单位	应收数量	实收数量	计划单价	金　额	三财务
备注：						合计		

仓库管理员（签章）　　　　　　　　　　　　收料人（签章）

（§4-5）

表 09-04-13

固定资产折旧计算表（双倍余额递减法）

——二车间机器设备

20　年（第5年）　月　　　　　　　　　单位：元

年　份	当年计提的折旧额	累计折旧额	折余价值
0			原值 364 000
1			
2			
3			
4			
5			
6			
7			
8			
总　计			—

注：表中当年折旧率=＿＿＿＿＿；表中月折旧率=第＿＿＿年折旧额÷12=＿＿＿；月折旧额精确到元。

（§4-5）

表 09-04-14

固定资产折旧计算表（双倍余额递减法）

20　年　月　　　　　　　　　　　单位：元

固定资产类别	月份类折旧率	一车间		二车间		机修车间		工具车间		管理部门		非生产部门		租出设备		未使用设备		折旧合计
		固定资产原值	折旧额	固定资产原值	折旧额	固定资产原值	折旧额	固定资产原值	折旧额	固定资产原值	折旧额	固定资产原值	折旧额	固定资产原值	折旧额	固定资产原值	折旧额	
房屋																		
机器设备																		
合计																		

注：二车间原值不包含加速折旧法的机器设备原值。

（§4-6）

表 09-04-15

领　料　单

年　月　日

领料单位　　　　　　　　　　　　　　　　凭证编号＿＿＿＿＿＿＿＿＿

用　　途　　　　　　　　　　　　　　　　发料仓库＿＿＿＿＿＿＿＿＿

材料类别	材料编号	材料名称及规格	计量单位	请领数量	实收数量	计划单价	金额	二财务
备注：						合　计		

仓库管理　　　　　发料人　　　　　　　领料单位负责人　　　　　收料人

（签章）　　　　　（签章）　　　　　　（签章）　　　　　　　（签章）

第四节　存货岗位技能训练操作资料

（§3-1）

表 09-03-01

暂估料款清单

年　月　日

材料账户	收料日期	收料单号码	供应单位名称	材料类别	材料名称	单　位	数　量	金　额	②下月冲回

审核　　　　　　　　　　　　　　　　　　　　　制单

（§3-2）

表 09-03-02

收　料　单

年　月　日

供货单位＿＿＿＿＿＿＿＿　　　　　　　　凭证编号＿＿＿＿＿＿＿＿

发票号码＿＿＿＿＿＿＿＿　　　　　　　　收料仓库＿＿＿＿＿＿＿＿

材料类别	材料编号	材料名称及规格	计量单位	应收数量	实收数量	计划单价	金　额	三财务
备注：						合计		

仓库管理员（签章）　　　　　　　　　　　收料人（签章）

（§3-2）

表 09-03-03

中国银行 转账支票存根 DA/02 05458938	中国银行 转账支票	DA/02 05458938
附加信息＿＿＿＿	出票日期（大写）　年　月　日	付款行名称：
	收款人：	出票人账号：
出票日期　年　月　日	人民币（大写）	亿千百十万千百十元角分
收款人：	用途＿＿＿＿	科目（借）…………
金额：	上列款项请从	对方科目（贷）………
用途：	我账户内支付	转账日期　年　月　日
单位主管　会计	出票人签章	复核　　记账

本支票付款期限十天

（§3-2）

表 09-03-04

3200012170		江苏增值税专用发票					№		
							开票日期：		
购货单位	名　　称：						密码区		
	纳税人识别号：								
	地址、电话：								
	开户行及账号：								
	货物或应税劳务名称	规格型号	单位	数　量	单　价	金　额		税率	税　额
	合　　　计								
	价税合计（大写）					（小写）			
销货单位	名　　称：						备注		
	纳税人识别号：								
	地　址、电　话：								
	开户行及账号：								
	收款人：		复核：		开票人：		销货单位：（章）		

（§3-3）

表 09-03-05

3200012170		江苏增值税专用发票					№		
							开票日期：		
购货单位	名　　称：						密码区		
	纳税人识别号：								
	地址、电话：								
	开户行及账号：								
	货物或应税劳务名称	规格型号	单位	数　量	单　价	金　额		税率	税　额
	合　　　计								
	价税合计（大写）					（小写）			
销货单位	名　　称：						备注		
	纳税人识别号：								
	地　址、电　话：								
	开户行及账号：								
	收款人：		复核：		开票人：		销货单位：（章）		

（§3-3）

表 09-03-06

中国人民银行托收承付结算凭证（支款通知）　承付　5　　第　号

托收号码

承 付 期 限

到期　年 月 日

委托日期　　年 月 日

收款单位	全　称		付款单位	全　称	
	账　号			账号或住址	
	开户银行			开户银行	

托收金额　人民币：
（大写）

| | 千 | 百 | 十 | 万 | 千 | 百 | 十 | 元 | 角 | 分 |
| | | | | | | | | | | |

| 附　件 | 商 品 发 运 情 况 | 合 同 名 称 号 码 |
| 附寄单证张数或册数 | | |

备注：　　　　付款单位注意：
　　　　　　　　（略）

单位主管　　会计　　复核　　记账　　付款单位开户行盖章　　月 日

此联是付款单位开户银行通知付款单位按期承付货款的承付（支款）通知

（§3-4）

表 09-03-07

收 料 单

年 月 日

供货单位＿＿＿＿＿＿　　　　　　凭证编号＿＿＿＿＿＿
发票号码＿＿＿＿＿＿　　　　　　收料仓库＿＿＿＿＿＿

材料类别	材料编号	材料名称及规格	计量单位	应收数量	实收数量	计划单价	金　额
备注：						合计	

仓库管理员（签章）　　　　　　　　　　收料人（签章）

三　财务

（§3-5）

表 09-03-08

材料价差分摊计算表

20　年　月 日

材料类别	名称及规格	发料计划成本	（　）月价差率	分摊差异额
			合　计	

审核　　　　　　　　　　　　　　　　　制证

（§ 3-5）

表 09-03-09

委托加工材料出库单

凭证编号

委托加工单位　　　　　　　　20　年　月　日　　　　　发料仓库

合同编号	加工后材料名称及规格	单位	数量	交货日期	
					②财务
材料编号	材料名称及规格	单位	数量	计划单价（元）	金额

发料（签章）　　　　　　　　　　　　　　　制证（签章）

（§ 3-6）

表 09-03-10

3200012170　　　江苏增值税专用发票　　No

开票日期：

购货单位	名　　称： 纳税人识别号： 地　址、电　话： 开户行及账号：				密码区			第三联：发票联　购货方记账凭证
货物或应税劳务名称	规格型号	单位	数量	单价	金额	税率	税额	
合　　计								
价税合计（大写）				（小写）				
销货单位	名　　称： 纳税人识别号： 地　址、电　话： 开户行及账号：				备注			

苏财税[2000]1004号南京逸丰厂

收款人：　　　　　复核：　　　　　开票人：　　　　　销货单位：（章）

（§ 3-6）

表 09-03-11

收　料　单

年　月　日

供货单位＿＿＿＿＿＿＿＿　　　　　　　　凭证编号＿＿＿＿＿＿＿

发票号码＿＿＿＿＿＿＿＿　　　　　　　　收料仓库＿＿＿＿＿＿＿

材料类别	材料编号	材料名称及规格	计量单位	应收数量	实收数量	计划单价	金　额	
								三财务
备注：						合计		

仓库管理员（签章）　　　　　　　　　　　收料人（签章）

（习 3-7）

表 09-03-12

商业承兑汇票（卡片）　1　　　　汇票号码：

签发日期　　年　月　日　　　　　　第　　号

收款人	全　　称			付款人	全　　称		
	账　　号				账　　号		
	开户银行		行号		开户银行		行号
汇票金额	人民币 （大写）						
汇票到期日			年　月　日	交易合同号码			
本汇票请你单位承兑，并及时将承兑汇票将交我单位。此致 　　　　承兑人 　　　　　　收款人盖章 　　　　　　负责　经办				备注：			

（习 3-7）

表 09-03-13

3200012170　　江苏增值税专用发票　　№

开票日期：

购货单位	名　　称： 纳税人识别号： 地址、电话： 开户行及账号：				密码区		
货物或应税劳务名称	规格型号	单位	数　量	单　价	金　额	税率	税　额
合　　计							
价税合计（大写）				（小写）			
销货单位	名　　称： 纳税人识别号： 地址、电话： 开户行及账号：				备注		

国税函[2000]1004号南京造币厂

收款人：　　　　　复核：　　　　　开票人：　　　　　销货单位：（章）

第三联：发票联　购货方记账凭证

(§3-8)

表 09-03-14

中国银行 转账支票存根
附加信息 ______________
____
出票日期　　年　月　日
收 款 人：
金　额：
用　途：
单位主管　　　　会计

(§3-9)

表 09-03-18

中国银行 转账支票存根
附加信息 ______________
____
出票日期　　年　月　日
收 款 人：
金　额：
用　途：
单位主管　　　　会计

(§3-8)

表 09-03-15

3200012170　　江苏增值税专用发票　　№

发票联

开票日期：

购货单位	名　称： 纳税人识别号： 地 址、电 话： 开户行及账号：				密码区			
货物或应税劳务名称	规格型号	单位	数 量	单 价	金　额	税率	税　额	
合　计								
价税合计（大写）				（小写）				
销货单位	名　称： 纳税人识别号： 地 址、电 话： 开户行及账号：				备注			

收款人：　　　复核：　　　开票人：　　　销货单位：（章）

国税函[2000]1004号南京造币厂

第三联：发票联　购货方记账凭证

（§3-8）

表 09-03-16

收 料 单

年 月 日

供货单位＿＿＿＿＿＿＿＿＿ 凭证编号＿＿＿＿＿＿＿＿＿

发票号码＿＿＿＿＿＿＿＿＿ 收料仓库＿＿＿＿＿＿＿＿＿

材料 类别	材料 编号	材料名称及 规格	计量 单位	应收 数量	实收 数量	计划 单价	金 额	三 财 务
备注：						合计		

仓库管理员（签章） 收料人（签章）

（§3-9）

表 09-03-17

委托加工材料入库单

凭证编号＿＿＿＿＿＿＿＿＿

加工单位＿＿＿＿＿＿＿＿＿ 20 年 月 日 收料仓库＿＿＿＿＿＿＿＿＿

发料单编号	加工后材料名称及规格	单位	实收数量	计划单价（元）	金 额	② 财 务
				合 计		

收料（签章） 制证（签章）＿＿＿＿＿＿＿

（§3-9）

表 09-03-19

（§3-10）

表 09-03-20

赔偿请求单

年　月　日

货物名称		发运单位		票据编号		发运数量	
金　额		火车运费		到站实际数量			
丢失品种		损失数量		要求赔偿金额			
损失原因				备　注			
赔偿单位意见（盖章）				请求赔偿单位（盖章）			

（§3-10）

表 09-03-21

收　料　单

年　月　日

供货单位_____　　　　　　　　　凭证编号_____

发票号码_____　　　　　　　　　收料仓库_____

材料类别	材料编号	材料名称及规格	计量单位	应收数量	实收数量	计划单价	金　额
备注：						合计	

仓库管理员（签章）　　　　　　　　　　　收料人（签章）

三　财务

（§3-11）

表 09-03-22

中国银行

转账支票存根

附加信息_____

_____

出票日期　年　月　日

收款人：
金　额：
用　途：

单位主管　　　　　　会计

（§3-11）

表 09-03-23

固定资产报废申请书

年 月 日

单位：九州电机厂 　　　　　　　　　　　　　　　　（ ）年报废第 号

固定资产类别	固定资产名称	规格型号	单位	数量	地点	预计使用年限	已用年限	原值	已提折旧	预计残值	预计清理费

报废原因	管理部门负责人：		经办人：		技术鉴定意见		鉴定负责人：	
企业意见		主管部门核批			账政局意见			

（§3-11）

表 09-03-24

新海市　　　　　　收据

交款单位：　　　　　　20 年 月 日　　　　　结算方式：

项　　目	内　　容	金　　额	第二联收据
合计人民币（大写）		￥＿＿＿＿＿＿＿	

收款单位（印章）　　　　　　　　　　　　　　　收款人签章

（§3-11）

表 09-03-25

九州电机厂收款收据

20 年 月 日　　　　　　　　　附件 张

付款单位		付款人		②入账
付款项目		内容说明		
金额（大写）			￥＿＿＿＿＿＿	

会计主管　　　　　　　审核　　　　　　　　　　收款人

（§3-11）

表 09-03-26

收　料　单

年 月 日

供货单位＿＿＿＿＿＿＿＿　　　　　　　　凭证编号＿＿＿＿＿＿＿＿

发票号码＿＿＿＿＿＿＿＿　　　　　　　　收料仓库＿＿＿＿＿＿＿＿

材料类别	材料编号	材料名称及规格	计量单位	应收数量	实收数量	计划单价	金额	三财务
备注：						合计		

仓库管理员（签章）　　　　　　　　　　　　收料人（签章）

（§3-12）

表 09-03-27

委托加工材料出库单

凭证编号

委托加工单位　　　　　　　20　年　月　日　　　　　发料仓库

合同编号	加工后材料名称及规格	单位	数量	交货日期	
					②财务
材料编号	材料名称及规格	单位	数量	计划单价（元）	金额

发料（签章）　　　　　　　　　　　　　　　　制证（签章）

（§3-12）

表 09-03-28

材料价差分摊计算表

20　年　月　日

材料类别	名称及规格	发料计划成本	（　　）月价差率	分摊差异额
		合　计		

审核　　　　　　　　　　　　　　　　　　　　制证

（§3-13）

表 09-03-29

收　料　单

年　月　日

供货单位＿＿＿＿＿＿＿＿　　　　　　　　凭证编号＿＿＿＿＿＿＿

发票号码＿＿＿＿＿＿＿＿　　　　　　　　收料仓库＿＿＿＿＿＿＿

材料类别	材料编号	材料名称及规格	计量单位	应收数量	实收数量	计划单价	金　额	
								三财务
备注：						合计		

仓库管理员（签章）　　　　　　　　　　　　收料人（签章）

（§3-14）

表 09-03-30

材料交库单

交库单位＿＿＿＿＿＿　　　年　月　日　　　交库单号＿＿＿＿＿＿

发票号码＿＿＿＿＿＿　　　　　　　　　　　收料仓库＿＿＿＿＿＿

材料编号	材料名称	材料名称及规格	计量单位	交库数量	实收数量	计划单价	金　额	三
								财务
备注：						合计		

仓库管理员（签章）　　稽核员　　　　交料员　　　收料人（签章）　　　制单

（§3-15）

表 09-03-31

领　料　单
年　月　日

领料单位　　　　　　　　　　　　　　　　凭证编号＿＿＿＿＿＿

用　　途　　　　　　　　　　　　　　　　发料仓库＿＿＿＿＿＿

材料类别	材料编号	材料名称及规格	计量单位	请领数量	实收数量	计划单价	金　额	二
								财务
备注：						合　计		

仓库管理　　　　　发料人　　　　　　领料单位负责人　　　　　收料人

（签章）　　　　　（签章）　　　　　　（签章）　　　　　　　（签章）

（§3-15）

表 09-03-32

领料单分类凭证汇总表

20　年　月　日至　月　日　　　　　发料汇字第　　号

材料类别 领用单位	燃　　料		修 理 材 料	
	数量（　）	金额（　）	数量（　）	金额（　）
一车间				
二车间				
机修车间				
工具车间				
管理部门				
合　　　计				

审核：　　　　　　　　　　　　　　　　　　汇总人：

（§3-15）

表 09-03-33

领 料 单

年 月 日

领料单位

用　途

凭证编号＿＿＿＿＿＿

发料仓库＿＿＿＿＿＿

材料类别	材料编号	材料名称及规格	计量单位	请领数量	实收数量	计划单价	金 额	二财务
备注：						合 计		

仓库管理　　　　发料人　　　　　领料单位负责人　　　　收料人

（签章）　　　　（签章）　　　　（签章）　　　　　（签章）

（§3-15）

表 09-03-34

领 料 单

年 月 日

领料单位

用　途

凭证编号＿＿＿＿＿＿

发料仓库＿＿＿＿＿＿

材料类别	材料编号	材料名称及规格	计量单位	请领数量	实收数量	计划单价	金 额	二财务
备注：						合 计		

仓库管理　　　　发料人　　　　　领料单位负责人　　　　收料人

（签章）　　　　（签章）　　　　（签章）　　　　　（签章）

（§3-15）

表 09-03-35

领 料 单

年 月 日

领料单位

用　途

凭证编号＿＿＿＿＿＿

发料仓库＿＿＿＿＿＿

材料类别	材料编号	材料名称及规格	计量单位	请领数量	实收数量	计划单价	金 额	二财务
备注：						合 计		

仓库管理　　　　发料人　　　　　领料单位负责人　　　　收料人

（签章）　　　　（签章）　　　　（签章）　　　　　（签章）

（§3-15）

表 09-03-36

领　料　单
年　月　日

领料单位　　　　　　　　　　　　　　　　　凭证编号＿＿＿＿＿＿

用　　途　　　　　　　　　　　　　　　　　发料仓库＿＿＿＿＿＿

材料 类别	材料 编号	材料名称 及规格	计量 单位	请领 数量	实收 数量	计划 单价	金　额	二 财 务
备注：						合　计		

仓库管理　　　　　发料人　　　　　　领料单位负责人　　　　　收料人

（签章）　　　　　（签章）　　　　　（签章）　　　　　　　　（签章）

（§3-16）

表 09-03-37

低值易耗品（工作服）分配表（一次摊销法）
20　　年　　月　　　　　　　　　　　单位：元

费用种类	应借科目			领用计划成本	分摊价差 月初差异率：　　％
	总账科目	明细科目	费用项目		
低值易耗品 ——工作服	制造费用	一　车　间	劳动保护费		
		二　车　间	劳动保护费		
		机修车间	劳动保护费		
		工具车间	劳动保护费		
合　　　　计					

（§3-16）

表 09-03-38

领　料　单
年　月　日

领料单位　　　　　　　　　　　　　　　　　凭证编号＿＿＿＿＿＿

用　　途　　　　　　　　　　　　　　　　　发料仓库＿＿＿＿＿＿

材料 类别	材料 编号	材料名称 及规格	计量 单位	请领 数量	实收 数量	计划 单价	金　额	二 财 务
备注：						合　计		

仓库管理　　　　　发料人　　　　　　领料单位负责人　　　　　收料人

（签章）　　　　　（签章）　　　　　（签章）　　　　　　　　（签章）

（§3-16）

表 09-03-39

领 料 单

年　月　日

领料单位

用　　途

凭证编号＿＿＿＿＿＿＿

发料仓库＿＿＿＿＿＿＿

材料类别	材料编号	材料名称及规格	计量单位	请领数量	实收数量	计划单价	金额	二
								财
备注：						合 计		务

仓库管理　　　　　发料人　　　　　　领料单位负责人　　　　　收料人

（签章）　　　　　（签章）　　　　　　（签章）　　　　　　　（签章）

（§3-16）

表 09-03-40

领 料 单

年　月　日

领料单位

用　　途

凭证编号＿＿＿＿＿＿＿

发料仓库＿＿＿＿＿＿＿

材料类别	材料编号	材料名称及规格	计量单位	请领数量	实收数量	计划单价	金额	二
								财
备注：						合 计		务

仓库管理　　　　　发料人　　　　　　领料单位负责人　　　　　收料人

（签章）　　　　　（签章）　　　　　　（签章）　　　　　　　（签章）

（§3-16）

表 09-03-41

领 料 单

年　月　日

领料单位

用　　途

凭证编号＿＿＿＿＿＿＿

发料仓库＿＿＿＿＿＿＿

材料类别	材料编号	材料名称及规格	计量单位	请领数量	实收数量	计划单价	金额	二
								财
备注：						合 计		务

仓库管理　　　　　发料人　　　　　　领料单位负责人　　　　　收料人

（签章）　　　　　（签章）　　　　　　（签章）　　　　　　　（签章）

（§3-18）

表 09-03-42

发料凭证汇总表

20　　年　月份

应借科目			原材料计划成本/元				原材料成本（差异率 %）	包装物	
总账科目	二级或明细科目	成本或费用项目	上旬	中旬	下旬	合计		计划成本/元	成本差异（差异率%）
基本生产	起动电动机	直接材料							
	218＃订单	直接材料							
	225＃订单	直接材料							
	236＃订单	直接材料							
辅助生产（工具车间）		直接材料							
制造费用	一车间	物料消耗							
		修理材料							
	二车间	物料消耗							
		修理材料							
	机修车间	物料消耗							
	工具车间	物料消耗							
		修理材料							
其他业务成本		材料销售							
销售费用		包装费							
管理费用		修理费							
		物料消耗							
合　　计									

（§3-19）

表 09-03-43

工具报废单

填报单位：　　　　　　20　年　月　日

材料编号	名　称	规　格	单　位	数　量	计划单价	金　额	报废残值	实物负责人	第三联 财务
报废原因			鉴定部门			批准部门			

（§3-19）

表 09-03-44

低值易耗品（工具）摊销表（五五摊销法）

20　　年　月　日

应借科目	领用计划成本	摊销率（50%）	分摊金额
		合　　计	

审核　　　　　　　　　　　　　　　　　　制表

第五节 出纳岗位技能训练操作资料

（§2-1）

表 09-02-01

借 款 单

20 年 月 日

借款人		所属单位		借款事由		②
借款金额	人民币（大写）				￥_____	付款联
注意事项				审批人意见		

财务主管　　　　　　　　　　单位主管　　　　　　　　　　借款人

（§2-1）

表 09-02-02

九州电机厂旅差费报销表

年　　　月　　　日填

姓名 （出差或报销人）						工作单位			出差事由 及地点			
旅　　费						交通工具		途中（卧）补助	住勤（误餐）补助	其 他 费 用		
何时起			何时止			起止地点		名称	金额	天数	金额	天数	金额	项　　目	金额
月	日	时	月	日	时	起	止							
													住宿费	
													行李及搬运费	
													短程火车、电、汽车费	
													其他计费	
小计													小　　计	
总计：人民币（大写）												￥_____		
备注：														

财务主管签章　　　　　　　　单位主管签章　　　　　　　　报销人签章

（§2-1）

表 09-02-03

九州电机厂收款收据

20 年 月 日　　　　　　　附件　张

付款单位		付款人		②
付款项目		内容说明		入账
金额（大写）			￥_____	

会计主管　　　　　　　　审核　　　　　　　　　　收款人

（§2-2）

表 09-02-04

经济开发社发票

江苏省地方税务局通用机打发票

发票联

发票代码：232001108111

发票号码：35737681

开票日期：			行业分类：			

付款方名称：　　　　　　　　　　　机打发票代码：232001108111

付款方代码：　　　　　　　　　　　机打发票号码：35737656

开票项目	单价	数量	折扣额	金额（人民币）	附注

金额合计（大写）：人民币　　　　　　　　　　（小写）¥：

备注：　　　　　　　　　　　　　　　　开户银行：

　　　　　　　　　　　　　　　　　　　开户账号：

开票人：　　　收款方名称：　　　　　收款方纳税识别号：

第一联　发票联（付款方付款凭证）（手写无效）

（§2-2）

表 09-02-05

××银行现金 支票存根	××银行 **现金支票**	地名 支票号码

××银行现金 支票存根

支票号码

科　　目

对方科目

出票日期　　年月日

| 收款人： |
| 金　额： |
| 用　途： |

单位主管　　会计

××银行 **现金支票**

地名　支票号码

出票日期（大写）　年 月 日　　付款行名称：

收款人：　　　　　　　　　　出票人账号：

人民币（大写）　　　　　　　千百十万千百十元角分

本支票付款期限十天

用途 _____

上列款项请从

我账户内支付

出票人签章

科目（借）_____

对方科目（货）_____

付讫日期　年　月　日

出纳　　复核　　记账

贴对号单处　　出纳 对号单

（§2-3）

表 09-02-06

借　款　单

20　年　月　日

借款人		所属单位		借款事由		②
借款金额	人民币（大写）				¥ _____	付款联
注意事项				审批人意见		

财务主管　　　　　　　　单位主管　　　　　　　　借款人

（§2-4）

表 09-02-07

中国银行

现金支票存根

支票号码

科　目＿＿＿＿＿＿＿＿＿＿

对方科目＿＿＿＿＿＿＿＿

出票日期　　年　月　日

| 收 款 人： |
| 金　　额： |
| 用　　途： |

单位主管　　　　　会计

（§2-6）

表 09-02-11

中国银行

转账支票存根

附加信息＿＿＿＿＿＿＿

＿＿＿＿＿＿＿＿＿＿＿

出票日期　　年　月　日

| 收 款 人： |
| 金　　额： |
| 用　　途： |

单位主管　　　　　会计

（§2-5）

表 09-02-08

工资结算汇总表

单位、人员类别		应付工资		代扣养老保险	代扣失业保险	代扣职工房租水电	实发工资
		…	小计				
一车间	生产工人	…	15 000	1 200	150	1 342	
	管理人员	…	4 000	320	40	360	
二车间	生产工人	…	6 750	540	67.5	700	
	管理人员	…	1 600	128	16	120	
机修车间	生产工人	…	980	78.4	9.8	50	
	管理人员	…	20	1.6	0.2	6	
工具车间	生产人员	…	630	50.4	6.3	30	
	管理人员	…	20	1.6	0.2	2	
厂部修理人员		…	6 000	480	60	378	
福利部门人员		…	300	24	3	12	
长期病假人员		…	200	16	2	—	
合计		…	35 500	2 840	355	3 000	

(§2-5)

表 09-02-09

扣款通知单

20 年 月 日

扣款项目	养老保险	失业保险	扣款原因
扣款名单	扣款金额	扣款金额	
合　计			合　计

部门主管　　　　　　　制单　　　　　　　发单部门(盖章)

(§2-5)

表 09-02-10

扣款通知单

20 年 月 日

扣款项目		扣款原因	
扣款名单	扣款金额	扣款名单	扣款金额
合　计		合　计	

部门主管　　　　　　　制单　　　　　　　发单部门(盖章)

(§2-6)

表 09-02-12

固定资产报废申请书

年 月 日

单位：九州电机厂　　　　　　　　　　　　　　（　）年报废第　号

固定资产类别	固定资产名称	规格型号	单位	数量	地点	预计使用年限	已用年限	原值	已提折旧	预计残值	预计清理费
报废原因	管理部门负责人：		经办人：			技术鉴定意见			鉴定负责人：		
企业意见			主管部门核批			账政局意见					

（§2-6）

表 09-02-13

新海市　　　　收据

交款单位：　　　　　　　　20　年　月　日　　　　　　结算方式：

项　　目	内　　容	金　　额	
			第二联收据
合计人民币（大写）		￥_____	

收款单位（印章）　　　　　　　　　　　　　　　　收款人签章

（§2-6）

表 09-02-14

九州电机厂收款收据

20　年　月　日　　　　　　　　附件　张

付款单位		付款人		②
付款项目		内容说明		入账
金额（大写）			￥_____	

会计主管　　　　　　　　审核　　　　　　　　收款人

（§2-6）

表 09-02-15

收　料　单

年　月　日

供货单位_____　　　　　　　　　　凭证编号_____

发票号码_____　　　　　　　　　　收料仓库_____

材料类别	材料编号	材料名称及规格	计量单位	应收数量	实收数量	计划单价	金　额	
								三财务
备注：						合计		

仓库管理员（签章）　　　　　　　　　　　　　收料人（签章）

（§2-7）

表 09-02-16

中国银行

现金支票存根

支票号码

科　　目＿＿＿＿＿＿＿＿＿＿＿＿

对方科目＿＿＿＿＿＿＿＿＿＿＿＿

出票日期　　年　月　日

| 收　款　人： |
| 金　　额： |
| 用　　途： |

单位主管　　　　　　会计

（§2-8）

表 09-02-17

九州电机厂职工生活困难补助申请书（代收据）

所属单位：　　　申请书　年　月　日

姓名		性别		家庭人口	大		月工资	
					小			
现住址	区	街巷	路　　号	现任职务		其他收入		
申请补助理由								申请金额
小　组　意　见			单　位　意　见			领　导　批　示		
同意补助			同意补助			同意补助		
小组长签字			单位负责人盖章			领导人签字		
生活困难今领到　　（大写）　　　　元　年　月　日　　　领款人（盖章）补助金额								

（§2-9）

表 09-02-18

新海市　　　　收据

交款单位：　　　　20　年　月　日　　　　结算方式：

项　　目	内　　容	金　　额	第
			二
			联
合计人民币（大写）		￥＿＿＿＿＿＿	收据

收款单位（印章）　　　　　　　　　　收款人签章

（§2-10）

表 09-02-19

职工享受劳动保险付费凭单

工作部门：　　　　　　　　　　20　年　月　日

姓　名		性　别		年　龄		现在住址	
申请项目				供养直系亲属人数			
工　资		是否工会会员		一般工龄		连续工龄	
起讫日期		支付标准				支付金额	
合计金额（大写）							

厂工会　　　　　　厂劳保负责人　　　　　车间劳保委员　　　　　申请人

（§2-11）

表 09-02-20

中国银行 转账支票存根 D A 0 2 05458938 附加信息 ———— ———— 出票日期　年　月　日 收款人： 金　额： 用　途： 单位主管　　会计	本支票付款期限十天	（中）中国银行 转账支票　　　D A 0 2 05458938 出票日期（大写）　年　月　日　付款行名称： 收款人：　　　　　　　　　　出票人账号： 人民币　　　　　　　　　　亿千百十万千百十元角分 （大写） 用途———— 上列款项请从　　　　　　科目（借）………… 我账户内支付　　　　　　对方科目（贷）……… 出票人签章　　　　　　　转账日期　年　月　日 　　　　　　　　　　　复核　　记账

（§2-11）

表 09-02-21

3200012170	江苏增值税专用发票	№

发票联

开票日期：

购货单位	名　称： 纳税人识别号： 地　址、电话： 开户行及账号：				密码区			
	货物或应税劳务名称	规格型号	单位	数　量	单　价	金　额	税率	税　额
	合　　计							
	价税合计（大写）				（小写）			
销货单位	名　　称： 纳税人识别号： 地　址、电话： 开户行及账号：				备注			

收款人：　　　　　复核：　　　　　开票人：　　　　　销货单位：（章）

国税函[2000]1004号南苏市厂

第三联：发票联　购货方记账凭证

（习2-11）

表 09-02-22

收 料 单

年　月　日

供货单位_____　　　　　　　　　凭证编号_____

发票号码_____　　　　　　　　　收料仓库_____

材料类别	材料编号	材料名称及规格	计量单位	应收数量	实收数量	计划单价	金 额	三财务
备注：						合计		

仓库管理员（签章）　　　　　　　　　　　收料人（签章）

（习2-12）

表 09-02-23

（§2-12）

表 09-02-24

中国人民银行托收承付结算凭证（支款通知） 承付 5　第　号

托收号码					
承　付　期　限					
到期　年　月　日					

委托日期　　年　月　日

收款单位	全　称		付款单位	全　称	
	账　号			账号或住址	
	开户银行			开户银行	

托收金额	人民币：（大写）			千 百 十 万 千 百 十 元 角 分

附　件	商品发运情况	合　同　名　称　号　码
附寄单证张数或册数		

备注：	付款单位注意：（略）

单位主管　　会计　　复核　　记账　　付款单位开户行盖章　　月　日

此联是付款单位开户银行通知付款单位按期承付货款的承付（支款）通知付款单

（§2-13）

表 09-02-25

中国××银行信汇凭证（收账通知或取款收据）　4　第　号

委托日期　　年　月　日

应解汇款编号：

收款人	全　称		汇款人	全称	
	账号或住址			账号或住址	
	汇入地点	省　　市县　　汇入行名称		汇出地点	省　　市县　　汇出行名称

金额	人民币（大写）		千 百 十 万 千 百 十 元 角 分

汇款用途：	留行待取预留收款人印鉴

上列款项已代进账，如有错误，请持此联来行面洽。	上列款项已照收无误	科目（付）对方科目（付）
汇入行盖章	收款人盖章	汇入行解汇日期　年　月　日复核　　出纳
年　月　日	年　月　日	记账

此联给收款人的收账通知或代取款收据

（§2-14）

表 09-02-26

中国××银行信汇凭证（回单）1														

委托日期　年　月　日　　　　　　　　第　号

收款人：全称、账号或住址、汇入地点（省、市县、汇入行名称）

汇款人：全称、账号或住址、汇出地点（省、市县、汇入行名称）

金额：人民币（大写）　千百十万千百十元角分

汇款用途：
上列款项已根据委托办理，如需查询，请持此回单来行面洽。

单位主管　会计　复核　记账

汇出行盖章

年　月　日

此联汇出行给汇款人的回单

表 09-02-27

提 货 单

购买单位＿＿＿＿＿＿＿＿＿　　　　运输方式＿＿＿＿＿＿

收货地址＿＿＿＿＿＿＿＿　　20　年　月　日　　编　号＿＿＿＿＿＿

产品名称	产品编号	规格	计量单位	数量	单价	金额	备注
		合		计			

销售部门主管　　　　　发货人　　　　　　提货人　　　　　　制单人
（签章）　　　　　　　（签章）　　　　　（签章）　　　　　（签章）

一仓库

（§2-15）

表 09-02-28

进 账 单

回单或
（收账通知）1

年　月　日　　　　　　　　　　第　号

付款人	全　称		收款人	全　称	
	账　号			账　号	
	开户银行			开户银行	

| 人民币
（大写） | | 千 | 百 | 十 | 万 | 千 | 百 | 十 | 元 | 角 | 分 |

付款单位 名称或账号	种类	票据号码	百	十	万	千	百	十	元	角	分

收款人开户行盖章

单位主管　　　　　　会计　　　　　　复核　　　　　　记账

此联是收款人开户行交给收款人的回单或收账通知

（§2-15）

表 09-02-29

3200012170　　江苏增值税专用发票　　№

开票日期：

| 购货单位 | 名　称：
纳税人识别号：
地址、电话：
开户行及账号： | 密码区 |

货物或应税劳务名称	规格型号	单位	数量	单价	金　额	税率	税　额
合　计							

| 价税合计（大写） | （小写） |

| 销货单位 | 名　称：
纳税人识别号：
地址、电话：
开户行及账号： | 备注 |

收款人：　　　　复核：　　　　开票人：　　　　销货单位：（章）

国税函〔2000〕1004号南京沈市厂

第一联：记账联　销货方记账凭证

（§2-16）

表 09-02-30

××省税务局增值税专用缴款书　　№1068923

缴款单位隶属关系：新海市　　　　　　填发日期：　　年　　月　　日

收入机关	税务一分局	缴款单位或缴款人	全　称	九州电机厂	经济性质	国　有	①
预算级次	新海市		账　号	102 340	业　别	工　业	
收款国库			开户银行	新海市支行	地　址	九州路8号	

缴款期限 年 月 日	预算科目		税款所属时期		年　月　日至　月　日									
	类别名称		销售收入或收益额或计税额	税率(%)	应纳税额								
					十	万	千	百	十	元	角	分	
	合　计												
	合计金额	人民币（大写）											

缴款单位盖章	税务机关盖章	上列款项已收妥并划转款单位账户 收款银行盖章 年　月　日	备　注 无银行收讫章无效
经办人	税务员		

收据联
由银行收款盖章后退回缴款单位

增

（§2-17）

表 09-02-31

××省税务局增值税专用缴款书　　№1068923

缴款单位隶属关系：新海市　　　　　　填发日期：　　年　　月　　日

收入机关	税务一分局	缴款单位或缴款人	全　称	九州电机厂	经济性质	国　有	①
预算级次	新海市		账　号	102 340	业　别	工　业	
收款国库			开户银行	新海市支行	地　址	九州路8号	

缴款期限 年 月 日	预算科目		税款所属时期		年　月　日至　月　日									
	类别名称		销售收入或收益额或计税额	税率(%)	应纳税额								
					十	万	千	百	十	元	角	分	
	合　计												
	合计金额	人民币（大写）											

缴款单位盖章	税务机关盖章	上列款项已收妥并划转款单位账户 收款银行盖章 年　月　日	备　注 无银行收讫章无效
经办人	税务员		

收据联
由银行收款盖章后退回缴款单位

增

(§2-18)

表 09-02-32

委邮

委托收款凭证（收账通知）

4 委托号码

委托日期   年 月 日   第   号

付款期限   年 月 日

收款人	全　称		付款人	全　　称		此联收款人开户行在款项收妥后给收款人的收账通知
	账号			账号或住址		
	开户银行		行号		开户银行	

委收人民币金额（大写）		千	百	十	万	千	百	十	元	角	分

款项内容		委托收款凭据名称		附寄单证张数	

备注：	上列款项： 1. 已全部划回收入你方账户。 2. 已收回部分款项收入你方账户。 3. 全部未收到。 收款人开户行盖章 年 月 日

单位主管　会计　复核　记账　　　付款人开户行收到日期　年 月 日

支付日期　年 月 日

(§2-19)

表 09-02-33

进　账　单

回单或
（收账通知） 1

年　月　日　　　　第　号

付款人	全　　称		收款人	全　　称		此联是收款人开户行交给收款人的回单或收账通知
	账　号			账　号		
	开户银行			开户银行		

人民币（大写）		千	百	十	万	千	百	十	元	角	分

付款单位名称或账号	种类	票据号码	百	十	万	千	百	十	元	角	分

收款人开户行盖章

单位主管　　　　会计　　　　复核　　　　记账

（§2-19）

表 09-02-34

固定资产出售单

固定资产类别_____　　　20 年 月 日　　　　编 号 _____

结算方式_____　　　　　　　　　　保管地点 _____

购买单位	名　称					出售单位（盖章）	③收款联
	账　号						
	开户银行						
固定资产名称	规格及型号	原值	已提折旧	净值	出售价格		
合计金额（人民币大写）					￥_____		

财务主管　　　核算员　　　仓库　　　设备主管　　　设备保管　　　制单

（§2-19）

表 09-02-35

固定资产出售单

固定资产类别_____　　　20 年 月 日　　　　编 号 _____

结算方式_____　　　　　　　　　　保管地点 _____

购买单位	名　称					出售单位（盖章）	③收款联
	账　号						
	开户银行						
固定资产名称	规格及型号	原值	已提折旧	净值	出售价格		
合计金额（人民币大写）					￥_____		

财务主管　　　核算员　　　仓库　　　设备主管　　　设备保管　　　制单

（§2-20）

表 09-02-36

中国工商银行借款凭证

年　月　日

借款单位		贷款账号			存款账号											
借款金额（大写）					千	百	十	万	千	百	十	元	角	分		
用　途																

兹借到上列贷款，到期时请凭此证收回		约定还款日期				年 月 日
		分次还款记录				
		日期	偿还本金	利息	结欠本金	复核员
		月 日				
借款单位 盖　章	负责人 盖　章					
行长（主任）	信贷科（股）长	信贷员				

第一联　借据

（§2-21）

表 09-02-37

中国××银行信汇凭证（回单）　1

委托日期　　年　月　日　　　　第　号

收款人	全　称				汇款人	全　称													
	账号或住址					账号或住址													
	汇入地点	省	市县	汇入行名称		汇出地点	省	市县	汇入行名称										
金额	人民币（大写）						千	百	十	万	千	百	十	元	角	分			
汇款用途： 上列款项已根据委托办理，如需查询，请持此回单来行面洽。					汇出行盖章														
单位主管　会计　复核　记账						年　月　日													

此联汇出行给汇款人的回单

（§2-22）

表 09-02-38

厂房大修工程结算单

建设单位：　　　　　　　　　　　年　月　日

应收工程款项	金　额	应扣款项	金　额
1. 工程结算价款	12 000	1. 预收工程款	5 000
2.		2. 甲方供料款	
3.		3.	
合　　计	12 000	合　　计	5 000
乙方欠甲方工程款		甲方欠乙方工程款	7 000
建设单位（甲方）签章		施工单位（乙方）签章	
经办人：		经办人：	

（§2-22）

表 09-02-39

公司商品（劳务）出售单　　　№0001009

购货单位：　　　　　　　　　　　年　月　日

商品或劳务名称	规格及型号	计量单位	数量	单价	金　额	备　注
						二发货单
合计金额	（大写）			¥		
提货地点						
结算方式		附实物收据　　张				

财务主管　　　　　　　单位主管　　　　　　　　　经办人

（§2-22）　　　　　　　　　　　　　　　（§2-23）

表 09-02-40　　　　　　　　　　　　　表 09-02-41

中国银行

转账支票存根

附加信息＿＿＿＿＿＿

＿＿＿＿＿＿

出票日期　年　月　日

收 款 人：
金　额：
用　途：

单位主管　　　　会计

中国银行

转账支票存根

附加信息＿＿＿＿＿＿

＿＿＿＿＿＿

出票日期　年　月　日

收 款 人：
金　额：
用　途：

单位主管　　　　会计

（§2-23）

表 09-02-42

（§2-23）

表 09-02-43

收 料 单

年　月　日

供货单位＿＿＿＿＿＿＿＿＿　　　　　　　　凭证编号＿＿＿＿＿＿＿＿

发票号码＿＿＿＿＿＿＿＿＿　　　　　　　　收料仓库＿＿＿＿＿＿＿＿

材料类别	材料编号	材料名称及规格	计量单位	应收数量	实收数量	计划单价	金额	三财务
备注：						合计		

仓库管理员（签章）　　　　　　　　　　　　收料人（签章）

（§2-24）

表 09-02-44

收 料 单

年　月　日

供货单位＿＿＿＿＿＿＿＿＿　　　　　　　　凭证编号＿＿＿＿＿＿＿＿

发票号码＿＿＿＿＿＿＿＿＿　　　　　　　　收料仓库＿＿＿＿＿＿＿＿

材料类别	材料编号	材料名称及规格	计量单位	应收数量	实收数量	计划单价	金额	三财务
备注：						合计		

仓库管理员（签章）　　　　　　　　　　　　收料人（签章）

（§2-24）

表 09-02-45

中国银行

转账支票存根

附加信息 _____

_____

出票日期　　年　月　日

收 款 人：
金 　 额：
用 　 途：

单位主管　　　　　　会计

（§2-24）

表 09-02-46

3200012170	江苏增值税专用发票	№

开票日期：

发票联

购货单位	名　　　称：		密码区
	纳税人识别号：		
	地 址、电 话：		
	开户行及账号：		

货物或应税劳务名称	规格型号	单位	数 量	单 价	金　额	税率	税　额
合　　计							

价税合计（大写）	（小写）

销货单位	名　　　称：		备注
	纳税人识别号：		
	地 址、电 话：		
	开户行及账号：		

收款人：　　　　复核：　　　　开票人：　　　　销货单位：（章）

国税函[2000]1004号南京建邺厂

第三联：发票联 购货方记账凭证

（§2-25）

表 09-02-47

领 料 单
年 月 日

领料单位_____ 凭证编号_____

用 途_____ 发料仓库_____

材料类别	材料编号	材料名称及规格	计量单位	请领数量	实收数量	计划单价	金 额
备注：						合 计	

仓库管理　　　　　　发料人　　　　　　　领料单位负责人　　　　　　收料人

（签章）　　　　　（签章）　　　　　　（签章）　　　　　　（签章）

二　财务

（§2-25）

表 09-02-48

代垫运杂费入账单
购贷单位：　　　　　　　　　　年　　　月　　　日

贷物名称	发贷地点	发贷日期	运输方式	件数	计费标准（）	代 垫 运 杂 费					贷款及代垫运费结算			
						运单号码	运费收据号码	运费	保价费	合计	结算方式	结算凭证号码	办理日期	结算金额
代垫运杂费合计（大写）														
备注														

审核　　　　　　　　　　制单　　　　　　　　　　经办人

第一联　付款联

（§2-25）

表 09-02-49

提 货 单

购买单位_____　　　　　运输方式 _____

收货地址_____　20 年　月　日　编　号 _____

产品名称	产品编号	规格	计量单位	数量	单价	金额	备注
		合　　　　计					

销售部门主管　　　　　发货人　　　　　　提货人　　　　　　制单人

（签章）　　　　　（签章）　　　　　（签章）　　　　　（签章）

一　仓库

（＄2-25）

表 09-02-50

3200012170	江苏增值税专用发票		№			第一联：记账联	销货方记账凭证

| | | | | | 开票日期： | |

购货单位	名　　　称： 纳税人识别号： 地　址、电　话： 开户行及账号：				密码区	

货物或应税劳务名称	规格型号	单位	数量	单价	金额	税率	税额
合　　　计							
价税合计（大写）				（小写）			

销货单位	名　　　称： 纳税人识别号： 地　址、电　话： 开户行及账号：				备注	

收款人：　　　　　复核：　　　　　开票人：　　　　　销货单位：（章）

（＄2-26）

表 09-02-51

3200012170	江苏增值税专用发票		№			第三联：发票联	购货方记账凭证

| | | | | | 开票日期： | |

购货单位	名　　　称： 纳税人识别号： 地　址、电　话： 开户行及账号：				密码区	

货物或应税劳务名称	规格型号	单位	数量	单价	金额	税率	税额
合　　　计							
价税合计（大写）				（小写）			

销货单位	名　　　称： 纳税人识别号： 地　址、电　话： 开户行及账号：				备注	

收款人：　　　　　复核：　　　　　开票人：　　　　　销货单位：（章）

（接2-26）

表 09-02-52

委托加工材料入库单

凭证编号＿＿＿＿＿＿＿

加工单位＿＿＿＿＿＿＿　　　20　年　月　日　　　收料仓库＿＿＿＿＿＿＿

发料单编号	加工后材料名称及规格	单位	实收数量	计划单价（元）	金额	
						②财务
				合　计		

收料（签章）　　　　　　　　　　　　　　制证（签章）　＿＿＿＿＿＿＿

（接2-27）

表 09-02-53

进　账　单　回单或（收账通知）1

年　月　日　　　　　　第　号

付款人	全　称			收款人	全　称		
	账　号				账　号		
	开户银行				开户银行		

人民币（大写）		千 百 十 万 千 百 十 元 角 分

付款单位名称或账号	种类	票据号码	百 十 万 千 百 十 元 角 分
			收款人开户行盖章

单位主管　　　　　会计　　　　　复核　　　　　记账

此联是收款人开户行交给收款人的回单或收账通知

（接2-27）

表 09-02-54

新海市九州电机厂材料出售单

№0030054

购贷单位：　　　　开票　年　月　日　　　由＿＿＿＿库发料

材料编号	材料名称及规格	计量单位	数量		计划成本		差异率(%)	实际价格		
			原订	实发	单价	总价		单价	总价	第三联　发票
销售金额	（大写）　万　仟　佰　拾　元　角　分									

发料员　　　　　　　财务盖章

（§2-27）

表 09-02-55

3200012170	江苏增值税专用发票	№

开票日期：

购货单位	名　　　称： 纳税人识别号： 地　址、电话： 开户行及账号：				密码区			
货物或应税劳务名称	规格型号	单位	数　量	单　价	金　额	税率	税　额	
合　　　计								
价税合计（大写）					（小写）			
销货单位	名　　　称： 纳税人识别号： 地　址、电话： 开户行及账号：				备注			

收款人：　　　　　复核：　　　　　开票人：　　　　　销货单位：（章）

国发云[2000]1004号南京进币厂

第一联：记账联　销货方记账凭证

（§2-28）

表 09-02-56

中国××银行信汇凭证（收账通知或取款收据） 4				第　　号	

委托日期　年 月 日　　　　　　　　　　　　　　　　应解汇款编号：

收款人	全　称			汇款人	全称										
	账号或住址				账号或住址										
	汇入地点	省　　市县	汇入行名称		汇出地点	省　　市县	汇出行名称								
金额	人民币 （大写）						千	百	十	万	千	百	十	元	角	分
汇款用途：			留行待取预留 收款人印鉴												
上列款项已代进账，如有错误，请持此联来行面洽。		上列款项已照收无误		科目（付） 对方科目（付）											
汇入行盖章 年 月 日		收款人盖章 年 月 日		汇入行解汇日期 年　月　日 复核　　　出纳 记账											

此联给收款人的收账通知或代取款收据

（§2-28）

表 09-02-57

中国××银行信汇凭证（收账通知或取款收据） 4　第　　　号

委托日期　　年　月　日

应解汇款编号：

收款人	全　称				汇款人	全　称			
	账号或住址					账号或住址			
	汇入地点	省	市县	汇入行名称		汇出地点	省	市县	汇出行名称

金额	人民币（大写）					千	百	十	万	千	百	十	元	角	分

汇款用途：　　　　　　　　　　　留行待取预留收款人印鉴

上列款项已代进账，如有错误，请持此联来行面洽。

汇入行盖章

年　月　日

上列款项已照收无误

收款人盖章

年　月　日

科目（付）
对方科目（付）

汇入行解汇日期　年　月　日
复核　　　出纳
记账

此联给收款人的收账通知或代取款收据

（§2-29）

表 09-02-58

进　账　单 回单或（收账通知）1

年　　　月　　　日　　　　第　号

付款人	全　称		收款人	全　称	
	账　号			账　号	
	开户银行			开户银行	

人民币（大写）						千	百	十	万	千	百	十	元	角	分

付款单位名称或账号	种类	票据号码	百	十	万	千	百	十	元	角	分

收款人开户行盖章

单位主管　　　　　会计　　　　　复核　　　　　记账

此联是收款人开户行交给收款人的回单或收账通知

（§2-29）

表 09-02-59

领　料　单

年　月　日

领料单位　　　　　　　　　　　　　　　　　　凭证编号＿＿＿＿＿＿＿
用　　途　　　　　　　　　　　　　　　　　　发料仓库＿＿＿＿＿＿＿

材料类别	材料编号	材料名称及规格	计量单位	请领数量	实收数量	计划单价	金　额	二财务
备注：						合　计		

仓库管理　　　　　发料人　　　　　　领料单位负责人　　　　　收料人
（签章）　　　　（签章）　　　　　　（签章）　　　　　　　（签章）

（§2-29）

表 09-02-60

提　货　单

购买单位＿＿＿＿＿＿＿＿＿　　　　　　　运输方式＿＿＿＿＿＿
收货地址＿＿＿＿＿＿＿＿＿　　20　年　月　日　　编　号＿＿＿＿＿＿

产品名称	产品编号	规格	计量单位	数量	单价	金额	备注	一仓库
		合		计				

销售部门主管　　　　发货人　　　　　　　提货人　　　　　　制单人
（签章）　　　　（签章）　　　　　　（签章）　　　　　（签章）

（§2-29）

表 09-02-61

江苏增值税专用发票

3200012170　　　　　　　　　　　　　　　No
　　　　　　　　　　　　　　　　　　　　　　开票日期：

购货单位	名　　称： 纳税人识别号： 地　址、电话： 开户行及账号：		密码区	
	货物或应税劳务名称	规格型号	单位	数　量	单价	金　额	税率	税　额
	合　　计							
	价税合计（大写）			（小写）				
销货单位	名　　称： 纳税人识别号： 地　址、电话： 开户行及账号：		备注	

收款人：　　　　　复核：　　　　　开票人：　　　　　销货单位：（章）

国税函〔2000〕1004号 南京迎新厂

第一联：记账联　销货方记账凭证

（§2-30）

表 09-02-62

新海市　　　　　收据

交款单位：　　　　　　20 年 月 日　　　　　　结算方式：

项　目	内　容	金　额	第
			二
			联
合计人民币（大写）		￥＿＿＿＿＿	收据

收款单位（印章）　　　　　　　　　　　　　收款人签章

（§2-30）　　　　　　　　　　　　　　（§2-31）

表 09-02-63　　　　　　　　　　　　表 09-02-64

中国银行

转账支票存根

附加信息＿＿＿＿＿＿＿＿＿

＿＿＿＿＿＿＿＿＿

出票日期　　年　月　日

收 款 人：
金　额：
用　途：

单位主管　　　　会计

中国银行

转账支票存根

附加信息＿＿＿＿＿＿＿＿＿

＿＿＿＿＿＿＿＿＿

出票日期　　年　月　日

收 款 人：
金　额：
用　途：

单位主管　　　　会计

（§2-31）

表 09-02-65

新海市　　　　　收据

交款单位：　　　　　　20 年 月 日　　　　　　结算方式：

项　目	内　容	金　额	第
			二
			联
合计人民币（大写）		￥＿＿＿＿＿	收据

收款单位（印章）　　　　　　　　　　　　　收款人签章

（§2-32）

表 09-02-66

进　账　单

回单或
（收账通知）　1

年　月　日　　　　　　　第　号

付款人	全称		收款人	全称	
	账号			账号	
	开户银行			开户银行	

人民币（大写）		千	百	十	万	千	百	十	元	角	分

付款单位名称或账号	种类	票据号码	百	十	万	千	百	十	元	角	分

收款人开户行盖章

单位主管　　　　会计　　　　　　复核　　　　　　记账

此联是收款人开户行交给收款人的回单或收账通知

（§2-32）

表 09-02-67

新海市工商企业通用发票　　　　　06620389

客户名称：　　　　　　发票联　　　　20　年　月　日

货物或劳务名称	规格	数量	单价	金额	说明
					单位盖章
合计人民币（大写）				￥_____	

经手人

②客户收执

（§2-33）

表 09-02-68

进　账　单

回单或
（收账通知）　1

年　月　日　　　　　　　第　号

付款人	全称		收款人	全称	
	账号			账号	
	开户银行			开户银行	

人民币（大写）		千	百	十	万	千	百	十	元	角	分

付款单位名称或账号	种类	票据号码	百	十	万	千	百	十	元	角	分

收款人开户行盖章

单位主管　　　　会计　　　　　　复核　　　　　　记账

此联是收款人开户行交给收款人的回单或收账通知

（表2-33）

表 09-02-69

（表2-33）

表 09-02-70

提 货 单

购买单位＿＿＿＿＿＿＿＿＿＿　　　　运输方式＿＿＿＿＿＿＿＿＿

收货地址＿＿＿＿＿＿＿＿＿＿　20 年 月 日　编　号＿＿＿＿＿＿＿＿

产品名称	产品编号	规格	计量单位	数量	单价	金额	备注	
								一
								仓
								库
合　　　计								

销售部门主管　　　　发货人　　　　　　　提货人　　　　　　制单人

（签章）　　　　　　（签章）　　　　　　（签章）　　　　　（签章）

(§2-34)

表 09-02-71

中国 银行借款凭证

年 月 日

借款单位		贷款账号					存款账号							
借款金额 （大写）					千	百	十	万	千	百	十	元	角	分
用　途														

兹借到上列贷款，到期时请凭此证收回	约定还款日期　年　月　日				
	分次还款记录				
	日期	偿还本金	利息	结欠本金	复核员
	月　日				
借款单位　负责人					
盖　章　盖　章					

行长（主任）	信贷科（股长）	信贷员				

第四联　还款

(§2-35)

表 09-02-72

3200012170　江苏增值税专用发票　№

开票日期：

购货单位	名　　称： 纳税人识别号： 地址、电话： 开户行及账号：				密码区		
货物或应税劳务名称	规格型号	单位	数量	单价	金额	税率	税额
合　　计							
价税合计（大写）				（小写）			
销货单位	名　　称： 纳税人识别号： 地址、电话： 开户行及账号：				备注		

国税函[2000]1004号南方造币厂

收款人：　　　　复核：　　　　开票人：　　　　销货单位：（章）

第三联：发票联　购货方记账凭证

（§2-35）　　　　　　　　　　　　　　（§2-36）

表 09-02-73　　　　　　　　　　　　　表 09-02-74

中国银行
转账支票存根
附加信息_____
_____
出票日期　　年　月　日
收款人：
金额：
用途：
单位主管　　　　会计

中国银行
转账支票存根
附加信息_____
_____
出票日期　　年　月　日
收款人：
金额：
用途：
单位主管　　　　会计

（§2-36）

表 09-02-75

江苏增值税专用发票

3200012170　　　　　　　　　　　No

开票日期：

购货单位　名　称：　纳税人识别号：　地址、电话：　开户行及账号：　密码区

货物或应税劳务名称　规格型号　单位　数量　单价　金额　税率　税额

合计

价税合计（大写）　　　　　　　　　（小写）

销货单位　名　称：　纳税人识别号：　地址、电话：　开户行及账号：　备注

收款人：　　复核：　　开票人：　　销货单位：（章）

国税函[2000]1004号南方造币厂

第三联：发票联　购货方记账凭证

（§2-36）

表 09-02-76

固定资产验收单

年　月　日　　　　　　　　　　　编号：

名　称	规格型号	来源	数量	购（造）价	使用年限	预计残值
安装费	月折旧率	建造单位		交工日期		附　件
				年　月　日		

验收部门		验收人员		管理部门		管理人员	
备注							

（§2-37）

表 09-02-77

领　料　单

年　月　日

领料单位　　　　　　　　　　　　　　　　　　凭证编号＿＿＿＿＿＿＿＿＿
用　途　　　　　　　　　　　　　　　　　　　发料仓库＿＿＿＿＿＿＿＿＿

材料类别	材料编号	材料名称及规格	计量单位	请领数量	实收数量	计划单价	金　额	二
								财
备注：						合　计		务

仓库管理　　　　　　发料人　　　　　　　领料单位负责人　　　　　　收料人
（签章）　　　　　　（签章）　　　　　　　（签章）　　　　　　　　（签章）

（§2-37）

表 09-02-78

提　货　单

购买单位＿＿＿＿＿＿＿＿＿＿　　　　　　　运输方式＿＿＿＿＿＿＿＿＿
收货地址＿＿＿＿＿＿＿＿＿＿　　20　年　月　日　　编　号＿＿＿＿＿＿＿

产品名称	产品编号	规格	计量单位	数量	单价	金额	备注	
								一
								仓
								库
合　　　　计								

销售部门主管　　　　　发货人　　　　　　提货人　　　　　　制单人
（签章）　　　　　　（签章）　　　　　　（签章）　　　　　　（签章）

（§2-37）

表 09-02-79

代垫运杂费入账单

购货单位：　　　　　　　　　年　月　日

货物名称	发货地点	发货日期	运输方式	件数	计费标准（　）	代垫运杂费					货款及代垫运费结算			
						运单号码	运费收据号码	运费	保价费	合计	结算方式	结算凭证号码	办理日期	结算金额

代垫运杂费合计（大写）

备注

审核　　　　　　　　　制单　　　　　　　　　经办人

第一联　付款联

（§2-37）

表 09-02-80

3200012170	江苏增值税专用发票	№

开票日期：

国税函[2000]1004号南京造币厂

购货单位	名　称： 纳税人识别号： 地址、电话： 开户行及账号：	密码区	

货物或应税劳务名称	规格型号	单位	数量	单价	金额	税率	税额
合　计							

价税合计（大写）　　　　　　　　（小写）

销货单位	名　称： 纳税人识别号： 地址、电话： 开户行及账号：	备注	

收款人：　　　复核：　　　开票人：　　　销货单位：（章）

第一联：记账联　销货方记账凭证

（§2-37）

表 09-02-81

```
┌─────────────────────────────────┐
│           中国银行                │
│                                  │
│         转账支票存根              │
│                                  │
│   附加信息_____      │
│                                  │
│         _____       │
│                                  │
│   出票日期　年　月　日            │
│  ┌────────────────────────┐     │
│  │ 收 款 人：              │     │
│  ├────────────────────────┤     │
│  │ 金　额：               │     │
│  ├────────────────────────┤     │
│  │ 用　途：               │     │
│  └────────────────────────┘     │
│                                  │
│   单位主管          会计          │
└─────────────────────────────────┘
```

（§2-38）

表 09-02-82

```
┌─────────────────────────────────┐
│           中国银行                │
│                                  │
│         转账支票存根              │
│                                  │
│   附加信息_____      │
│                                  │
│         _____       │
│                                  │
│   出票日期　年　月　日            │
│  ┌────────────────────────┐     │
│  │ 收 款 人：              │     │
│  ├────────────────────────┤     │
│  │ 金　额：               │     │
│  ├────────────────────────┤     │
│  │ 用　途：               │     │
│  └────────────────────────┘     │
│                                  │
│   单位主管          会计          │
└─────────────────────────────────┘
```

（§2-38）

表 09-02-83

3200012170	江苏增值税专用发票		№				开票日期：	
购货单位 名　　称： 纳税人识别号： 地　址、电话： 开户行及账号：				密码区				
货物或应税劳务名称	规格型号	单位	数　量	单　价	金　额	税率	税　额	
合　　计								
价税合计（大写）					（小写）			
销货单位 名　　称： 纳税人识别号： 地　址、电话： 开户行及账号：				备注				
收款人：	复核：		开票人：		销货单位：（章）			

国税函[2000]1004号南京市印刷厂

第三联：发票联　购货方记账凭证

435

（§2-39）

（§2-40）

表 09-02-84

表 09-02-89

中国银行

转账支票存根

附加信息＿＿＿＿＿＿＿

＿＿＿＿＿＿＿

出票日期　　年　月　日

| 收　款　人： |
| 金　　　额： |
| 用　　　途： |

单位主管　　　　　　会计

中国银行

转账支票存根

附加信息＿＿＿＿＿＿＿

＿＿＿＿＿＿＿

出票日期　　年　月　日

| 收　款　人： |
| 金　　　额： |
| 用　　　途： |

单位主管　　　　　　会计

（§2-39）

表 09-02-85

代垫运杂费入账单

购货单位：　　　　　　　　　年　　月　　日

货物名称	发货地点	发货日期	运输方式	件数	计费标准（　）	代 垫 运 杂 费					货款及代垫运费结算			
						运单号码	运费收据号码	运费	保价费	合计	结算方式	结算凭证号码	办理日期	结算金额
代垫运杂费合计（大写）														
备注														

审核　　　　　　　　　　制单　　　　　　　　　　经办人

第一联　付款联

（§2-39）

表 09-02-86

| 3200012170 | 江苏增值税专用发票 | № |
| 开票日期： |

购货单位	名　　称： 纳税人识别号： 地　址、电话： 开户行及账号：				密码区			
货物或应税劳务名称	规格型号	单位	数量	单价	金　额	税率	税　额
合　　计							
价税合计（大写）					（小写）			
销货单位	名　　称： 纳税人识别号： 地　址、电话： 开户行及账号：				备注			
收款人：		复核：		开票人：		销货单位：（章）	

国税函[2000]1004号南京永丰厂

第一联：记账联　销货方记账凭证

（§2-39）

表 09-02-87

提 货 单

购买单位＿＿＿＿＿＿＿＿　　　　　　运输方式＿＿＿＿＿＿

收货地址＿＿＿＿＿＿　　20 年 月 日　　编　号＿＿＿＿＿＿

产品名称	产品编号	规格	计量单位	数量	单价	金额	备注
合　　　　计							

一 仓库

销售部门主管　　　　发货人　　　　　　提货人　　　　　　制单人

（签章）　　　　　　（签章）　　　　　（签章）　　　　　（签章）

（§2-40）

表 09-02-88

新海市公路货运收费结算凭证

开户银行：　　　　　　　　　　代发货票　　　　　　　　　交运（四）字

账　　号：　　　　　　　　　　　　　　　　　　　　　　　　年　月　日

托运单位					受理单位				受理编号			字　　号						
装货地点					承运单位				协议合同			字　　号						
卸货地点					计吨办法				计费里程			（公里）						

货物名称	件数	包装	规格	托运数量	货物等级		计费重量			+-加减或率	每吨单价		金　　额								
					运输	装卸	运量	周转量	装卸量		费目	费率	十	万	千	百	十	元	角	分

合计金额（大写）

新海市财政局核准　　　　制票单位　　　　制票人　　　复核　　　收费章

新海市交通局监印

第二联 运费收据 托运单位报销凭证

§2-41）

表 09-02-90

中国××银行信汇凭证（收账通知或取款收据）　4

委托日期　　年 月 日　　　　第　　号

应解汇款编号：

收款人	全　称			汇款人	全　称			
	账号或住址				账号或住址			
	汇入地点	省　　市县	汇入行名称		汇出地点	省　　市县	汇入行名称	

| 金额 | 人民币（大写） | | | | | 千 百 十 万 千 百 十 元 角 分 |
| 汇款用途： | | | | 银行待取预留收款人印签 | |

上列款项已代进账，如有错误，请持此联来行面洽。

汇入行盖章

年 月 日

上列款项已照收无误

收款人盖章

年 月 日

科目（付）

对方科目（收）

汇入行解汇日期 年 月 日

复读　　　出纳

记账

此联给收款人的收账通知或代取款收据

(§2-42)

表 09-02-91

滨海日报广告费收款收据

年 月 日　　　　　　　№298605

客户名称				收费细目				金额						
广告内容				项目	数量	单位	单价	万	千	百	十	元	角	分
广告面积	行	刊次		广告费		行								
刊出日期				制版费		cm²								
备注				代收绘图费		幅								
				套红费	（加收广告的30%）									
总金额（大写）														

记账　　　　　　　　　　　　收款人

第二联交付款单位

(§2-42)

表 09-02-92

中国银行

转账支票存根

附加信息＿＿＿＿＿＿＿

＿＿＿＿＿＿＿

出票日期　年　月　日

收　款　人：
金　　额：
用　　途：

单位主管　　　　会计

（§2-44)

表 09-02-94

中国银行

转账支票存根

附加信息＿＿＿＿＿＿＿

＿＿＿＿＿＿＿

出票日期　年　月　日

收　款　人：
金　　额：
用　　途：

单位主管　　　　会计

（§2-43）

表 09-02-93

中国银行（　　贷款）还款凭证（回　单）　　　　　④

日期：　年　月　日　　原贷款凭证银行编号：

此联转账后作回单，退借款单位并代存款户支款通知

借款单位	名　称		付款单位	名　称	同　　左								
	放款户账号			存款户账号									
	开户银行			开户银行									
计划还款日期	年　月　日		还款次序		第　　　次还款								
偿还金额	货币及金额（大写）				千	百	十	万	千	百	十	元	角	分
还款内容													
备注：		上述借款已从你单位存款户内转还　此致 借款单位 （银行盖章）　　年　月　日											

（§2-44）

表 09-02-95

3200012170　　江苏增值税专用发票　　№

开票期日：

购货单位	名　　称： 纳税人识别号： 地址、电话： 开户行及账号：				密码区			
货物或应税劳务名称	规格型号	单位	数量	单价	金　额	税率	税　额
合　　计							
价税合计（大写）				（小写）			
销货单位	名　　称： 纳税人识别号： 地址、电话： 开户行及账号：				备注			

国税函[2000]1004号南京连印厂

第三联：发票联　购货方记账凭证

收款人：　　　　　复核：　　　　　开票人：　　　　　销货单位：（章）

（§2-44）

表 09-02-96

九州电机厂物品（费用）报销单

20　年　月　日

开支项目	物品（费用）名称	单位	数量	单价	金额	情 况 说 明	
							附单据
合计金额（大写）					￥＿＿＿＿＿		张
签 属 意 见							

部门主管　　　　　　　　　　　　　　　　　　　　　经办人

（§2-45）

表 09-02-97

中国工商银行　利息回单

日　　期

收款单位	账　号		付款单位	账　　号		代付、收款通知书
	户　号			户　　号		
	开户银行			开户银行		
积数：			利率		利息	
户第4季度利息					银行盖章	

（§2-46）

表 09-02-98

中国工商银行　利息回单

日　　期

收款单位	账　　号		付款单位	账　　号		代付、收款通知书
	户　　号			户　　号		
	开户银行			开户银行		
积数：			利率		利息	
户第4季度利息					银行盖章	

（§2-47）

表 09-02-99

财产保险费分配表

20　　年　月　日　　　　　　　　　　　　　单位:元

费用种类	应借科目			分配标准 （保险财产额:万元）	分配率	分配金额
	总账科目	明细科目	费用项目			
财产 保险费	制造费用	一车间	保险费	260		
		二车间	保险费	120		
	管理费用	小　计	380			
		保险费	420			
合　　　计				800		

（§2-47）

表 09-02-100

```
          中国银行

        转账支票存根

  附加信息_____

        _____

  出票日期　年　月　日
  ┌─────────────────┐
  │ 收 款 人：        │
  ├─────────────────┤
  │ 金　额：          │
  ├─────────────────┤
  │ 用　途：          │
  └─────────────────┘
  单位主管      会计
```

（§2-48）

表 09-02-101

```
          中国银行

        转账支票存根

  附加信息_____

        _____

  出票日期　年　月　日
  ┌─────────────────┐
  │ 收 款 人：        │
  ├─────────────────┤
  │ 金　额：          │
  ├─────────────────┤
  │ 用　途：          │
  └─────────────────┘
  单位主管      会计
```

（§2-48）

表 09-02-102

3200012170		江苏增值税专用发票				№			
						开票日期：			

购货单位	名　　　　称：					密码区			
	纳税人识别号：								
	地址、电话：								
	开户行及账号：								

货物或应税劳务名称	规格型号	单位	数量	单价	金额	税率	税额
合　　计							

价税合计（大写）		（小写）

销货单位	名　　　　称：		备注	
	纳税人识别号：			
	地址、电话：			
	开户行及账号：			

收款人：　　　　　复核：　　　　　开票人：　　　　　销货单位：（章）

（§2-49）

表 09-02-103

中国银行

现金支票存根

支票号码

科　目＿＿＿＿＿＿＿

对方科目＿＿＿＿＿＿

出票日期　　年　月　日

收　款　人：
金　　　额：
用　　　途：

单位主管　　　　　会计

（§2-50）

表 09-02-104

工资结算汇总表

单位、人员类别		应付工资		代扣养老保险	代扣失业保险	代扣职工房租水电	实发工资
		…	小计				
一车间	生产工人	…	15 000	1 200	150	1 342	
	管理人员	…	4 000	320	40	360	
二车间	生产工人	…	6 750	540	67.5	700	
	管理人员	…	1 600	128	16	120	
机修车间	生产工人	…	980	78.4	9.8	50	
	管理人员	…	20	1.6	0.2	6	
工具车间	生产人员	…	630	50.4	6.3	30	
	管理人员	…	20	1.6	0.2	2	
厂部修理人员		…	6 000	480	60	378	
福利部门人员		…	300	24	3	12	
长期病假人员		…	200	16	2	—	
合　计		…	35 500	2 840	355	3 000	

（§2-50）

表 09-02-105

扣款通知单

20　年　月　日

扣款项目	养老保险	失业保险	扣款原因
扣款名单	扣款金额	扣款金额	
合　　计			合　　计

部门主管　　　　　　　　制单　　　　　　发单部门（盖章）

（§2-50）

表 09-02-106

扣款通知单

20　年　月　日

扣款项目		扣款原因	
扣款名单	扣款金额	扣款名单	扣款金额
合　　计		合　　计	

部门主管　　　　　　　　制单　　　　　　发单部门（盖章）

（ξ2-51）

表 09-02-107

工资费用分配表

审核：　　　　　　　　　　　　　　　　　　　　　　　　　　制表人：

应借科目		生产工时 /h	工 资			合计
总账科目	明细账		分配率	生产工人	管理人员	
基本生产	起动电机	3 500				
	小计	3 500				
	218♯订单	500				
	225♯订单	1 000				
	236♯订单	13 500				
	小计					
	合计	-	-		-	
辅助生产	机修车间					
	工具车间					
制造费用	一车间					
	二车间					
	机修车间					
	工具车间					
管理费用	工资					
	劳动保险					
应付职工薪酬	职工福利					
合　　计						

审核：　　　　　　　　　　　　　　　　　制表人：

（ξ2-52）

表 09-02-108

提取社会保险费分配表

20　　年　　　月份

应借科目		应付工资 /元	生产工时 /h	养老保险费		失业保险费	
总账科目	明细账			分配率	计提金额	分配率	计提金额
基本生产	起动电机						
	小　计						
	218♯订单						
	225♯订单						
	236♯订单						
	小　计						
	合　计			-		-	
辅助生产	机修车间						
	工具车间						
制造费用	一车间						
	二车间						
	机修车间						
	工具车间						
管理费用	厂部管理人员						
	长假病人						
应付职工薪酬	职工福利						
合　　计							

(§2-52)

表 09-02-109

养老金收据

20　年　月　日

交款单位			收款单位			第三联收据
项　目	所属月份	金　额	收款单位 （盖章）	收款人	备　注	
单位交纳						
合同制工 人 交 纳						
合　计						
金额（大写）						

(§2-52)

表 09-02-110

中国银行

转账支票存根

附加信息_____

_____

出票日期　　年　月　日

收 款 人：
金　　额：
用　　途：

单位主管　　　　　会计

(§2-53)

表 09-02-111

中国银行

转账支票存根

附加信息_____

_____

出票日期　　年　月　日

收 款 人：
金　　额：
用　　途：

单位主管　　　　　会计

(§2-53)

表 09-02-112

新海市职工待业保险基金收款单

交款单位　　　　　　　20　年　月　日　　　　NO.

项　目	所属月份	金　额	备　注	收款人	第二联收据
				收款单位 （盖章）	
合计人民币（大写）					

（§2-54）

表 09-02-113
提取工会经费及职工教育经费分配表
20　　年　　月份

应借科目		应付工资/元	生产工时/h	工会经费		职工教育经费	
总账科目	明细账			分配率	计提金额	分配率	计提金额
基本生产	起动电机						
	小　计						
	218♯订单						
	225♯订单						
	236♯订单						
	小　计						
	合　计			－	－	－	
辅助生产	机修车间						
	工具车间						
制造费用	一车间						
	二车间						
	机修车间						
	工具车间						
管理费用	厂部管理人员						
	长期病假人员						
应付职工薪酬	职工福利						
合　　计							

参 考 文 献

[1] 财政部.企业会计制度——2001[M].北京:经济科学出版社,2001.

[2] 财政部.企业会计准则——2006[M].北京:经济科学出版社,2006.

[3] 财政部.企业会计准则——应用指南(2006)[M].北京:中国财政经济出版社,2006.

[4] 朱学义,等.会计实务训练与考核[M].第3版.北京:机械工业出版社,2011.

[5] 朱学义.通用会计学[M].徐州:中国矿业大学出版社,1993.

[6] 朱学义.中级财务会计[M].北京:机械工业出版社,1997.

[7] 朱学义.中级财务会计[M].第3版.北京:机械工业出版社,2007.

[8] 朱学义.中级财务会计[M].第4版.北京:机械工业出版社,2010.